应用型高校本科专业
产教融合型课程体系改革与实践
法学专业

何祖普　陈艳红　孙广坤　编著

清华大学出版社
北　京

内 容 简 介

随着技术的进步,大数据、云计算、人工智能、区块链等信息化的科技手段对法学教育提出了新要求。法学教育必须适应社会变化发展的要求,满足民众的期待,从容地应对文明转型带来的挑战。现阶段,各大高等院校在新型法学人才的培养上进行了大量的探索和实践。本书以黄河科技学院法学专业课程体系改革与实践为例,首先对当前法学专业概况进行了阐述,其次具体分析了本校法学专业发展现状,详细介绍了法学专业产教融合型课程体系的构建过程与实践经验,最后呈现了多门项目化教学课程和专业基础课程的知识图谱与教学设计,探索了法学专业人才培养的新思路和新路径。

本书不仅适用于高等院校法学专业的师生,也可供对法学专业有兴趣的社会人士参阅。

图书在版编目(CIP)数据

应用型高校本科专业产教融合型课程体系改革与实践.
法学专业 / 何祖普,陈艳红,孙广坤编著. -- 北京:
清华大学出版社,2025.5. -- ISBN 978-7-302-69098-6

Ⅰ. G649.21

中国国家版本馆 CIP 数据核字第 2025X9S180 号

责任编辑:刘士平
封面设计:常雪影
责任校对:刘 静
责任印制:沈 露

出版发行:清华大学出版社
网　　址:https://www.tup.com.cn,https://www.wqxuetang.com
地　　址:北京清华大学学研大厦 A 座　　　　　　邮　　编:100084
社 总 机:010-83470000　　　　　　　　　　　　邮　　购:010-62786544
投稿与读者服务:010-62776969,c-service@tup.tsinghua.edu.cn
质 量 反 馈:010-62772015,zhiliang@tup.tsinghua.edu.cn
印 装 者:三河市君旺印务有限公司
经　　销:全国新华书店
开　　本:185mm×260mm　　　　印　　张:17.75　　　　字　　数:342 千字
版　　次:2025 年 7 月第 1 版　　　　　　　　　　印　　次:2025 年 7 月第 1 次印刷
定　　价:65.00 元

产品编号:109531-01

序 一

　　课程是教育教学活动的基本依据,是实现教育目标的基本保证,是学校一切活动的中介。课程教学是师生共存的精神生活过程,自我发现和探索真理的过程,生命活动和自我实现的方式。具体而言,课程的重要性体现在4个结合点:第一,课程是学生和学校的结合点,学校提供课程,学生学习课程;第二,课程是学校和社会的结合点,社会对人才(学生)的不同要求通过课程结构和内容的改变来实现;第三,课程是教学和科研的结合点,科研促进教学,载体是课程;第四,课程是学生个体文化和社会文化的结合点,是学生社会化的重要渠道。课程是学校最重要的事,同时也是最容易被忽视的事。学校领导往往认为,课程教学是教师们的事;教师容易将自己的研究、关注点放在学术上,忽视对课程的研究。实则,课程是一个开放体系,与政治、文化、经济、民族、语言、性别、制度、学科等紧密相连;课程教学是一项合作的事业,需要政府、社会、大学、领导、教师、学生、职员广泛参与。

　　黄河科技学院是一所高度重视课程建设的大学。我与该校董事长胡大白先生、执行董事兼校长杨保成教授有过多次交流。2024年10月,我和我们院校研究团队师生到该校进行了为期两天的考察学习。同年11月,我指导的一位博士生又到该校进行了为期一周的调研学习。黄河科技学院的课程建设给我留下了极为深刻的印象。

　　黄河科技学院遵从党中央"全面提高人才自主培养质量"的要求,从"让每个学生都享有公平而有质量的教育,使具有不同禀赋和潜能的每一个人都得到充分发展"出发,积极开展课程改革。在课程改革中,学校立足为地方和产业发展培育应用型人才的人才培养目标,开展大样本、全覆盖的专业岗位需求调研。通过调研,抓住在应用型人才培养中存在的"产教融合不够深入、师资实践应用能力不够、课程体系与市场需求无法紧密衔接"等问题,探索能够满足中国式现代化发展需求,以提升学生的岗位胜任力、就业适应力和职业发展力为目标的应用型本科教育模式。在这一课程改革过程中,影响深远、成效显著的当属创造性地提出并推进项目化教学体系改革。

　　项目化教学以能力目标为导向,以企业岗位任务为课程载体,通过真实的项目来促进学生主动学习。项目化教学具有真实性、实践性、探究性和创新性。实施项目化教学有利于增强学生知识整合和应用能力,有利于提升学生综合能力,有利于培养学生职业能力。从我们的考察中了解到,黄河科技学院从 2018 年开始推动项目化教学体系改革。在改革的过程中,学校做了大量工作。

（1）营造课程建设和改革的制度环境。学校积极营造有利于课程建设和改革的制度环境,出台相关支持政策。首先,开展覆盖全校的课程立项工作,制定各类课程建设标准,每门课给予相应的立项经费支持,累计投入了 3000 多万元支持全校 1300 多门课程的建设和改革。其次,实行优课优酬的制度,根据课程评估结果,给予教师们最高五倍课酬的课时费。再次,给予学校教师横向项目 20% 的配套经费,支持教师们将科研成果、横向项目转化落地、公司化、市场化,落地后给予 10 万～15 万元的经费支持,并鼓励教师们将这些成果积极转化,反哺到课程教学中。

（2）构建课程建设和改革的组织机构。大学产教融合课程体系的改革需要联合各个教学单位、职能管理部门和一线教师进行互动合作,逐步构建一个有利于产教融合型课程体系建设的组织机制。首先,学校进行了体制机制改革,在学校职能部门层面进行“大部制”改革,将原来的 13 个处级单位整合成教师中心、教育教学中心、学生中心三大中心,以及思政工作部、科技发展部、资源保障部等五个大部,实现了职能部门的扁平化管理,大大提高了职能部门服务课程建设和改革的效率。在教学单位进行“学部制”改革,将 12 个学院整合成工学部、艺体学部、商学部、医学部四个学部,打通了院系壁垒,整合了学科、专业、师资和平台等各类资源,为课程改革提供了有力支持。其次,学校创建了上下协同的组织机制。自上而下,主管校领导、教育教学中心组织项目化和产教融合型课程体系建设研讨会,激发和启蒙教师对于课程建设的热情和想法,鼓励教师投入课程改革实践,并通过咨询和课程指导推进课程改革的进行和完善。首批试点课程建设完成后,引导优秀教师利用教学学术思维进行研讨、反思和改进,并作为导师培训其他教师开展课程改革,起到了自下而上的效果。上下协同,推进产教融合型课程体系建设的良好发展。

（3）提供课程建设和改革的资源条件。资源条件包括软件条件和硬件条件。其中,软件条件是指利于课程建设和改革的“人”的资源,主要关注产教融合课程教学团队师资建设。聘请国家教育行政学院刘亚荣教授牵头的专家团队,主管校长亲自带队,通过多种方式对学校管理人员和教师进行培训,制定各类课程评估标准,掌握课程知识建模方法;定期组织课程改革交流工作坊,供教师们学习、研讨和互动;鼓励和动员教师到企业挂职锻炼,提高教师们的实践能力,更好地服务产教融合课程改革。硬件条件是指利于课程建设和改革的基础资源,主要包括项目实践场所、项目设计和实施物资以及产业和企业资源的支持。学校主动协调联系校内资源和企业资源,创办大学科技园、创客工厂、众创空间、各类工程实训中心等场所,并保证各类工具和物资的供应,为课程设计和实施提供条件。学校层面和学部层面都设有产教融合办公室,积极联系和对接企业,进行沟通合作,帮助教师们开拓更广泛的企业资源,保证课程根植于产业并最终走向社会。此外,学校还自主研发了集智能管理、智慧教学和数智评价于一体的数字化课程建设平台，为课程建设和改革提供了优质高效的数字化资源保障。

在实施项目化教学的同时，学校倒推整个课程体系的调整和改革，最终构建了"2+1+1"（基础＋实践＋应用）的产教融合型课程体系。在学校构建的产教融合型课程体系中，前两年的基础课阶段聚焦学生基本能力的养成，设置基础性课程，通过一些综合性项目，让学生"见过"和"做过"；大三的实践阶段，通过项目化教学课程对接企业实践工作岗位的真实项目，培养学生实践创新能力，让学生能够"做成"；大四的应用阶段，设置应用型课程，教师直接带领学生进入企业生产一线，通过企业委托项目，让学生能够"做好"。

黄河科技学院课程体系改革已经取得了丰硕成果，产生了广泛的社会影响。学校在教育教学改革后的师生满意度调查中，总体满意度高于98%。在改革的过程中，全校师生积极参与，共同创造，凝聚改革共识，产教融合走向深入，教师、学生能力显著提升，人才培养与行业企业岗位需求的对接越发紧密，课程教学质量有了明显提升。改革成果受到省内外高校和社会的广泛关注，130多所高校、240多家企事业单位到校交流；课程改革总体设计者、负责人杨保成教授，应邀在国内各类教育学术研讨会及多所高校介绍改革的做法和经验。

现在，学校以"应用型高校本科专业产教融合型课程体系改革与实践"为题，在清华大学出版社结集出版系列图书，十分有意义。一方面，为应用型高校深化教育教学改革、创新人才培养模式、优化课堂教学方式方法、开展常态化课程评价、全面提升育人水平提供了参考。另一方面，为专业负责人、任课教师如何改革课程结构、改进教学方法，特别是在项目化教学中如何将企业的真实任务或者项目与专业课知识真正融合，以构建一门与人才培养目标相匹配、内容适度的课程等提供了借鉴。综上，我十分高兴地向高校同人们推荐系列图书。

黄河科技学院的"应用型高校本科专业产教融合型课程体系改革与实践"属于规范的院校研究。他们立足于本校课程体系改革的院校研究，体现出了热心教育、关爱学生的奉献精神；学习教育理论、探索教育规律的科学精神；"勇立潮头，敢于破局"，在突破难点、痛点中不断奋进的坚韧不拔的精神，值得我们学习。期望高校同人们像黄河科技学院那样开展院校研究，通过院校研究推进学校的建设和发展。

是为序。

华中科技大学原党委副书记
中国高等教育学会院校研究分会创会会长

2024 年 12 月 8 日

序 二

党的二十大报告明确提出了"全面提高人才自主培养质量"的要求,党的二十届三中全会在此基础上审议通过的《中共中央关于进一步全面深化改革　推进中国式现代化的决定》提出了"分类推进高校改革"的要求。为构建高质量的人才自主培养体系,教育部提出了具体的技术路径,包括编制学科专业知识图谱、能力图谱,推动项目式、情景式和研究式教学等深度探索,实现从"知识中心"到"能力中心"的转变。河南省教育厅出台的《河南省本科高等学校深化产教融合促进高质量发展行动计划》,紧密结合本省传统产业提质发展、新兴产业培育壮大、未来产业谋篇布局,全力推动人才培养供给侧和产业需求侧结构要素全方位融合,为加快构建河南现代产业体系,确保高质量建设现代化河南、确保高水平实现现代化河南提供强有力的人才和智力支撑。

作为高等教育体系的重要组成部分,应用型本科高校是形成产教良性互动、校企优势互补的产教深度融合发展格局的高等教育主要生力军,为全面建设社会主义现代化国家提供强大人力资源支撑,在推进中国式现代化进程中扮演着至关重要的角色。然而,当前应用型本科人才培养体系改革存在很多堵点、痛点和难点,其中以下三个方面尤为关键。

其一,产教融合不够深入。高校与企业合作存在合作浅层化、利益差异化、供需不对接等问题,高校难以准确把握产业需求和企业的实际需求,服务产业发展和行业企业技术升级的能力不够,企业参与高校人才培养过程的积极性、主动性不够。

其二,师资实践应用能力不足。大部分教师毕业后直接到高校授课,理论知识丰富扎实,但缺乏行业经验和企业实践经验,难以紧跟行业最新发展趋势,在解决企业实际问题方面的实践应用能力不足。

其三,课程体系与市场需求无法紧密衔接。现有课程体系没有从市场导向出发进行系统设计,与市场需求衔接不紧密,课程教学目标、内容、测试方法不能有效促进应用型人才培养目标的实现,导致课程体系对人才培养目标的支撑力不够,学生能力与企业岗位任务要求出现脱节。

习近平总书记在 2024 年 9 月召开的全国教育大会上的重要讲话,向全党全社会发出了"建成教育强国"的动员令,系统部署了全面推进教育强国建设的战略任务和重大举措。习近平总书记指出,建设教育强国是一项复杂的系统工程。中共教育部党组在《人民日报》发表文章强调,面对新一轮科技革命和产业变革对全球秩序和发展格局带来的深远影响,能不能建成教育强国、为加快实现高水平科技自立自强提供支撑,能不能培养出世界一流人才和经济社会发展所需的大批高素质建设者,是摆在我们面前的重大课题。如何让每个学生都享有公平而有质量的教育,使具有不同禀赋和潜能的每一个人都能得到充分发展,是每一个教育工作者长期努力、不断改革的方向。

黄河科技学院作为全国第一所民办普通本科高校,肩负着为地方和产业发展培育应用型人才的使命。在新时代全面推进教育强国建设的背景下,学校清醒地认识到,要想真正实现面向未来培养人才,必须勇立潮头,敢于破局,重新规划未来学校发展定位,重构全新的产教融合人才培养体系,并且在专业层面、课程层面、课堂教学层面层层深入、彻底落实。教学改革改到深处是课程,改到痛处是教师。办学理念再好,体系设计再先进,没有教师的落地实施,人才培养成效是无法见真章的。为此,黄河科技学院从 2018 年开始,以英语课程和体育课程为破局起点,通过创新探索,让教师们初试初尝"以学生学习成长为中心"的课程和教学模式改革小成功的喜悦和红利;继而通过体制机制重构,全面触发和激励更深层次的人才培养体系创新和方法论创新;通过构建思想引路、问题导向、自我学习探索以及专家咨询等一系列行动学习式的有组织学习,推动全校所有专业所有教师,共同构建和实施了全新的人才培养体系。

人才培养是一个系统复杂的工程,体现在目的—目标体系的多层次和复杂性。具体而言,宏观层面必须以党和国家的意志和要求为根本遵循,即落实立德树人根本任务,培养德智体美劳全面发展的社会主义建设者和接班人;中观层面要体现区域需要,即精准对接国家战略和河南省"7+28+N"产业链群,深度聚焦发展新质生产力要求;微观层面,学校明确提出,要以学生的成长发展,提升学生的岗位胜任力、就业适应力和职业发展力为目标。

为实现上述目的—目标体系,学校以支撑目标实现的课程体系改革为突破口,构建了以能力逐级进阶提升为导向的"2+1+1"(基础 + 实践 + 应用)产教融合型课程体系(见图 1)。其中,立德树人的课程思政点作为每一门课的育人目标,纳入教学设计要求。课程体系中的"2"代表本科阶段的大一、大二聚焦学生"基本能力"养成,设置基础性课程。学生通过基础性课程学习专业基础知识和技能,实现"见过"和"部分做过",为后续学习与实践筑牢坚实的理论基础和技能基础。中间的"1"代表大三基于企业真实项目和市场评价标准,创设基于培养实践和创新能力的项目化教学课程,设置就业、创业、应用型研究三个方向,实施分类培养。学生可根据职业发展方向自由选择,实现个性化发展。学生在参与项目化教学课程的学习与实践中,将理论知识与实际项目紧密结合,有效提高实践能力和创新能力,实现"做成"。最后一个"1"代表大四开设应用型课程,教师带领学生直接进入企业生产一线,直接参与工作实践,在获取工作报酬的同时接受职业应用性评价,更深入地了解职业需求,为未来职业发展做好充分准备,进一步提升职业发展力,实现"做好",同时为即将步入职场的学生增强信心与竞争力,铺就应用型人才成长之路。学校创新课程体系的最终目的是实现应用型人才的高质量培养,助力学生实现高质量就业。

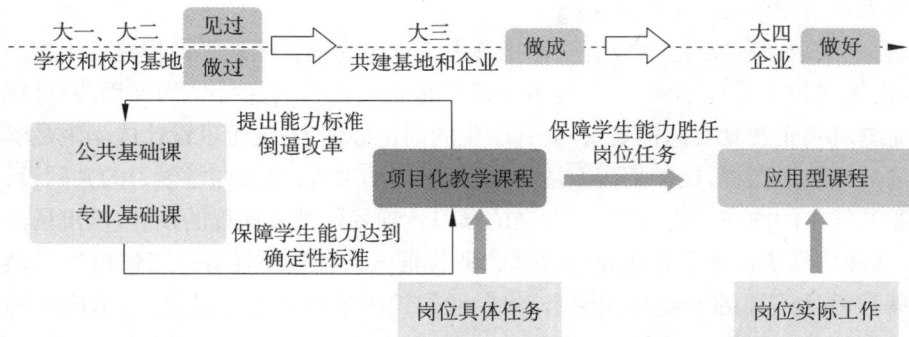

图 1　黄河科技学院"2+1+1"(基础 + 实践 + 应用)产教融合型课程体系

之所以进行这样的课程体系设计,是基于学校在多年产教融合的探索实践中发现,教师按照基于学习产出的教育(outcomes-based education, OBE)理念构建课程和课程模块,将能力作为课程目标,其背后的假设是"课程直接可以支撑能力目标",实际上在操作层面较难实现;而把行业企业的真实岗位任务或工程项目、技术研发项目转化为项目化的课程,其背后的假设是"能力内含在操作真实任务的过程中"。因此,将项目化教学课程作为能力培养的真实载体,教师更容易操作。教师可将自己做过的项目转化为课程,用任务承载真实能力训练,学生完成任务即受能力训练,且培养的能力可在任务结果中体现并进行评价。当然,其难点在于如何将企业的真实任务或者项目与专业基础课程知识真正融合,以构建一门与人才培养目标相匹配、内容适度的课程。在此实践逻辑基础上,学校以此类课程为起点,倒推整个课程体系的改革、调整和融合。产教融合型课程体系构建涉及学校及教职工的办学理念层面、工作系统方法层面、落实行为层面和办学效果评价反馈等,是一个复杂的系统工程。为构建这套全新的产教融合型课程体系,学校做了以下基础性改革工作。

一、抓住关键环节,重构人才培养体系

其一,大样本、全覆盖的专业岗位需求调研。由学校商学部人力资源专业团队牵头,专业设计调研方案,培训所有参与调研的专业负责人和教师。学校所有的专业负责人组队深入学生就业的主要用人单位,开展产业、企业、岗位调研,利用调研数据进行工作分析,最终建立就业数据库:产业—行业—企业分类标准、产业链人才需求标准、专业人才培养质量标准。学校编制了人才需求能力标签,构建了职位标签等,以便更精准地匹配人才与市场需求。学校紧跟产业需求,将这些标签全部纳入自主研发的数字化平台,形成产业、行业、用人单位就业信息数据库。这些标签都是企业人力资源部门熟悉

的用人标签,用人单位后续能够在平台上更新和组合自己的就业数据标签,进而发布就业信息。开放的就业信息数据库能够吸引越来越多的用人单位入驻,逐步覆盖所有本科专业对应的岗位。各专业以此为基础,倒推形成自己的人才综合素质能力评价模型,为后续人才培养模式改革提供依据。

其二,采取课程立项的办法,全面推行大三年级的项目化教学课程建设工程。与项目式、案例式教学课程不同,项目化教学课程将企业真实项目"化"为课程项目任务,既可以无缝对接企业真实岗位要求,提升学生的岗位胜任力;又可以设计成学生是学习主体的项目化教学课程,让学生边做边学,成为学习的主人,成为课堂学习的共同设计者,充分激发学生的内在动力,开展有意义的学习。项目化教学课程的设计,以市场需求为导向,从岗位真实任务要求出发,先提取"职位群—岗位典型任务—工作项目",然后优化这些项目所需要的专业知识图谱,将专业知识图谱与工作项目融合,形成一种新型的项目化教学课程的知识图谱。在此基础上,确定课程教学目标、项目任务、教学内容、课上课下学习任务等。学校制定了项目化教学课程的建设标准:一是强调项目"真实性",必须是来源于企业的实际项目,可以是即时性项目或延时性项目,按照岗位任务逻辑,将项目任务、项目流程、项目能力、常见错误和解决办法编排成学习任务单元;二是建立对接企业行业的项目资源库,及时更新,确保项目的延续性和内容的有效性;三是制定以成果为导向、市场直接评价或仿真评价的三级评价标准,学生考核合格即能达到课程对应的岗位任务要求,胜任岗位工作。项目化教学课程是"2+1+1"产教融合型课程体系中的核心环节,具有承上启下的关键作用。这个环节不进行改革,其他课程改革都只是理念,无法真正落地实施。因此,学校将大三的项目化教学课程的改革作为整个课程改革的切入点,以分批立项的方式,完成了大三所有的课程改革。

其三,依托数字化学习平台,基于知识建模、课程教学设计的技术方法全面重构课程体系。作为课程改革的突破口,学校在全面实施项目化教学课程后,开始倒逼前修专业基础课程改革,支撑大四的应用型课程建设。前修基础课程需在目标制定、内容选择、教学模式和评价考核等方面提供有力支撑,以确保知识的系统性和连贯性。同时,项目化教学课程也为大四学生直接参与用人单位的真实项目和工作,提供更具技术性和实用性的知识,以及解决实际问题能力和创新能力的基础。为此,学校邀请国家教育行政学院刘亚荣专家团队,以课程知识建模为基础,全面重构公共基础课程和专业基础课程。一是绘制所有课程的知识建模图。本科专业的全部课程绘制知识建模图为新型人才培养体系搭建坚实的知识体系基础。二是重构基础课程。从支撑项目化教学课程或后续专业基础课程的需要入手,倒推专业基础课和公共基础课的知识容量和结构,全面梳理项目化教学课程所需的知识、能力和素质,将知识点进行详细分解、重新组合,重塑现有的知识体系,对前修专业基础课程的知识、能力、素质主模块进行组合,形成新的专业基础课和公共基础课。三是明确课程建设标准,推动新版教学设计和课程大纲的制定。基于课程知识建模图,重新制定1206门本科课程的教学设计和课程大纲,每门课的教学设计都重新设计和匹配了"以学生学习为中心"的各种教学、学习资源,包括线上课程、作业练习、各种学习评价工具等。四是建设数字化学习平台系统。所有课程的教学、学习资源都实现了线上师生共享,有效满足了教师教学和学生学习对各种学习资源和工具即时性、便利性的需求;解决了公共基础课学生基数大、师生互动难等问题;也解决了教考分离、多维评价、客观证据翔实的教学和学习评价真实难题;真正实现了学生随时可学,不受限于学期和专业,学完即可结业的泛在学习理念。

其四,基于市场真实评价的应用型课程建设。作为学校"2+1+1"产教融合型课程体系的最后环节,应用型课程是对应用型人才培养效果的有效检验和直接体现。学校指导各本科专业开展高质量充分就业调研分析,通过定性与定量相结合,从知识能力素质要求、工作岗位经验、职业资格证书考取等维度对毕业生高质量充分就业的本质属性进行画像,提出高质量充分就业标准,并落实到应用型课程目标中。应用型课程的设计基于实际的产业发展和市场需求,由教师承接研发创新类等高质量真实市场项目,通过相应的教学设计(如学分、教学安排、课程考核等)赋予其课程要素,从而转换为课程。教师带领学生承接真实的市场项目,接受市场评价,产生经济与社会效益。在此过程中,教师的实践教学能力得以显著提高,逐步向"双师型"教师队伍转型。学生通过岗位任务从合格的入职者变成优秀的入职者,实现从"做成"到"做好",直接实现高质量充分就业。

其五,建立优秀本科生荣誉体系。为引领学生积极进取、全面发展,持续提升学生德智体美劳综合素养,进而激励学生追求卓越、奋发向上,营造"逢一必争,逢金必夺"的优良校园氛围,学校以德智体美劳全面发展为导向重构本科生荣誉体系,促进学生成长成才。一方面,学校表彰在学习、创新创业等方面表现突出的学生。他们或项目成果获企业采纳,实现高质量充分就业目标;或创新创业能力强,勇启创业征程;或勤奋好学,有一定学术成果。学校为他们颁发"全能英才奖""创新创业奖""学业卓越奖",激发学生的内在潜能和创新精神,促进学生更加积极主动地投入到学习和实践中,不断挑战自我,追求更高的目标。另一方面,学校表彰积极参与学校产教融合工作并做出努力和贡献的优秀毕业生。他们或积极牵线搭桥,为学校与企业搭建合作桥梁,不断拓展合作渠道;或参与学校课程设计,将企业实际需求与行业最新动态有机融入教学内容,助力学校构建贴合市场需求的人才培养模式;或为在校生创造大量实习与实践机会,促使学生在实践中茁壮成长。学校为他们颁发"杰出校友奖",对其做出的贡献和取得的成就给予充分肯定。同时,学校激励在校学生努力提升自己,力争成长为创新引领型人才。

黄河科技学院"2+1+1"产教融合型课程体系不同于传统学科逻辑下的本科人才培养体系,也不同于当前很多应用型大学倡导的校企合作的本科人才培养体系。三种人才培养体系对比分析见图2。传统高校人才培养体系根植于学科逻辑,偏重知识传授,为学生筑牢坚实的理论基础。然而,在对接企业实际工作所需的应用技能培养方面却极为薄弱，使得传统本科教育的毕业生大多呈现出"眼高手低"的特点，必须经过培训期后才能适应岗位任务要求。在知识匮乏、缺乏信息技术传播知识的时代，这种培养方式是大学的不二选择。但在信息技术时代，知识可以泛在获取，这种人才培养体系已经不能再作为任何大学人才培养的基本方式。

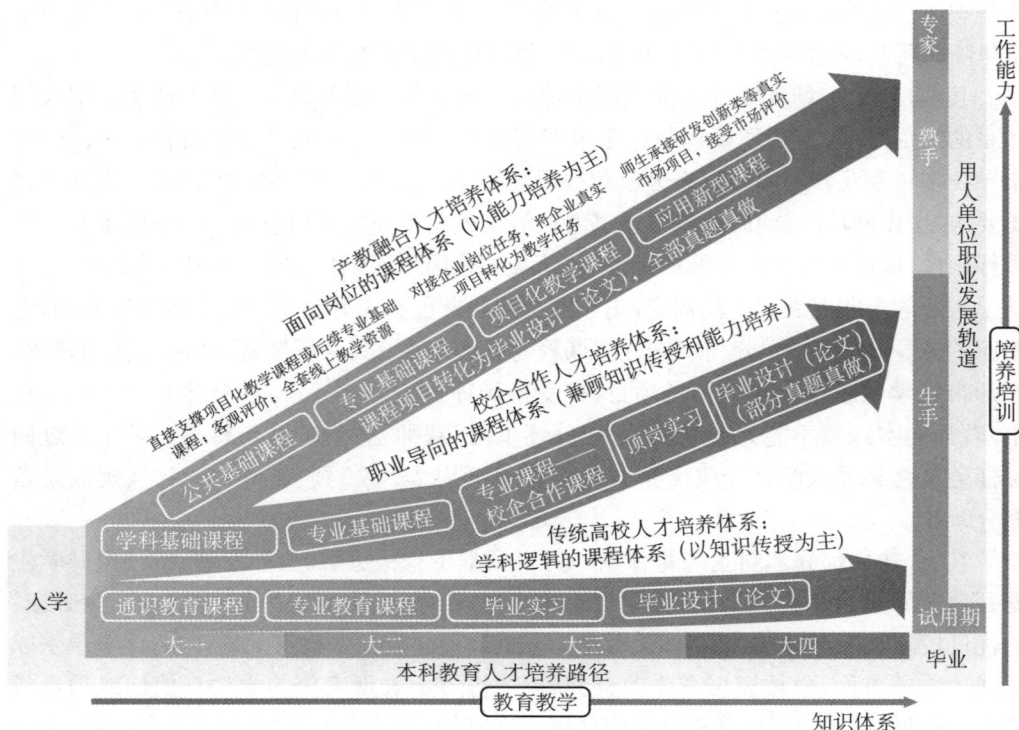

图 2　三种人才培养体系对比分析

　　校企合作人才培养体系以职业为导向，设置校企合作课程、顶岗实习及毕业论文真题真做等实践类课程和环节，既注重知识传授，又兼顾能力培养，尤其强调实践与应用，对提高学生实践能力和职业技能有较大帮助。但是也存在四方面的主要问题：一是课程体系内容衔接度不够。校企合作课程与前端的基础课程以及与企业真实岗位要求之间都缺乏有效衔接，导致课程体系连贯性欠佳，人才培养与市场需求不匹配。二是师资队伍实践应用能力不足。教师因缺乏行业经验与企业实践经验，难以有效解决企业实际问题。三是校企合作课程个性化程度不高。课程多由企业研发，雷同性强，与学校办学特色联系不紧密，无法满足学生的个性化发展需要和市场的多样化需求。四是校企合作课程覆盖领域不广泛。合作项目往往依托"订单式"人才培养开设，局限于企业所需的特定岗位，未能全面覆盖专业面向的所有岗位。

　　我校的产教融合人才培养体系，从锚定岗位需求出发，重新梳理了人才培养的学习逻辑。在未来的人才培养中，一旦产业中的工程师和学校的教师都具备课程领导力，便能够突破产业和学校的界限,随时将岗位的需求转化为培养的课程。届时,学校将成为任何产业人才随时获取学习机会的场所,也将成为产业孕育未来科技产品的场所。

二、强化支持保障,全面推进综合改革

人才培养体系改革是牵一发而动全身的系统工程,外部需要全社会方方面面的配合与支持,内部也涉及体制机制、数字化平台、课程建设、教学质量评价与持续改进等全要素多维度的支撑和保障。为此,学校主要从以下几方面进行了衔接配套改革。

其一,自主研发数字化平台,实现评价与建设全流程智能化。搭建集智能管理、智慧教学、数智评价于一体的课程建设数字化平台,统筹全校课程资源,对外实现各高校课程资源共建共享,对内实现课程数据与教师数据、学生数据互联互通,协同推进课程建设与评价、学生服务和师资培养;构建基于质量标准、全量化采集、大模型分析的智能化课程评价支持体系,通过统一规划、统一建设、统一管理、统一评价,优化课程结构、明确课程规格、分析课程目标达成度、智能化提供课程画像、过程性规范课程准入与退出,保障一流应用型课程的优质、高效、充足供给。

其二,评价牵引,推进课程高质量建设。学校与国家教育行政学院共同研创课程评价指标体系。分类研创教学设计、教学实施、教学产出评价标准,重点关注课程知识建模的完整性、教学活动目标与任务的一致性、师生交互过程的有效性、教学评价的客观性。聚焦教学设计、教学实施、教学产出三个关键环节,实现课程评估精准化。一是聚焦教学设计。考察 OBE 理念在每个任务和活动设计中的体现,强调选取活动的目标、交互、成果及评价标准的一致性,课程知识建模的完整性等。二是聚焦教学实施。评价教学过程与教学设计的一致性,重点考查学生是否进行高阶思考、是否积极参与各项学习活动、知识能力是否达到预期目标。三是聚焦教学产出。将课程考核评价标准、企业评价标准、企业采纳证明等纳入课程成果重点考察,将教师教学能力提升、课改论文发表等作为教师成果进行评价,将学生考核结果、学生作品、创作等作为学生成果重点考察评价。学校充分利用大数据技术,将日常教学动态数据与专家评估相结合,建立线上线下相互支持,专业、学部、学校三级进阶式评价机制,实现常态化全覆盖"课程＋教师团队"评价。通过线上审阅课程资源和评审材料、深入课堂随机听课、组织课程答辩汇报、强化反馈改进四步骤,构建评价闭环,促进课程评价"反哺"课堂教学,推动全部课程锻优提质。评价结果打破职称定课酬惯例,实行优课优酬,最高给予 5 倍工作量奖励。

其三,深化体制机制改革,推动教学改革落地生根。学校充分利用体制机制灵活、行动决策迅速等优势,深入开展"大部制""学部制"体制机制改革,推动高校与产业、行业、企业资源共享、深度融合、协同发力、共同育人。在职能部门推行"大部制"改革,通过整合 13 个处级单位,成立教师中心、教育教学中心、学生中心三大中心,以及思政工作部、科技发展部、资源保障部等五个大部,提高职能部门服务教育教学工作的效能度

和协同性。在教学单位积极推动"学部制"改革,打破原有的"校—院—系—教研室"多层级结构,将 12 个学院整合为工学部、艺体学部、商学部、医学部四个学部,依据专业集群下设科教中心,赋予其资源配置的自主权力。通过体制机制改革,充分汇聚学科、专业、师资、平台等各类优势资源,实现了以下三方面的提升。一是教师中心的成立,为教师提供了更专业的发展平台。鼓励教师深入企业实践,提升实践教学能力与专业素养,提供更多职业发展机会和激励机制,打造高素质、专业化、创新型教师队伍。二是教育教学中心的成立,有利于整合教育教学资源,推动产教深度融合。通过搭建教学平台,教师与企业专家共同设计与实施课程、共同制定并修订人才培养方案,促使专业设置紧密贴合产业需求,大幅提升专业与市场对接的精准度与紧密性。同时,引导教师将行业最新动态和技术及时引入课堂,促进教学方法创新,增强教学的针对性和实效性,为培养具有扎实专业知识和较强实践能力的应用型人才筑牢坚实基础。三是学生中心的成立,为学生提供了更多实践机会和职业发展指导。开展职业规划、职业咨询服务、优秀本科生表彰以及行业专家和成功校友经验分享等丰富多彩的活动,为学生在职业选择和发展中遇到的困惑提供个性化指导和建议,进而提升学生的就业竞争力和职业适应能力。

三、发挥改革效能,凸显人才培养成效

学校始终秉持"办一所对学生最负责任的大学"的办学愿景,全心全意为教师服务,全心全意为学生服务,人才培养新体系改革得到广大师生的高度认可和肯定。

学校采用调查问卷、访谈等多种形式开展了教育教学改革后的师生满意度调查。结果显示,总满意度高于 98%。教师董菲菲分享村庄规划授课感悟时谈道:"当学生真正成为课堂的主人时,他们便不再是学习的被动承受者,而是积极投身于教学活动,化身为学习的主动探索者与协同合作者。他们的学习热情空前高涨,思维也更加活跃。"教师杨颖分享道:"投身于学校课程改革实践,我深切认识到,卓越的教学绝非因循守旧,而在于大胆创新、勇于实践。身为一线教育工作者,我们不只是知识的传播者,更是变革的推进者。课改给予我宽广的舞台,使我能尝试新教学理念与方法。我将项目化、合作学习等理念融入课堂,激发学生兴趣与创造力,实现师生平等互动、共同发展。"学生崔锴洁分享了自己在服装与品牌设计课程中的体验:"在这门课程里,同学们模拟不同岗位,大家分工协作,展现出极强的团队协作精神和学习热情,我能深切地感受到有一股强大的力量推动着我在交叉创新的道路上不断向前。"学生司双颖谈道:"项目化教学课程风景园林规划与设计具有很强的实践性、应用性和挑战性。在一次次的项目构思与创作过程中,我被激发出全身心投入学习的热情,对这门课程产生了浓厚的兴趣。特别是当自己设计的园林方案被采纳并且最终得以建成的时候,之前所有的辛苦付出都转化为满满的成就感,那种激动和自豪难以用言语来表达,感觉所有的努力都是非常值得的!"

　　回顾 6 年的改革历程,学校聚焦人才培养模式改革、课程体系构建、课程开发、课程设计以及课程评价等关键环节,先后召开了主管教学部(院)长、科教中心主任、骨干教师等不同层面人员参与的研讨会 300 余场,投入 3000 余万元用于 1300 多门课程的建设。在此过程中,教师们对于人才培养模式改革理念、思路及步骤等有了更清晰、更深刻的认知。在全体师生的充分认可与深度参与下,全校上下已然凝聚起改革共识,产教融合持续走向深入,教师队伍的能力得到显著提升,人才培养与行业企业岗位需求的对接越发紧密,课程教学质量有了明显提升。改革成果受到省内外高校和社会的广泛关注,130 余所高校、240 余家企事业单位等到校交流;受邀在中国高等教育学会、国家教育行政学院等举办的院校研究高端论坛,郑州大学、成都大学等高校做主题报告 28 次;成果在第 61 届、第 62 届中国高等教育博览会上展出,获得省内外高校教学管理人员和一线教师的高度好评;办学成效被中央电视台《新闻联播》、新华社、《光明日报》《中国教育报》等广泛报道。

　　斗转星移,岁月如梭,黄河科技学院在时光的长河中稳健前行。2024 年 5 月,学校迎来了辉煌的四十华诞。值此之际,我们集结学校人才培养新体系改革成果,分专业出版"应用型高校本科专业产教融合型课程体系改革与实践"系列图书,为应用型高校深化教育教学改革、创新人才培养模式、优化课堂教学方式方法、开展常态化课程评价、全面提升育人水平提供有效借鉴和参考。这一本本沉甸甸的册子,凝聚着全校教师在课改历程中的智慧与汗水,折射出全体教师的睿智与灵性,更满溢着全体教师"以学生为中心"的教育理想与不懈追求。

　　此举,一为抚今追昔,以文字铭刻学校波澜壮阔的发展历程,为辉煌历史留存厚重见证;二为激励莘莘学子奋发图强,在知识的海洋中砥砺前行,以拼搏之姿努力成才,为未来铸就璀璨华章;三为鼓舞吾辈同人不忘初心,励精图治,以昂扬斗志勇攀高峰,在教育的新征程上再创佳绩,为国家培养更多栋梁之材,为时代书写更壮丽的教育诗篇。

　　回顾往昔,那些奋斗的足迹、拼搏的身影,皆是前行的动力源泉。展望未来,我们深感责任重大、使命光荣。我们定会牢记为党育人、为国育才的初心使命,不负重托,与时俱进,努力谱写无愧于前人、无负于时代的璀璨新篇章。

黄河科技学院执行董事、校长
杨保成
2024 年 10 月 16 日

前　言

　　法学专业,是高等教育史上历史最为悠久的专业之一。法学专业最早可以追溯到古罗马时期,当时"法学"表示的是有系统、有组织的法律知识和法律学问。法学作为一门独立的学科在古希腊时期开始形成,并在古罗马时期进一步发展,出现了法学派别和法学著作。在中世纪时期,法学成为神学的一部分。文艺复兴时期,伴随着古罗马法的复兴,法学再次独立并发展成一门科学。法学专业的发展经历了从古代法典的编纂到现代法律体系的建立,法学教育也逐步进入大学教育体系。早在 12 世纪,意大利波伦那大学就开始传授法律知识,标志着法学教育进入近代意义的高等教育体系。中国的法律教育可以追溯到 20 世纪,许多大学的法律系都有悠久的历史和深厚的文化底蕴。中国人民大学法律系成立于 1950 年,是中华人民共和国成立后创立的第一所正规的高等法学教育机构。复旦大学法学院的前身法律系成立于 1929年,拥有九十余年的辉煌历史。

　　中华人民共和国成立以来,中国的法学教育取得了显著成就。这些成就不仅体现在法学教育体系的建立和改进上,还体现在对法学人才培养模式的创新和国际交流合作的拓展上。一是自 1954 年首次全国政法教育会议召开以来,中国法学教育确立了以培养热爱祖国、忠实于社会主义建设事业的法律人才为目标的教育方针。这一会议明确了中华人民共和国法学教育的基本框架,为法学后续的发展奠定了基础。二是明确了法学教育理念。中国法学教育逐步厘清了职业教育与精英教育的理念,形成了旨在培养具有专业素养和实践能力的法律人才的目标。三是建立了一整套确保法学教育质量的标准体系,包括保合格、上水平、追卓越的多层次标准,如 2021 年教育部发布的《法学类专业教学质量国家标准》。四是创新了人才培养模式——德法兼修、实践前置、协同育人,强调了德育与法律知识教育并重,以及理论与实践的结合。最后是国际交流与合作。中国法学开拓了内外协同的国际育人格局,通过与国外法学院校的合作交流,提升了中国法学教育的国际视野和水平。

　　应用型本科院校以培养服务国家、区域经济社会发展需要的应用型和创新型人才为使命。其法学学科建设仍旧要遵循法学知识体系自身的逻辑,突出法学知识的应用性和创新性。新文科背景下,应用型高校的法学学科专业建设也面临新变化,这就是科学技术大进步带来的新机遇、区域经济社会大发展带来的新需求、社会治理大难题带来的新期待。

黄河科技学院作为一所应用型高校,其法学专业为适应社会经济发展的需要,为培养适应市场需求的法治人才,法学专业调研团队首先针对毕业五年内的学生、招聘网站和招聘公告进行广泛调研,确定专业人才岗位任务、岗位职责和岗位能力的具体要求,明确学生毕业后所从事的主要岗位,对其岗位任务和职责进行拆分后,认为主要岗位对学生的要求聚焦于扎实的法学专业基础知识、证据收集和运用、法律文书写作、案件法律关系的分析与判断、把控庭审流程等方面的能力。针对学生实务能力的训练和检测,我院在大三学年开设了证据法、法律文书写作、法律诊所、模拟法庭等实务类项目化教学课程,采用真实案例或者模拟仿真案例,使学生在处理案件过程中掌握诉讼技巧、积累诉讼经验,经过项目化教学课程的训练,学生可以掌握处理法律纠纷的基本技能。在大四学年开设毕业实习集中实践活动,学生到法院、检察院、律师事务所进行集中实习,进一步积累实务经验,并在应用型课程法律咨询、法律调解中检验是否满足市场的需求,并以此不断优化课程设置和课程体系。

本书从 OBE 理念出发,基于岗位需求调研,开发项目化教学课程,倒推专业基础课程,形成服务于岗位需求的"基础＋实践＋应用"的"2+1+1"产教融合型课程体系。同时依托产教融合平台对法学专业课程体系进行优化,有利于强化应用型高校法学专业特色建设,为新文科背景下法学人才培养提供强有力的支撑。本书共分为四个部分。第一部分是法学专业概况,第二部分是法学专业课程体系构建,第三部分是法学专业课程知识建模,第四部分是基于 OBE 理念的法学课程教学设计。

本书在编写过程中,参考了专家、学者编著的著作、论文等成果。同时,本书在编写思路、结构内容、大纲拟定等方面还得到了有关专家、教授的认真指导与审核,对此,我们表示衷心的感谢。

本书由黄河科技学院校长杨保成担任总主编,黄河科技学院何祖普老师担任主编,黄河科技学院陈艳红担任副主编。本书编写分工如下:何祖普负责第一部分和第三部分;陈艳红负责第二部分;黄河科技学院孙广坤、刘洋、温炎笑、王金艳和王鹏老师分别负责第四部分法律诊所课程、宪法综合课程、行政法与行政诉讼法课程、民事诉讼法课程、国际法课程教案的编写。

由于编写时间和水平限制,书中疏漏和错误之处在所难免,敬请读者批评指正。

编者

2024 年 8 月

目 录

法学专业概况

1.1 法学专业的起源与发展

1.1.1 法学的起源

现代"法学"一词,源于西方。公元前451—前450年,罗马共和国颁布了著名的《十二表法》。为了让这一成文法典得以贯彻实施,罗马统治阶级加强了对该法的解释和讲授。最早,这种解释和讲授的权利控制在少数神职人员手中,其范围也很局限。所以,解释和讲授法律活动还未被社会广泛知晓,也未能形成一门比较系统的学问和一种固定的职业。

公元前254年,平民出身的科伦卡纽士担任了大神官,此后,他开始在公开场合讲授法律的条文。公元前198年,执政官阿埃利乌斯进一步以世俗官吏的身份讲授法律、著书立说,从而使法律知识面向社会,走进生活,最终成为一门世俗的学问。这门学问,就被称为Jurisprudentia,即法学,而讲授的人,被称为Ju-risconsultus,即法学家。

到公元2世纪罗马帝国前期,Jurisprudentia一词已经被广泛使用。当时的五大法学家之一乌尔比安就曾对Jurisprudentia下过著名的定义:"法学是神事和人事的知识,正与不正的学问。"至公元6世纪,优士丁尼皇帝在编纂《优士丁尼学说汇纂》和《优士丁尼法学阶梯》时,就把这一定义收录了进去,使其得以传至后世。[1]

罗马法学家们提出并解决了许多涉及立法、执法、司法的问题,如提出了明确的法律概念,还提出了诸如契约自由等具有深远历史影响的法律原则。他们还巧妙地引入希腊人的自然法概念和自然法精神来论证罗马法的神圣性、广泛适用性以及为适应罗马人与异邦人的交往而适度变化的必要性。罗马法和罗马法学对其后的西方乃至世界法学和法律制度的发展都有重大影响。

在我国,"法"和"学"字出现得都很早,至今已有近三千年的历史了。在中国现存

---

① 何勤华. 西语"法学"一词的起源及其流变 [J]. 法学,1996(3):12-15.

最早的文字甲骨文中,已出现了"廌"(zhì)字①。廌,相传是一种善于审判案件的神兽。有的学者认为该字事实上就是我国法的缔造者——蚩尤部落的图腾②。至战国时期,出现了简体字"法"。

"学"字比"法"字出现得更早。在甲骨文中,便已有了"学"字,至春秋战国时期,在孔子、墨子、荀子、韩非子等诸子百家的文献中,"学"字已频频出现。如,《论语》一书的开篇是"学而",《荀子》一书的开篇是"劝学"。"法"和"学"连在一起,作为一个专门用语"法学"来使用,最早出现在南北朝时期。《南齐书·孔稚珪传》中云:"寻古之名流,多有法学。故释之、定国,声光汉台;元常、文惠,绩映魏阁。"③但是孔稚珪使用的"法学"一词,其含义仍接近于"律学","律学"是一种根据儒学原则对以律为主的成文法进行讲习、注释的法学,它不仅从文字上、逻辑上阐释律文,还阐述法理,如关于礼与法的关系、条文与法意的联系、律与例之间的关系、定罪与量刑、刑法的宽与严、肉刑的存与废、刑名的变以及诉讼的理论等,与现代"法学"一词有重大区别④。

1.1.2 法学的发展

1. 封建社会的法学

（1）中国封建社会的法

中国封建社会的法律制度已经十分发达。从法家的兴起、儒法两家的争论,到秦汉以后封建正统法律思想的形成,中国封建社会的法学思想在世界法律思想史上占有重要的地位。先秦法家的兴起是与封建地主阶级在各诸侯国逐步发展起来、封建地主和农民的矛盾成为社会主要矛盾、剥削阶级内部奴隶主贵族和新兴地主阶级的矛盾日益尖锐相联系的。法家对法律的本质、起源和作用等基本问题都提出了自己的看法。管子提出,法律是衡量是非曲直的标准,"尺寸也、绳墨也、规矩也、衡石也、斗斛也、角量也,谓之'法'"。法律不是从来就有的,它产生于解决社会矛盾的需要,为了"定分止争",需要"立禁""立官""立君",才有了法律。法律具有强制性,"内行刀锯,外用甲兵"。法家认为法律的作用是"兴功惧暴""定分止争""吏民规矩绳墨也"。法家提出了"以法治国"的主张,认为"国无常强,无常弱。奉法者强,则国强;奉法者弱,则国弱",强调治国必须"不务德而务法"。秦汉以后,以儒家思想为核心的封建正统法律思想逐步形成,封建社会的意识形态被董仲舒等人概括为"君为臣纲、父为子纲、夫为妻纲",成为指导封建社会立法、执法和司法活动的基本原则;又随着经学渗透到法律领域,"律学"乘势而兴⑤。

---

① 方述鑫.甲骨金文字典[M].成都:巴蜀书社,1993:718.
② 武树臣,等.中国传统法律文化[M].北京:北京大学出版社,1994:128-129.
③ 萧子显.南齐书[M].北京:中华书局,1972:837.
④ 何勤华.汉语"法学"一词的起源及其流变[J].中国社会科学,1996(6):75.
⑤ 张文显.法理学[M].北京:高等教育出版社,2018.

19 世纪下半叶,在西方列强的压迫下,在人民革命斗争的推动下,清政府被迫进行了法律改革,并开始打开国门,向西方以及日本等国学习,包括大量翻译他们的法律和法学书籍,现代意义上的"法学"一词也从日本传入中国。据沈家本在 1907 年对外国法律翻译的统计结果看,当时译自西方的主要是法典,涉及法律理论的则主要来自日本,日本的法律占一半以上。众所周知,日本学者在解释西方的法律术语时用的都是汉字。尽管这些汉字在日语中的含义和在中文中不一样,发音也不同,并且有些词此时所表达的意思可能和它的原意也已大相径庭①,但中国人还是一看就明白,稍一解释就能理解其内涵,故造成了当时中国人大量翻译、引进日本的法学著作,并且原封不动地照搬其汉字法律术语的局面②。正是在这种氛围下,当时中国人通过翻译日本的法学著作,将日本的"法学"一词及其观念引入中国③。

（2）西欧中世纪的法

西欧中世纪的特点是教会的统治。"中世纪的世界观本质上是神学的世界观"④,"中世纪把意识形态的其他一切形式——哲学、政治、法学都合并到神学中,使它们成为神学中的科目"⑤。到中世纪后期,日益发展的商品经济和资本主义生产方式对法律产生了更为迫切的需求,法学教育和法学研究作为专门的职业领域开始出现。当时的法学教育和法学研究以复兴罗马法为中心任务。

2. 资本主义社会的法学

开始于 13、14 世纪的欧洲文艺复兴运动和宗教改革运动,使西方法学朝着世俗化的方向发展和变革。一批出身于新兴中产阶级的思想家把君主(而不是上帝)或人性(而不是神性)看作国家和法律的基础,使法律和法学从天国回到了人间。在这个时期,法学发展的最重要的标志是人文主义法学派的产生。人文主义法学派主张把罗马法作为整个古典文化的组成部分,将哲学方法和历史方法运用于罗马法研究,以便更有说服力地复兴罗马法。17 世纪开始的资产阶级革命既需要法学,也解放了法学。从此,法学教育和法学研究开始蓬勃兴起,法律学校和法学流派如雨后春笋般涌现出来。近代资产阶级法学的萌芽意味着一种与中世纪神权世界观相对立的法权世界观的出现。这一世界观的核心是自由、平等、人权和法治,其典型的表达形式是自

---

① 如中国古代的"法律"一词是单音节合成词,它分别表示"法"和"律"这两个含义,而日文中的"法律"一词不仅与中文发音不同,且只表示一个含义,用以对应英语中的 law,法语的 droit,德语的 recht 等词。

② 不仅"法学"是这样,其他术语也一样,如日本人用"哲学"来对译 philosophy(国人原译"智学"),"经济学"对译 economics(国人原译"资生学""计学""平准学"),"社会学"对译 sociology(国人原译"群学")。这些词(哲学、经济学、社会学等)在中文中原本都是没有的,但由于是用汉字组合,国人一看就明白,只要改变读音,便可以立刻当作中文来使用,所以,最后都接受了这些术语。

③ 何勤华. 汉语"法学"一词的起源及其流变 [J]. 中国社会科学,1996(6):79.

④ 马克思,恩格斯. 马克思恩格斯全集:第 28 卷 [M]. 北京:人民出版社,2016:608.

⑤ 中共中央马克思恩格斯列宁斯大林著作编译局. 马克思恩格斯文集:第 4 卷 [M]. 北京:人民出版社,2009:310.

然法学派的"社会契约论"和"天赋人权论"（自然权利论）。

20世纪初，西方社会进入帝国主义阶段，各种社会矛盾加剧，旧的利益结构被打破，新的利益结构开始形成，有关劳资、福利、教育、经济等的社会立法相继出现，法的社会化成为时代潮流。社会问题和法律实践要求新的理论。在种种社会因素的推动下，强调研究法律的社会作用、法律的实效、法律规则生效的条件、法律与其他社会控制方式的联系的社会法学派得以形成。

第二次世界大战前后，席卷资本主义世界的经济危机和全球战争使学者们的注意力转向经济、战争和其他社会问题。20世纪50年代中期以后，由于一系列重大的政治辩论和学术争论的推动，西方法学史上出现了前所未有的繁荣局面。自然法学派、社会法学派和分析法学派以新的政治和理论姿态出现，成为现代西方法理学的三大主流学派。20世纪70年代以后，出现了主张运用经济学的理论和方法分析法律制度和法律活动、以实现最大经济效益为目标改革法律制度的经济分析法学派，以批判西方法律制度和法律文化为宗旨的批判法学派，以人本主义为哲学基础、宣扬非意识形态化、宣布对马克思主义实行"扬弃"的"新马克思主义法学派"。这些法学流派分别从不同的角度解释和评价法律制度，为维护或改善资本主义法律制度服务。同时，也出现了以否定资本主义法治原则为特征的后现代法学派，后现代法学派对资本主义法治进行了深刻的批评，但自身并未提出多少具有建设性的主张①。

3. 马克思主义的法学

中国古代的法学思想和西方各个历史时期的法学思想，尽管都解释了法律现象某些方面的特征，其中也不乏关于法律本质的某种程度上的认识，但是由于阶级立场、世界观和方法论的多重局限，它们不可能完全科学地揭示法的本质和发展规律。马克思主义法学在无产阶级革命斗争的实践中产生和发展，在社会主义国家法治建设的实践中不断创新和丰富，是迄今为止人类历史上最进步、最科学、最富有生命力的法学理论。

马克思主义法理学旗帜鲜明地坚持无产阶级和人民大众的立场，以维护最大多数人的利益为根本宗旨。马克思恩格斯深刻地批判了资产阶级法律的虚伪本性，揭示出资产阶级法律不过是被奉为法律的资产阶级的意志。在《共产党宣言》中，马克思恩格斯指出："过去的一切运动都是少数人的，或者为少数人谋利益的运动。无产阶级的运动是绝大多数人的，为绝大多数人谋利益的独立的运动。"马克思主义法理学作为无产阶级运动的产物，必须并且能够为绝大多数人的利益服务。马克思主义法理学从不掩饰自己的无产阶级和人民大众的立场，强调社会主义国家法律必须体

---

① 张文显.法理学[M].北京:高等教育出版社,2018.

现无产阶级的意志,必须代表无产阶级及其领导下的广大人民的利益①。

4. 马克思主义的法学理论中国化

（1）毛泽东思想的法治理论

19 世纪末 20 世纪初,马克思主义开始传入中国。1919 年五四运动之后,马克思主义日益与中国革命的具体实践相结合,并逐渐形成了标志着马克思主义与中国革命实际相结合的毛泽东思想。毛泽东思想蕴含着丰富的法治理论。这些理论是马克思主义法理学在中国的运用和发展,是被实践证明了的关于中国新民主主义革命和社会主义革命法治建设的正确的理论原则和经验总结。

（2）邓小平理论、"三个代表"重要思想、科学发展观的法治理论

以 1978 年 12 月党的十一届三中全会为标志,中国进入了改革开放的新时期,开辟了中国特色社会主义道路,形成了中国特色社会主义理论。中国特色社会主义理论体系为适应改革开放和社会主义现代化建设新时期、新形势、新任务的要求,提出了一系列具有重要战略意义的民主法治思想,确立了依法治国方略、依法执政基本方式,提出了建设社会主义法治国家的历史任务。在这个过程中,邓小平理论创立了中国特色社会主义法治理论,"三个代表"重要思想、科学发展观丰富和发展了中国特色社会主义法治理论,初步形成了中国特色社会主义法治理论体系。

（3）习近平法治思想

党的十八大以来,以习近平同志为核心的党中央立足全新视野,不断深化对共产党执政规律、社会主义建设规律、人类社会发展规律的认识,经过艰辛的理论探索和丰富的实践创新,创立了习近平新时代中国特色社会主义思想。党的十九大通过的《中国共产党章程(修正案)》、第十三届全国人大一次会议通过的《中华人民共和国宪法修正案》将"习近平新时代中国特色社会主义思想"写入党章、宪法。习近平新时代中国特色社会主义思想是对马克思列宁主义、毛泽东思想、邓小平理论、"三个代表"重要思想、科学发展观的继承和发展,是马克思主义中国化的最新成果,是中国特色社会主义理论体系的重要组成部分,是全党全国人民为实现中华民族伟大复兴而奋斗的行动指南。习近平新时代中国特色社会主义思想蕴含丰富的法治理论和法学理论,集中体现为习近平法治思想。2020 年 11 月召开的中央全面依法治国工作会议明确提出"习近平法治思想",并指出习近平法治思想是顺应实现中华民族伟大复兴时代要求应运而生的重大理论创新成果,是马克思主义法治理论中国化的最新成果,是习近平新时代中国特色社会主义思想的重要组成部分,是新时代全面依法治国的根本遵循和行动指南②。

---

① ② 张文显. 法理学 [M]. 北京:高等教育出版社,2018.

1.2　专业现状

我国目前开设法学专业的大学有 625 所,其中北京、江苏、河南、湖北、湖南、广东几个地区学校数量最多。黄河科技学院地处河南省郑州市,其商学部法学专业设立于 2004 年,但办学历史可追溯至 1986 年开设的法律自学考试专科文科类专业。1994 年国家批准学历教育后,学校设立了全日制法律事务专科专业;2004 年开始招收法学专业普通本科学生;2006 年开始招收法学专升本学生,同年成立法学教研室,全面负责法学专业的学科建设;2016 年 5 月获批法学双学位招生资格;2018 年通过河南省合格基层教学组织备案;2019 年法学实训教研室立项"黄河科技学院优秀基层教学组织";2022 年顺利通过验收,获评"良好"等级,同年法学专业获批"河南省教育厅民办普通高等学校学科专业建设资助项目";2023 年 3 月获批河南省民办高校法学虚拟教研室成员单位,同年 11 月,河南正方圆律师事务所被河南省教育厅认定为黄河科技学院新文科(法学)大学生校外实践教育基地。黄河科技学院法学专业经过近二十年的发展,立足于学校实际,着眼于学生长远发展,不断进行教学和课程改革创新,以满足不断变化的社会需求。

1.2.1　师资队伍

黄河科技学院法学专业设置二十年以来,已有毕业生 2000 多人,目前在校生有 800 多人。专职教师职称、学历、学缘结构搭配合理,教授 1 人,副教授 9 人,拥有研究生学历的教师占比 93%(含博士 1 人),双师型教师占比 57%,河南省高等学校青年骨干教师 1 人,河南省教育厅教科文卫体系统优秀教师 1 人,郑州市优秀青年社科专家 1 人,郑州市中青年骨干教师 1 人,郑州市社科工作先进个人1 人等。

1.2.2　教学条件与设施

黄河科技学院法学专业建有模拟法庭实验室。模拟法庭实验室硬件设施基本齐全,主要用于学生在学习程序法过程中的模拟庭审、法院庭审进校园和法律服务协会组织法律知识竞赛、辩论赛和模拟法庭大赛等活动,也用于项目化教学课程中的当事人接待、证据搜集运用、法律文书撰写等实训环节。

截至目前,法学专业共签约挂牌校外专业实习基地 14 个,其中司法机构 1 个,行政机构 1 个,律师事务所 12 个。这 14 个实习基地质量监控制度健全,过程管理规范。律师事务所深度参与教学环节,增强学生对实务案件的感知,提高学生的实践能力;学校教师参与司法实务案件,将理论与实践进行融合,提高课堂效果;联合开展科学研究,加强对前沿法学理论的把握,提高服务社会的水平。

1.2.3　人才培养定位

作为地方民办高校,黄河科技学院法学专业人才培养定位于培养德、智、体、美、劳全面发展,适应社会主义市场经济和社会主义法治国家建设需要,具有良好政治素质和职业道德,具备扎实法学理论基础与系统法学知识,具有较强法学实务能力和创新创业综合素质,能在立法机关、行政机关、司法机关、律师事务所和各类企事业单位从事相应工作的法学应用型专门人才。

1.2.4　学生培养质量

法学专业在办学过程中,坚持以学生发展为本,构建"1+2+3"人才培养模式,落实本科生升学就业导师制,实施学历教育与职业技能教育,完善人才培养体系,教学硬件设备齐全,实践教学资源丰富,近年来在人才培养、教学改革、科学研究、服务社会等方面取得了显著的成效。学生在国家法律职业资格考试、公务员考试中均取得优异成绩,多名学生毕业后考入河南省高级人民法院、郑州市中级人民法院、各级基层人民法院和检察院,为河南省法治化进程提供了人才支撑。

1.3　法学专业发展趋势与展望

从古代到现代,法学专业的历史源远流长。随着社会的进步和科技的创新,法学专业也在产生新的变化,以适应时代的需要。"新文科"必然包含"新法学"。"新"总要有所根据,为什么要建设"新文科"？根本的出发点,还是要适应社会需求,没有社会需求对文科的挑战,对法学的再造,就没有新法学。"新文科"在法学领域的展开就是"新法学"。

第一,新时代提出的新要求。习近平总书记在党的二十大报告中提出,人民对民主、法治、公平、正义、安全和环境都有新期待,这六个方面都和法学、法治有关系。 民主是法治的本质和基础;法治是治国理政的基本方式,社会越发展,越要依靠法治。人民对公平、正义的要求,正从具体的诉讼案件转向制度的建立和执法的力度。 要广义理解人民对安全的新需求,这包括但不限于人身安全、财产安全、社会安全以及国家安全等多个层面。人民对环境的要求实际上已经变成中国新的价值观,也已成为人民群众新的基本权利。怎样才能满足人民在新时代提出的这些新要求,是现在法学教育要思考的。

第二,中国法治建设的新目标。党的十九大报告明确了法治建设的时间表,到2035 年法治国家、法治政府、法治社会基本建成;到中华人民共和国成立 100 年,即21 世纪中叶,要建成社会主义现代化强国。中国正在成为一个大国,并且可以预测,中国经济总量一定会超过美国。根据世界银行的测算,在 2030 年中国 GDP 的总量将第一次超过美国,这一年美国 GDP 的总量预计是 24.18 万亿美元,中国将达到 24.48 万亿美元,今后数量上的差距还会继续增加。世界现在正面临"百年未有之大变局"。 中国的法治是走向大国的法治,我们的目标是建设法治中国、法治强国,大国的法治应该有大国的样子。为与强国的法治目标相适应,法学教育要有新作为,这是对法学专业提出的新挑战。大国法治要对世界做出哪些原创性的制度贡献,也是法学教育要思考的。

第三,中国法治发展的新矛盾。这里的新矛盾集中表现在国家安全方面。党的十八大之后,国家安全立法发生重大变化,我们在补齐国家安全的短板。过去,法学教育基本不涉及国家安全领域,在立法方面也一直是空白的。党的十八大之后形成了习近平总书记"总体国家安全观",以之为指导,政府加强了这方面的立法工作,制定了《中华人民共和国反间谍法》《中华人民共和国国家安全法》《中华人民共和国境外非政府组织境内活动管理法》《中华人民共和国反恐怖主义法》《中华人民共和国网络安全法》《中华人民共和国国防交通法》《中华人民共和国生物安全法》《中华人民共和国香港特别行政区维护国家安全法》等。其中,一些创新性的制度安排与传统的法学理论完全不同,很多都是过去法学理论未曾涉猎的。又如,如何防范颜色革命、如何管理太空、深海、极地等问题,法学教育在这些方面仍然很薄弱。

第四,"一带一路"布局的新应对。中国的利益已经延伸到海外,总体国家安全观当中应处理好几组关系:发展和安全的关系、传统安全和非传统安全之间的关系、国防安全与国民安全的关系、自身安全与共同安全的关系、内部安全和外部安全的关系。 目前,与"一带一路"有直接关系的国家和地区有 64 个,但是参与的国家和地区有上百个。如何维护好外部利益,就要研究"一带一路"沿途国家和地区的法律。现在,"走出去"的企业都明白一个道理,要实行"一国一策""一国一法",针对与之相关的具体国家拿出相应的对策。随着全球化的发展,国际交流与合作日益频繁,这就要求法学专业的学习者和从业者具有国际视野和处理国际法律事务的能力。国际法学、涉外法律专业等领域的人才需求将会持续增加。

第五,现代信息技术的新期待。人类文明经历了从农业文明到工业文明的转变,现在又到了向第三种文明即信息文明的转型。大数据、云计算、人工智能、区块链等新科技都对法学教育提出了新要求。这意味着新文科使用的理论工具,不应再局限于传统文科的手段。新文科的最大特点是文理交叉,法学教育也要学会运用现代信息技术,来从容地应对文明转型带来的挑战[①]。

综上所述,法学作为上层建筑,正在向着开放性、多元性和实践性的方向发展。未来的法学专业教育将更加注重培养学生的实践能力、跨学科知识融合能力,拓宽学生的国际化视野,以适应日益复杂的法律环境和多样化的法律服务需求。

---

① 徐显明. 新文科建设与卓越法治人才培养 [C]. 新文科建设工作会议. 威海,2020.

法学专业课程体系构建

2.1 人才需求分析

2.1.1 传统的法学专业人才需求

法学专业是一门理论性和实践性相结合的学科,要求学生具备扎实的理论基础和较强的实践能力,能够运用所学习的法律知识,分析法律问题,解决法律纠纷。这就要求学生既要有较高的法律素养,又要有较强的沟通表达、团队合作和创新能力。法学专业设置之初,对法学本科毕业生的就业去向大多定位在"公、检、法、司"、政府职能部门以及律师事务所等与法律实务紧密相关的岗位。但是随着我国市场经济的发展、技术的进步、市场主体的多元化,社会对法学本科专业毕业生的人才需求也产生了变化。

2.1.2 法学专业人才需求的新变化

随着互联网的发展,公司企业等市场主体对法律服务人才的需求在不断增长的同时也在不断变化。这些新兴的市场需求为应用型法学本科教育体系建设提供了有力支撑,一方面是各类公司法务类岗位的不断增多:从层级上来说,包括直接参与公司决策的首席法务官(CLO)、法务总监等高级岗位,法务主管、法务经理等中级岗位,法务专员、法务助理等初级岗位;从职责上来说,包括与风控合规、知识产权、人事劳资、金融财税等相关的法律事务岗位。另一方面是专门从事法律服务的市场主体的数量和类型也在不断增多。我国法律服务机构数量庞大,包括律师事务所、法律咨询公司、基层法律服务所、公证处、司法鉴定所等各种类型的法律服务机构成为各类法律服务的主要提供者。

相较于"公、检、法、司"与法律相关的政府职能部门、律师事务所等和法律实务紧密联系的市场主体,其他政府部门、公司企业和法律服务机构对法学本科毕业生的需求既有相同之处,又有各自的不同之处。相同之处在于两者均要求从业者具有一定的法律专业素养,包括法律问题分析能力和解决实务问题的能力。不同之处在于,

"公、检、法、司"与法律相关的政府职能部门、律师事务所等和法律实务紧密联系的市场主体对从业者的法律专业素养要求更高,而其他政府部门、公司企业和法律服务机构则要求法学本科毕业生在具备一定法律专业素养的同时,能够结合其服务对象类型、处理事务的范围以及从事行业的特点掌握其他领域的相关知识,具有一定的复合型人才的需求。正是这种需求上的差异性,为应用型法学本科教育体系的建设指明了方向,并提供了广阔的市场空间。

2.2　岗位任务分析

2.2.1　主要就业岗位

1. 律师岗位

律师是指依法取得律师执业证书,接受委托或指定,为当事人提供法律服务的执业人员。律师须通过法律职业资格考试并依法取得律师执业证书方可执业。按照工作性质划分,律师可分为专职律师与兼职律师;按照业务范围划分,律师可分为民事律师、专利律师(双证律师)、刑事律师和行政律师。律师业务主要分为诉讼业务与非诉讼业务。

2. 法官助理岗位

法官助理岗位是指专职审判辅助工作的司法人员,在法官的督导下工作,协助法官进行法律研究,起草法律文书以及其他与案件准备和案件管理有关的工作。要求法律相关专业本科以上学历,通过法律职业资格考试。一般都是从法院现有的工作人员中选拔,部分面向社会招考,对于工作经验没有具体要求。

3. 检察官助理岗位

一般要求法学或相关专业本科以上学历,需通过法律职业资格考试和公务员资格考试,并受过国家检察官学院或其授权的各分院、各省级以上人民检察院政治部组织的初任检察官培训,合格后方能任职。

4. 公司法务岗位

公司法务是指受聘于特定公司企业、具有丰富的法律知识、负责处理诉讼和非诉讼法律事务的专业人员。公司法务通过完善管理制度、业务流程、参与交易模式设计、筹划税收、商务谈判、参与决策、起草审查合同等法律文件、指导合同履行、处理纠纷等方式帮助公司防范法律风险、降低损失、提升经营绩效。

2.2.2　主要岗位任务

1. 律师助理岗位任务

协助律师起草法律文书、做好整理开庭资料等准备工作;协助律师建立客户档案;配合律师会见客户,并协助签订委托协议,整理文书;递送相关资料;规范顾问单位的合同审核与管理工作,起草、审核和修订各类法律文书及合同,并制定标准合同;完成律师交办的其他工作。

2. 法官助理岗位任务

接受、审查诉讼材料;完成庭前会议、证据交换等庭前准备工作;开展庭前调解,草拟调解文书;办理保全、鉴定、评估等工作;安排案件的开庭、调查、询问等工作;查阅与案件审理相关的法律条文等参考资料,研究分析案件涉及的有关法律问题;草拟裁判文书;办理审限延长或扣除报批、案件报结等工作;完成裁判文书上网;办理网上办案及电子卷宗同步生成等相关工作;办理其他审判辅助性工作;完成庭室交办的其他事务性工作。

3. 检察官助理岗位任务

做案件记录,完成案件材料的收转登记、录入复印、整理、装订、保管、归档,法律文书打印、校对、送达;讯问犯罪嫌疑人、被告人、证人和其他诉讼参与人;接待律师及案件相关人员;现场勘验、检查、收集、调取、核实证据;草拟案件审查报告、法律文书;协助检察官出席法庭;部门文稿起草、信息新闻稿件撰写、自媒体制作等;完成检察官交办的其他办案事项。

4. 公司法务岗位任务

起草、审核、规范各类合同文本;做好合同审议中的台账登记、更新、跟进、报告等工作;参与与公司有关的重大决议、规章及其他重要法律文件的合法性审查;检查监督合同履行情况,协调解决合同履行中出现的法律问题,避免产生合同纠纷;处理、解答各部门与法律相关的问题;代表公司参与法律事务的协商、调解、诉讼与仲裁活动;参与处理各类危机事件,从法律的角度,防止事件的扩大并维护公司权益;做好公司法务工作的档案管理;起草、审阅法律文书和相关合同;负责法务文件等资料的整理、编号、归档及管理;公司相关证照、资质等的申请和维护,办理企业年检等事宜;处理公司所涉及的劳务纠纷等小案件,以及领导交办的其他工作。

2.2.3　岗位能力分析

1. 律师岗位能力分析

(1) 核心能力

法律思维能力:掌握法律基本概念的能力、法律推理能力、法律归纳能力。法律说理能力:法律沟通能力、法律谈判能力、法律论辩能力。法律文书写作能力:法律文书起草能力、法律文书撰写能力、法律文书审查能力。证据搜集运用能力:证据调查收集能力、举证质证能力。法律检索能力:法律法规检索能力、类案检索能力。

（2）岗位加强能力

自我推销能力：媒体营销能力、公益营销能力、网络营销能力。案件分析能力：剖析案情的能力、构建法律关系模型的能力、运用权力的能力。客户服务能力：归纳客户需求的能力、制定法律方案的能力。

2. 法官助理岗位能力分析

（1）核心能力

法律思维能力：掌握法律基本概念的能力、法律推理能力、法律归纳能力。法律说理能力：法律沟通能力、法律谈判能力、法律论辩能力。 法律文书写作能力：法律文书起草能力、法律文书撰写能力、法律文书审查能力。 证据搜集运用能力：证据调查搜集能力、举证质证能力。法律检索能力：法律法规检索能力、类案检索能力。

（2）岗位加强能力

庭审驾驭能力：驾驭指挥能力、应变控制能力、认证及裁决能力。法律适用能力：民事法律适用能力、刑事法律适用能力、行政法律适用能力。裁判文书制作能力：整理卷宗的能力、正确认定事实的能力、透彻法律论证的能力等。

3. 检察官助理岗位能力分析

（1）核心能力

法律思维能力：掌握法律基本概念的能力、法律推理能力、法律归纳能力。法律说理能力：法律沟通能力、法律谈判能力、法律论辩能力。 法律文书写作能力：法律文书起草能力、法律文书撰写能力、法律文书审查能力。 证据搜集运用能力：证据调查搜集能力、举证质证能力。法律检索能力：法律法规检索能力、类案检索能力。

（2）岗位加强能力

侦查取证能力：讯（询）问当事人的能力、自行调查搜集证据的能力。证据审查能力：审查证据合法性、真实性和客观性的能力，审查证据证明力的能力。法律监督能力：民事、行政检察能力，刑事检察能力，公益诉讼检察能力，控告申诉检察能力等。

4. 公司法务岗位能力分析

（1）核心能力

法律思维能力：掌握法律基本概念的能力、法律推理能力、法律归纳能力。法律说理能力：法律沟通能力、法律谈判能力、法律论辩能力。 法律文书写作能力：法律文书起草能力、法律文书撰写能力、法律文书审查能力。 证据搜集运用能力：证据调查搜集能力、举证质证能力。法律检索能力：法律法规检索能力、类案检索能力。

（2）岗位加强能力

运营辅助能力：为公司运营提供具体法律技术支持的能力、为公司提供经营活动法律意见书的能力。风险预防能力：制定公司管理规章制度的能力、审查合同及各类法律文件的能力。风险处置能力：处理公司诉讼事务的能力，处理公司非诉讼、仲裁事务的能力、处理日常性法律事务的能力等。

当然,每一个法律从业者,都需要具备终身学习的能力、法律研究的能力和知识迁移的能力。

2.3　课　程　体　系

2.3.1　法学专业课程体系

基于前述的岗位任务调研和岗位能力分析,初步构建法学专业"2+1+1"的课程体系如图 2-3-1 所示。大一、大二学年主要开设法学基础课程,大三学年主要开设实务能力培养课程和应用研究型课程,满足学生实践能力的需求和法学专业能力深造的需求;大四学年主要开设法律咨询、法律调解、法律援助、中小企业法务等法律应用型课程,无缝对接市场,实现专业学习的产教融合。

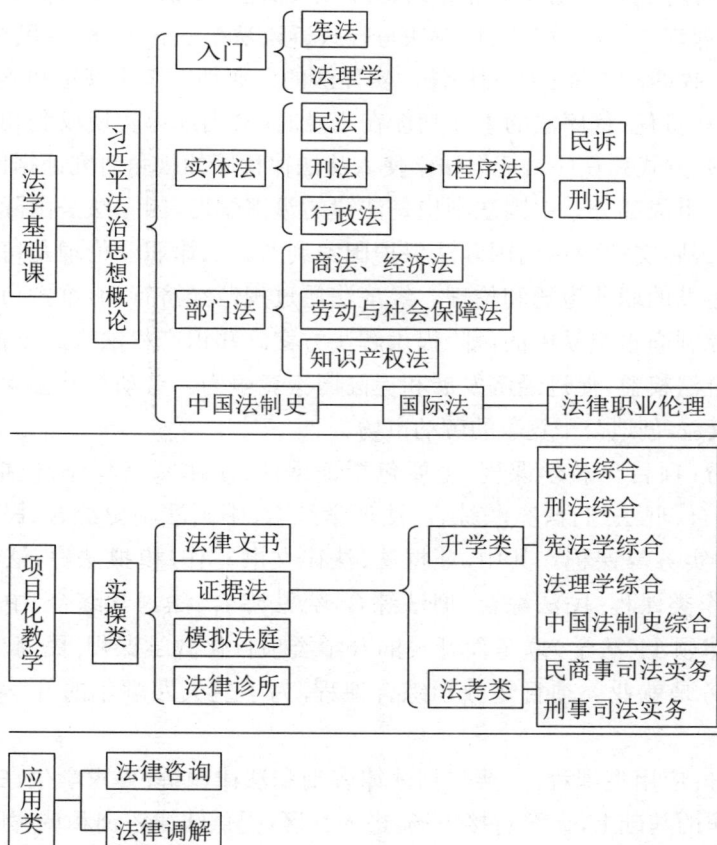

图 2-3-1　法学专业课程体系

2.3.2 专业课程知识结构体系

在前期法学专业人才需求市场调研的基础上,法学专业知识结构体系可分为如下部分。

第一部分:基础课之基础课,包括习近平法治思想概论、法理学、宪法学和逻辑学。习近平法治思想概论课程不仅能全面提升大学生的法治观念,更重要的是可以提升大学生对法治领域意识形态问题的政治辨别力、政治领悟力,增强大学生对中国特色社会主义法治道路的政治定力、政治自信,进而有力维护国家政治安全。法理学课程可以培养学生的法律思维能力,是学好其他课程的基础。宪法是国家根本大法,通过学习宪法培养学生尊崇宪法、维护宪法和运用宪法的意识,也为学好其他专业课程打下基础。逻辑是思维的帝王,学好逻辑学有助于法律从业人员掌握正确的法律思维方式和思维方法,提高法律思维的素质。

第二部分:基础课,包括民法、刑法、行政法与行政诉讼法、民事诉讼法、刑事诉讼法、国际法、中国法制史、法律职业伦理、经济法、商法、知识产权法、劳动与社会保障法、证据法等课程。民法、刑法、行政法与行政诉讼法是三大实体法;民事诉讼法、刑事诉讼法和行政诉讼法是三大程序法。实体法的主要功能在于规定和确认权利和职权,以及义务和责任;程序法的主要功能在于及时、恰当地为实现权利和行使职权提供必要的规则、方式和秩序。证据法学使人从法律程序的视角研究证据问题,证据规则是程序法的组成部分。中国法制史是法律的纵深学习,国际法是国际交往的法律框架,可以在国际交往中运用国际法保护国家利益。法律职业伦理是每一个法律从业者都应当遵循的职业道德和伦理。经济法通过规范经济行为,维护市场秩序。商法为管理和控制商事交易中的风险提供解决方案。知识产权法有助于推动创新、维护创新者的合法权益,促进经济发展和提高国家竞争力。劳动与社会保障法保护劳动者的劳动权益,创造公平竞争的劳动市场。

第三部分:项目化教学课程,主要包括证据法、法律文书写作、模拟法庭、法律诊所、民法综合、刑法综合、宪法综合、法理学综合、中国法制史综合、民商事司法实务、刑事司法实务等课程。其中,证据法、法律文书写作、模拟法庭、法律诊所属于法律实务操作类课程;民法综合、刑法综合、宪法综合、法理学综合、中国法制史综合是针对法律硕士(法学)联考而开设的升学类项目化教学课程;民商事司法实务、刑事司法实务是就业类项目化教学综合课程,为学生大四学年的升学和就业打下基础。

第四部分:应用型课程,主要包括法律咨询和法律调解,要求学生在大三学年项目化实务操作的基础上,无缝对接市场,进入社区,提供法律咨询和调解服务,提高学生适应市场和社会需求的能力。

2.4　法学本科专业人才培养方案

2.4.1　专业基本信息

专业名称：法学　　　　　　　专业代码（国标）：030101K

专业开办年度：2004 年　　　　学科门类：法学

标准学制：四年　　　　　　　授予学位：法学学士

2.4.2　培养目标

本专业旨在培养德、智、体、美、劳全面发展，适应社会主义市场经济和社会主义法治国家建设需要，具有良好政治素质和职业道德，具备扎实法学理论基础与系统法学知识，具有较强法学实务能力和创新创业综合素质，能在立法机关、行政机关、司法机关、律师事务所和各类企事业单位从事相应工作的法学应用型专门人才。

2.4.3　培养规格基本要求及其实现矩阵

法学本科专业培养规格基本要求及其矩阵见表 2-1-1。

表 2-1-1　法学本科专业培养规格基本要求及其矩阵

维　　度		培养规格基本要求	配套的主要课程（或采取的培养措施）
知识结构	基础知识	掌握法学基本概念、基本知识和基础理论，树立正确的法学理念，正确理解理论法学在法学领域的基础性作用	法理学、宪法学、中国法制史、逻辑学
	核心知识	掌握各种实体法律制度的基本内容、运行规则、法律责任；掌握各种法律程序的运行、结构、规则	民法总论、民法分论、刑法总论、刑法分论、经济法、民事诉讼法、刑事诉讼法、行政法与行政诉讼法
	扩展知识	了解并熟知与法学密切相关的人文、社会科学以及必要的理工科等知识，在掌握法学的基础上，扩大知识层面，拓宽知识背景。（部分同学）对第二学位（双学位）基础、核心知识的学习掌握	社会学概论、经济学概论、会计法、税法、商法、知识产权法、环境资源法和国际法
能力结构	基础能力	拥有通过各种渠道获取法学知识的能力，把法学知识吸收转化为自身内在能力的能力，应用、更新法学知识的能力	文献信息检索、社会调查原理与方法、法律诊所、模拟法庭
	核心职业能力	具备法律应用能力和实践能力，应用所学法学知识发现、分析、解决实践中遇到各种类型案件的综合能力，具有从事法律实务工作的能力	证据法、法律文书写作、大数据合同法律风险分析、公司法实务、律师实务与公证、民法（侵权责任）

续表

维　　度		培养规格基本要求	配套的主要课程 （或采取的培养措施）
能力 结构	扩展能力	具备较强的法学知识创新能力，具有一定的与法律相关的创业思维和探索能力，(部分同学)通过双学位的学习掌握第二学位应当具备的能力	新生研讨课、民商法前沿、刑法前沿、税法、票据法、会计法、法学论文写作、毕业论文
素质 结构	思想政治 素质	具备合格的思想品德素质，对国家、社会有高度的责任感，有正确的世界观、人生观和价值观，明辨是非，具有基本的法治精神	思想道德修养与法律基础、中国近现代史纲要、马克思主义基本原理概论、毛泽东思想和中国特色社会主义理论体系概论、形势与政策
	身心素质	具备较强的身心综合素质，包括健康的身体、良好的心理素质、创新精神，并具有较强的独立解决实际问题的能力和善于与人合作互助的能力	军事课、体育、大学生心理健康、社会心理学、创业基础、大学生职业发展与就业指导
	人文素质	拥有强烈的人权意识和人文关怀，具有以人为主体、以人为中心的精神，充满对人类生存意义和价值的关怀	法律职业伦理、汉语阅读与写作、经典阅读、艺术欣赏
	职业素质	具有较高的业务素质，如进行法律咨询、法律援助、法律服务、专业实习、撰写法律论文和文书等方面的素质	法律文书写作、认知实习、社会实践、专业实习、毕业实习

2.4.4　毕业及学位授予基本要求

法学本科专业毕业及学位授予基本要求见表 2-1-2。

表 2-1-2　法学本科专业毕业学位授予基本要求

项　　目	基　本　要　求
准予毕业条件	（1）德、体考核合格 （2）通过毕业论文答辩 （3）修满培养计划规定学分160学分，并满足修读各类课程的学分要求
授予学位条件	符合以上毕业条件，并符合《黄河科技学院学士学位授予工作实施细则》中学位授予条件

2.4.5　课程学分结构与毕业基本要求

法学本科专业课程学分结构与毕业基本要求见表 2-1-3。

表 2-1-3 法学本科专业课程学分结构与毕业基本要求

课程平台	学 时 统 计					学 分 统 计					实践学分占总学分比例 / %
	总学时	其中		其中		总学分	其中		其中		
		必修学时	选修学时	理论教学	实践教学		必修学分	选修学分	理论学分	实践学分	
普通教育课程	1016	918	98	688	328	64	54	10	46.5	17.5	27
专业基础课程	1136	912	224	880	256	71	57	14	55	16	23
项目化教学课程	256	128	128	128	128	8	4	4	4	4	50
应用型课程	32	0	32	0	32	2	0	2	0	2	100
集中实践课程	360	320	40	0	360	15	13	2	0	15	100
合计	2800	2278	522	1696	1104	160	128	32	105.5	54.5	34

2.4.6 课程设置与教学计划

1. 普通教育课程

普通教育课程见表 2-1-4。

表 2-1-4 普通教育课程

课程类别	课程代码	课程名称	课程性质	课程学分		课程学时			考试考查	开课学期
				学分	理论	实践	学时	理论	实践	
普通教育课程	1920319001	思想道德与法治	必修	3	2.5	0.5	48	40	8	查	1
	1920319002	中国近现代史纲要	必修	3	2.75	0.25	44	44	0	试	2
	1920319003	马克思主义基本原理	必修	3	2.75	0.25	44	44	0	试	4
	1920319004	毛泽东思想和中国特色社会主义理论体系概论	必修	3	2.5	0.5	48	40	8	试	3

续表

课程类别	课程代码	课程名称	课程性质	课程学分			课程学时			考试考查	开课学期
				学分	理论	实践	学时	理论	实践		
普通教育课程	2220319009	习近平新时代中国特色社会主义思想概论	必修	3	2.5	0.5	48	40	8	试	3
	1920319005	形势与政策Ⅰ	必修	0.5	0.5	0	16	16	0	查	1~2
	1920319006	形势与政策Ⅱ	必修	0.5	0.5	0	16	16	0	查	3~4
	1920319007	形势与政策Ⅲ	必修	0.5	0.5	0	16	16	0	查	5~6
	1920319008	形势与政策Ⅳ	必修	0.5	0.5	0	8	8	0	查	7
	2120559001	军事技能	必修	2	0	2	0	0	2周	查	1
	2120559002	军事理论与国家安全	必修	3	3	0	48	48	0	查	1
	1920329001	大学英语Ⅰ	必修	4	3	1	64	48	16	试	1
	1920329002	大学英语Ⅱ	必修	4	3	1	64	48	16	试	1~4
	1920329003	大学英语Ⅲ	必修	4	3	1	64	48	16	试	1~4
	1920329004	大学英语Ⅳ	必修	4	3	1	64	48	16	试	1~4
	1920539001	体育Ⅰ	必修	1	0	1	32	0	32	查	1
	1920539002	体育Ⅱ	必修	1	0	1	32	0	32	查	2
	1920539003	体育Ⅲ	必修	1	0	1	32	0	32	查	3
	1920539004	体育Ⅳ	必修	1	0	1	32	0	32	查	4
	1920749001	大学生心理健康	必修	2	1.5	0.5	32	24	8	查	2
	1920569001	大学生职业发展与就业指导Ⅰ	必修	1	1	0	20	16	4	查	1
	1920569002	大学生职业发展与就业指导Ⅱ	必修	1	0.5	0.5	18	12	6	查	3~6
	1920759001	创业基础	必修	2	1	1	32	16	16	查	3
	1920529002	大数据基础	必修	2	1	1	32	18	14	试	1
	2020239001	劳动教育Ⅰ	必修	0.5	0.5	0	8	8	0	查	1
	2020239002	劳动教育Ⅱ	必修	1.5	0	1.5	24	0	24	查	2~7
	—	经典阅读	必修	2	1	1	32	16	16	查	1~7

续表

课程类别	课程代码	课程名称	课程性质	课程学分			课程学时			考试考查	开课学期
				学分	理论	实践	学时	理论	实践		
普通教育课程	必修课小计			54	36.5	17.5	918	614	304+2周	—	—
	19231GX016	中华优秀传统文化概论	限选	1	1	0	16	16	0	查	1
	1920519001	汉语阅读与写作	限选	2	1	1	32	16	16	查	2
	19251GX001-8	艺术欣赏	限选	2	2	0	32	32	0	查	3
	1920589001	文献信息检索	限选	1	1	0	18	10	8	查	6
	1920329005	大学英语Ⅴ	选修	2	1	1	32	16	16	试	2~4
	—	研讨课	选修	1	0.5	0.5	16	8	8	查	1~2
	—	公选课	选修	≤4	—	—	—	—	—	—	1~7
	—	创新性课程	限选	4	—	—	—	—	—	—	—
	选修课小计			≥10	≥10	≥0	≥98	≥74	≥24	—	—
	普通教育课程合计			≥64	≥46.5	≥17.5	≥1016	≥688	≥328+2周	—	—

2. 专业基础课程

专业基础课程见表 2-1-5。

表 2-1-5　专业基础课程

课程类别	课程代码	课程名称	课程性质	课程学分			课程学时			考试考查	开课学期
				学分	理论	实践	学时	理论	实践		
专业基础课程	2423030301	习近平法治思想概论	学科必修课	2	2	0	32	32	0	查	1
	2423030302	宪法学	学科必修课	4	3	1	64	48	16	试	1
	2423030303	法理学	学科必修课	4	3	1	64	48	16	试	1
	2423030304	民法总论	学科必修课	4	3	1	64	48	16	试	2
	2423030305	刑法总论	学科必修课	4	3	1	64	48	16	试	2
	2423030306	物权法学	专业必修课	2	1.5	0.5	32	24	8	试	3
	2423030308	合同法学	专业必修课	2	1.5	0.5	32	24	8	试	3
	2423030310	刑法分论	专业必修课	4	3	1	64	48	16	试	3

课程类别	课程代码	课程名称	课程性质	课程学分			课程学时			考试考查	开课学期
				学分	理论	实践	学时	理论	实践		
专业基础课程	2423030311	刑事诉讼法	专业必修课	4	3	1	64	48	16	试	4
	2423030312	行政法与行政诉讼法	专业必修课	4	3	1	64	48	16	试	2
	2423030313	民事诉讼法	专业必修课	4	3	1	64	48	16	试	4
	2423030314	中国法律史	专业必修课	4	4	0	64	64	0	试	3
	2423030315	国际法	专业必修课	4	3	1	64	48	16	试	4
	2423030317	经济法	专业必修课	3	2.5	0.5	48	40	8	试	3
	2423030318	知识产权法	专业必修课	4	3	1	64	48	16	试	5
	2423030319	商法	专业必修课	4	3	1	64	48	16	试	4
		必修课小计		57	44.5	12.5	912	712	200	—	—
	2423030307	婚姻家庭与继承法学	专业选修课	2	1.5	0.5	32	24	8	试	4
	2423030316	法律职业伦理	专业选修课	2	1.5	0.5	32	24	8	查	5
	2423030320	劳动与社会保障法	专业选修课	2	1.5	0.5	32	24	8	试	5
	2423030321	逻辑学	专业选修课	2	1.5	0.5	32	24	8	查	1
	2423030326	法律文书写作	专业选修课	2	1.5	0.5	32	24	8	查	5
	2423030309	侵权责任法学	专业选修课	1	1	0	16	16	0	查	6
	2423030337	国际私法	专业选修课	2	1.5	0.5	32	24	8	查	6
	2423030338	国际经济法	专业选修课	2	1.5	0.5	32	24	8	查	6
	2423030339	环境资源法	专业选修课	2	1.5	0.5	32	24	8	查	5
	2423030340	律师实务与公证	专业选修课	2	1.5	0.5	32	24	8	查	6
		选修课小计		≥14	≥10.5	≥3.5	≥224	≥168	≥56	—	—
		专业基础课程合计		≥71	≥55	≥16	≥1136	≥880	≥250	—	—

3. 项目化教学课程

项目化教学课程见表 2-1-6。

表 2-1-5　项目化教学课程

课程类别	方向	课程代码	课程名称	课程性质	课程学分			课程学时			考试考查	开课学期
					学分	理论	实践	学时	理论	实践		
项目化教学课程	就业方向	2423030325	证据法	必修	2	1	1	32	16	16	查	5
		2423030328	法律诊所	选修	2	1	1	32	16	16	查	6
		必修课小计			4	2	2	64	32	32	—	—
		2423030327	模拟法庭	选修	2	1	1	32	16	16	查	6
		2423030334	民商事司法实务	选修	3	2	1	48	32	16	查	6
		2423030335	刑事司法实务	选修	3	2	1	48	32	16	查	7
		选修课小计			≥4	≥2	≥2	≥64	≥32	≥32	—	—
		项目化教学课程（就业方向）合计			≥8	≥4	≥4	≥128	≥64	≥64	—	—
	应用型研究方向	2423030331	民法综合	必修	2	1	1	32	16	16	查	5
		2423030329	宪法综合	必修	2	1	1	32	16	16	查	6
		必修课小计			4	2	2	64	32	32	—	—
		2423030332	刑法综合	选修	2	1	1	32	16	16	查	5
		2423030325	证据法	选修	2	1	1	32	16	16	查	5
		2423030330	中国法制史综合	选修	2	1	1	32	16	16	查	6
		2423030333	法理学综合	选修	2	1	1	32	16	16	查	7
		选修课小计			≥4	≥2	≥2	≥64	≥32	≥32	—	—
		项目化教学课程（应用型研究方向）合计			≥8	≥4	≥4	≥128	≥4	≥4	—	—

4. 应用型课程

应用型课程见表 2-1-7。

表 2-1-7 应用型课程

课程类别	课程代码	课程名称	课程性质	课程学分			课程学时			考试考查	开课学期
				学分	理论	实践	学时	理论	实践		
应用型课程	2423030336	法律咨询与调解	选修	2	0	2	32	0	32	查	7
	2423030343	法律自媒体营销	选修	2	0	2	32	0	32	查	7
	选修课小计			2	0	2	32	0	32	—	—
	应用型课程合计			2	0	2	32	0	32	—	—

5. 集中实践课程

集中实践课程见表 2-1-8。

表 2-1-8 集中实践课程

课程类别	课程代码	课程名称	课程性质	课程学分			课程学时			考试考查	开课学期
				学分	理论	实践	学时	理论	实践		
集中实践课程	2423030341	认知实习	选修	1	0	1	20	0	1周/20	考查	1~2
	2423030342	专业实习	选修	2	0	2	40	0	2周/40	考查	3~6
	2323030322	社会实践	必修	1	0	1	—	—	4周/80	考查	假期
	2323030323	毕业实习	选修	4	0	4	80	0	4周/80	考查	7
	2323030324	毕业论文	必修	12	0	12	240	0	12周/240	考查	8
	选修课小计			≥2	0	2	40	0	40	—	
	集中实践课程小计			≥15	0	15	≥360	0	≥360	—	

2.4.7 与专业相关的职业资格考试

与专业相关的职业资格考试见表 2-1-9。

表 2-1-9　职业资格考试

职业资格证书名称	考试机构	发证机关	考试时间及频次	报考对象	备注
法律职业资格考试	司法部	司法部	一年一次	法学本科毕业生	—

2.4.8　本专业课外拓展资源

本专业课外拓展资源见表 2-1-10。

表 2-1-10　本专业课外拓展资源

序号	书名 / 期刊 / 网页	作者 / 出版社 / 网址
1	知网	https://www.cnki.net/
2	北大法宝	http://www.pkulaw.cn/
3	《认真对待权利》	德沃金 / 中国大百科全书出版社
4	《论法的精神》	[法] 孟德斯鸠
5	《法哲学原理》	[德] 黑格尔
6	《论犯罪与刑罚》	[意] 贝卡里亚
7	《社会契约论》	[法] 卢梭著，何兆武译
8	《美国宪政历程》	任东来 / 中国法制出版社
9	《法律与革命》	[美] 哈罗德·J. 伯尔曼
10	《最好的辩护》	[美] 亚伦·德萧维奇 / 南海出版公司
11	《中国法学》	法学核心期刊
12	《中外法学》	法学核心期刊
13	《法学研究》	法学核心期刊
14	《法学家》	法学核心期刊
15	《比较法研究》	法学核心期刊
16	《环球法律评论》	法学核心期刊
17	最高人民法院司法案例研究院	微信公众号
18	法学学术前沿	微信公众号

第 3 章

法学专业课程知识建模

3.1 项目化教学课程知识图谱

本节主要展示实务操作类项目化教学课程法律诊所和升学类项目化教学课程宪法综合的部分知识图谱，为高质量的课程设计打下良好的基础。

3.1.1 法律诊所

法律诊所课程的知识图谱包括以下内容。

会见知识图谱，如图 3-1-1 所示。

法律咨询知识图谱，如图 3-1-2 所示。法律论辩知识图谱，如图 3-1-3 所示。

3.1.2 宪法综合

宪法综合课程主要针对法律硕士联考的重难点进行知识图谱的设计。

宪法基本理论（一）知识图谱如图 3-1-4 所示。

宪法基本理论（二）知识图谱如图 3-1-5 所示。

宪法的制定与实施（一）知识图谱如图 3-1-6 所示。

从第二章法学专业人才培养方案可以看出，除了公共课外，法学专业的课程分为专业基础课、项目化教学课程和应用型课程三大模块。处于承前启后地位的项目化教学课程分为两个方向：一个是就业方向，侧重于通过真实案件的参与或模拟仿真案件的训练，提高学生的法律文书写作、证据收集运用、庭审控场、与当事人的沟通技巧的掌握和运用等实务技能的提升；另一个是应用型研究方向，主要针对包括宪法学、法理学、中国法制史、民法和刑法共五门法律硕士联考课程的考试重难点、学科前沿进行整合，构建知识模块，便于学生系统掌握知识体系，提高学生专业基础课的学术研究能力。如果每一门就业项目化教学课程和应用型研究课程的知识建模图都在本书中展现显得过于厚重，因此，这里主要展示实务操作类项目化课程法律诊所和升学类项目化课程宪法综合的部分知识图谱，为高质量的课程设计打下良好的基础。

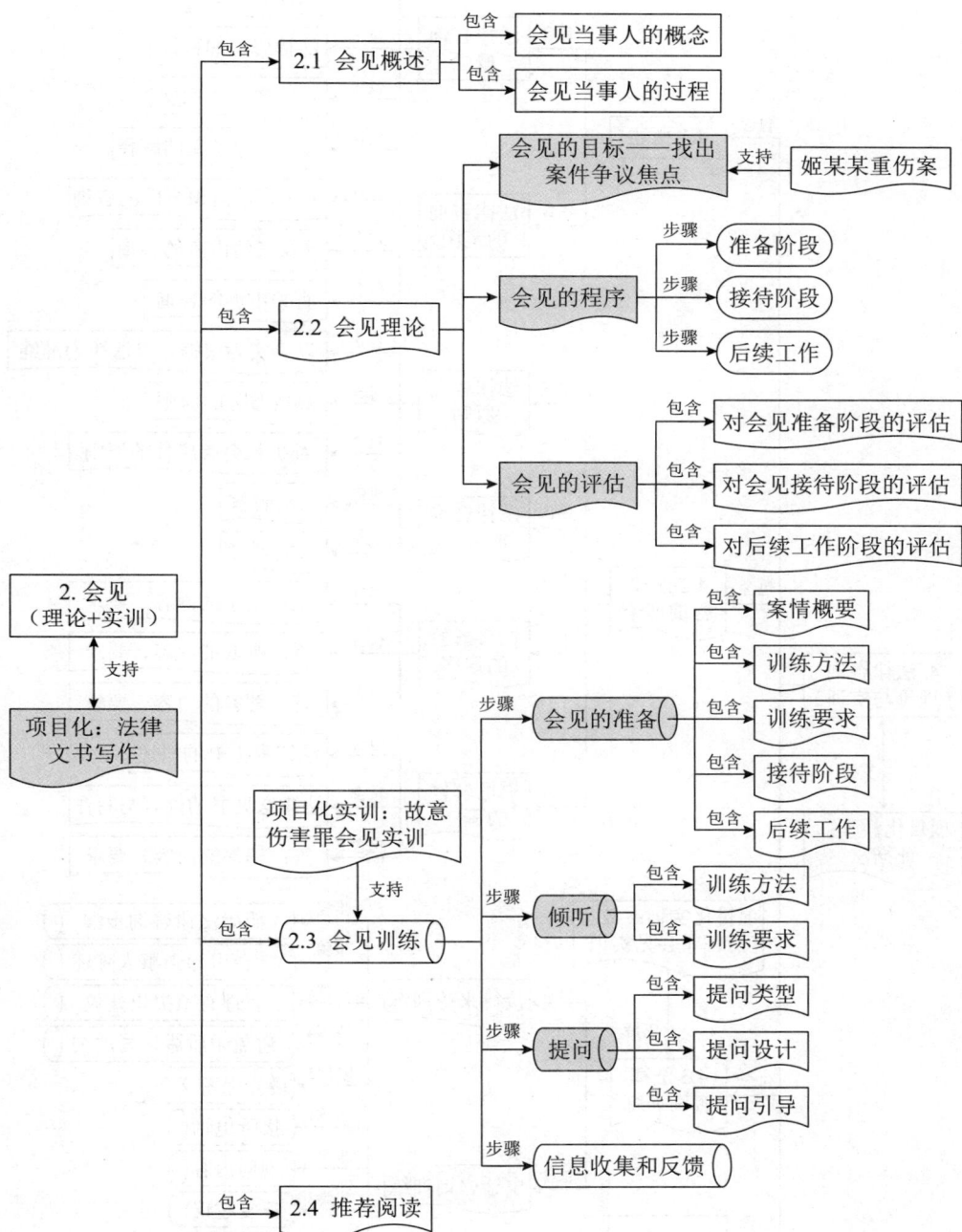

图 3-1-1　会见知识图谱

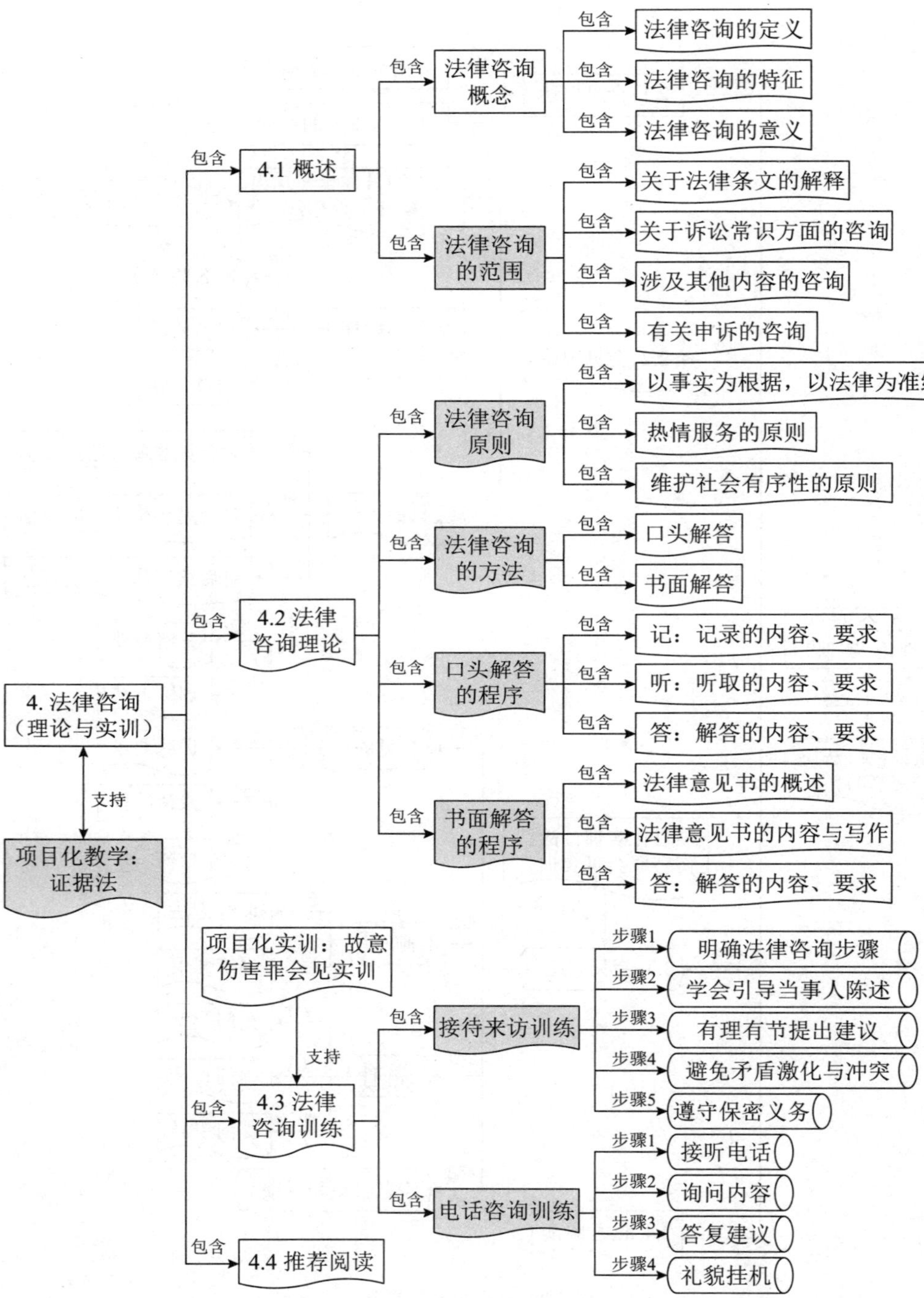

图 3-1-2 法律咨询知识图谱

包含 → 什么是论辩

包含 → 什么是法律论辩
- 包含 → 法律论辩概念
- 包含 → 法律论辩结构
- 包含 → 法律论辩目的
- 包含 → 法律论辩方法

8.1 概述
- 包含 → 什么是论辩
- 包含 → 什么是法律论辩
- 包含 → 法律论辩是现代诉讼制度的重要标志
- 包含 → 法律论辩蕴含了丰富的现代法律价值
  - 包含 → 平等
  - 包含 → 民主
  - 包含 → 公开
  - 包含 → 中立
- 包含 → 法律论辩在法律诊所课程中的应用

8. 法律论辩（理论与实训）

支持 → 项目化：模拟法庭

8.2 法律论辩理论
- 包含 → 开庭陈述的基本理论
  - 包含 → 开庭陈述的概念
  - 包含 → 开庭陈述的内容与目的
  - 包含 → 我国关于开庭陈述的法律规定
  - 包含 → 开庭陈述的方法
- 包含 → 直接询问的基本理论
  - 包含 → 直接询问的概念
  - 包含 → 交叉询问的内容和目的
  - 包含 → 我国关于直接询问的法律规定
  - 包含 → 直接询问的方法
- 包含 → 交叉询问的基本理论
  - 包含 → 交叉询问的概念
  - 包含 → 交叉询问的内容和目的
  - 包含 → 我国关于交叉询问的法律规定
  - 包含 → 交叉询问的方法
- 包含 → 结案陈词的基本理论
  - 包含 → 结案陈词的概念
  - 包含 → 结案陈词的内容和目的
  - 包含 → 我国关于结案陈词的法律规定
  - 包含 → 结案陈词的方法

项目化实训：故意杀人罪法庭辩论训练

支持 → 8.3 法律论辩训练
- 步骤1 开庭陈述
  - 支持 → 事实分析（）
  - 法律分析（）
- 步骤2 直接询问
  - 支持 → 直接询问的目的和内容（）
  - 直接询问的技巧（）
- 步骤3 交叉询问
  - 支持 → 交叉询问的目的和内容（）
  - 交叉询问的技巧（）
- 步骤4 结案陈词（）

包含 → 8.3 法律论辩训练
包含 → 8.4 推荐阅读

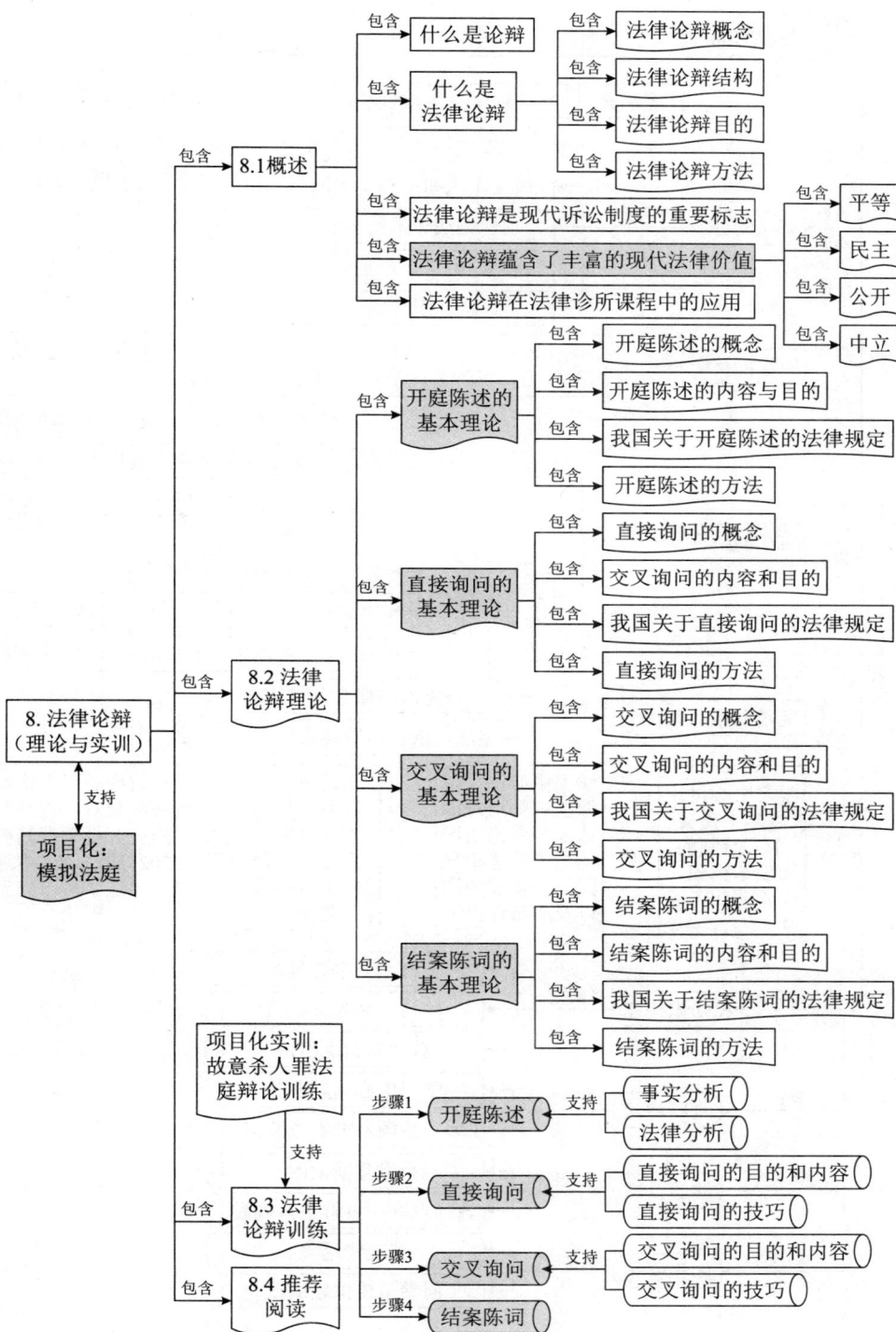

图 3-1-3　法律论辩知识图谱

宪法的渊源 —内容包含→ 宪法典 | 宪法解释 | 宪法性法律 | 宪法惯例 | 宪法判例 | 国际条约

宪法的分类 —内容包含→
- 资本主义和社会主义类型 ←支持— 求是网访谈资料：看待中国法治必须立足中国制度
- 成文宪法和不成文宪法
- 刚性宪法和柔性宪法
- 钦定、民定、协定宪法
- 近代、现代宪法

宪法的概念 —定义→ 是确认民主事实，集中反映一国政治力量对比关系，通过规范国家权力，保障公民基本权利的国家根本法

宪法的特征 —内容包含→
- 形式特征 —具有特征→
  - 宪法规定了一个国家最根本的问题
  - 宪法的制定和修改程序更为严格
  - 具有最高的法律效力 ←支持— 孙志刚案例
- 本质特征 —具有特征→
  - 宪法是公民权利的保障书
  - 宪法是民主制度化、法律化的基本形式
  - 宪法是各种政治力量对比关系的集中体现

宪法与依宪治国 —内容包含→
- 依宪治国概念
- 宪法与依宪治国关系

宪法基本理论（一）

学习中心讨论区学生提交个人绘制的知识结构图、汇报PPT —并列— 学习中心课程资源区教师梳理的该部分考点出题频率图、思维导图、知识建模图以及本节课PPT —并列— 学习中心习题测验区：本部分知识点来自法律硕士考研真题测验 —并列— 学习中心学习资源视频观看：竹马官网公开视频课马峰2025届法硕一本通《宪法学》——宪法基本理论

- 知识构建 —策略包含→
  - 教材、一本通预习 ( )
  - 竹马官网视频学习 ( )
  - 教师知识点串讲 ( )
- 真题测验 —策略包含→
  - 学习中心真题测验 ( )
  - 华研法硕章节真题练习 ( )
- 测验反馈 —策略包含→
  - 小组互助批改 ( )
  - 教师点评、讲解主客观题 ( )
- 知识强化 —策略包含→
  - 整理错题集 ( )
  - 问卷星模拟题测试 ( )

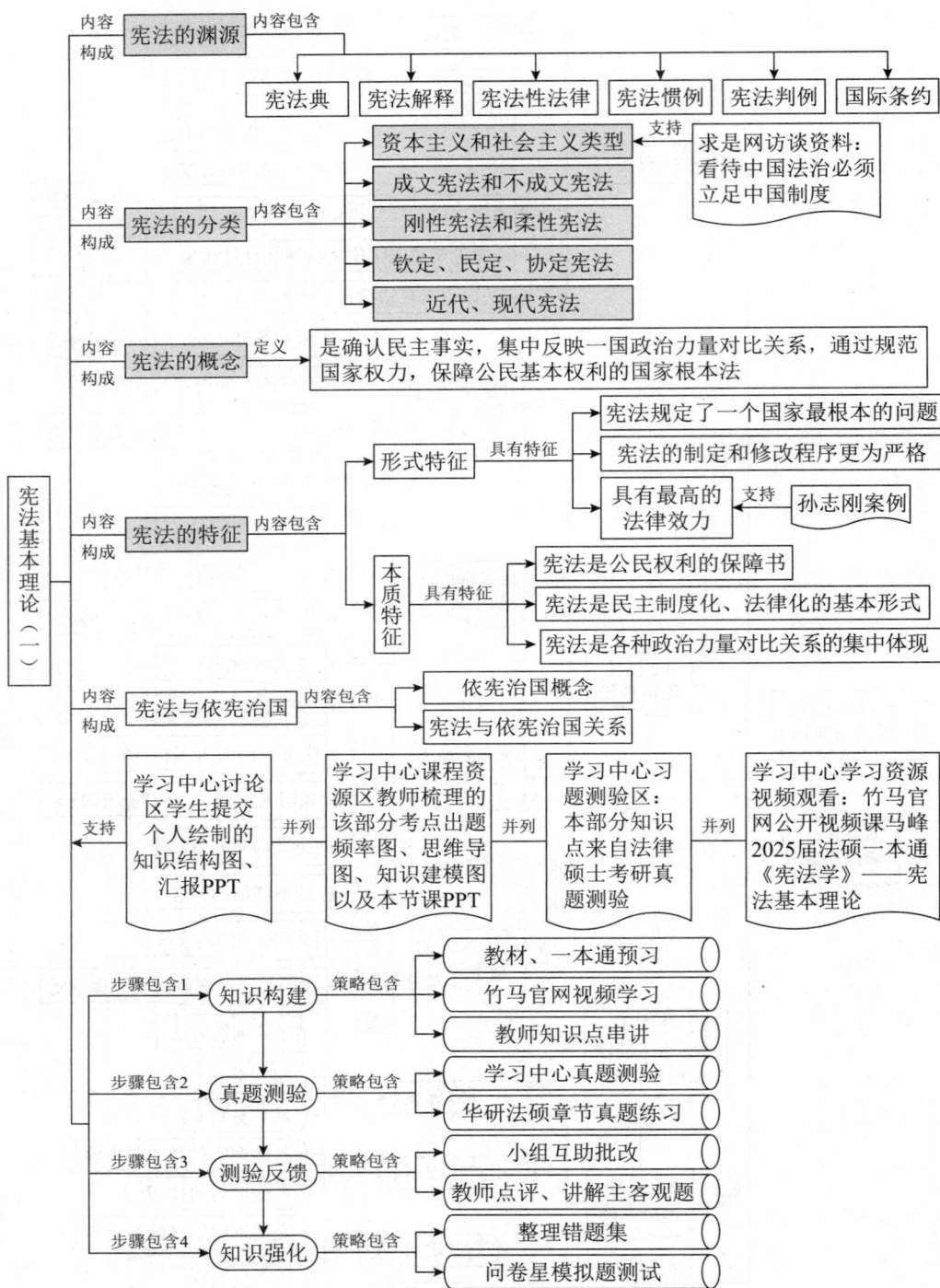

图 3-1-4 宪法基本理论（一）知识图谱

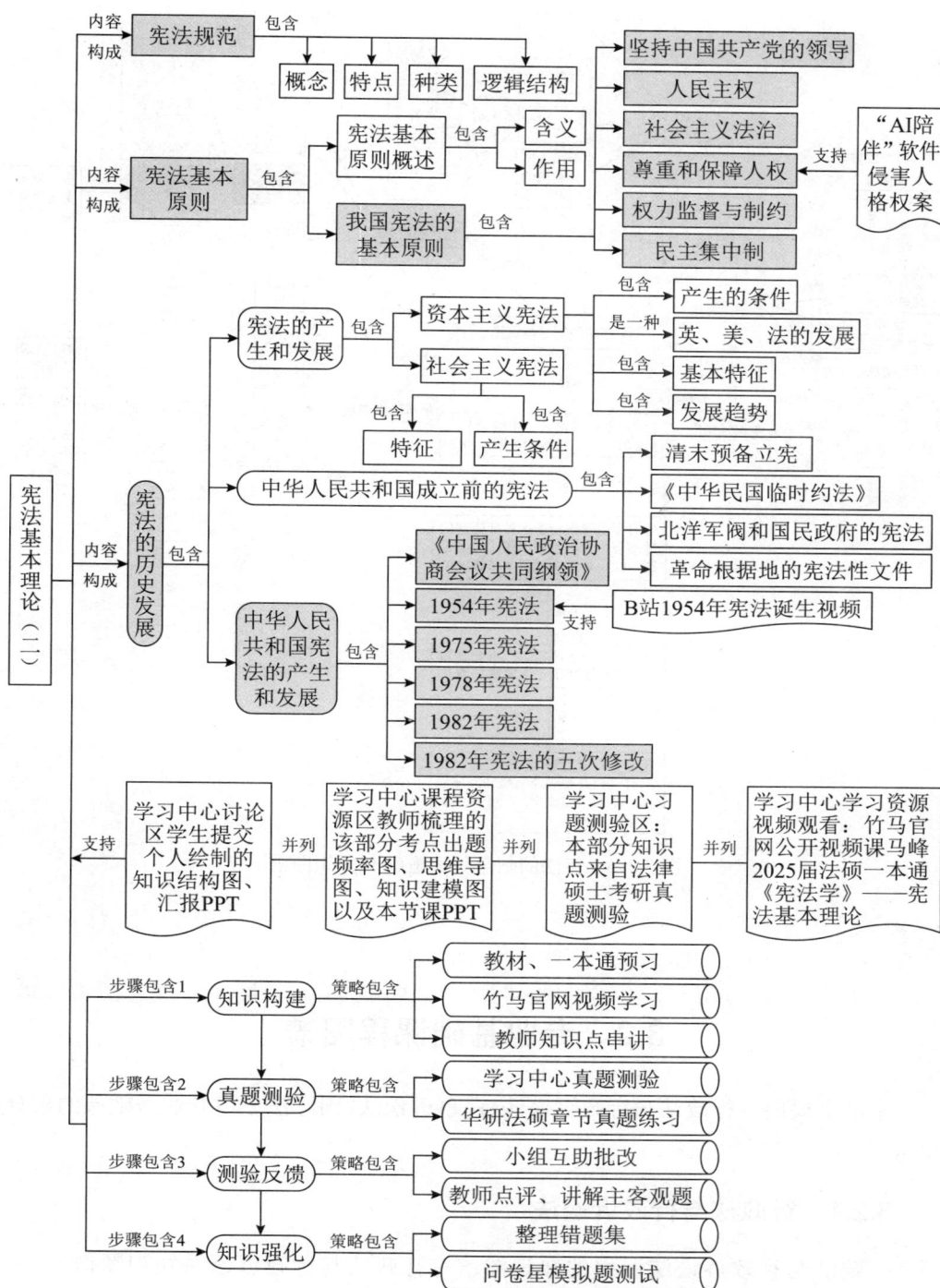

图 3-1-5　宪法基本理论（二）知识图谱

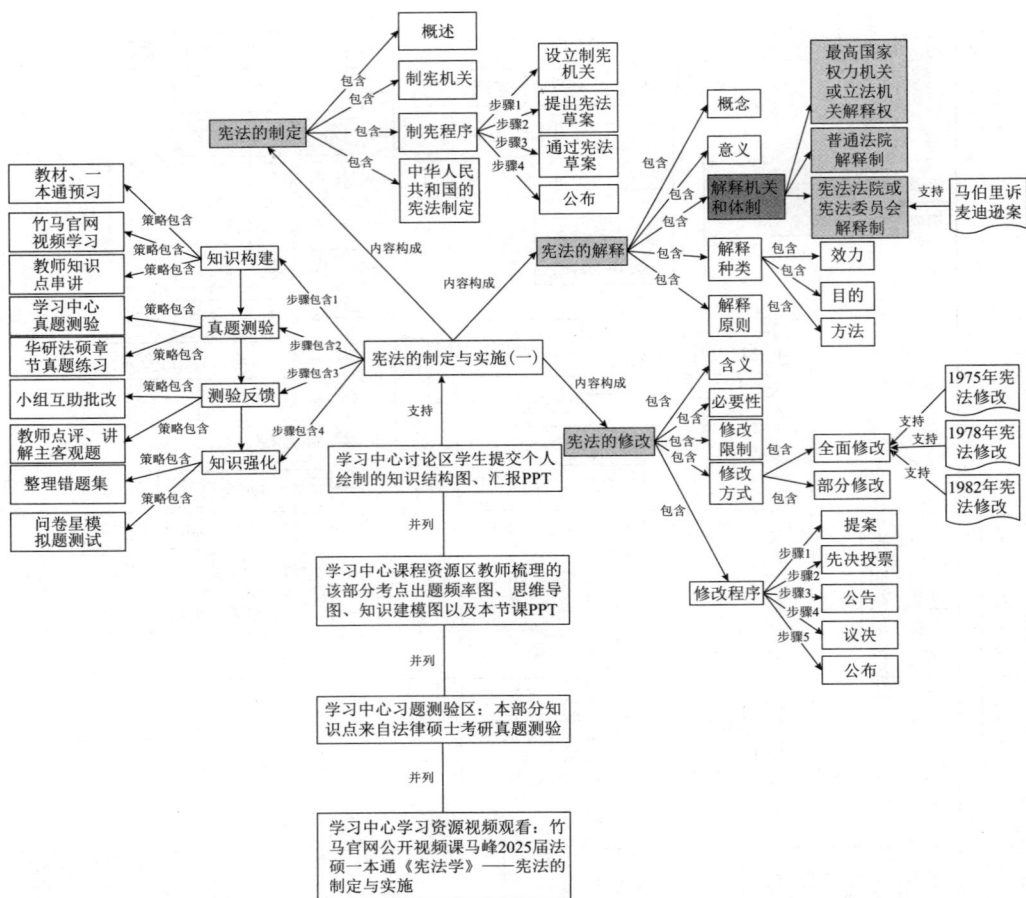

图 3-1-6　宪法的制定与实施（一）知识图谱

3.2　专业基础课程图谱

本节主要展示行政法与行政诉讼法、民事诉讼法、国际法三门专业基础课的部分知识图谱。

3.2.1　行政法与行政诉讼法

行政法与行政诉讼法课程的知识图谱有行政法与行政诉讼法知识图谱一（见图 3-2-1）、行政法与行政诉讼法知识图谱二（见图 3-2-2）、行政法与行政诉讼法知识图谱三（见图 3-2-3）。

例1：《中华人民共和国道路交通安全法》第九十一条：饮酒后驾驶机动车的，处扣六个月机动车驾驶证，并处一千元以上二千元以下罚款。

例2：行政法规规定对集资罚款。如果国家市场监督管理部门规章进一步规定，可以给予罚款，对行为人能不能罚款的这个处罚？

例3：我国《种子法》规定，违法经营、违法种子的，并处以五万元以下罚款。来各人民政府在制定的《某种子法实施办法》中规定，违法经营、推广种子经营而未经审定推广的，并处以3万元以上5万元以下罚款，是否合法？

我国《食品安全法》第三十四条规定，禁止生产、经营超过保质期的食品。《上海市食品安全条例》第九十三条：违反本法所得此规定由市区市场监督管理部门没收违法所得和违法生产经营的食品、食品添加剂，并可以没收用于违法生产经营的工具、设备、原料等物品，违法生产经营的食品、食品添加剂货值金额不足一万元的，并处五万元以上十万元以下的，货值金额一万元以上的，并处货值金额十倍以上二十倍以下罚款；情节严重的，责令停产停业，直至吊销许可证或者准许生产证？

某地方性法规规定：车辆后排乘客在车辆行驶中不系安全带的，行政管理部门以对乘客增加以50～500元以罚款，情节严重者，可以行政拘留5～15日。这是否合法呢？

如果这地地方性法规只规定：车辆后排乘客在车辆行驶中不系安全带的，行政管理部门可以对排乘客驾驶机动车增加以50～500元以罚款，可以吊销驾驶执照。

行政法规规定对集资财物中的价格撤许可行为，有关国家市场进行监督。如果国家市场监督管理部门可以处以吊销种子审定而未经审定实施办法？来各人民政府审定推广种子而未经审定推广种子的，中吊，违法经营、推广种子审定通过的种子的，是否合法？

行政处罚设定权（从无到有）
- 法律 —— 可设定行政处罚中所有种类的处罚
- 行政法规 —— 限制人身自由的除外
- 地方性法规 —— 限制人身自由和吊销企业营业执照的除外
- 部门规章 —— 只设警告、一定数额的罚款
- 地方政府规章 —— 通报批评一定限额的处罚

行政处罚的设定权（从粗到细）
- 不能改变行政处罚适用的对象
- 不得违反上位法规定的处罚种类
- 不得违反上位法规定的处罚幅度

行政处罚的补设定权
- 行政法规对法律的补充设定
- 地方性法规对法律、行政法规无规定

行政处罚与行政处罚的设定权具体规定

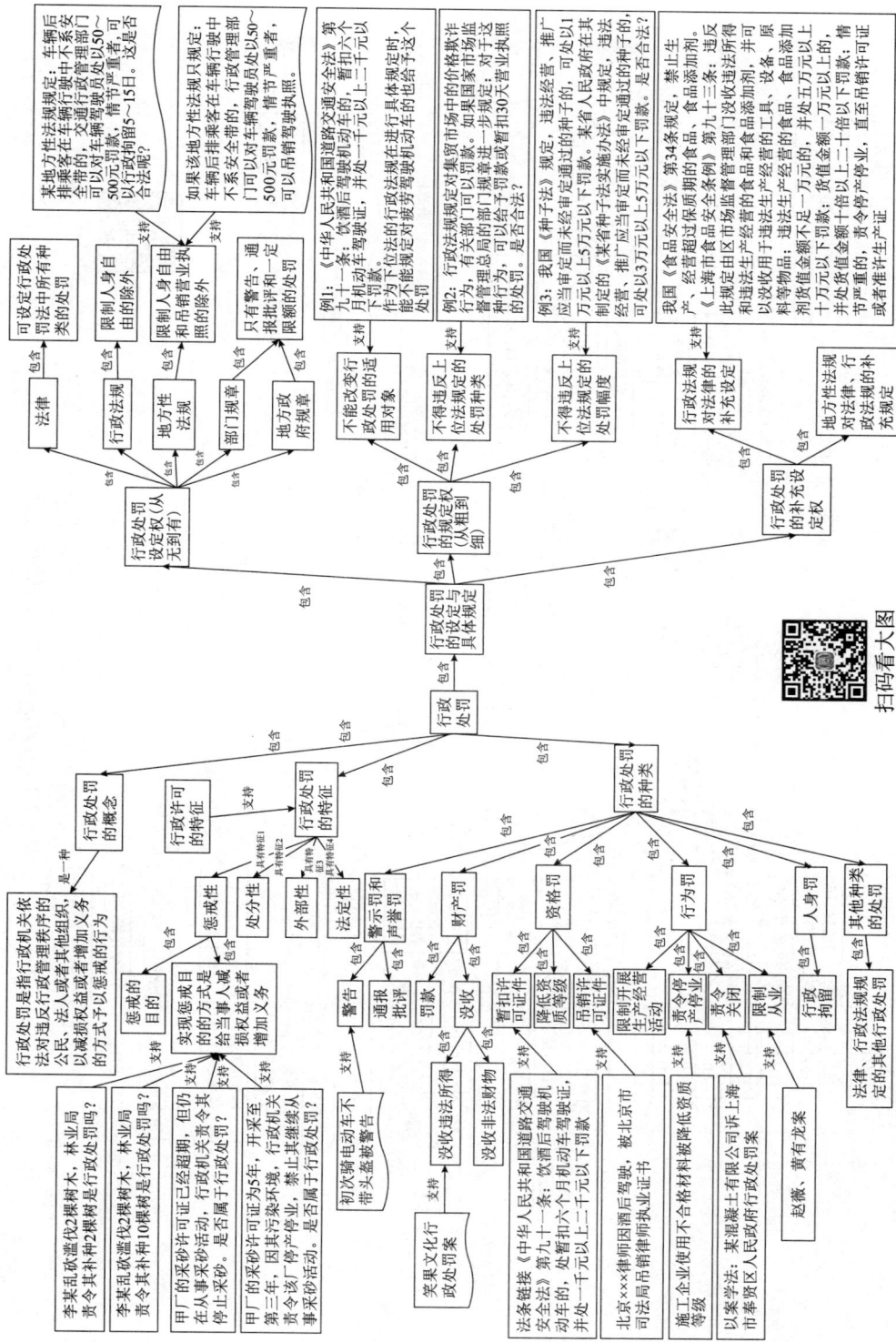

扫码看大图

行政处罚
- 行政处罚的概念 —— 行政处罚是指行政机关依法对违反行政管理秩序的公民、法人或者其他组织，以减损权益或者增加义务的方式予以惩戒的行为
- 行政许可特征
- 行政处罚的特征
  - 惩戒性 —— 惩戒目的、实现惩戒目的的方式
  - 处分性 —— 给当事人减损权益或者增加义务
  - 外部性
  - 法定性
- 行政处罚的种类
  - 警示罚和声誉罚
    - 警告
    - 通报批评
  - 财产罚
    - 罚款
    - 没收 —— 没收违法所得、没收非法财物
  - 资格罚
    - 暂扣许可证件
    - 降低资质等级
    - 吊销许可证书
    - 限制开展生产经营活动
  - 行为罚
    - 责令停产停业
    - 责令关闭
    - 限制从业
  - 人身罚
    - 行政拘留
  - 其他处罚的处罚 —— 法律、行政法规规定的其他行政处罚

李某乱砍滥伐2棵树树木，林业局责令其补种2棵树是否行政处罚吗？

李某乱砍滥伐2棵树树木，林业局责令其补种10棵树以惩戒作为？

甲厂的采砂许可证已经租期，在从事采砂活动，但仍止采砂，是否属于行政处罚？

甲厂的采砂许可证为5年，并要至第三年，因其污染环境，禁止其停产停业，责令该厂"停产停业"事采砂活动。是否属于行政从？

实果文化案

初次骑电动车不带头盔只警告

法条链接：《中华人民共和国道路交通安全法》第九十一条：饮酒后机动车驾驶证，处暂扣六个月机动车驾驶证，并处以一千元以上二千元以下罚款

北京×××律师因酒后驾驶，被北京市司法局吊销律师执业证书

施工企业使用不合格材料被降低资质等级

以案学法：某混凝土有限公司诉上海市奉贤区人民政府行政处罚案

赵薇、黄有龙案

图 3-2-1 行政法与行政诉讼法知识图谱一

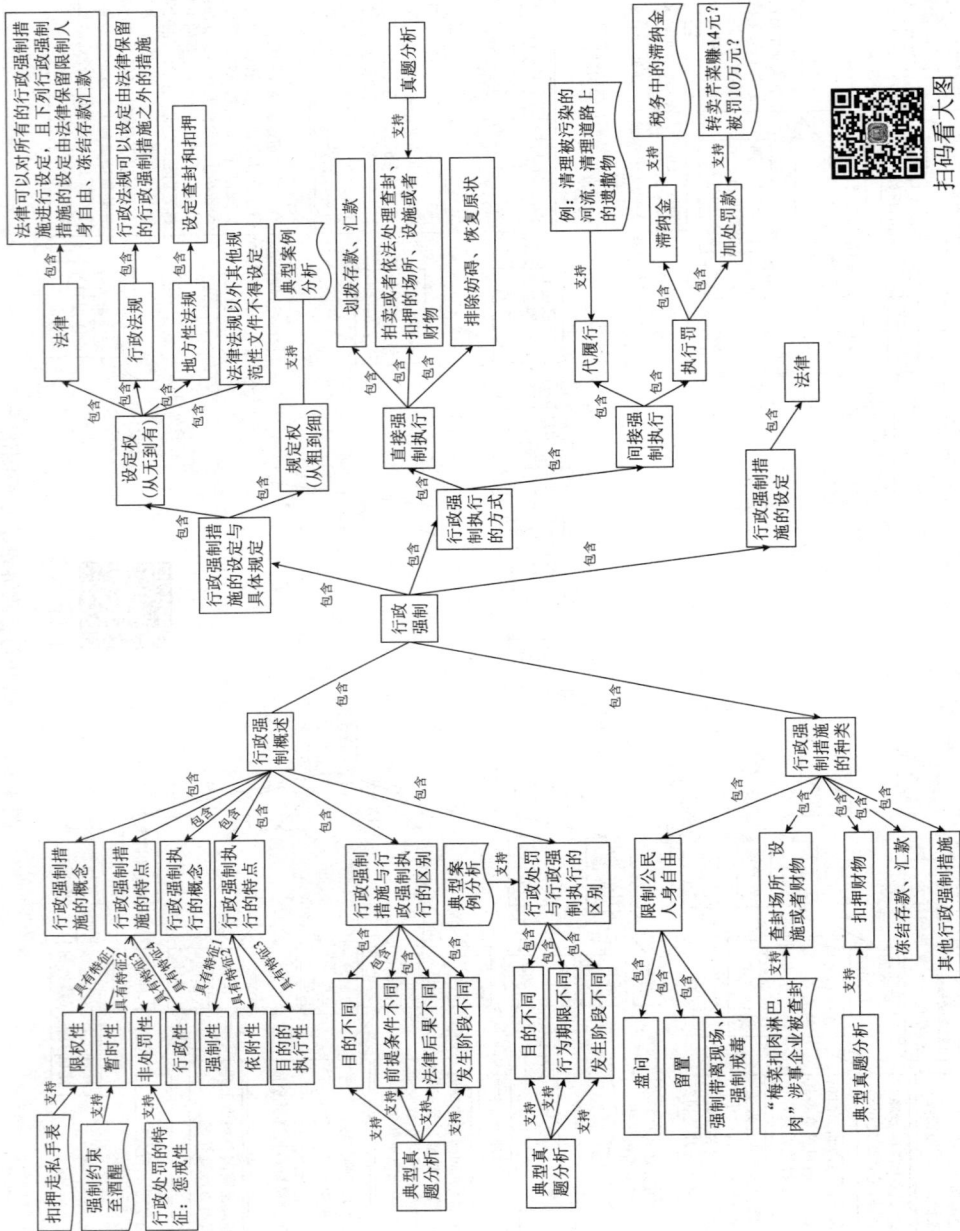

图 3-2-2 行政法与行政诉讼法知识图谱二

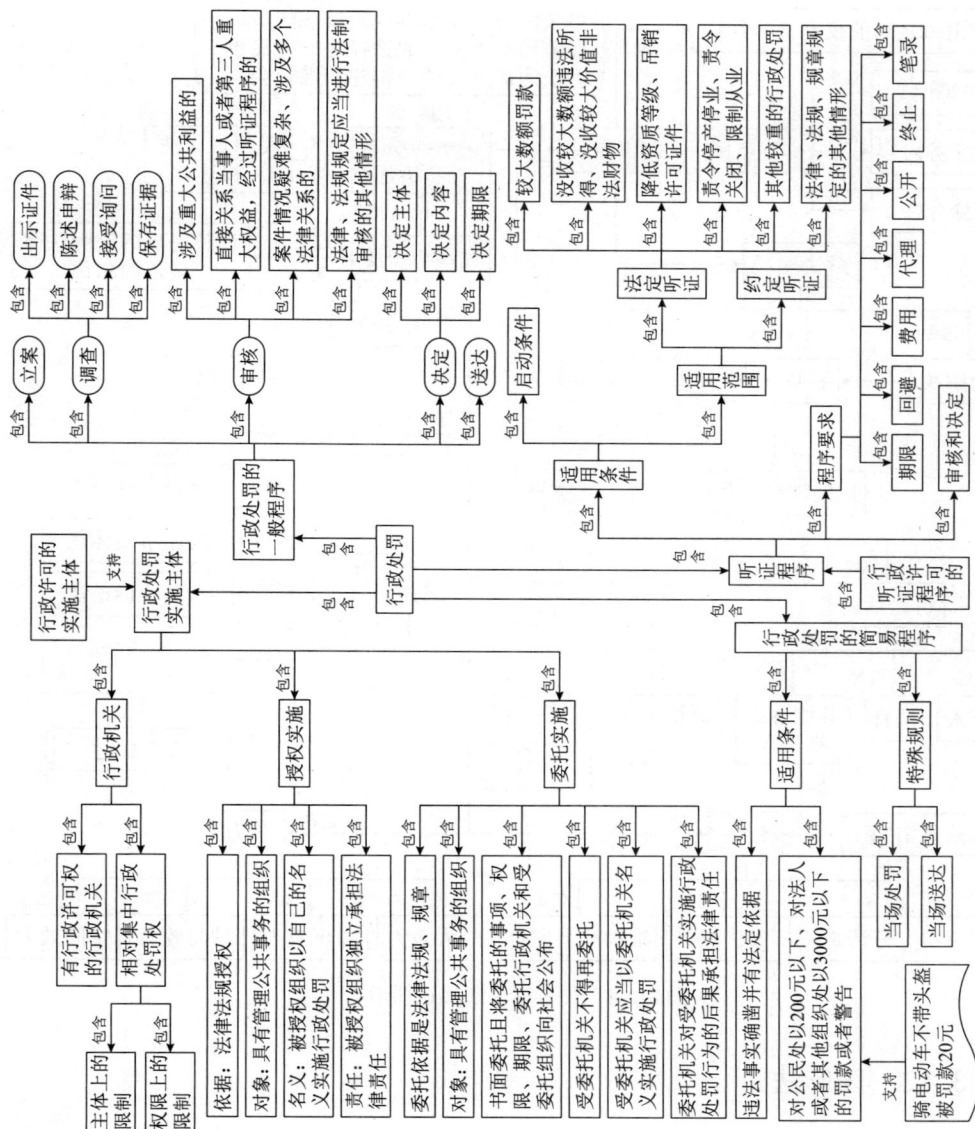

图 3-2-3 行政法与行政诉讼法知识图谱三

行政许可的实施主体

行政处罚实施主体
- 行政机关
  - 有行政许可权的行政机关
    - 主体上的限制
  - 相对集中行政处罚权
    - 权限上的限制
- 授权实施
  - 依据:法律法规授权
  - 对象:具有管理公共事务的组织
  - 名义:被授权组织以自己的名义实施行政处罚
  - 责任:被授权组织独立承担法律责任
- 委托实施
  - 委托依据是法律法规、规章
  - 对象:具有管理公共事务的组织
  - 书面委托且将委托的事项、权限、期限、委托行政机关和受委托组织向社会公布
  - 委托机关不得再委托
  - 受委托机关应当以委托行政机关名义实施行政处罚
  - 委托机关对受委托行政机关实施行政处罚行为的后果承担法律责任

行政处罚

行政处罚的一般程序
- 立案
  - 出示证件
  - 陈述申辩
  - 接受询问
  - 保存证据
- 调查
- 审核
  - 涉及重大公共利益的
  - 直接关系当事人或者第三人重大权益,经过听证程序的
  - 案件情况疑难复杂,涉及多个法律关系的
  - 法律、法规规定应当进行法制审核的其他情形
- 决定
  - 决定主体
  - 决定内容
  - 决定期限
- 送达

听证程序
- 启动条件
- 适用范围
  - 较大数额罚款
  - 没收较大数额违法所得、没收较大价值非法财物
  - 降低资质等级、吊销许可证件
  - 责令停产停业、责令关闭、限制从业
  - 其他较重的行政处罚
  - 法律、法规、规章规定的其他情形
- 程序要求
  - 期限
  - 回避
  - 审核审定决定
  - 费用
  - 代理
  - 公开
  - 终止
  - 笔录

行政许可听证程序
- 适用条件
  - 法定听证
  - 约定听证

行政处罚的简易程序
- 适用条件
  - 违法事实确凿并有法定依据
  - 对公民处处200元以下,对法人或者其他组织处3000元以下的罚款或者警告
- 特殊规则
  - 当场处罚
  - 当场送达
  - 骑电动车不带头盔被罚款20元

3.2.2 民事诉讼法

民事诉讼法课程的知识图谱主要有民事诉讼法知识图谱一（见图 3-2-4）、民事诉讼法知识图谱二（见图 3-2-5）、民事诉讼法知识图谱三（图 3-2-6）。

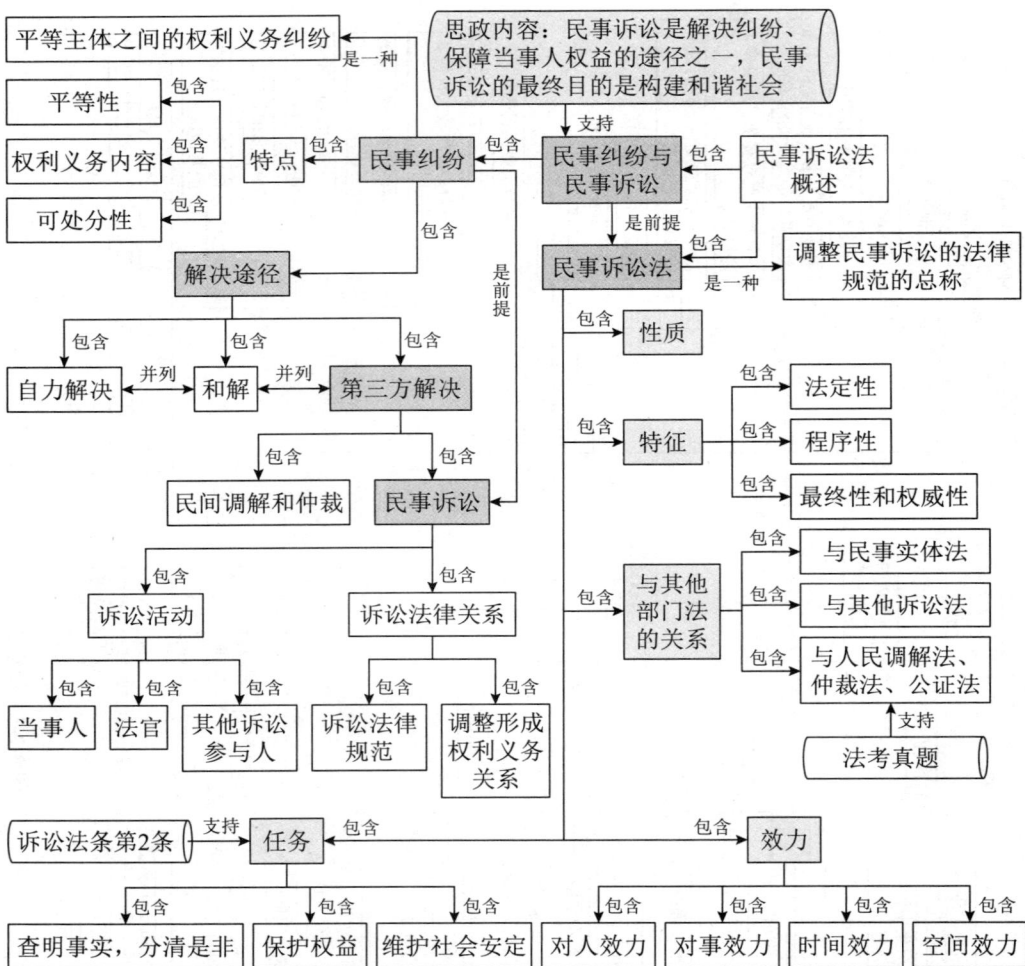

图 3-2-4 民事诉讼法知识图谱一

3.2.3 国际法

国际法课程的知识图谱主要有国际法上的承认和继承（见图 3-2-7）、联合国、区域性和专门性国际组织（见图 3-2-8）、个人的国籍、外国人的法律地位与待遇（见图 3-2-9）。

是当事人提出的要求对方配合的诉讼请求

当事人 ── 包含 ──→ 诉的要素

诉讼标的 ── 包含 ──→ 诉的要素

诉讼请求 ── 包含 ──→ 诉的要素

一方起诉要求确认买卖合同有效 ── 支持 ──→ 诉的要素

一方起诉要求确认买卖合同有效 ── 支持 ──→ 确认之诉

合同违约，一方起诉要求对方承担违约责任 ── 支持 ──→ 给付之诉

一方起诉要求解除婚姻关系 ── 支持 ──→ 变更之诉

确认之诉 ── 包含 ──→ 诉的种类
给付之诉 ── 包含 ──→ 诉的种类
变更之诉 ── 包含 ──→ 诉的种类

法考真题 ── 支持 ──→ 诉的种类

诉的要素 ── 包含 ──→ 诉
诉的种类 ── 包含 ──→ 诉

是一种 → 诉
包含 → 诉的合并、分离、变更

诉讼法条：54～59

诉的合并 ── 包含 ──→ 主体合并 ── 支持 ──→ 共同诉讼
　　主体合并 支持 → 共同诉讼 ── 包含 ──→ 普通共同诉讼 ── 支持 ──→ 100名业主起诉物业
　　共同诉讼 ── 包含 ──→ 必要共同诉讼 ── 支持 ──→ 继承人张三和张二起诉张大

诉的合并 ── 包含 ──→ 混合合并 ── 支持 ──→ 第三人参与之诉和本诉合并 ── 包含 ──→ 本诉 ── 支持 ──→ 甲起诉乙主张古董的所有权
　　第三人参与之诉和本诉合并 ── 包含 ──→ 第三人参与之诉 ── 支持 ──→ 丙起诉甲和乙主张古董的所有权

诉的合并 ── 包含 ──→ 客体合并 ── 支持 ──→ 本诉和反诉合并 ── 包含 ──→ 本诉
法考真题 ── 支持 ──→ 本诉和反诉合并 ── 包含 ──→ 反诉

是一种 → 本诉
是一种 → 反诉 ── 是一种 ──→ 本诉的被告向本诉的原告提起的独立的反请求

甲起诉乙索要租赁费，乙在诉讼过程中向法院提出向甲索要修缮费的主张

反诉 ── 包含 ──→ 特征 ── 包含 ──→ 当事人的特殊性
　　特征 ── 包含 ──→ 请求的独立性
　　特征 ── 包含 ──→ 目的的抵消性

反诉 ── 包含 ──→ 条件 ── 包含 ──→ 符合起诉的条件
　　条件 ── 包含 ──→ 主体的同一性
　　条件 ── 包含 ──→ 归同一法院管辖
　　条件 ── 包含 ──→ 适用同一诉讼程序

诉的合并、分离、变更 ── 包含 ──→ 诉的分离 ── 包含 ──→ 普通共同诉讼分离
　　诉的分离 ── 包含 ──→ 本诉和反诉分离
　　诉的分离 ── 包含 ──→ 第三人参与之诉和本诉分离

诉的合并、分离、变更 ── 包含 ──→ 诉的变更 ── 包含 ──→ 诉讼请求的变更

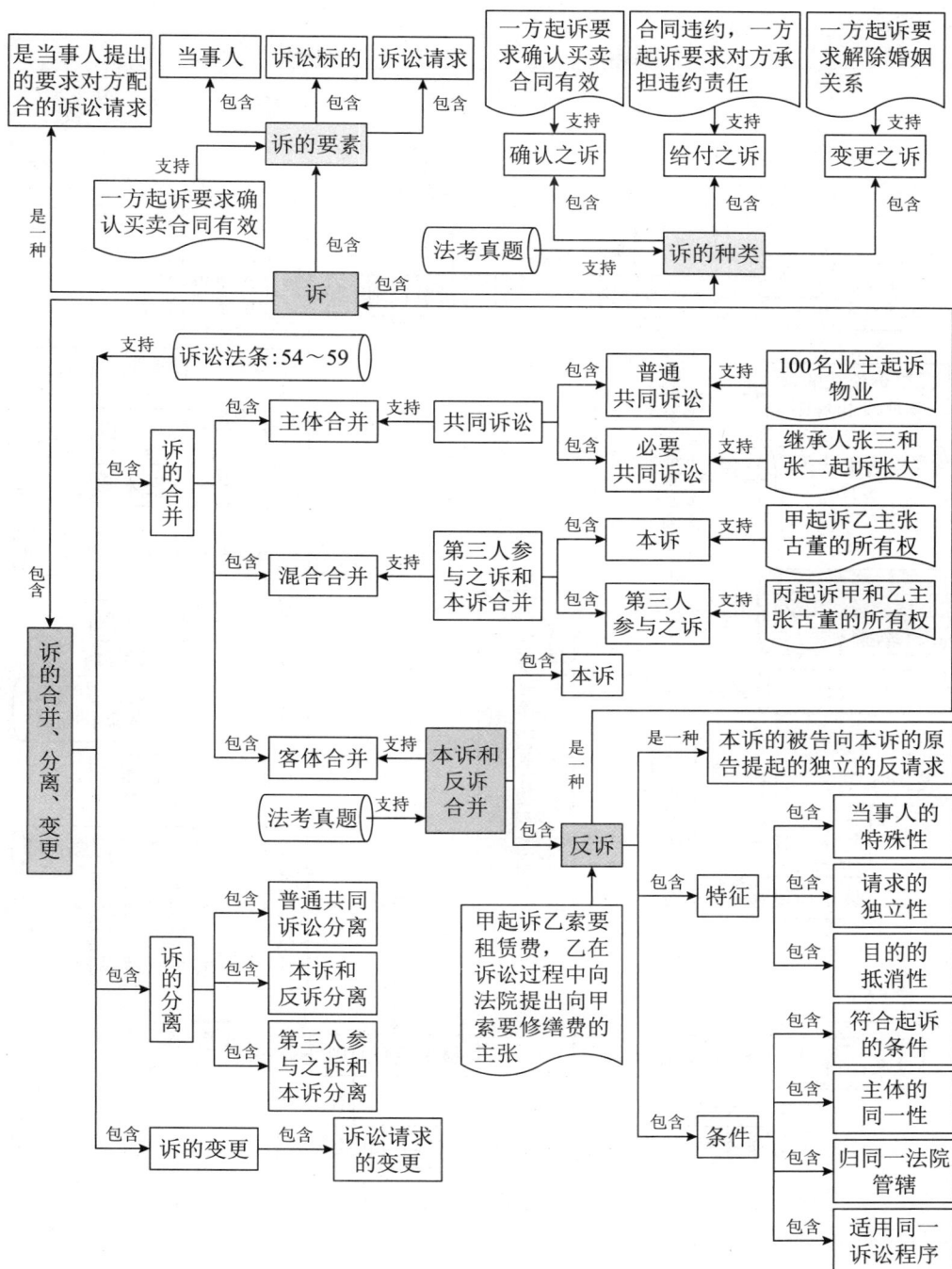

图 3-2-5　民事诉讼法知识图谱二

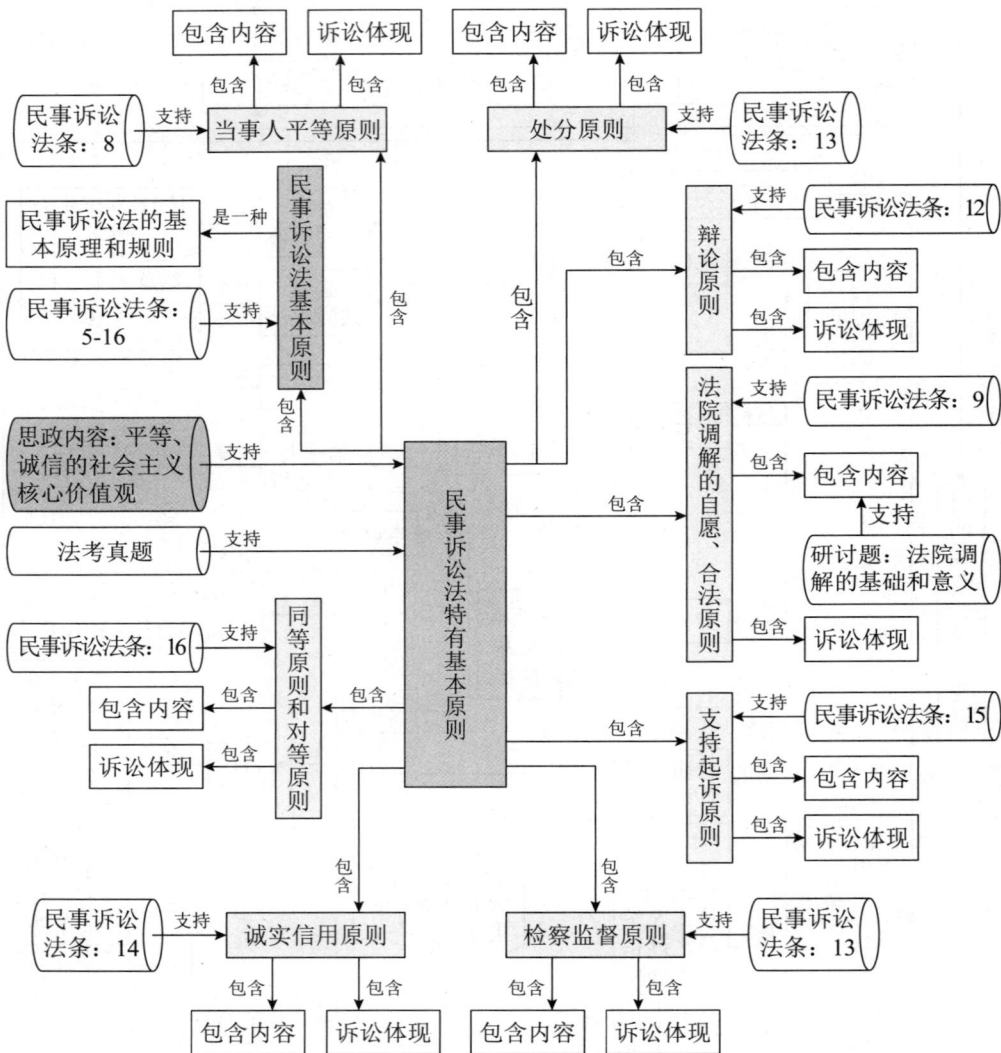

图 3-2-6 民事诉讼法知识图谱三

政府继承是指由于革命或政变导致政权更迭，旧政府在国际法上的权利和义务由新政府所取代的法律关系

中华人民共和国政府继承的实践 ——支持→ 案例：两航公司案

政府继承的概念 ←内容包含— 政府继承 ←支持— 案例：湖广铁路债券案

国际法上的继承是指国际法上的权利和义务由一个承受者转移给另一个承受者所发生的法律关系

国际法上的继承 ←内容包含— 内容包含 → 国家继承

国家继承 —包含→ 条约继承
国家继承 —包含→ 国家财产继承
国家继承 —包含→ 国家债务继承
国家继承 —包含→ 国家档案继承

法考真题 —支持→

国际法上的承认和继承

国际法上的承认是指国际法主体（如现存国家和国际组织等）对新国家、新政府或其他情势的出现表示接受，并表明愿意与有关实体发展正常关系的单方面行为

国际法上的承认 —具有特征→ 对象为国家和政府
国际法上的承认 —具有特征→ 单方面的政治行为
国际法上的承认 —具有特征→ 产生一定的法律效果

政府承认的条件 —支持→ 案例：路德诉戈萨案
政府承认的条件 —包含→ 有效统治
政府承认的条件 —包含→ 艾斯特拉达主义

明示承认和默示承认 ←内容包含— 承认的方式

法律上的承认和事实上的承认 ←内容包含— 承认的方式

国家承认

政府承认

政府承认是指承认某一新政府为国家的正式代表，并表明愿意同它建立或继续保持正常关系的行为

国家承认发生的情形
—包含→ 合并
—包含→ 分离
—包含→ 合立
—包含→ 独立

国家承认的效果
—包含→ 两国间全面交往的基础，但并不等于建交
—包含→ 双方可以缔结政治、经济、文化等各方面的条约
—包含→ 承认国尊重新国家作为国际法主体所享有的一切权利
—包含→ 承认的法律效果具有溯及力

国家承认的法律性质和作用
—包含→ 构成说
—包含→ 宣告说

国家承认是指既存国家以明示或默示的方式对新国家出现的确认，并表示愿意与其建立外交关系的单方面国家行为

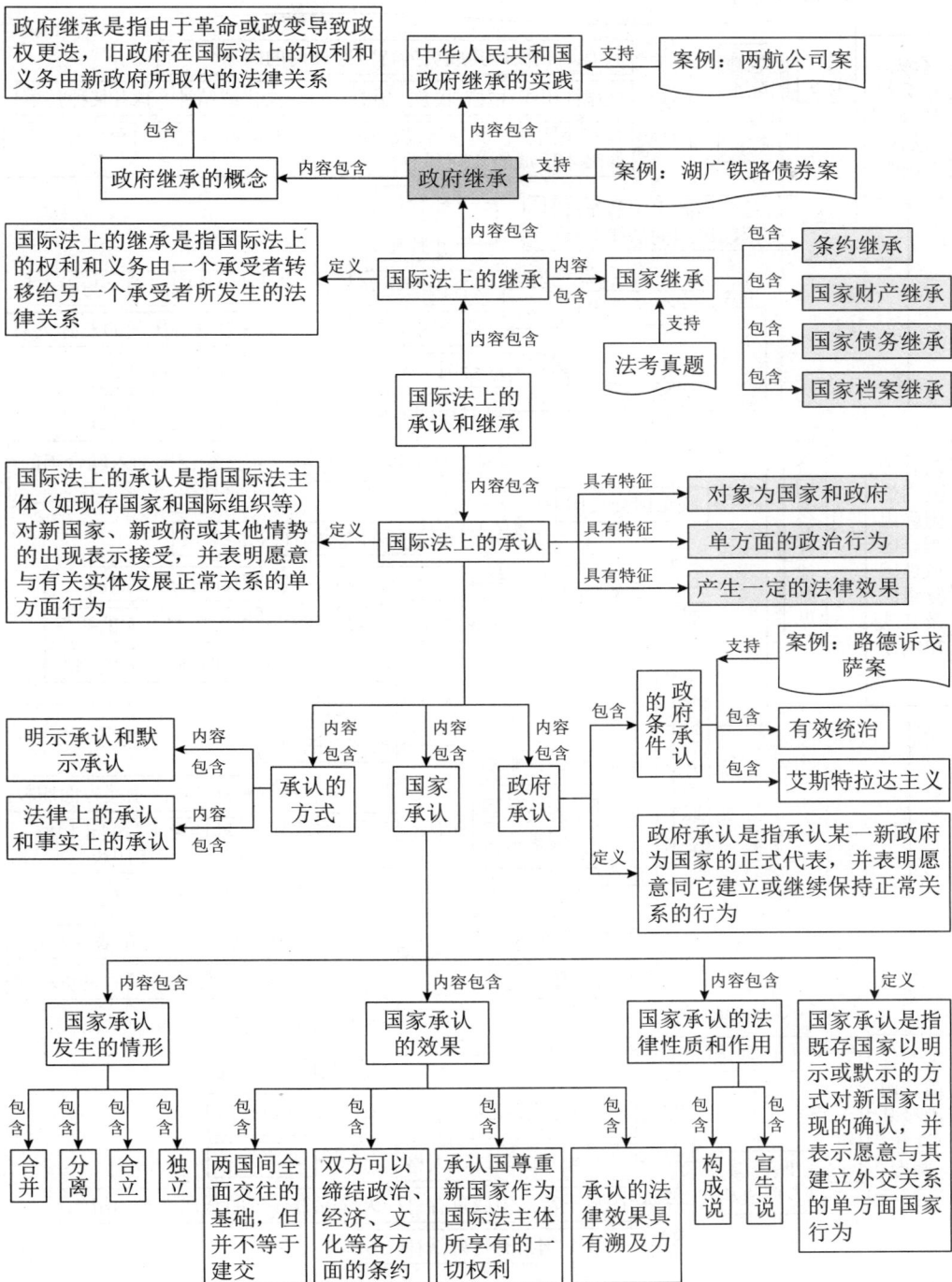

图 3-2-7　国际法上的承认和继承

区域性国际组织及其法律制度
├─支持─ 国际事件：英国脱欧公民"入欧"2016入籍欧盟别国人数翻番
├─包含─ 区域性国际组织的基本特征
│　　├─包含─ 具有地域性，其成员为特定区域内的国家
│　　├─包含─ 区域性组织往往在民族、历史、语言、文化或精神上具有某种联系
│　　└─包含─ 具有集团性，其宗旨及活动主要是维护本区域内的和平与安全，保障本区域的共同利益
└─包含─ 区域性国际组织与全球性国际组织的法律关系
　　├─包含─ 合作
　　└─包含─ 补充

联合国、专门性国际组织、区域性国际组织及其法律制度
├─包含─ 联合国及其法律制度
│　├─包含─ 联合国概述
│　│　├─包含─ 联合国的建立
│　│　└─包含─ 《联合国宪章》
│　├─包含─ 联合国宗旨与活动原则
│　│　├─包含─ 联合国宗旨
│　│　│　├─包含─ 维持国际和平与安全
│　│　│　├─包含─ 发展各国间的友好关系
│　│　│　├─包含─ 促进国际合作
│　│　│　└─包含─ 协调各国行动
│　│　└─包含─ 联合国的活动原则
│　├─包含─ 联合国会员国
│　│　├─包含─ 会员资格的取得 ─支持─ 接纳一国加入联合国的条件案
│　│　└─包含─ 会员资格的丧失与权利的中止
│　└─包含─ 联合国主要机关及其职权
│　　　├─包含─ 大会
│　　　│　├─包含─ 大会的组成
│　　　│　└─包含─ 大会的职权
│　　　│　　├─包含─ 国际方面的职权
│　　　│　　├─包含─ 组织监督方面的职权
│　　　│　　└─包含─ 内部行政方面的职权
│　　　├─包含─ 安全理事会
│　　　│　├─支持─ 法考真题
│　　　│　├─包含─ 安理会的组成
│　　　│　├─包含─ 安理会的职权
│　　　│　│　├─包含─ 和平解决争端方面职权
│　　　│　│　├─包含─ 维持和平与制止侵略方面职权
│　　　│　│　└─包含─ 其他方面职权
│　　　│　└─包含─ 安理会的表决程序
│　　　│　　├─包含─ 程序性事项的表决程序
│　　　│　　└─包含─ 非程序性事项的表决程序
│　　　├─包含─ 经济及社会理事会
│　　　├─包含─ 托管理事会
│　　　├─包含─ 国际法院
│　　　└─包含─ 秘书处
└─包含─ 专门性国际组织及其法律制度
　　├─包含─ 专门性国际组织的基本体制
　　│　├─包含─ 基本文件
　　│　├─包含─ 成员资格
　　│　├─包含─ 组织机构
　　│　└─包含─ 表决方式
　　└─包含─ 联合国专门机构
　　　　├─特征─ 它们是政府间组织
　　　　├─特征─ 具有独立国际法律人格
　　　　├─特征─ 在某一特定领域负有"广大国际责任"的全球性专门组织
　　　　└─特征─ 同联合国具有特殊法律关系

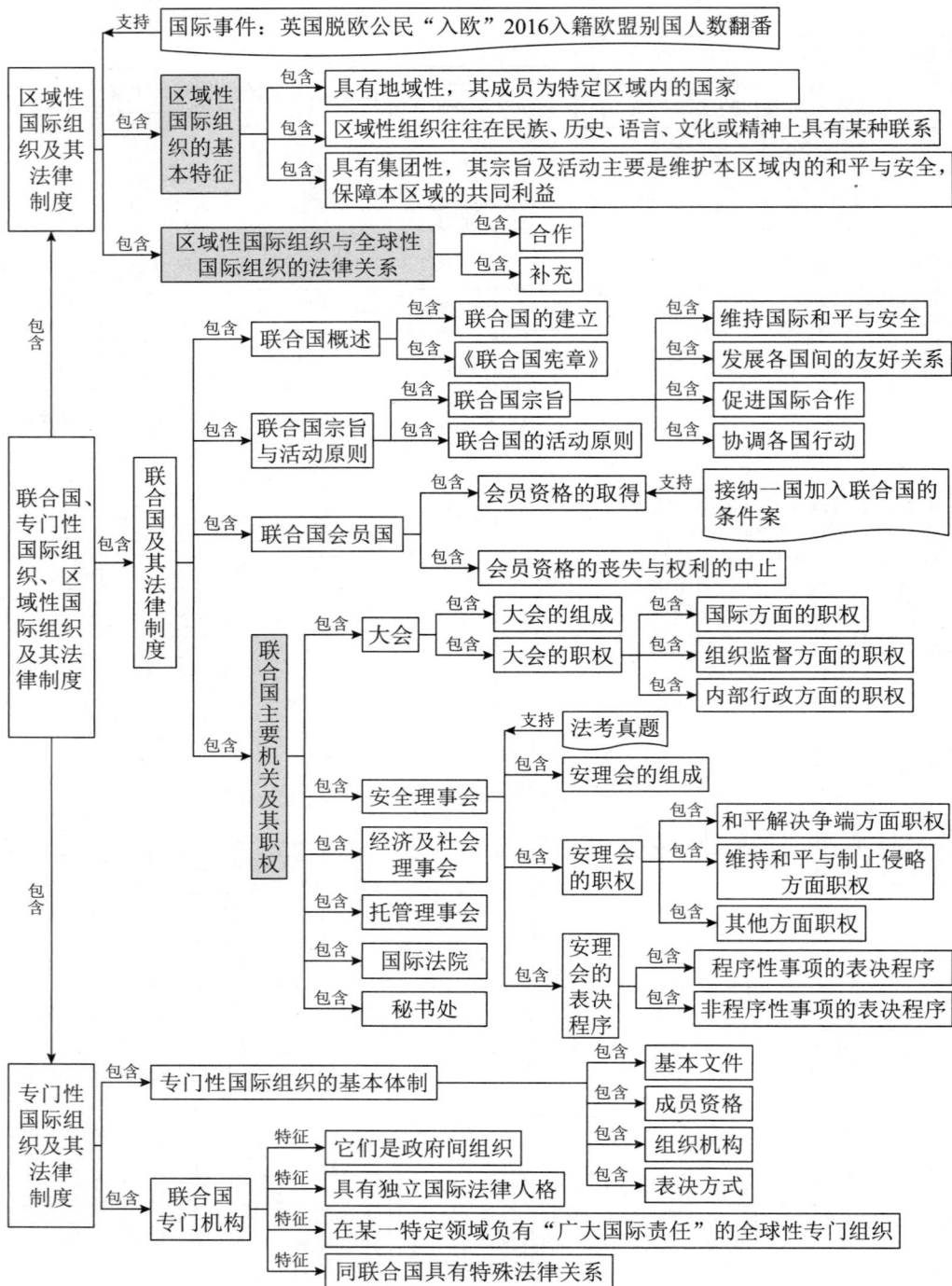

图 3-2-8　联合国、区域性和专门性国际组织及其法律制度

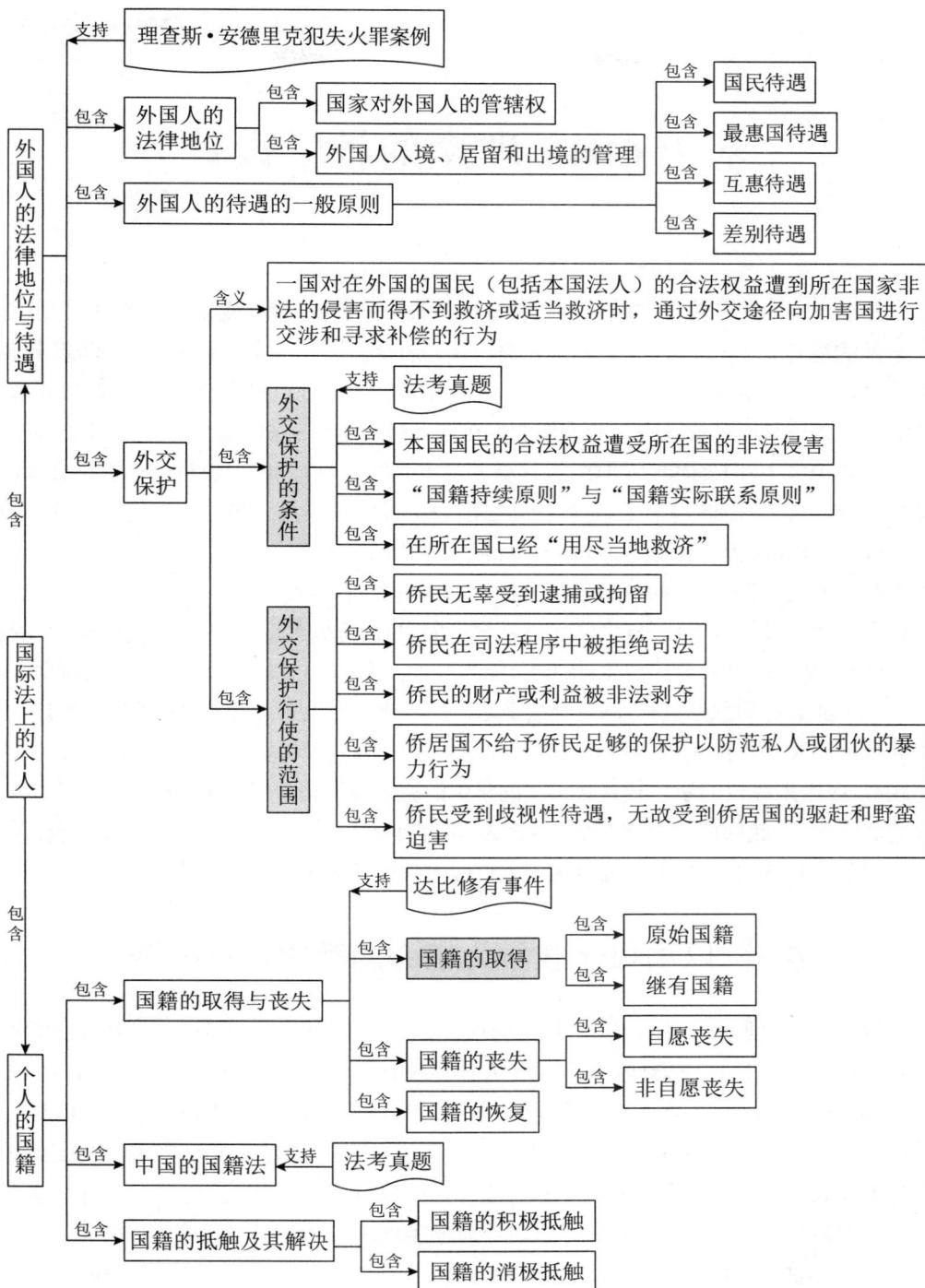

图 3-2-9　个人的国籍、外国人的法律地位与待遇

第 4 章

基于 OBE 理念的教学设计

20 世纪末,美国教育家威廉·斯帕迪(William Spady)发表《成果导向教学管理:以社会学的视角》一文,作者在文中首先提出了 OBE 理论即"成果导向教育"。OBE 教育理论强调以学生为中心,以成果为导向,强调持续质量改进。根据 OBE 教学理念要求,教师首先要清楚地了解各个专业的毕业生在毕业时应达到的知识能力及技术能力,并根据这些知识能力和技术能力的要求,甚至要考虑到情感目标及思政目标,来设计合理的教育教学内容,从而促进学生达到这些预期目标,以验证成果为导向的反向教学任务设计。可以看出,课程设计是达成这一目标的非常重要的一部分,教师在教学实验中应根据毕业生的能力要求,反向设计教学大纲、教案、讲稿、教学内容等。教师根据 OBE 理念在课堂活动中设计教学任务,这些任务以学生为中心,将极大提高学生的参与度和兴趣。

OBE 理念重在强调毕业生的知识、能力和职业素养,并以此对课程进行反向设计,保证学生能够达到预期目标,满足社会需求。这一理念恰与应用型高校法学专业的人才培养目标相契合。应用型高校培养的法治人才,主要是面向基层、面向地方法治建设的实践者,应用型高校的法学教育必须找准学生的职业技能培养与未来的工作岗位需求之间的契合点,以此回应教育部"怎么培养人、培养什么人、为谁培养人"的命题,这也正与OBE 强调的以产出为导向、以社会需求为目标的教育理念相吻合。

4.1 以项目化教学为核心的教学设计思路

根据 OBE 理念的要求,法学专业调研团队首先针对毕业五年内的学生、招聘网站和招聘公告进行广泛调研,确定专业人才岗位任务、岗位职责和岗位能力的具体要求,明确学生毕业后所从事的主要岗位包括律师、法官助理、检察官助理和公司法务。对其岗位任务和职责进行拆分后,发现主要岗位对学生的要求主要聚焦于扎实的法学专业基础知识(法律职业资格考试)、证据收集和运用、法律文书写作、案件分析与诊断、把控庭审流程几个方面的能力。针对学生实务能力的培养和检测,在大三学年开设了证据法、法律文书写作、法律诊所、模拟法庭的实务类项目化教学课程,采用真实案例或者模拟仿真案例,让学生在处理案件过程中掌握诉讼技巧和经验,经过项目化教学课程的训练后,学生能够掌握处理法律纠纷的基本技能。在大四学年开设毕业实习集中实践环节,学生到法院、检察院、律师事务所集中实习,进一步积累实务经验,并在应用型课程法律咨询、法律调解中检验自己所学是否满足市场的需求。

4.2 项目化教学课程教学设计实例

4.2.1 法律诊所

1. 法律诊所课程简介

本课程的教学目的是让学生熟悉法律工作的主要内容及流程,掌握法律工作所需的基本技能,了解不同法律职业之间的差异,培养学生运用所学知识解决实际问题的能力。 课程目标如下:学生应掌握法律工作中所需要的基本技能;学生应能运用所学知识解决实际问题,为将来就业奠定良好基础;帮助学生正确认识和理解社会主义法治理念,激发学生的社会责任感,树立正确的价值观念和法律职业伦理道德,并切实培养学生科学、严谨、求真务实的工作精神。

2. 法律诊所教学设计

(1)会见教学设计见表 4-2-1。

表 4-2-1 会见教学设计

2023—2024 年第 2 学期第 1 周第 2 次课

知识建模图:

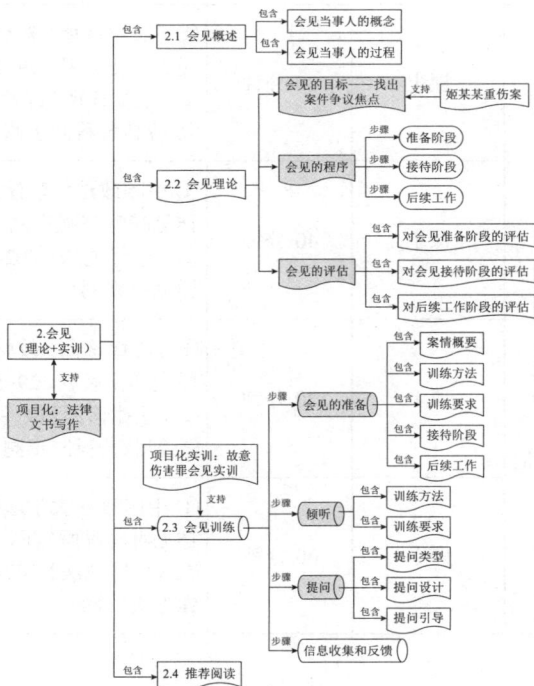

续表

学习目标	知识点（学习水平）	能力目标	素质目标
	会见概述（理解）；会见理论（记忆＋理解）；会见训练（记忆＋运用）	通过讲解、学习、训练，学生记忆会见的基本知识、基本技能，并具有会见当事人的能力	通过会见，让当事人感受法律的温度，实现法律服务社会发展的作用，同时体现法律诊所的公益性

学习先决知识技能	知识点（学习水平）
	法律文书写作：会见当事人登记表（运用）、会见笔录（运用）、代理协议（运用）、委托书（运用）

课上资源	课下资源
①《法律诊所》教材，许身健主编，中国人民大学出版社，29~54页 ②《法律诊所》课件，27~47页 ③ 智慧黄科同步测试	① 中国政法大学法律诊所公开课（袁钢）：详见哔哩哔哩官网 ②《今日说法》20240125追踪"传家宝"：详见央视网

课上时间	100 分钟	课下时间	200 分钟

活动序列	活动目标	地点	时间	学习资源
活动 1	会见概述（理解）	课上	20 分钟	①《法律诊所》教材，许身健主编，中国人民大学出版社，29~54页 ②《法律诊所》课件，27~47页 ③ 智慧黄科同步测试
		课下	40 分钟	① 中国政法大学法律诊所公开课（袁钢）：详见哔哩哔哩官网 ②《今日说法》20240125追踪"传家宝"：详见央视网
活动 2	会见理论（记忆＋运用）	课上	30 分钟	①《法律诊所》教材，许身健主编，中国人民大学出版社，29~54页 ②《法律诊所》课件，27~47页 ③ 智慧黄科同步测试
		课下	60 分钟	① 中国政法大学法律诊所公开课（袁钢）：详见哔哩哔哩官网 ②《今日说法》20240125追踪"传家宝"：详见央视网

活动序列	活动目标	地点	时间	学习资源
活动 3	会见训练注意事项(记忆+运用)	课上	50 分钟	①《法律诊所》教材,许身健主编,中国人民大学出版社,29~54 页 ②《法律诊所》课件,27~47 页 ③ 智慧黄科同步测试
		课下	100 分钟	① 中国政法大学法律诊所公开课(袁钢):详见哔哩哔哩官网 ②《今日说法》20240125 追踪"传家宝":详见央视网

活动 1 知识建模图(课上+课下):

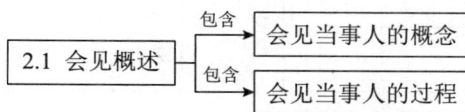

```
                      包含   ┌──────────────────┐
          ┌─────────────┐   │  会见当事人的概念  │
          │ 2.1 会见概述 │──┤└──────────────────┘
          └─────────────┘   │   ┌──────────────────┐
                      包含   └──│  会见当事人的过程  │
                               └──────────────────┘
```

活动目标	会见当事人的概念(理解);会见当事人过程(理解+运用)

活动任务序列(导入任务描述):通过提问引入会见的概念与过程	

师生交互过程	教师:什么是会见? 会见有哪些种类? 学生:根据预习情况回答 教师:我们法律诊所讲的会见指的是哪一类? 学生:结合教材回答 教师:会见有哪些过程? 学生:结合教材回答

活动任务序列(任务一)

任务一知识组块:		
| ```
          包含   ┌──────────────────┐
┌─────────────┐ │  会见当事人的概念  │
│ 2.1 会见概述 │─┤└──────────────────┘
└─────────────┘
``` | 任务描述 | 通过会见当事人的概念,理解会见的重要性 |
| | 任务时长 | 5 分钟 |
| | 学习地点 | 课上 |

教学策略(学习策略)	☑ 讲授 ☑ 小组讨论 ☑ 答疑 □ 实验 □ 实训 □ 自主学习 ☑ 翻转课堂 ☑ 其他(请填写) 案例讲解
师生交互过程	教师:什么是会见? 会见有哪些种类? 学生:根据预习情况回答(所谓会见是指诊所学生和当事人、证人以及其他与案件相关的人进行谈话) 教师:我们法律诊所讲的会见指的是哪一类? 学生:结合教材回答(法律诊所是学生记忆法律实务技巧的一个重要方面,是律师承办任何业务不可或缺的一个重要环节)
学习资源	①《法律诊所》教材,许身健主编,中国人民大学出版社,29~54 页 ②《法律诊所》课件,27~47 页 ③ 智慧黄科同步测试
```

学习成果及评价标准	① 课前预习作业（不合格、合格、良好、优秀）：a. 能按时完成预习任务，并且有笔记详细记录的为优秀；b. 能按时完成预习任务，并且有笔记记录的为良好；c. 能按时完成预习任务的为合格；d. 没有预习的为不合格 ② 课堂提问表现（准确回答问题）：a. 课堂积极回答问题，回答正确加 10 分；b. 能积极回答问题加 5 分 ③ 智慧黄科同步训练测试（百分制），根据测试结果据实统计计算

活动任务序列（任务二）

任务二知识组块： 2.1 会见概述 —包含→ 会见当事人的过程	任务描述	通过会见过程的学习，记忆会见的过程
	任务时长	15 分钟
	学习地点	课上

教学策略（学习策略）	☑ 讲授　☑ 小组讨论　☑ 答疑　□ 实验　□ 实训　□ 自主学习　☑ 翻转课堂 ☑ 其他（请填写）__案例讲解__
师生交互过程	教师：会见有哪些过程？ 学生：结合教材回答[会见当事人的过程也是学生思考分析的过程（在会见过程中找出案件的问题，分析案件事实与法律规范之间的关系，据此找出解决问题的方法）] 教师：会见过程的注意事项有哪些？ 学生：根据课前预习回答
学习资源	①《法律诊所》教材，许身健主编，中国人民大学出版社，29~54 页 ②《法律诊所》课件，27~47 页 ③ 智慧黄科同步测试
学习成果及评价标准	① 课前预习作业（不合格、合格、良好、优秀）：a. 能按时完成预习任务，并且有笔记详细记录的为优秀；b. 能按时完成预习任务，并且有笔记记录的为良好；c. 能按时完成预习任务的为合格；d. 没有预习的为不合格 ② 课堂提问表现（准确回答问题）：a. 课堂上积极回答问题，回答正确加 10 分；b. 能积极回答问题加 5 分 ③ 智慧黄科同步训练测试（百分制），根据测试结果据实统计计算

活动任务序列（任务三）

任务三知识组块： 2.1 会见概述 —包含→ 会见当事人的概念 　　　　　 —包含→ 会见当事人的过程	任务描述	通过会见过程的学习，记忆会见的过程
	任务时长	40 分钟
	学习地点	课下

教学策略（学习策略）	□ 讲授　☑ 小组讨论　☑ 答疑　□ 实验　□ 实训　☑ 自主学习　□ 翻转课堂 □ 其他（请填写）_____

师生交互过程	教师:是否观看了中国政法大学法律诊所公开课? 学生:结合观看情况回答问题 教师:会见中应注意哪些事项? 学生:讨论并回答问题
学习资源	① 中国政法大学法律诊所公开课(袁钢):详见哔哩哔哩官网 ② 《今日说法》20240125 追踪"传家宝":详见央视网
学习成果及评价标准	① 是否观看了布置的课下作业(不合格、合格、良好、优秀):a. 能按时完成课下学习任务,并且有笔记详细记录的为优秀;b. 能按时完成课下学习任务,并且有笔记记录的为良好;c. 能按时完成课下学习任务的为合格;d. 没有完成课下学习任务的为不合格 ② 课堂分享表现(准确回答问题):a. 课堂积极分享课下学习情况,有书面记录加 10 分;b. 课堂积极分享课下学习情况加 5 分

活动 2 知识建模图(课上 + 课下):

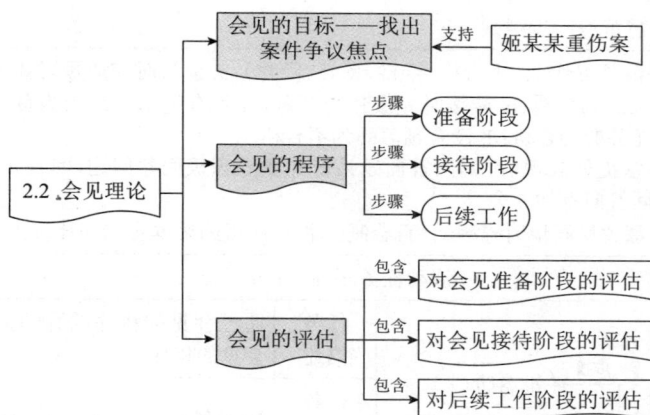

活动目标	会见的目标(记忆 + 运用);会见的程序(记忆 + 运用);会见的评估(记忆 + 运用)

活动任务序列(导入任务描述):通过案例引入会见相关的理论知识

师生交互过程	教师:讲解会见的目标,找出案件争议焦点 学生:根据预习情况回答 教师:讲解会见的程序 学生:结合教材回答 教师:讲解会见的评估 学生:结合教材回答

通过法学应用特色与教学改革项目导入

活动任务序列(任务一)

任务一知识组块: 	任务描述	通过讲解会见的目标,找出案件争议焦点
	任务时长	10 分钟
	学习地点	课上

教学策略（学习策略）	☑讲授 ☑小组讨论 ☑答疑 □实验 □实训 □自主学习 ☑翻转课堂 ☑其他（请填写）案例讲解
师生交互过程	教师：讲解会见的目标，找出案件争议焦点 学生：根据预习情况回答（会见当事人旨在为当事人解决法律争议，帮助其定分止争） 教师：介绍案例例2-1 姬某某重伤案 学生：通过阅读，找出案件争议焦点，但是没有证据 教师：指导学生如何找到证据 学生：讨论回答 教师：提示"行政诉讼" 学生：讨论回答
学习资源	①《法律诊所》教材，许身健主编，中国人民大学出版社，29~54页 ②《法律诊所》课件，27~47页 ③智慧黄科同步测试
学习成果及评价标准	① 课前预习作业（不合格、合格、良好、优秀）：a. 能按时完成预习任务，并且有笔记详细记录的为优秀；b. 能按时完成预习任务，并且有笔记记录的为良好；c. 能按时完成预习任务的为合格；d. 没有预习的为不合格 ② 课堂提问表现（准确回答问题）：a. 课堂上积极回答问题，回答正确加10分；b. 能积极回答问题加5分 ③ 智慧黄科同步训练测试（百分制），根据测试结果据实统计计算

活动任务序列（任务二）

任务二知识组块： 	任务描述	通过会见的程序的介绍，学生系统地掌握会见的程序
	任务时长	10分钟
	学习地点	课上

教学策略（学习策略）	☑讲授 ☑小组讨论 ☑答疑 □实验 □实训 □自主学习 ☑翻转课堂 ☑其他（请填写）案例讲解
师生交互过程	教师：会见有哪些程序？ 学生：结合教材回答（准备阶段、接待阶段、后续工作） 教师：会见的准备阶段有哪些工作？ 学生：结合教材学习回答（制订会见计划，准备相关卷宗） 教师：接待当事人需要注意哪些事项？ 学生：结合课下学习回答（①与当事人建立互信关系；②通过提问引导当事人的陈述；③取得资料；④详细的会见记录） 教师：会见结束后还需要注意哪些工作？ 学生：结合教材学习回答（①查找相关法律依据；②撰写有关法律文书）

学习资源	①《法律诊所》教材,许身健主编,中国人民大学出版社,29~54 页 ②《法律诊所》课件,27~47 页 ③ 智慧黄科同步测试
学习成果及评价标准	① 课前预习作业(不合格、合格、良好、优秀):a. 能按时完成预习任务,并且有笔记详细记录的为优秀;b. 能按时完成预习任务,并且有笔记记录的为良好;c. 能按时完成预习任务的为合格;d. 没有预习的为不合格 ② 课堂提问表现(准确回答问题):a. 课堂上积极回答问题,回答正确加 10 分;b. 能积极回答问题加 5 分 ③ 智慧黄科同步训练测试(百分制),根据测试结果据实统计计算

活动任务序列(任务三)

任务三知识组块:		任务描述	通过会见的评估的介绍,学生系统地掌握会见的评估
会见的评估 —包含→ 对会见准备阶段的评估 —包含→ 对会见接待阶段的评估 —包含→ 对后续工作阶段的评估		任务时长	10 分钟
		学习地点	课上

教学策略 (学习策略)	☑ 讲授　☑ 小组讨论　☑ 答疑　□ 实验　□ 实训　□ 自主学习　☑ 翻转课堂 ☑ 其他(请填写)　案例讲解
师生交互过程	教师:对会见准备阶段的评估 学生:结合教材回答(对会见准备阶段的评估要考虑以下几个问题:①制订的会见计划与实际发生的会见存在哪些差别?②会见目标是否达到?③预先准备的开场介绍是否达到效果?有哪些需要改进之处?④会见的时间、地点安排是否妥当?电话预约会见应当注意什么问题?⑤团队分工是否发挥作用?有哪些需要改进之处?) 教师:对会见接待阶段的评估 学生:结合教材学习回答(对会见接待阶段的评估要考虑以下几个问题:①是否抓住了案件的争议点?如果找到了案件的问题,是否对大前提和小前提有了充分的认识?②是否能通过提问引导、控制当事人的叙事进程?③是否能清晰明确当事人的目的?④通过交谈,是否能记忆案情概要?⑤是否能安抚情绪不稳定的当事人,帮助其恢复平和的心态?⑥言谈举止是否得当?是否既体现出专业素养又不失谦虚谨慎?⑦当事人对询问的问题是否清晰?提问的设计是否需要改进?⑧是否保留了详细的会见登记和会见笔录?⑨会见笔录是否经当事人签字确认?⑩复制保存当事人的证据等材料是否经过当事人同意?⑪与团队合作是否融洽?有哪些需要改进之处?) 教师:对后续工作阶段的评估 学生:结合教材学习回答(对后续工作阶段的评估要考虑以下几个问题:①是否及时向指导教师汇报会见情况?②采取了哪些方式向指导教师汇报情况?书面行文是否言简意赅?口头表达是否逻辑清晰、表达流畅?③需要进一步学习法律文书写作的哪些内容?④资料收集还存在哪些困难?⑤团队分工合作是否需要改进?⑥回顾整个会见过程,是否真正达到会见目的,帮助当事人定分止争?)

学习资源	①《法律诊所》教材,许身健主编,中国人民大学出版社,29~54 页 ②《法律诊所》课件,27~47 页 ③ 智慧黄科同步测试
学习成果及评价标准	① 课前预习作业(不合格、合格、良好、优秀):a. 能按时完成预习任务,并且有笔记详细记录的为优秀;b. 能按时完成预习任务,并且有笔记记录的为良好;c. 能按时完成预习任务的为合格;d. 没有预习的为不合格 ② 课堂提问表现(准确回答问题):a. 课堂上积极回答问题,回答正确加 10 分;b. 能积极回答问题加 5 分 ③ 智慧黄科同步训练测试(百分制),根据测试结果据实统计计算

活动任务序列(任务四)

任务四知识组块:

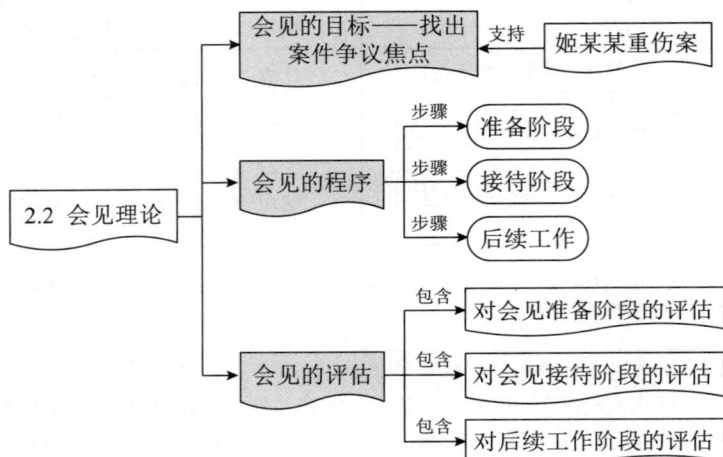

任务描述	通过课下观看公开课与《今日说法》,学生进一步掌握会见的相关理论
任务时长	60 分钟
学习地点	课下
教学策略 (学习策略)	□讲授　☑小组讨论　☑答疑　□实验　□实训　☑自主学习　□翻转课堂 □其他(请填写)_____
师生交互过程	教师:是否观看了中国政法大学法律诊所公开课? 学生:结合观看情况回答问题 教师:会见中应注意哪些事项? 学生:讨论并回答问题
学习资源	① 中国政法大学法律诊所公开课(袁钢):详见哔哩哔哩官网 ②《今日说法》20240125 追踪"传家宝"
学习成果及评价标准	① 是否观看了布置的课下作业(不合格、合格、良好、优秀):a. 能按时完成课下学习任务,并且有笔记详细记录的为优秀;b. 能按时完成课下学习任务,并且有笔记记录的为良好;c. 能按时完成课下学习任务的为合格;d. 没有完成课下学习任务的为不合格 ② 课堂分享表现(准确回答问题):a. 课堂积极分享课下学习情况,有书面记录加 10 分;b. 课堂积极分享课下学习情况加 5 分

活动 3 知识建模图（课上 + 课下）：

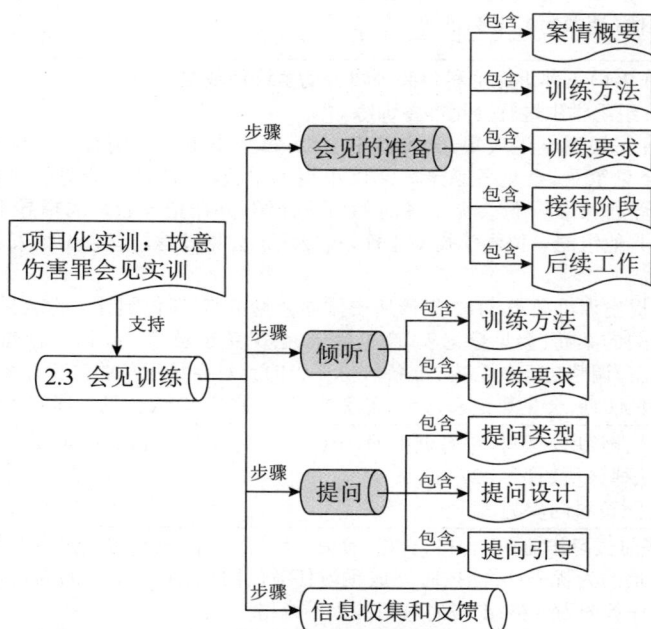

活动目标	会见的准备（记忆 + 运用）；倾听（记忆 + 运用）；提问（记忆 + 运用）；信息收集与反馈（记忆 + 运用）
活动任务序列（导入任务描述）:通过案例介绍学习会见中的注意事项	
师生交互过程	教师:讲解会见准备的注意事项 学生:阅读教材回答 教师:讲解倾听的方法与要求 学生:阅读教材回答 教师:讲解提问的注意事项 学生:结合教材回答 教师:讲解信息的收集与反馈 学生:阅读教材回答

活动任务序列（任务一）

任务一知识组块：		任务描述	通过会见准备工作的讲解,学生掌握会见的准备工作与注意事项
		任务时长	15 分钟
		学习地点	课上

续表

教学策略（学习策略）	☑讲授　☑小组讨论　☑答疑　□实验　□实训　□自主学习　☑翻转课堂 ☑其他（请填写）案例讲解
师生交互过程	（训练2-1）王萍诉派尼科包装公司劳动争议仲裁案 教师：组织学生进行会见准备训练 学生：①根据学生人数，分为若干小组，每个小组中分别有一位同学负责完成登记表、会见笔录、会见备忘录。②以小组为单位，集体讨论会见计划的制订。③请每位同学都准备一份会见王萍时的自我介绍，并在指导教师的指导下进行实战训练。④请其他组的一位同学扮演王萍，实战演练会见过程。⑤会见结束后，团队评估利弊得失 教师提出训练要求：①如果诊所安排你会见王萍，请你制订一份会见计划。②请你准备相关的案卷：会见登记表、会见笔录、会见备忘录等。③请你预想会见时王萍的心理状态，调整自己的心态，准备一份妥当的针对会见王萍的自我介绍。④请你参照以下会见计划、会见登记表、会见备忘录、会见笔录，完成会见王萍的实战练习
学习资源	①《法律诊所》教材，许身健主编，中国人民大学出版社，29~54页 ②《法律诊所》课件，27~47页 ③智慧黄科同步测试
学习成果及评价标准	① 课前预习作业（不合格、合格、良好、优秀）：a. 能按时完成预习任务，并且有笔记详细记录的为优秀；b. 能按时完成预习任务，并且有笔记记录的为良好；c. 能按时完成预习任务的为合格；d. 没有预习的为不合格 ② 课堂提问表现（准确回答问题）：a. 课堂上积极回答问题，回答正确加10分；b. 能积极回答问题加5分 ③ 智慧黄科同步训练测试（百分制），根据测试结果据实统计计算

活动任务序列（任务二）

任务二知识组块： 	任务描述	通过会见倾听的讲解，学生掌握会见倾听的注意事项
	任务时长	15分钟
	学习地点	课上

教学策略（学习策略）	☑讲授　☑小组讨论　☑答疑　□实验　□实训　□自主学习　☑翻转课堂 ☑其他（请填写）案例讲解
师生交互过程	（训练2-2）王萍诉派尼科包装公司劳动争议仲裁案 教师：讲解注意事项，倾听要注意的技巧如下。①针对不同的当事人群体，了解当事人的心态。②避免使用带有歧视性或蔑视性的言语，言语之间要体现对他人的尊重。③当不明白对方意思时，真诚地询问对方要表达的意思。④耐心的态度是取得当事人信任的第一步。⑤倾听并非只听不回应，要对当事人的言语做出有效、及时、可信的回应 学生：进行训练，训练方法如下。①以小组为单位，揣摩讨论王萍的心理状态。请一位学生扮演王萍，另一位学生接待会见王萍，第三位学生负责完成会见记录，其他同学观摩，请观摩的同学评价双方的心态。②请记录的学生和接待的学生共同商议，引导王萍对关键问题做出确认性回答。③模拟会见之后，以小组讨论的方式进行评估，由指导教师做出总体评议

续表

学习资源	①《法律诊所》教材,许身健主编,中国人民大学出版社,29~54 页 ②《法律诊所》课件,27~47 页 ③ 智慧黄科同步测试
学习成果 及评价 标准	① 课前预习作业(不合格、合格、良好、优秀):a. 能按时完成预习任务,并且有笔记详细记录的为优秀;b. 能按时完成预习任务,并且有笔记记录的为良好;c. 能按时完成预习任务的为合格;d. 没有预习的为不合格 ② 课堂提问表现(准确回答问题):a. 课堂上积极回答问题,回答正确加 10 分;b. 能积极回答问题加 5 分 ③ 智慧黄科同步训练测试(百分制),根据测试结果据实统计计算

活动任务序列(任务三)

任务三知识组块:		任务 描述	通过会见提问的介绍,学生系统地掌握会见技能
		任务 时长	20 分钟
		学习 地点	课上

教学策略 (学习 策略)	☑讲授　☑小组讨论　☑答疑　□实验　□实训　□自主学习　☑翻转课堂 ☑其他(请填写)　案例讲解
师生交互 过程	(训练 2-3)王萍诉派尼科包装公司劳动争议仲裁 教师:讲解训练要求,具体要求如下。①设计一份与证据目录联系紧密的提问计划。②在提问计划里,灵活使用开放式提问、封闭式提问和探索式提问。③注意如何通过提问引导会见节奏 学生:根据要求开展训练学习,具体的训练方法如下。①以小组为单位,共同找出案件争议焦点,设计提问。②以小组为单位,请一位学生扮演陈鹏,另一位学生负责会见接待,第三位学生负责完成会见备忘录。③请记录的学生和接待的学生共同商议,引导陈鹏对关键问题做出确认回答。④模拟会见之后,以小组讨论的方式进行评估,由指导教师做出总体评议 (训练 2-4)清华女研究生状告三部委要求公开副部长职权信息案 教师提出问题来训练思考:①《中华人民共和国政府信息公开条例》对于政府信息公开的程序是如何规定的? ②如果遇到类似的困难,你是否会申请政府信息公开?
学习资源	①《法律诊所》教材,许身健主编,中国人民大学出版社,29~54 页 ②《法律诊所》课件,27~47 页 ③ 智慧黄科同步测试

学习成果及评价标准	① 课前预习作业(不合格、合格、良好、优秀):a. 能按时完成预习任务,并且有笔记详细记录的为优秀;b. 能按时完成预习任务,并且有笔记记录的为良好;c. 能按时完成预习任务的为合格;d. 没有预习的为不合格 ② 课堂提问表现(准确回答问题):a. 课堂上积极回答问题,回答正确加 10 分;b. 能积极回答问题加 5 分 ③ 智慧黄科同步训练测试(百分制),根据测试结果据实统计计算

活动任务序列(任务四)

任务四知识组块:

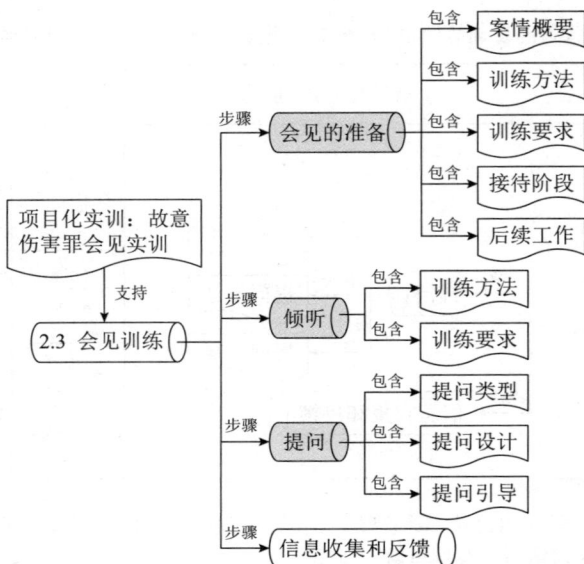

任务描述	通过课下观看公开课与《今日说法》,学生进一步掌握会见相关理论
任务时长	100 分钟
学习地点	课下
教学策略(学习策略)	□讲授　☑小组讨论　☑答疑　□实验　□实训　☑自主学习　□翻转课堂 □其他(请填写)_____
师生交互过程	教师:是否观看中国政法大学法律诊所公开课? 学生:结合观看情况回答问题 教师:会见中应注意哪些事项? 学生:讨论并回答问题
学习资源	① 中国政法大学法律诊所公开课(袁钢):详见哔哩哔哩官网 ②《今日说法》20240125 追踪"传家宝":详见央视网
学习成果及评价标准	① 是否观看了布置的课下作业(不合格、合格、良好、优秀):a. 能按时完成课下学习任务,并且有笔记详细记录的为优秀;b. 能按时完成课下学习任务,并且有笔记记录的为良好;c. 能按时完成课下学习任务的为合格;d. 没有完成课下学习任务的为不合格 ② 课堂分享表现(准确回答问题):a. 课堂积极分享课下学习情况,有书面记录加 10 分;b. 课堂积极分享课下学习情况加 5 分

（2）法律咨询教学设计见表 4-2-2。

表 4-2-2　法律咨询教学设计

2023—2024 年第 2 学期第 5 周第 1 次课

知识建模图：

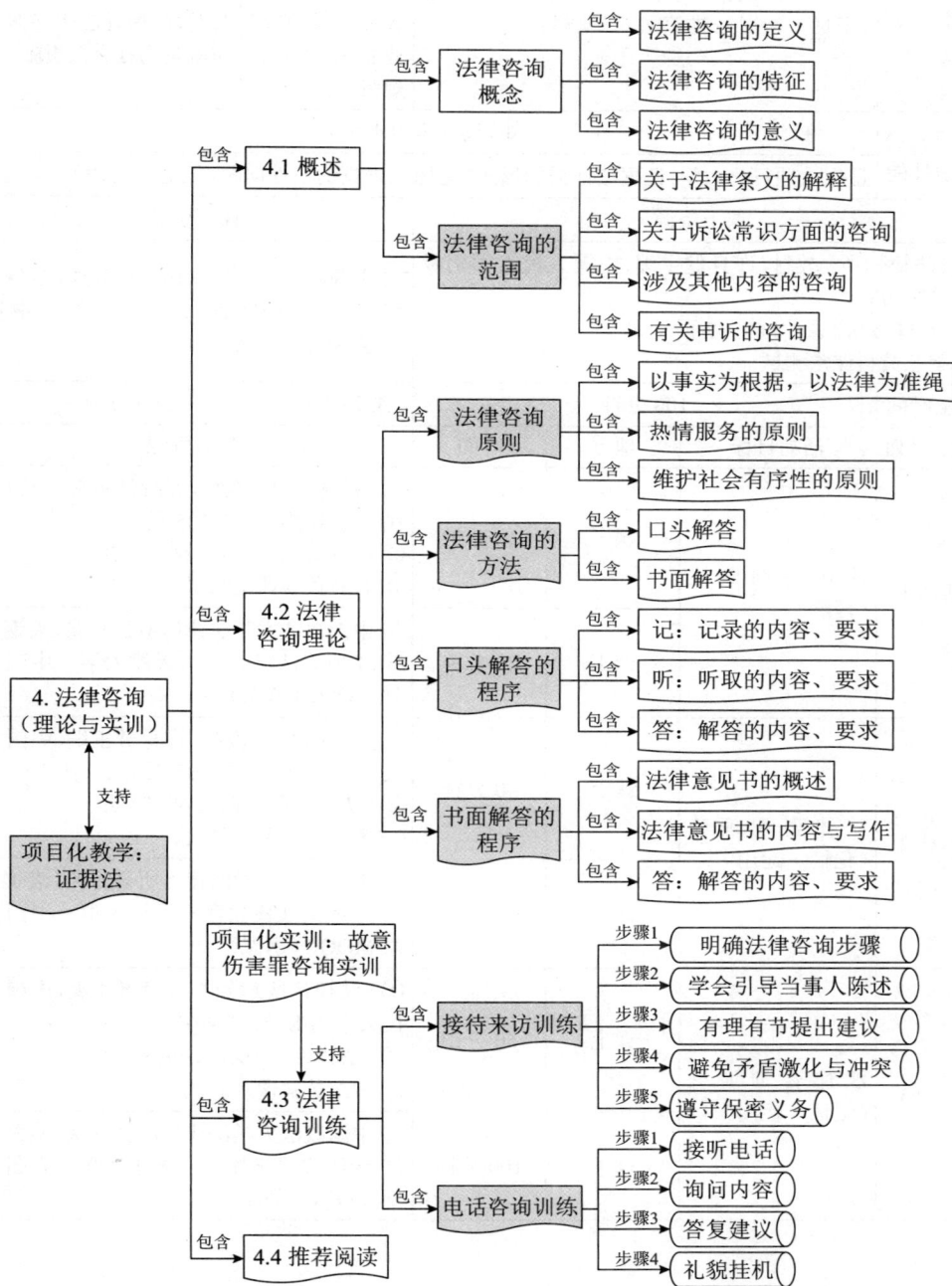

续表

学习目标	知识点（学习水平）		能力目标	素质目标
学习目标	法律咨询概述（理解）；法律职业伦理与方法（记忆＋运用）；推荐阅读（理解）		通过法律职业伦理的学习，学生记忆法律人应具备的职业精神与执业规范	法律咨询是常见的法律服务方式，法律诊所具有公益性，做好法律咨询工作就是为社会做贡献
学习先决知识技能	知识点（学习水平）			
学习先决知识技能	证据法项目化教学：证据法证据的形式（记忆），证据的三性问题（记忆＋运用）			

课上资源	课下资源
①《法律诊所》教材，许身健主编，中国人民大学出版社，77～105 页 ②《法律诊所》课件，69～87 页 ③ 智慧黄科课堂测试	① 中国政法大学法律诊所公开课（袁钢） ② 诊所式法律教育 - 天津大学 - 中国大学 MOOC（慕课）

课上时间	100 分钟	课下时间	200 分钟

活动序列	活动目标	地点	时间	学习资源
活动 1	法律咨询概述（理解）	课上	10 分钟	①《法律诊所》教材，许身健主编，中国人民大学出版社，77～105 页 ②《法律诊所》课件，69～87 页 ③ 智慧黄科课堂测试
活动 1	法律咨询概述（理解）	课下	20 分钟	① 中国政法大学法律诊所公开课（袁钢） ② 诊所式法律教育 - 天津大学 - 中国大学 MOOC（慕课）
活动 2	法律咨询理论（记忆＋运用）	课上	40 分钟	①《法律诊所》教材，许身健主编，中国人民大学出版社，77～105 页 ②《法律诊所》课件，69～87 页 ③ 智慧黄科课堂测试
活动 2	法律咨询理论（记忆＋运用）	课下	80 分钟	① 中国政法大学法律诊所公开课（袁钢） ② 诊所式法律教育 - 天津大学 - 中国大学 MOOC（慕课）
活动 3	法律咨询训练（记忆＋运用）	课上	50 分钟	①《法律诊所》教材，许身健主编，中国人民大学出版社，77～105 页 ②《法律诊所》课件，69～87 页 ③ 智慧黄科课堂测试
活动 3	法律咨询训练（记忆＋运用）	课下	100 分钟	① 中国政法大学法律诊所公开课（袁刚） ② 诊所式法律教育 - 天津大学 - 中国大学 MOOC（慕课）

活动1知识建模图（课上＋课下）：

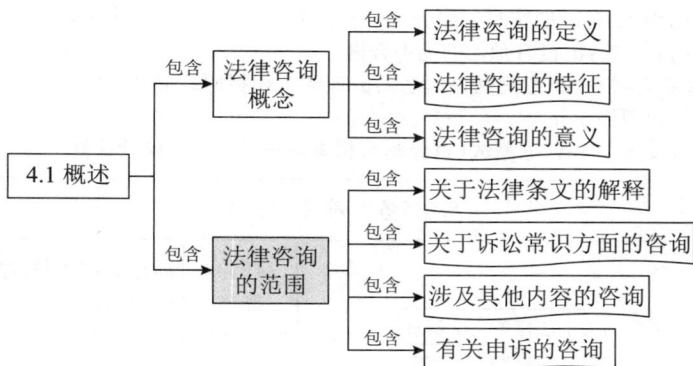

活动目标	法律咨询的概念（理解）；法律咨询的范围（记忆＋运用）
活动任务序列（导入任务描述）：通过案例导入本活动学习内容	
师生交互过程	教师：讲解法律咨询的概念 学生：结合教材讨论并回答 教师：法律咨询的范围有哪些？ 学生：结合教材进行讨论并回答

活动任务序列（任务一）

任务一知识组块： 	任务描述	通过案例讲解法律咨询，学生理解法律咨询的定义、特征、意义
	任务时长	5 分钟
	学习地点	课上

教学策略（学习策略）	☑ 讲授　☑ 小组讨论　☑ 答疑　□ 实验　□ 实训　□ 自主学习　☑ 翻转课堂 ☑ 其他（请填写）　案例讲解
师生交互过程	教师：什么是法律咨询？ 学生：法律咨询是指法律专业人员就当事人提出有关法律事务的询问做出解释、说明，或者提供法律方面的解决意见或建议的一种专业性活动 教师：法律咨询的特征有哪些？ 学生：讨论学习。①法律咨询具有专业性。②法律咨询具有广泛性。③法律咨询具有经常性。④法律咨询具有无偿性。⑤法律咨询无法律约束力 教师：法律咨询的意义有哪些？ 学生：讨论学习。①法律咨询有利于保护有关咨询者的合法权益。②法律咨询有助于宣传社会主义法治，提高公民法律意识，维护社会安定团结。③法律咨询有助于法律诊所学生提高法律执业技能
学习资源	①《法律诊所》教材，许身健主编，中国人民大学出版社，77~105 页 ②《法律诊所》课件，69~87 页 ③ 智慧黄科课堂测试

学习成果及评价标准	① 课前预习作业(不合格、合格、良好、优秀):a. 能按时完成预习任务,并且有笔记详细记录的为优秀;b. 能按时完成预习任务,并且有笔记记录的为良好;c. 能按时完成预习任务的为合格;d. 没有预习的为不合格 ② 课堂提问表现(准确回答问题):a. 课堂上积极回答问题,回答正确加 10 分;b. 能积极回答问题加 5 分 ③ 智慧黄科同步训练测试(百分制),根据测试结果据实统计计算

活动任务序列(任务二)

任务二知识组块: 法律咨询的范围 —包含→ 关于法律条文的解释 —包含→ 关于诉讼常识方面的咨询 —包含→ 涉及其他内容的咨询 —包含→ 有关申诉的咨询	任务描述	通过案例讲解,学生记忆法律咨询的范围
	任务时长	5 分钟
	学习地点	课上

教学策略(学习策略)	☑ 讲授　☑ 小组讨论　☑ 答疑　□ 实验　□ 实训　☑ 自主学习　☑ 翻转课堂 ☑ 其他(请填写)　案例讲解
师生交互过程	教师:关于法律条文的解释 学生:①单纯的法律条文解释。②相近或相似法律条文的解释。③对司法文书中引用的具体法律条文的解释 教师:关于诉讼常识方面的咨询 学生:诉讼常识包括聘请律师的程序、起诉的条件、诉状的写作、案件的管辖、当事人的权利和义务、诉讼费用、诉讼时效、举证责任、证人及执行申请期限等内容 教师:涉及其他内容的咨询 学生:有时咨询者所询问的问题可能涉及金融、税务、会计、评估等其他内容解答 教师:有关申诉的咨询 学生:咨询者对已经发生法律效力的裁判文书不服而向法律诊所寻求法律咨询,也是国内不少法律诊所经常遇到的问题
学习资源	①《法律诊所》教材,许身健主编,中国人民大学出版社,77~105 页 ②《法律诊所》课件,69~87 页 ③ 智慧黄科课堂测试
学习成果及评价标准	① 课前预习作业(不合格、合格、良好、优秀):a. 能按时完成预习任务,并且有笔记详细记录的为优秀;b. 能按时完成预习任务,并且有笔记记录的为良好;c. 能按时完成预习任务的为合格;d. 没有预习的为不合格 ② 课堂提问表现(准确回答问题):a. 课堂上积极回答问题,回答正确加 10 分;b. 能积极回答问题加 5 分 ③ 智慧黄科同步训练测试(百分制),根据测试结果据实统计计算

续表

活动任务序列(任务三)

任务三知识组块:

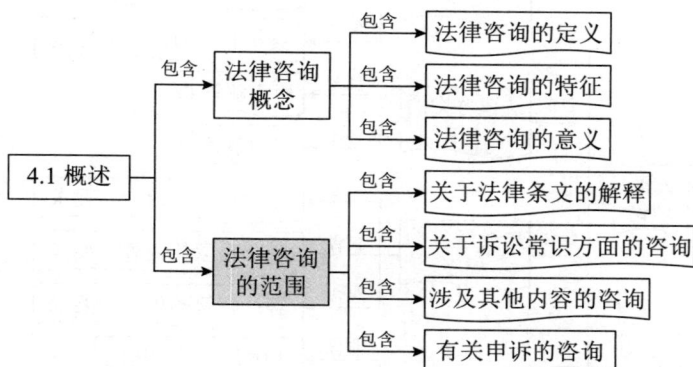

任务描述	通过课下学习,学生进一步掌握法律咨询的概念和范围
任务时长	20 分钟
学习地点	课下
教学策略 (学习 策略)	□讲授 ☑小组讨论 ☑答疑 □实验 □实训 ☑自主学习 □翻转课堂 □其他 (请填写)_____
师生交互 过程	教师:是否观看了中国政法大学法律诊所公开课? 学生:结合观看情况回答问题 教师:法律咨询的范围有哪些? 学生:讨论并回答问题
学习资源	① 中国政法大学法律诊所公开课(袁钢) ② 诊所式法律教育 _ 天津大学 _ 中国大学 MOOC(慕课)
学习成果 及评价 标准	① 是否观看了布置的课下作业(不合格、合格、良好、优秀):a. 能按时完成课下学习任务,并且有笔记详细记录的为优秀;b. 能按时完成课下学习任务,并且有笔记记录的为良好;c. 能按时完成课下学习任务的为合格;d. 没有完成课下学习任务的为不合格 ② 课堂分享表现(准确回答问题):a. 课堂上积极分享课下学习情况,有书面记录加 10分;b. 课堂上积极分享课下学习情况加 5 分

活动 2 知识建模图（课上 + 课下）：

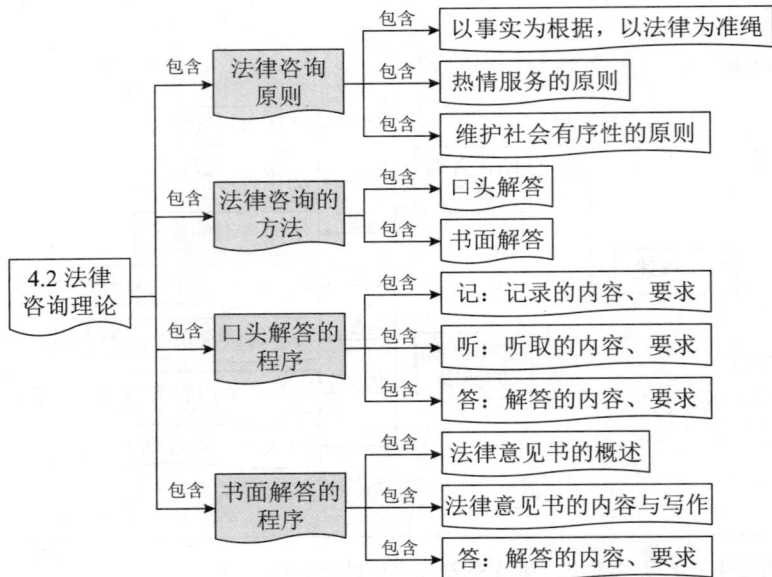

活动目标	法律咨询的原则（记忆 + 运用）；法律咨询的方法（记忆 + 运用）；口头解答的程序（记忆 + 运用）；书面解答的程序（记忆 + 运用）

活动任务序列（导入任务描述）：通过案例引入法律咨询相关的理论知识

师生交互过程	教师：法律咨询应遵守哪些原则？ 学生：结合教材进行回答 教师：法律咨询的方法有哪些？ 学生：结合教材进行回答 教师：口头解答有哪些程序？ 学生：结合教材进行回答 教师：书面解答有哪些程序？ 学生：结合教材进行回答

活动任务序列（任务一）

任务一知识组块： 	任务描述	通过法律咨询原则的讲解，学生能够在接受法律咨询的过程中自觉运用遵守
	任务时长	10 分钟
	学习地点	课上

教学策略（学习策略）	☑ 讲授　☑ 小组讨论　☑ 答疑　□ 实验　□ 实训　□ 自主学习　☑ 翻转课堂 ☑ 其他（请填写）案例讲解
师生交互过程	教师:法律咨询应遵守哪些原则? 学生:结合教材进行回答 ① 以事实为根据,以法律为准绳:以事实为依据,以法律为准绳,这不仅是我国司法工作的一项最基本的原则,也是法律诊所提供法律咨询中应当贯彻的基本原则 ② 热情服务的原则:解答法律咨询是法律诊所学生对咨询者提供法律上的帮助,法律诊所学生在解答法律咨询时应热情服务,树立服务至上的观念 ③ 维护社会有序性的原则
学习资源	①《法律诊所》教材,许身健主编,中国人民大学出版社,77~105 页 ②《法律诊所》课件,69~87 页 ③ 智慧黄科课堂测试
学习成果及评价标准	① 课前预习作业(不合格、合格、良好、优秀):a. 能按时完成预习任务,并且有笔记详细记录的为优秀;b. 能按时完成预习任务,并且有笔记记录的为良好;c. 能按时完成预习任务的为合格;d. 没有预习的为不合格 ② 课堂提问表现(准确回答问题):a. 课堂上积极回答问题,回答正确加 10 分;b. 能积极回答问题加 5 分 ③ 智慧黄科同步训练测试(百分制),根据测试结果据实统计计算

活动任务序列(任务二)

任务二知识组块: 法律咨询的方法 —包含→ 口头解答 法律咨询的方法 —包含→ 书面解答	任务描述	学生牢固记忆法律咨询方法
	任务时长	10 分钟
	学习地点	课上

教学策略（学习策略）	☑ 讲授　☑ 小组讨论　☑ 答疑　□ 实验　□ 实训　☑ 自主学习　☑ 翻转课堂 ☑ 其他（请填写）案例讲解
师生交互过程	教师:法律咨询的方法有哪些? 学生:结合教材进行回答 ① 口头解答:口头解答指法律诊所学生用口头方式对咨询者提出的法律问题进行解答 ② 书面解答:书面解答指法律诊所学生以书面形式对咨询者提出的法律问题进行解答
学习资源	①《法律诊所》教材,许身健主编,中国人民大学出版社,77~105 页 ②《法律诊所》课件,69~87 页 ③ 智慧黄科课堂测试

续表

学习成果及评价标准	① 课前预习作业（不合格、合格、良好、优秀）：a. 能按时完成预习任务，并且有笔记详细记录的为优秀；b. 能按时完成预习任务，并且有笔记记录的为良好；c. 能按时完成预习任务的为合格；d. 没有预习的为不合格 ② 课堂提问表现（准确回答问题）：a. 课堂上积极回答问题，回答正确加 10 分；b. 能积极回答问题加 5 分 ③ 智慧黄科同步训练测试（百分制），根据测试结果据实统计计算

活动任务序列（任务三）

任务三知识组块： 口头解答的程序 ── 包含 → 记：记录的内容、要求 ── 包含 → 听：听取的内容、要求 ── 包含 → 答：解答的内容、要求	任务描述	通过口头解答程序的讲解，学生系统记忆口头解答的技巧和技能
	任务时长	10 分钟
	学习地点	课上

教学策略（学习策略）	☑ 讲授　☑ 小组讨论　☑ 答疑　□ 实验　□ 实训　□ 自主学习　☑ 翻转课堂 ☑ 其他（请填写）案例讲解
师生交互过程	教师：口头解答有哪些程序？ 学生：结合教材进行回答 ① 记：a. 记录的内容；b. 记录的要求 ② 听：a. 听取的内容；b. 听取的要求 ③ 看：a. 查看的内容；b. 查看的要求 ④ 问：a. 提问的内容；b. 提问的要求 ⑤ 析：a. 分析的内容；b. 分析的要求 ⑥ 答：a. 解答的内容；b. 解答的要求
学习资源	①《法律诊所》教材，许身健主编，中国人民大学出版社，77~105 页 ②《法律诊所》课件，69~87 页 ③ 智慧黄科课堂测试
学习成果及评价标准	① 课前预习作业（不合格、合格、良好、优秀）：a. 能按时完成预习任务，并且有笔记详细记录的为优秀；b. 能按时完成预习任务，并且有笔记记录的为良好；c. 能按时完成预习任务的为合格；d. 没有预习的为不合格 ② 课堂提问表现（准确回答问题）：a. 课堂上积极回答问题，回答正确加 10 分；b. 能积极回答问题加 5 分 ③ 智慧黄科同步训练测试（百分制），根据测试结果据实统计计算

续表

活动任务序列(任务四)

任务四知识组块:		任务描述	通过书面解答程序的讲解,学生系统记忆书面解答的技巧和技能
书面解答的程序 → 包含 → 法律意见书的概述 包含 → 法律意见书的内容与写作 包含 → 答:解答的内容、要求		任务时长	10 分钟
		学习地点	课上

教学策略 (学习策略)	☑ 讲授　☑ 小组讨论　☑ 答疑　□ 实验　□ 实训　□ 自主学习　☑ 翻转课堂 ☑ 其他(请填写)　案例讲解
师生交互过程	教师:法律意见书的概念、制作与分类 学生:结合教材回答有以下三点。①法律意见书的概念。②法律意见书的制作依据。③法律意见书的分类:一是要件类法律意见书;二是审查类法律意见书;三是解疑类法律意见书 教师:法律意见书具有哪些特征? 学生:根据教材内容回答。一是出具法律意见书的主体是法律诊所学生,并以法律诊所的名义出具。二是法律意见书是针对咨询者提出的某一具体的法律事务、法律行为、法律事实或者法律文件而出具的书面法律意见。三是法律意见书是法律诊所学生正确运用法律,对咨询者提出咨询的事务进行分析与阐述而得出的结论性意见,该意见不受任何人影响,具有完全的独立性。四是法律意见书只能"就事论事"。五是法律意见书一般不具有约束力和强制力 教师:法律意见书的内容与写作 学生: ① 法律意见书的首部——标题、编号、主送对象、案由、审查材料、调查活动 ② 法律意见书的正文——本案当事人、基本事实、法律分析、解决方案、结论 ③ 法律意见书的尾部——声明、署名、成文日期
学习资源	①《法律诊所》教材,许身健主编,中国人民大学出版社,77~105 页 ②《法律诊所》课件,69~87 页 ③ 智慧黄科课堂测试
学习成果及评价标准	① 课前预习作业(不合格、合格、良好、优秀):a. 能按时完成预习任务,并且有笔记详细记录的为优秀;b. 能按时完成预习任务,并且有笔记记录的为良好;c. 能按时完成预习任务的为合格;d. 没有预习的为不合格 ② 课堂提问表现(准确回答问题):a. 课堂上积极回答问题,回答正确加 10 分;b. 能积极回答问题加 5 分 ③ 智慧黄科同步训练测试(百分制),根据测试结果据实统计计算

续表

活动任务序列（任务五）

任务五知识组块：

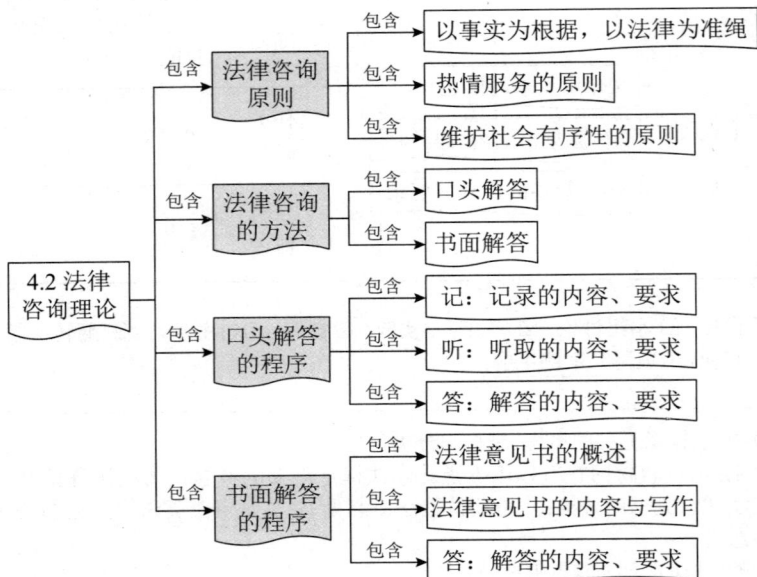

任务描述	通过课下观看公开课与慕课，学生进一步掌握法律咨询理论
任务时长	80 分钟
学习地点	课下
教学策略（学习策略）	□讲授　☑小组讨论　☑答疑　□实验　□实训　☑自主学习　□翻转课堂　□其他（请填写）_____
师生交互过程	教师：是否观看了中国政法大学法律诊所公开课？ 学生：结合观看情况回答问题 教师：法律咨询的相关理论有哪些？ 学生：讨论并回答问题
学习资源	① 中国政法大学法律诊所公开课（袁钢） ② 诊所式法律教育 _ 天津大学 _ 中国大学 MOOC（慕课）
学习成果及评价标准	① 是否观看了布置的课下作业（不合格、合格、良好、优秀）：a. 能按时完成课下学习任务，并且有笔记详细记录的为优秀；b. 能按时完成课下学习任务，并且有笔记记录的为良好；c. 能按时完成课下学习任务的为合格；d. 没有完成课下学习任务的为不合格 ② 课堂分享表现（准确回答问题）：a. 课堂上积极分享课下学习情况，有书面记录加 10 分；b. 课堂上积极分享课下学习情况加 5 分

活动3知识建模图(课上+课下):

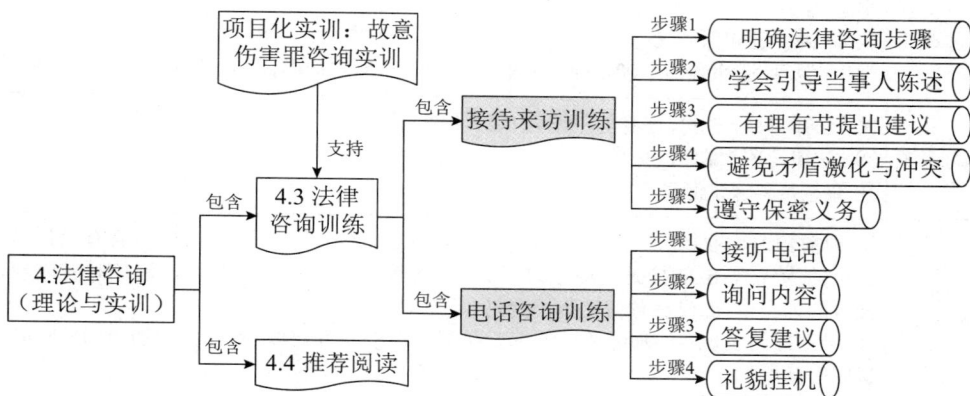

活动目标	接待来访训练(记忆+运用);电话咨询训练(记忆+运用)

活动任务序列(导入任务描述):通过会见理论知识的学习,切实记忆会见的技能

师生交互过程	教师:接待来访训练
	学生:根据教师讲解学习
	教师:电话咨询训练
	学生:根据教师讲解学习

活动任务序列(任务一)

任务一知识组块:

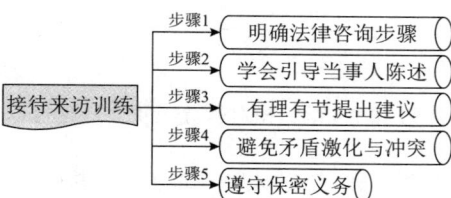

任务描述	通过接待来访训练,学生记忆接待的方法与技巧
任务时长	20分钟
学习地点	课上

教学策略(学习策略)	☑ 讲授 ☑ 小组讨论 ☑ 答疑 □ 实验 □ 实训 □ 自主学习 ☑ 翻转课堂 ☑ 其他(请填写) 案例讲解

师生交互过程	接待来访训练: 教师:讲解明确法律咨询步骤 学生:根据讲解学习。①综合整理信息资料;②事实调查和法律检索;③制定解决方案 教师:学会引导当事人陈述 学生:根据讲解学习。①学会多种交流方式;②学会聆听;③学会关切 教师:有理有节提出建议 学生:根据讲解学习。①善于归纳和提炼;②理性提出建议

63

师生交互过程	教师:讲解避免矛盾激化与冲突 学生:学习 教师:讲解遵守保密义务 学生:学习,法律咨询中涉及律师职业道德的一个基本问题,即为当事人保密
学习资源	①《法律诊所》教材,许身健主编,中国人民大学出版社,77~105 页 ②《法律诊所》课件,69~87 页 ③智慧黄科课堂测试
学习成果及评价标准	① 课前预习作业(不合格、合格、良好、优秀):a. 能按时完成预习任务,并且有笔记详细记录的为优秀;b. 能按时完成预习任务,并且有笔记记录的为良好;c. 能按时完成预习任务的为合格;d. 没有预习的为不合格 ② 课堂提问表现(准确回答问题):a. 课堂上积极回答问题,回答正确加 10 分;b. 能积极回答问题加 5 分 ③ 智慧黄科同步训练测试(百分制),根据测试结果据实统计计算

活动任务序列(任务二)

任务二知识组块:		
电话咨询训练 步骤1 接听电话 步骤2 询问内容 步骤3 答复建议 步骤4 礼貌挂机	任务描述	通过电话咨询训练,学生记忆电话咨询的方法与技巧
	任务时长	20 分钟
	学习地点	课上

教学策略(学习策略)	☑ 讲授 ☑ 小组讨论 ☑ 答疑 □ 实验 □ 实训 □ 自主学习 ☑ 翻转课堂 ☑ 其他(请填写)__案例讲解__
师生交互过程	电话咨询训练: (训练 4-1)接听电话入门 ① 指导教师可以根据学生数量准备若干纸片(1 张 A4 纸纵横对折分成 4 片),也可以要求学生自己准备纸片 ② 要求学生在纸片上书写(匿名):a. 在接听电话之前,应该做好哪些准备? b. 接听后,第一句话应该说什么? ③ 指导教师收回纸片,在教学助手的协助下,迅速浏览、分类纸条,如学生人数不超过 20 人,可以逐个宣读上述两个问题的答案 ④ 指导教师对学生的回答进行分析,并与学生讨论应该如何接听电话 教师:询问内容,在询问过程中要注意学生是否口齿清晰、声音适中,交谈是否自然,并给出答复建议 学生:学习 教师:礼貌挂机 学生:学习
学习资源	①《法律诊所》教材,许身健主编,中国人民大学出版社,77~105 页 ②《法律诊所》课件,69~87 页 ③智慧黄科课堂测试

学习成果及评价标准	① 课前预习作业(不合格、合格、良好、优秀):a. 能按时完成预习任务,并且有笔记详细记录的为优秀;b. 能按时完成预习任务,并且有笔记记录的为良好;c. 能按时完成预习任务的为合格;d. 没有预习的为不合格 ② 课堂提问表现(准确回答问题):a. 课堂上积极回答问题,回答正确加 10 分;b. 能积极回答问题加 5 分 ③ 智慧黄科同步训练测试(百分制),根据测试结果据实统计计算

活动任务序列(任务三)

任务三知识组块: 4. 法律咨询 (理论与实训) —包含→ 4.4 推荐阅读	任务描述	通过推荐阅读,学生进一步记忆法律咨询的知识与技能
	任务时长	10 分钟
	学习地点	课上

教学策略(学习策略)	☑ 讲授 ☑ 小组讨论 ☑ 答疑 □ 实验 □ 实训 ☑ 自主学习 ☑ 翻转课堂 ☑ 其他(请填写)__案例讲解__
师生交互过程	教师:正式法律咨询可以分为以下几个步骤:识别目标;评估可用于实现目标的现有资料;确定若干解决方案;评估方案,包括每一种方案的利弊、成本、风险、成功率等;选定最佳方案;依决定开始行动 教师:推荐阅读如下 君合律师事务所著,《律师之道:新律师的必修课》(第二版),北京大学出版社,2016 高金波主编,《中国律师实务文书》,法律出版社,2008 王英明编著,《法律诊所实习》,中国人民公安大学出版社,2008 陈昱翰主编,《律师办理非讼法律事务指引》,中国民主法制出版社,2009 邓旭,乔宝杰编著,《非诉法律事务实验教程》,经济管理出版社,2012 李傲著,《互动教学法——诊所式法律教育》,法律出版社,2004 学生:选择阅读
学习资源	①《法律诊所》教材,许身健主编,中国人民大学出版社,77~105 页 ②《法律诊所》课件,69~87 页 ③ 智慧黄科课堂测试
学习成果及评价标准	① 课前预习作业(不合格、合格、良好、优秀):a. 能按时完成预习任务,并且有笔记详细记录的为优秀;b. 能按时完成预习任务,并且有笔记记录的为良好;c. 能按时完成预习任务的为合格;d. 没有预习的为不合格 ② 课堂提问表现(准确回答问题):a. 课堂上积极回答问题,回答正确加 10 分;b. 能积极回答问题加 5 分 ③ 智慧黄科同步训练测试(百分制),根据测试结果据实统计计算

续表

活动任务序列(任务四)

任务四知识组块:

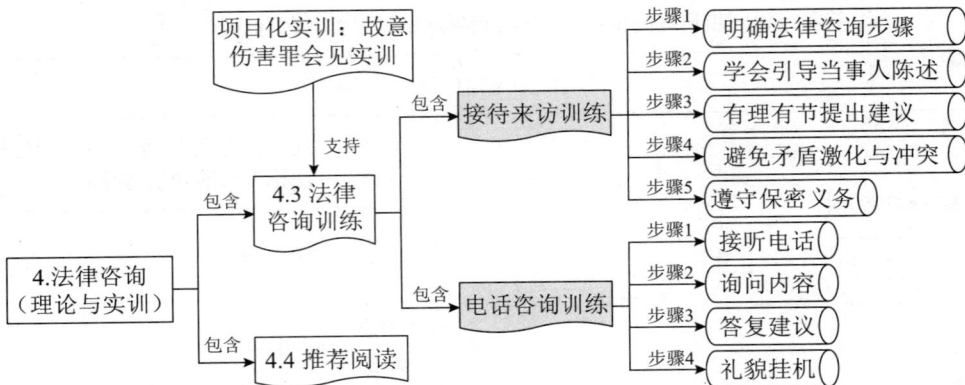

任务描述	通过课下学习,学生进一步记忆法律咨询的知识与技能
任务时长	100 分钟
学习地点	课下
教学策略 (学习 策略)	□讲授　☑小组讨论　☑答疑　□实验　□实训　☑自主学习　□翻转课堂　□其他(请填写)_____
师生交互 过程	教师:是否观看了中国政法大学法律诊所公开课? 学生:结合观看情况回答问题 教师:法律咨询训练的注意事项有哪些? 学生:讨论并回答问题
学习资源	① 中国政法大学法律诊所公开课(袁钢) ② 诊所式法律教育－天津大学－中国大学 MOOC(慕课)
学习成果 及评价 标准	① 是否观看了布置的课下作业(不合格、合格、良好、优秀):a. 能按时完成课下学习任务,并且有笔记详细记录的为优秀;b. 能按时完成课下学习任务,并且有笔记记录的为良好;c. 能按时完成课下学习任务的为合格;d. 没有完成课下学习任务的为不合格 ② 课堂分享表现(准确回答问题):a. 课堂上积极分享课下学习情况,有书面记录加 10 分;b. 课堂上积极分享课下学习情况加 5 分

（3）法律论辩教学设计见表 4-2-3

表 4-2-3　法律论辩教学设计

2023—2024 年第 2 学期第 8 周第 1 次课

知识建模图：

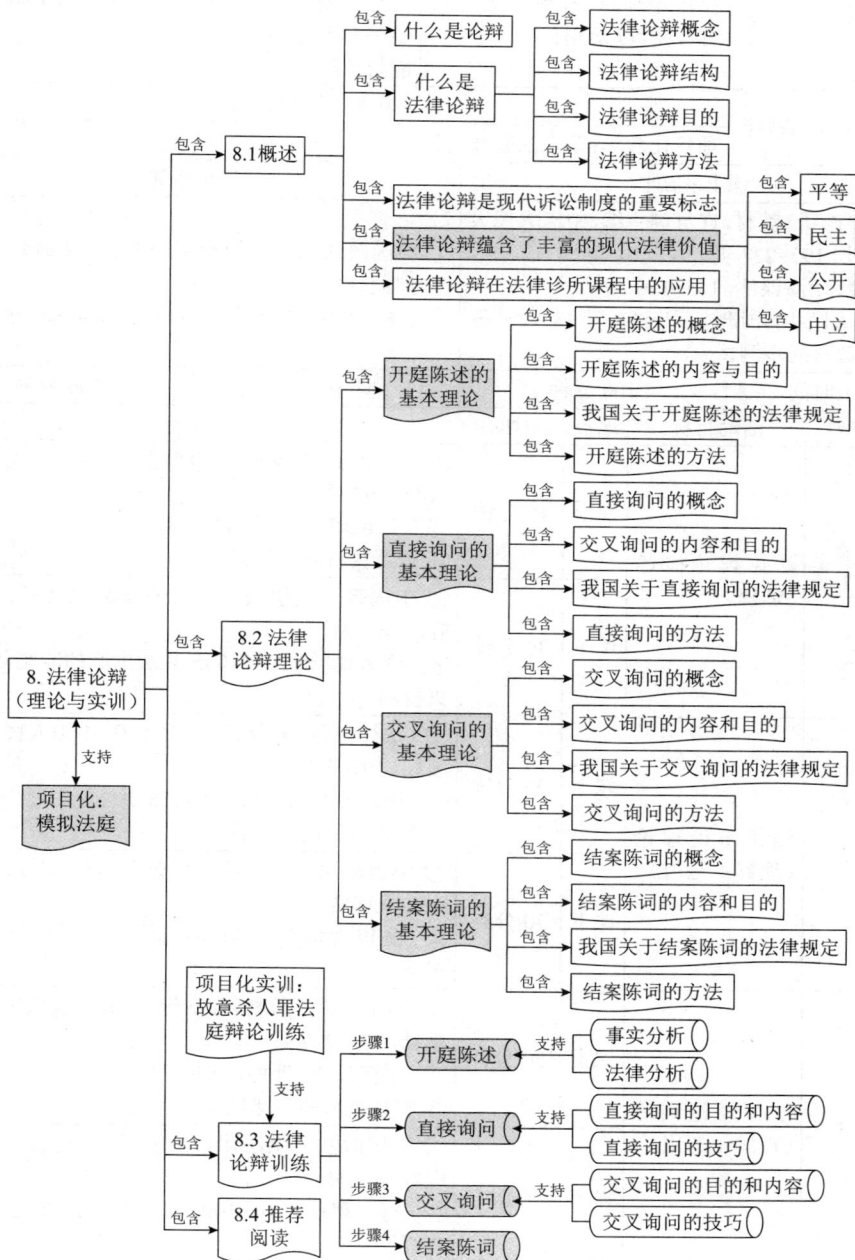

	知识点(学习水平)	能力目标	素质目标
学习目标	法律辩论概述(理解);法律辩论理论(理解＋运用);法律辩论训练(理解＋运用);推荐阅读(运用)	通过学习法律辩论理论知识,学生掌握法律辩论的基本原理;通过法律辩论训练,学生掌握法律辩论技能与技巧	在法律辩论中实现控辩双方平等对抗,让每个公民在司法中感受公平公正
学习先决知识技能	知识点(学习水平)		
	项目化教学:模拟法庭开庭程序(理解＋运用)		

课上资源	课下资源
①《法律诊所》教材,许身健主编,中国人民大学出版社,197~227 页 ②《法律诊所》课件,155~176 页 ③《中华人民共和国刑事诉讼法》,第 183~209 条 ④ 智慧黄科同步测试	① 中国政法大学法律诊所公开课(袁钢):详见哔哩哔哩官网 ②《庭审现场》非法生产的减肥药:详见央视网

课上时间	100 分钟		课下时间	200 分钟

活动序列	活动目标	地点	时间	学习资源
活动 1	法律辩论概述(理解)	课上	15 分钟	①《法律诊所》教材,许身健主编,中国人民大学出版社,197~227 页 ②《法律诊所》课件,155~176 页 ③ 智慧黄科同步测试
		课下	30 分钟	① 中国政法大学法律诊所公开课(袁钢):详见哔哩哔哩官网 ②《庭审现场》20191005 非法生产的减肥药:详见央视网
活动 2	法律辩论理论(理解＋运用)	课上	35 分钟	①《法律诊所》教材,许身健主编,中国人民大学出版社,197~227 页 ②《法律诊所》课件,155~176 页 ③ 智慧黄科同步测试
		课下	70 分钟	① 中国政法大学法律诊所公开课(袁钢):详见哔哩哔哩官网 ②《庭审现场》20191005 非法生产的减肥药:央视网
活动 3	法律辩论训练(理解＋运用)	课上	50 分钟	①《法律诊所》教材,许身健主编,中国人民大学出版社,197~227 页 ②《法律诊所》课件,155~176 页 ③ 智慧黄科同步测试
		课下	100 分钟	① 中国政法大学法律诊所公开课(袁钢):详见哔哩哔哩官网 ②《庭审现场》20191005 非法生产的减肥药:详见央视网

活动 1 知识建模图（课上＋课下）

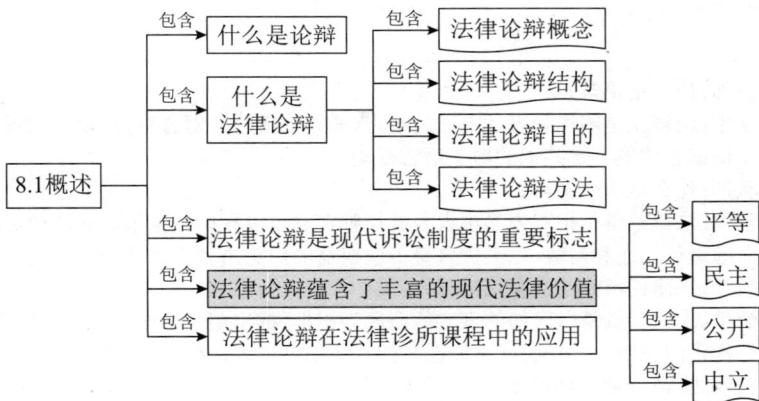

活动目标	什么是论辩（理解） 什么是法律论辩（记忆） 法律论辩是现代诉讼制度的重要标志（理解） 法律论辩蕴含了丰富的现代价值（记忆） 法律论辩在法律诊所课程中的应用（运用）

活动任务序列（导入任务描述）：通过论辩与法律论辩的含义导入本活动学习内容

师生交互过程	教师：什么是论辩？ 学生：就是阐述和表达自己的观点，质疑或者否定对方观点，以期求得正确或错误结论或者达到一定共识的口头语言行动 教师：什么是法律论辩？ 学生：法律论辩是指双方当事人及其律师在庭审过程中依据事实和法律对一定的法律命题进行论述和辩驳，以维护自身诉讼权益的口头语言表述过程 教师：为什么说法律论辩是现代诉讼制度的重要标志？ 学生：因为它集中体现了现代诉讼制度的两个重要原则—直接审理原则和言词审理原则 教师：法律论辩蕴含了哪些丰富的现代价值？ 学生：平等、民主、公开、中立 教师：说说法律论辩在法律诊所课程中应用 学生：实践性、应用性、参与性、真实性、灵活性

活动任务序列（任务一）

任务一知识组块： 	任务描述	通过学习什么是论辩与什么是法律论辩，学生更加深刻地理解法律论辩的含义
	任务时长	5 分钟
	学习地点	课上

教学策略 （学习 策略）	☑讲授　☑小组讨论　☑答疑　□实验　□实训　□自主学习　☑翻转课堂 ☑其他（请填写）案例讨论
师生交互 过程	教师：什么是论辩？ 学生：论辩就是阐述和表达自己的观点，质疑或者否定对方观点，以期求得正确或错误结论或者达成一定共识的口头语言行动 教师：什么是法律论辩？ 学生：法律论辩是指双方当事人及其律师在庭审过程中依据事实和法律对一定的法律命题进行论述和辩驳，以维护自身诉讼权益的口头语言表述过程 教师：法律论辩的结构有几部分？ 学生：①证明就是以已知的真实的命题为根据，推出某一法律命题为真的口头表达，是一种正向证明。②反驳就是以已知的真实的命题为根据，推出某一法律命题为假的口头表达，是一种反向证明。③辩护则是在证明和反驳的基础上，为了维护当事人的合法权益而依据事实和法律进行的口头表达，是一种特殊的证明或反驳 教师：法律论辩的目的是什么？ 学生：从目的来看，法律论辩不但要说服对方，更要说服第三方—法官 教师：法律论辩的方法是什么？ 学生：从方法来看，法律论辩既要以事实为根据，也要以法律为准绳
学习资源	①《法律诊所》教材，许身健主编，中国人民大学出版社，197~227 页 ②《法律诊所》课件，155~176 页 ③ 智慧黄科同步训练
学习成果 及评价 标准	① 课前预习作业（不合格、合格、良好、优秀）：a. 能按时完成预习任务，并且有笔记详细记录的为优秀；b. 能按时完成预习任务，并且有笔记记录的为良好；c. 能按时完成预习任务的为合格；d. 没有预习的为不合格 ② 课堂提问表现（准确回答问题）：a. 课堂上积极回答问题，回答正确加 10 分；b. 能积极回答问题加 5 分 ③ 智慧黄科同步训练测试（百分制），根据测试结果据实统计计算

活动任务序列（任务二）

任务二知识组块：

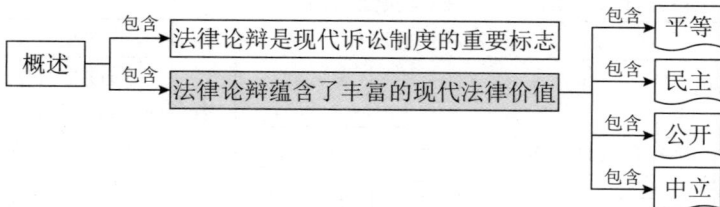

任务描述	通过学习现代诉讼制度与法律论辩蕴含的现代法律价值，学生进一步了解法律论辩的重要性

任务时长	5分钟
学习地点	课上
教学策略 （学习 策略）	☑讲授　☑小组讨论　☑答疑　□实验　□实训　☑自主学习　☑翻转课堂 ☑其他（请填写）__案例讨论__
师生交互 过程	教师:为什么说法律论辩是现代诉讼制度的重要标志? 学生:之所以说法律论辩是现代诉讼制度的重要标志,是因为它集中体现了现代诉讼制度的两个重要原则——直接审理原则和言词审理原则 教师:为什么说法律论辩蕴含了丰富的现代法律价值? 学生:①平等——程序公正的核心内容,虽然不同意你观点,但是捍卫你说话的权利。②民主——协商民主。任何一方都不能支配对方的话语权。③公开——每一个步骤、每一个阶段都应当以当事人和社会看得见的方式进行。④中立——和争议事实没有关联,不存在歧视和偏袒
学习资源	①《法律诊所》教材,主编许身健,中国人民大学出版社,197~227页 ②《法律诊所》课件,155~176页 ③ 智慧黄科同步训练
学习成果 及评价 标准	① 课前预习作业(不合格、合格、良好、优秀):a. 能按时完成预习任务,并且有笔记详细记录的为优秀;b. 能按时完成预习任务,并且有笔记记录的为良好;c. 能按时完成预习任务的为合格;d. 没有预习的为不合格 ② 课堂提问表现(准确回答问题):a. 课堂上积极回答问题,回答正确加 10 分;b. 能积极回答问题加 5 分 ③ 智慧黄科同步训练测试(百分制),根据测试结果据实统计计算

活动任务序列（任务三）

任务三知识组块:		任务 描述	通过案例讲解,学生掌握法律论辩在法律诊所课程中的应用
8.1概述 —包含→ 法律论辩在法律诊所课程中的应用		任务 时长	5分钟
		学习 地点	课上

教学策略 （学习 策略）	☑讲授　☑小组讨论　☑答疑　□实验　□实训　□自主学习　☑翻转课堂 ☑其他（请填写）__案例讲解__
师生交互 过程	教师:法律论辩在法律诊所课程中的应用 学生:应当更加注重其实践性、应用性、参与性、真实性、灵活性等 教师:如何在法律论辩中体现上述理念? 学生:讨论并回答问题。

续表

学习资源	①《法律诊所》教材,主编许身健,中国人民大学出版社,197~227 页 ②《法律诊所》课件,155~176 页 ③ 智慧黄科同步训练
学习成果及评价标准	① 课前预习作业(不合格、合格、良好、优秀):a. 能按时完成预习任务,并且有笔记详细记录的为优秀;b. 能按时完成预习任务,并且有笔记记录的为良好;c. 能按时完成预习任务的为合格;d. 没有预习的为不合格 ② 课堂提问表现(准确回答问题):a. 课堂上积极回答问题,回答正确加 10 分;b. 能积极回答问题加 5 分 ③ 智慧黄科同步训练测试(百分制),根据测试结果据实统计计算

活动任务序列(任务四)

任务四知识组块:

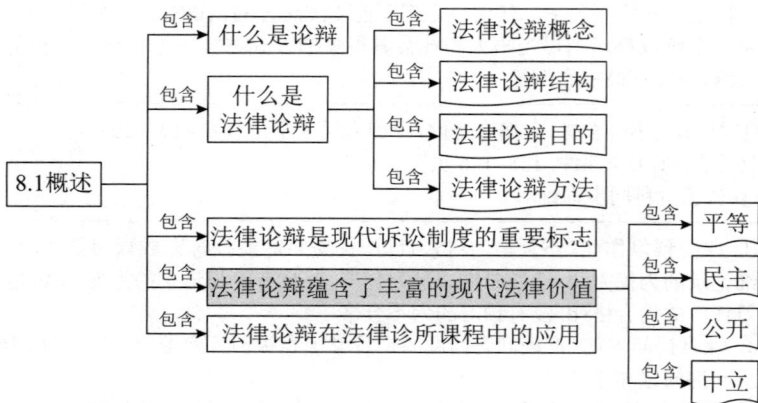

任务描述	通过案例讲解,学生掌握法律论辩的相关知识
任务时长	30 分钟
学习地点	课下
教学策略 (学习策略)	□讲授 ☑小组讨论 ☑答疑 □实验 □实训 ☑自主学习 □翻转课堂 □其他(请填写)_____
师生交互过程	教师:是否观看了中国政法大学法律诊所公开课? 学生:结合观看情况回答问题 教师:你是如何理解法律论辩与一般论辩的区别的? 学生:讨论并回答问题
学习资源	① 中国政法大学法律诊所公开课(袁钢):详见哔哩哔哩官网 ②《庭审现场》20191005 非法生产的减肥药:详见央视网
学习成果及评价标准	① 是否观看了布置的课下作业(不合格、合格、良好、优秀):a. 能按时完成课下学习任务,并且有笔记详细记录的为优秀;b. 能按时完成课下学习任务,并且有笔记记录的为良好;c. 能按时完成课下学习任务的为合格;d. 没有完成课下学习任务的为不合格 ② 课堂分享表现(准确回答问题):a. 课堂上积极分享课下学习情况,有书面记录加 10 分;b. 课堂上积极分享课下学习情况加 5 分

活动 2 知识建模图(课上 + 课下):

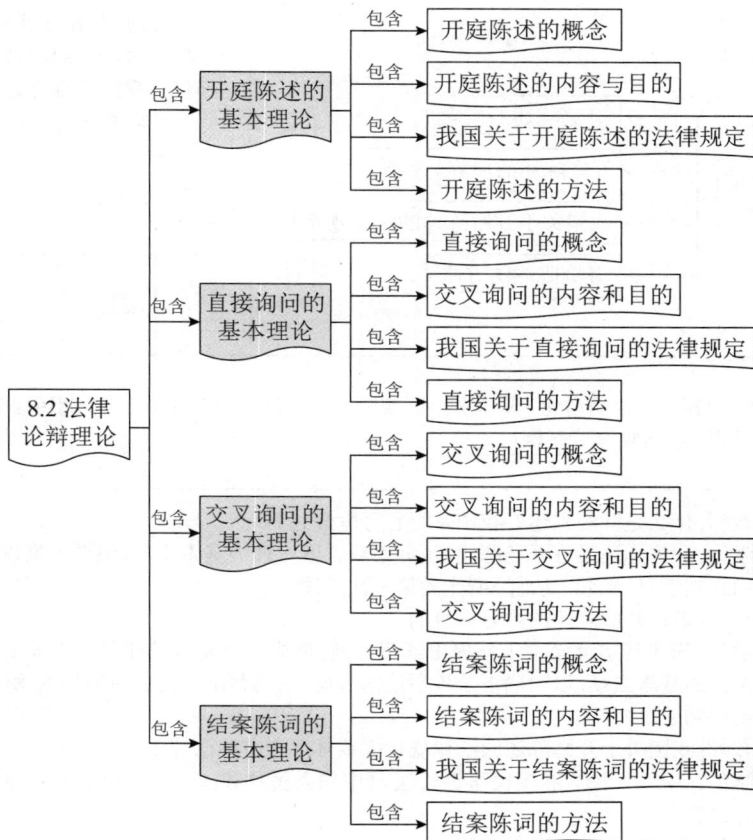

活动目标	开庭陈述的基本理论(理解 + 运用);直接询问的基本理论(理解 + 运用);交叉询问的基本理论(理解 + 运用);结案陈述的基本理论(理解 + 运用)

活动任务序列(导入任务描述):通过案例引入法律论辩理论

师生交互过程	教师:开庭陈述的基本理论有哪些? 学生:结合教材回答 教师:说说直接询问的基本理论 学生:结合教材回答 教师:说说交叉询问的基本理论 学生:结合教材回答 教师:说说结案陈述的基本理论 学生:结合教材回答

活动任务序列(任务一)

任务一知识组块:			任务描述	通过学习开庭陈述的概念、内容与目的,学生掌握我国开庭陈述的法律规定以及开庭陈述的方法
开庭陈述的基本理论 包含→ 开庭陈述的概念 包含→ 开庭陈述的内容与目的 包含→ 我国关于开庭陈述的法律规定 包含→ 开庭陈述的方法			任务时长	9分钟
			学习地点	课上

教学策略 (学习策略)	☑ 讲授　☑ 小组讨论　☑ 答疑　□ 实验　□ 实训　□ 自主学习　☑ 翻转课堂 ☑ 其他(请填写)　案例讨论
师生交互过程	教师:什么是开庭陈述?我国是否有开庭陈述? 学生:开庭陈述又称开场陈述,是诉讼双方就案件的基本事实、主要证据以及诉讼主张向裁判者(陪审员/法官)所作的第一次陈述 教师:说说开庭陈述的内容与目的 学生:陈述基本诉讼主张并提出证明方向;形成一个初步的印象。①简要表述己方对案件的基本立场,以明确下一步举证的方向;②清楚阐述己方对问题的理解;③明确提出审判建议 教师:我国关于开庭陈述的法律规定主要体现在哪些法律中? 学生:《中华人民共和国民事诉讼法》《中华人民共和国刑事诉讼法》《中华人民共和国行政诉讼法》 教师:开庭陈述的方法有哪些? 学生:①简要陈述主张,不宜过长、过详,不辩论,不举证。②陈述的案情和主张,必须有证据支持。③陈述焦点案件的事实、证据、诉讼主张。④横向展开而不是纵向深入。⑤口语化
学习资源	①《法律诊所》教材,许身健主编,中国人民大学出版社,197~227页 ②《法律诊所》课件,155~176页 ③《中华人民共和国刑事诉讼法》,第183~209条 ④ 智慧黄科同步训练
学习成果及评价标准	① 课前预习作业(不合格、合格、良好、优秀):a. 能按时完成预习任务,并且有笔记详细记录的为优秀;b. 能按时完成预习任务,并且有笔记记录的为良好;c. 能按时完成预习任务的为合格;d. 没有预习的为不合格 ② 课堂提问表现(准确回答问题):a. 课堂上积极回答问题,回答正确加10分;b. 能积极回答问题加5分 ③ 智慧黄科同步训练测试(百分制),根据测试结果据实统计计算

活动任务序列(任务二)			
任务二知识组块: 		任务描述	通过学习直接询问的概念、内容和目的,学生掌握我国直接询问的法律规定以及直接询问的方法
		任务时长	9 分钟
		学习地点	课上

教学策略 (学习策略)	☑ 讲授　☑ 小组讨论　☑ 答疑　□ 实验　□ 实训　□ 自主学习　☑ 翻转课堂 ☑ 其他(请填写)_案例讲解_
师生交互过程	教师:说说直接询问的概念 学生:直接询问又称为主询问,源于英美法系国家的庭审实践,通常指提供证人的一方当事人通过其律师向该证人进行的询问 教师:直接询问的内容和目的是什么? 通过对友好证人的询问获得有利的证言,并以此为本方诉讼主张提供支持。内容包括谁?什么?在哪?何时?为什么? 教师:我国关于直接询问的法律规定主要体现在哪些法律中? 学生:《中华人民共和国民事诉讼法》《中华人民共和国刑事诉讼法》《中华人民共和国行政诉讼法》 教师:说说直接询问的方法 学生:①不得包括诱导性问题;②不得以交叉询问或其他质诘方式质疑或责难证人;③如有必要直接询问可以反复进行;④让证人全面讲述;⑤注意问话方式
学习资源	①《法律诊所》教材,许身健主编,中国人民大学出版社,197~227 页 ②《法律诊所》课件,155~176 页 ③《中华人民共和国刑事诉讼法》,第 183~209 条 ④ 智慧黄科同步测试
学习成果及评价标准	① 课前预习作业(不合格、合格、良好、优秀):a. 能按时完成预习任务,并且有笔记详细记录的为优秀;b. 能按时完成预习任务,并且有笔记记录的为良好;c. 能按时完成预习任务的为合格;d. 没有预习的为不合格 ② 课堂提问表现(准确回答问题):a. 课堂上积极回答问题,回答正确加 10 分;b. 能积极回答问题加 5 分 ③ 智慧黄科同步训练测试(百分制),根据测试结果据实统计计算

活动任务序列(任务三)			
任务三知识组块: 		任务描述	通过学习交叉询问的概念、内容和目的,学生掌握我国交叉询问的法律规定以及交叉询问的方法
		任务时长	9 分钟
		学习地点	课上

教学策略 （学习 策略）	☑讲授　☑小组讨论　☑答疑　□实验　□实训　□自主学习　☑翻转课堂 ☑其他（请填写）__案例讲解__
师生交互过程	教师:说说交叉询问的概念 学生:交叉询问也称为反询问或间接询问,与直接询问一样,也是个英美法系的概念 教师:说说交叉询问的内容和目的 学生:通过质疑、攻击对方的弱点和漏洞来降低证据在裁判者心中的地位;降低对方证言的可信度,使对方证人证言失去信用,获得有利己方的证言 教师:我国关于交叉询问的法律规定主要体现在哪些法律中? 学生:《中华人民共和国民事诉讼法》《中华人民共和国刑事诉讼法》《中华人民共和国行政诉讼法》 教师:说说交叉询问的方法 学生:在直接询问后进行;不要问无关的问题;不要问自己不知道答案的问题;牢牢控制证人;可以涉及证人个人信誉和品行问题;不得威胁侮辱;多角度询问
学习资源	①《法律诊所》教材,许身健主编,中国人民大学出版社,197~227页 ②《法律诊所》课件,155~176页 ③《中华人民共和国刑事诉讼法》,第183~209条 ④智慧黄科同步训练
学习成果及评价标准	① 课前预习作业(不合格、合格、良好、优秀):a.能按时完成预习任务,并且有笔记详细记录的为优秀;b.能按时完成预习任务,并且有笔记记录的为良好;c.能按时完成预习任务的为合格;d.没有预习的为不合格 ② 课堂提问表现(准确回答问题):a.课堂上积极回答问题,回答正确加10分;b.能积极回答问题加5分 ③ 智慧黄科同步训练测试(百分制),根据测试结果据实统计计算

活动任务序列(任务四)

任务四知识组块:	任务描述	通过学习结案陈词的概念、内容和目的,学生掌握我国结案陈词的法律规定以及结案陈词的方法
	任务时长	8分钟
	学习地点	课上

教学策略 （学习 策略）	☑讲授　☑小组讨论　☑答疑　□实验　□实训　□自主学习　☑翻转课堂 ☑其他（请填写）__案例分析__
师生交互过程	教师:说说结案陈词的概念 学生:结案陈词也称总结陈词,是案件庭审结束前的最后一个程序,是双方律师在判决做出之前为维护当事人的诉讼利益而向裁判者进行的最后的法律论辩 教师:说说结案陈词的内容和目的 学生:梳理事实和法律;集中表达己方观点;与此前庭审工作呼应

师生交互过程	教师:我国关于结案陈词的法律规定主要体现在哪些法律中？ 学生:《中华人民共和国民事诉讼法》《中华人民共和国刑事诉讼法》《中华人民共和国行政诉讼法》 教师:说说结案陈词的方法 学生:发言顺序;紧扣事实和法律;集中揭示对方的矛盾和疑点;避免就是否有罪发表个人意见;如有新证据及时提交给法官
学习资源	①《法律诊所》教材,许身健主编,中国人民大学出版社,197~227 页 ②《法律诊所》课件,155~176 页 ③《中华人民共和国刑事诉讼法》,第 183~209 条 ④ 智慧黄科同步训练
学习成果及评价标准	① 课前预习作业(不合格、合格、良好、优秀):a. 能按时完成预习任务,并且有笔记详细记录的为优秀;b. 能按时完成预习任务,并且有笔记记录的为良好;c. 能按时完成预习任务的为合格;d. 没有预习的为不合格 ② 课堂提问表现(准确回答问题):a. 课堂上积极回答问题,回答正确加 10 分;b. 能积极回答问题加 5 分 ③ 智慧黄科同步训练测试(百分制),根据测试结果据实统计计算

活动任务序列(任务五)

任务五知识组块:

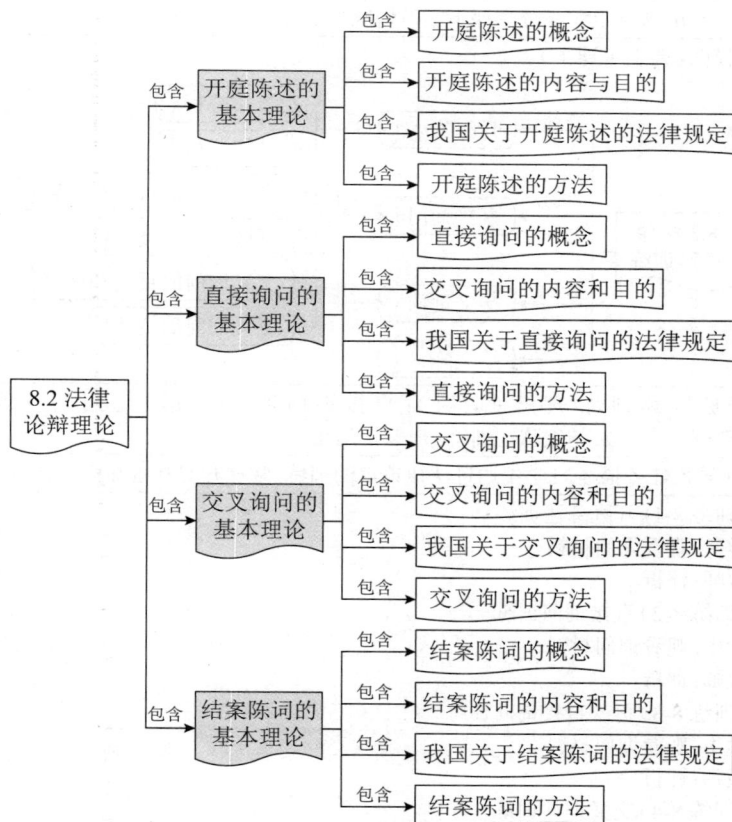

任务描述	通过学习法律论辩理论,学生掌握法律论辩理论的相关知识
任务时长	70 分钟
学习地点	课下
教学策略 (学习 策略)	□讲授 ☑小组讨论 ☑答疑 □实验 □实训 ☑自主学习 □翻转课堂 □其他(请填写)＿＿＿＿＿＿
师生交互 过程	教师:是否观看了中国政法大学法律诊所公开课? 学生:结合观看情况回答问题 教师:你是如何理解法律论辩与一般论辩的区别的? 学生:讨论并回答问题 教师:是否观看了《庭审现场》视频? 学生:记录观看心得
学习资源	① 中国政法大学法律诊所公开课(袁钢):详见哔哩哔哩官网 ②《庭审现场》20191005 非法生产的减肥药:详见央视网
学习成果 及评价 标准	① 是否观看了布置的课下作业(不合格、合格、良好、优秀):a. 能按时完成课下学习任务,并且有笔记详细记录的为优秀;b. 能按时完成课下学习任务,并且有笔记记录的为良好;c. 能按时完成课下学习任务的为合格;d. 没有完成课下学习任务的为不合格 ② 课堂分享表现(准确回答问题):a. 课堂上积极分享课下学习情况,有书面记录加10 分;b. 课堂上积极分享课下学习情况加 5 分

活动 3 知识建模图(课上 + 课下):

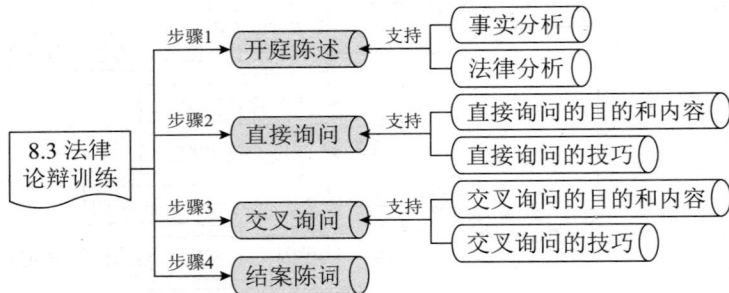

活动目标	开庭陈述训练(理解 + 运用);直接询问训练(理解 + 运用);交叉询问训练(理解 + 运用);结案陈词训练(理解 + 运用)

活动任务序列(导入任务描述):学生通过法律论辩的训练,掌握开庭基本知识与技能

师生交互 过程	(训练 8-1) 开庭陈述训练 学生:观看询问材料 教师:评析 (训练 8-2)直接询问训练 学生:观看询问材料 教师:评析 (训练 8-3)再次直接询问训练 学生:观看询问材料 教师:评析 (训练 8-4)交叉询问训练

师生交互过程	学生:观看询问材料 教师:评析 (训练 8-5)结案陈词训练 学生:观看询问材料 教师:评析

活动任务序列(任务一)

任务一知识组块: 开庭陈述 ─支持─ 事实分析 / 法律分析	任务描述	通过开庭陈述的训练,学生掌握开庭陈述的技能
	任务时长	12 分钟
	学习地点	课上

教学策略 (学习策略)	☑ 讲授　☑ 小组讨论　☑ 答疑　□ 实验　□ 实训　☑ 自主学习　☑ 翻转课堂 ☑ 其他(请填写) 案例分析

师生交互过程	(训练 8-1)开庭陈述训练 教师:组织学生观看"原告律师与被告律师开庭陈述第一段" 学生:观看原告律师开场白 教师:评析 学生:观看被告律师开场白 教师:评析,布置实训任务 学生:抄写实训任务

学习资源	①《法律诊所》教材,许身健主编,中国人民大学出版社,197~227 页 ②《法律诊所》课件,155~176 页 ③《中华人民共和国刑事诉讼法》,第 183~209 条 ④ 智慧黄科同步测试

学习成果及评价标准	① 课前预习作业(不合格、合格、良好、优秀):a. 能按时完成预习任务,并且有笔记详细记录的为优秀;b. 能按时完成预习任务,并且有笔记记录的为良好;c. 能按时完成预习任务的为合格;d. 没有预习的为不合格 ② 课堂提问表现(准确回答问题):a. 课堂上积极回答问题,回答正确加 10 分;b. 能积极回答问题加 5 分 ③ 智慧黄科同步训练测试(百分制),根据测试结果据实统计计算

活动任务序列(任务二)

任务二知识组块: 直接询问 ─支持─ 直接询问的目的和内容 / 直接询问的技巧	任务描述	通过直接询问训练,学生掌握直接询问的方法与技巧
	任务时长	12 分钟
	学习地点	课上

续表

教学策略 （学习策略）	☑讲授　☑小组讨论　☑答疑　□实验　□实训　☑自主学习　☑翻转课堂 □其他（请填写）_____
师生交互过程	（训练8-2）直接询问训练 教师：组织学生学习训练 学生：直接询问原告 教师：评析 学生：对工作情况进行询问 教师：评析 学生：对具体事实进行询问 教师：评析 （训练8-3）再次直接询问训练
学习资源	①《法律诊所》教材，许身健主编，中国人民大学出版社，197~227页 ②《法律诊所》课件，155~176页 ③《中华人民共和国刑事诉讼法》，第183~209条 ④智慧黄科同步测试
学习成果及评价标准	① 课前预习作业（不合格、合格、良好、优秀）：a. 能按时完成预习任务，并且有笔记详细记录的为优秀；b. 能按时完成预习任务，并且有笔记记录的为良好；c. 能按时完成预习任务的为合格；d. 没有预习的为不合格 ② 课堂提问表现（准确回答问题）：a. 课堂上积极回答问题，回答正确加10分；b. 能积极回答问题加5分 ③ 智慧黄科同步训练测试（百分制），根据测试结果据实统计计算

活动任务序列（任务三）

任务三知识组块： 	任务描述	通过交叉询问训练，学生进一步掌握交叉询问的知识与技能
	任务时长	13分钟
	学习地点	课上

教学策略 （学习策略）	☑讲授　☑小组讨论　☑答疑　□实验　□实训　☑自主学习　☑翻转课堂 □其他（请填写）_____

师生交互过程	（训练 8-4）交叉询问训练 教师：交叉询问的目的和内容是什么？ 学生：结合教材回答 教师：交叉询问的技巧有哪些？ 学生：结合教材回答 教师：评析，布置实训任务 学生：抄写实训任务
学习资源	①《法律诊所》教材，许身健主编，中国人民大学出版社，197~227 页 ②《法律诊所》课件，155~176 页 ③《中华人民共和国刑事诉讼法》，第 183~209 条 ④ 智慧黄科同步测试
学习成果及评价标准	① 课前预习作业（不合格、合格、良好、优秀）：a. 能按时完成预习任务，并且有笔记详细记录的为优秀。b. 能按时完成预习任务，并且有笔记记录的为良好。c. 能按时完成预习任务的为合格。d. 没有预习的为不合格 ② 课堂提问表现（准确回答问题）：a. 课堂上积极回答问题，回答正确加 10 分；b. 能积极回答问题加 5 分 ③ 智慧黄科同步训练测试（百分制），根据测试结果据实统计计算

活动任务序列（任务四）

任务四知识组块： 8.3 法律论辩训练 →步骤4→ 结案陈词	任务描述	学生通过法律论辩的训练，掌握结案陈词的基本技能
	任务时长	13 分钟
	学习地点	课上
教学策略（学习策略）	☑ 讲授 ☑ 小组讨论 ☑ 答疑 □ 实验 □ 实训 ☑ 自主学习 ☑ 翻转课堂 □ 其他（请填写）_____	
师生交互过程	（训练 8-5）结案陈词训练 教师：组织学生阅读教材 学生：阅读 教师：评析 学生：阅读 教师：评析，布置实训任务 学生：抄写实训任务	
学习资源	①《法律诊所》教材，许身健主编，中国人民大学出版社，197~227 页 ②《法律诊所》课件，155~176 页 ③《中华人民共和国刑事诉讼法》，第 183~209 条 ④ 智慧黄科同步测试	

学习成果及评价标准	① 课前预习作业（不合格、合格、良好、优秀）：a. 能按时完成预习任务，并且有笔记详细记录的为优秀；b. 能按时完成预习任务，并且有笔记记录的为良好；c. 能按时完成预习任务的为合格；d. 没有预习的为不合格 ② 课堂提问表现（准确回答问题）：a. 课堂上积极回答问题，回答正确加 10 分；b. 能积极回答问题加 5 分 ③ 智慧黄科同步训练测试（百分制），根据测试结果据实统计计算

活动任务序列（任务五）

任务五知识组块： 8.法律论辩（理论与实训）　包含　8.4 推荐阅读	任务描述	通过推荐阅读，学生进一步掌握法律咨询的知识与技能
	任务时长	100 分钟
	学习地点	课下

教学策略（学习策略）	□讲授　☑ 小组讨论　☑ 答疑　□ 实验　□ 实训　☑ 自主学习　□ 翻转课堂 □ 其他（请填写）_____
师生交互过程	教师：是否观看了中国政法大学法律诊所公开课？ 学生：结合观看情况回答问题 教师：你是如何理解法律论辩与一般论辩的区别的？ 学生：讨论并回答问题 教师：是否观看了《庭审现场》视频？ 学生：记录观看心得
学习资源	① 中国政法大学法律诊所公开课（袁钢） ②《庭审现场》20191005 非法生产的减肥药
学习成果及评价标准	① 是否观看了布置的课下作业（不合格、合格、良好、优秀）：a. 能按时完成课下学习任务，并且有笔记详细记录的为优秀；b. 能按时完成课下学习任务，并且有笔记记录的为良好；c. 能按时完成课下学习任务的为合格；d. 没有完成课下学习任务的为不合格 ② 课堂分享表现（准确回答问题）：a. 课堂上积极分享课下学习情况，有书面记录加 10 分；b. 课堂上积极分享课下学习情况加 5 分

4.2.2　宪法综合

1. 宪法综合课程简介

本课程旨在培养学生对宪法综合知识的运用能力和高级思维；课程内容紧密贴合当前法硕研考动态，教学形式具有先进性和互动性，学习结果具有探究性和独特性；本课程需要老师在备课时把课本知识和法硕研考及法律热点问题有效结合起来，学生课下需要查找资料，做好课堂解答、分析、论证、写作。本课程突出开放性、创新性、实用性。

2. 宪法综合教学设计

（1）宪法基本理论（一）教学设计见表 4-2-4

表 4-2-4　宪法基本理论（一）教学设计

2023—2024 学年第 2 学期第 1 周

知识建模图：

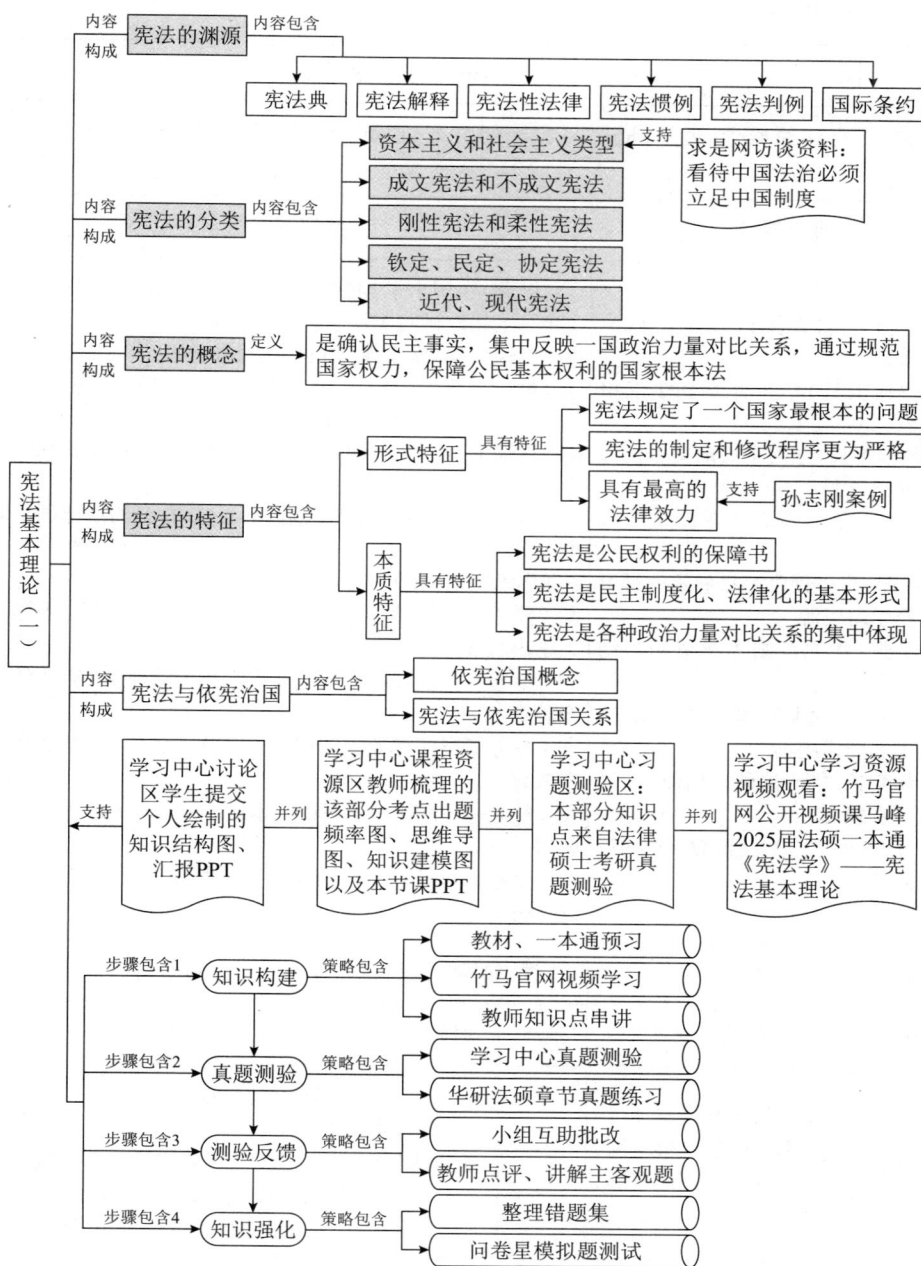

续表

	知识点（学习水平）	素质目标
学习目标	宪法的概念（理解、记忆）；宪法的特征（理解）；宪法的分类（记忆）；宪法的渊源（记忆）；宪法与依宪治国（记忆、运用）	从民主与宪法的关系方面正确理解宪法，树立宪法至上观念，深化法治观念，并从宪法的角度对社会主义核心价值观之"民主"加深理解

	知识点（学习水平）
学习先决知识	宪法的概念（理解、记忆）；宪法的特征（理解）；宪法的分类（记忆）；宪法的渊源（记忆）

课上资源	课下资源
①（教辅工具）课件 PPT 第一章（宪法基本理论） ②（教辅工具）学生课堂 PPT 汇报评分表 ③（教辅工具）学习中心的文本资源以及视频资源 ④（作业）学习中心习题测试结果分析 ⑤（作业）学生课堂汇报展示的学习成果及学习资源 ⑥（作业）学生绘制本章节知识结构图 ⑦（作业）学生整理本章节知识，法律硕士真题错题集 ⑧（参考书）华研法硕《法律硕士联考章节真题》 ⑨（马工程教材）《宪法学》（第二版）	①（微课）中国大学 MOOC，《宪法学》线上视频课程 ②（马工程教材）《宪法学》（第二版） ③（教辅工具）学生课堂 PPT 汇报评分表 ④（教辅工具）学习中心的文本资源以及视频资源 ⑤（教辅工具）问卷星模拟测试题 ⑥（教辅工具）竹马官网，马峰，宪法学公开课；法律硕士宪法学真题库 ⑦（网络平台）哔哩哔哩网站、小红书、抖音的法律硕士联考博主等 ⑧（学术网站）知网、维普、万方等 ⑨（参考书）《法律硕士（法学）联考主观题突破》，中国人民大学出版社 ⑩（参考书）《法律硕士考试写作宝典·法理学/宪法学》，众合教育 ⑪（参考书）《法律硕士考试背诵宝典·法理学/宪法学》，众合教育 ⑫（参考书）《法律硕士考试一本通·法理学/宪法学》，众合教育 ⑬（参考书）华研法硕《法律硕士联考 章节真题》 ⑭（法条）《中华人民共和国宪法》

课上时间	100 分钟	课下时间		260 分钟
活动序列	活动目标	地点	时间	学习资源
活动 1	掌握宪法的概念和特征、宪法的分类和渊源、宪法与依宪治国（理解、记忆）	课上	20 分钟	①（教辅工具）课件 PPT 第一章（宪法基本理论） ②（马工程教材）《宪法学》（第二版） ③（教辅工具）该章节知识建模图 ④（作业）学生绘制本章节知识结构图

活动序列	活动目标	地点	时间	学习资源
活动 1	掌握宪法的概念和特征、宪法的分类和渊源、宪法与依宪治国（理解、记忆）	课下	90 分钟	①（教辅工具）课件 PPT 第一章（宪法基本理论） ②（马工程教材）《宪法学》（第二版） ③（参考书）《法律硕士考试一本通·法理学/宪法学》，众合教育 ④（微课）中国大学 MOOC《宪法学》线上视频课程 ⑤（教辅工具）学习中心的文本资源以及视频资源 ⑥（教辅工具）竹马官网，马峰，宪法学公开课 ⑦（网络平台）哔哩哔哩网站、小红书、抖音的法律硕士联考博主等
活动 2	法律硕士联考涉及该部分知识点的学习思路和学习方法（运用）	课上	30 分钟	①（作业）学生课堂汇报 PPT ②（教辅工具）该章节知识建模图 ③（参考书）《法律硕士考试背诵宝典·法理学/宪法学》，众合教育
		课下	50 分钟	①（教辅工具）课堂 PPT 汇报评价标准 ②（作业）汇报学生课堂展示的学习成果及学习资源 ③（网络平台）哔哩哔哩网站、小红书、抖音的法律硕士联考博主等
活动 3	该章节知识点的主客观真题的解题思路和解题技巧（理解、运用）	课上	50 分钟	①（作业）学习中心习题测试结果分析 ②（作业）学生整理本章节知识，法律硕士真题错题集 ③（参考书）华研法硕《法律硕士联考章节真题》及答案详解 ④（法条）《中华人民共和国宪法》 ⑤（参考书）《法律硕士（法学）联考主观题突破》，中国人民大学出版社 ⑥（参考书）《法律硕士考试写作宝典·法理学/宪法学》，众合教育
		课下	20 分钟	（教辅工具）学习中心该章节真题库
活动 4	错题集分析整理，问卷星模拟题测试，强化该章节知识（运用）	课下	100 分钟	①（参考书）华研法硕《法律硕士联考章节真题》及答案详解 ②（教辅工具）问卷星模拟测试题 ③（教辅工具）竹马官网，法律硕士宪法学真题库 ④（作业）学生整理本章节知识法律硕士真题错题集

活动1知识建模图(课上+课下):

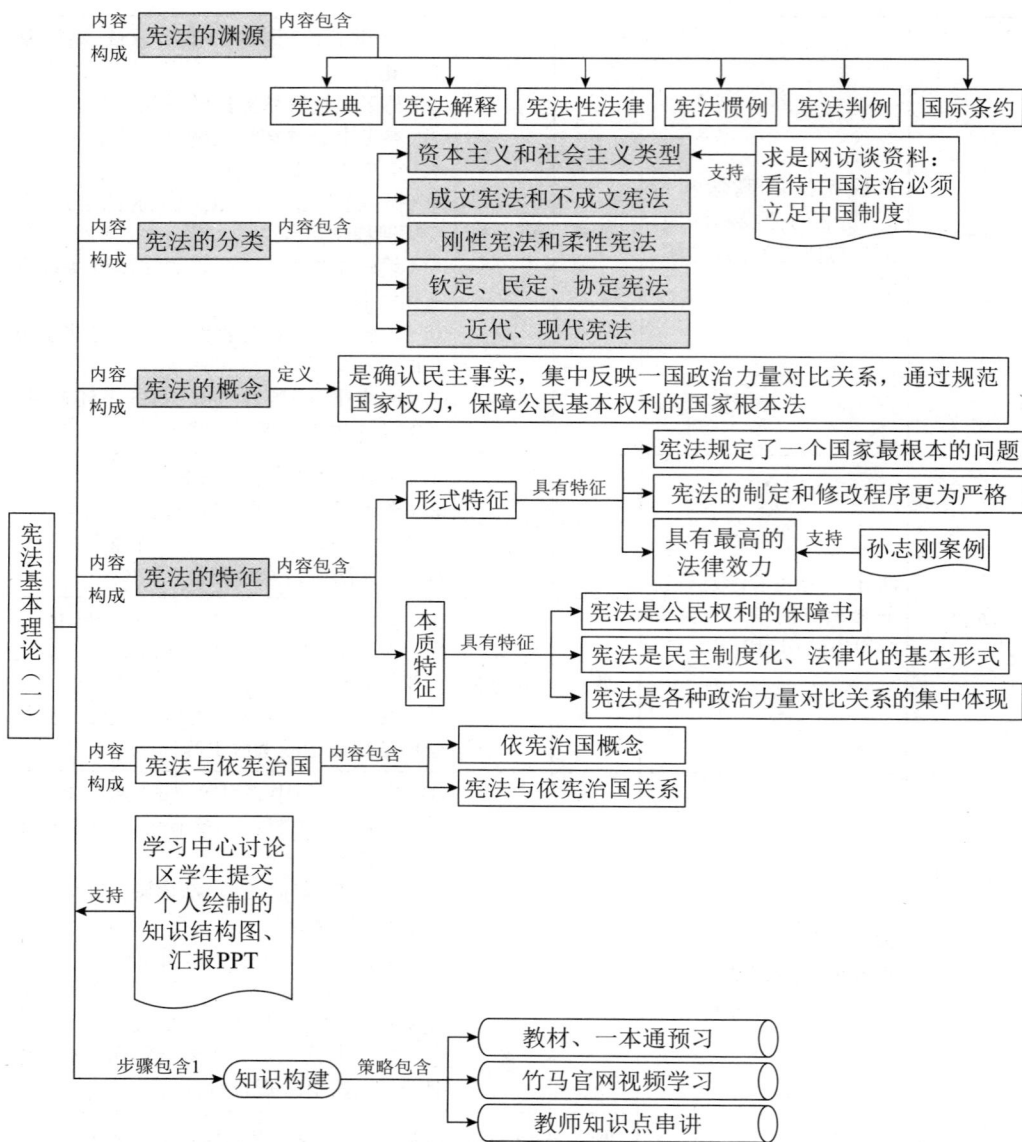

活动目标	掌握宪法的概念和特征、宪法的分类和渊源、宪法与依宪治国(理解、记忆)
活动任务序列(导入任务描述):采用互动式问答进行先决知识的回顾,检验学生对宪法概念、特征、分类、渊源的掌握程度,在此基础上进行知识的梳理	
师生交互过程	教师:大一第一学期我们学习了宪法学课程,介绍了宪法的概念、特征、分类和渊源,大家是否还记得? 学生:记得

师生交互过程	教师:那宪法的概念是什么?(随机邀请同学进行回答) 学生:宪法确认民主事实,集中反映一国政治力量对比关系,是通过规范国家权力保障公民基本权利的国家根本法 教师:为什么说宪法是我国的根本大法?根本大法地位是如何体现的?(随机邀请同学进行回答) 学生:这是由宪法的三大形式特征决定的,宪法规定了一个国家最根本的问题,宪法的制定和修改程序更为严格,具有最高的法律效力 教师:看来同学们对先前的知识还是有印象的,本次课我们会对宪法进行进一步的梳理 教师通过互动提问唤起学生对先前讲过知识的回顾,为下一步带领学生理清知识体系做准备

活动任务序列(任务一)

任务一知识组块:

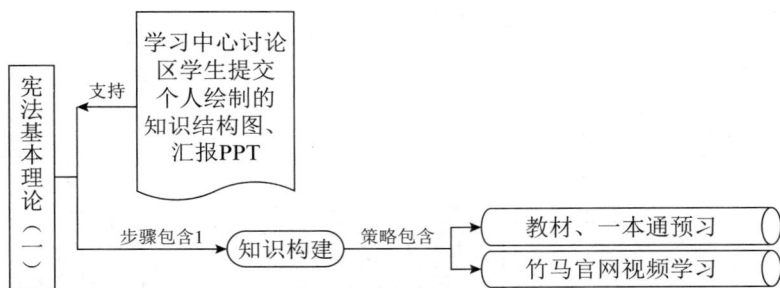

任务描述	采用学生课下自主学习,绘制法律硕士联考宪法基本理论中关于宪法的概念和特征、宪法的分类和渊源、宪法与依宪治国知识结构图的策略和方法,达到梳理该部分知识点的学习目的
任务时长	90 分钟
学习地点	课下
教学策略 (学习策略)	□讲授　☑小组讨论　☑答疑　□实验　□实训　☑自主学习　☑翻转课堂 □其他(请填写)_____
师生交互过程	教师:在学习中心平台发布学习任务和学习资源 学生:在学习中心平台接收学习任务和学习资源 学生:根据自身掌握的知识和教师上传的学习资源开展自主学习 学生:在学习过程中梳理本章节知识点,绘制知识结构图,并上传至学习中心平台作业区 教师:在学习中心平台查看学生梳理的知识点,了解学生课下梳理知识点的情况,并打分评价
学习资源	①(教辅工具)课件 PPT 第一章(宪法基本理论),1~24 页 ②(马工程教材)《宪法学》(第二版),高等教育出版社,2020 年 12 月,17~25 页 ③(参考书)《法律硕士考试一本通·法理学/宪法学》众合教育,146~150 页 ④(微课)中国大学 MOOC,《宪法学》线上视频课程 ⑤(教辅工具)学习中心的文本资源以及视频资源 ⑥(教辅工具)竹马官网,马峰,宪法学公开课 ⑦(网络平台)哔哩哔哩网站、小红书、抖音的法律硕士联考博主等

续表

学习资源	⑧ 2024 法律硕士考试一本通 ⑨ 中国大学 MOOC ⑩ 课件
学习成果 及评价 标准	学生完成自主学习后,绘制具有独创性的知识结构图 从以下方面对该知识结构图进行评价。 ① 知识点梳理完整,具体细致,绘制结构美观,10 分 ② 知识点梳理有遗漏,绘制结构一般,酌情给 4~8 分 ③ 未完成,0 分
备注	批阅学生上传至学习中心平台作业区的知识结构图,发现部分学生知识结构图绘制得过于粗略,建议学生的知识点扩充到四级程度,要详细列出相关知识点内容,这样知识结构图才可以为后期考研复习发挥其价值和作用,即不看一本通或者教材,只看知识结构图就可以把整个模块的内容过一遍

活动任务序列(任务二)

任务二知识组块:

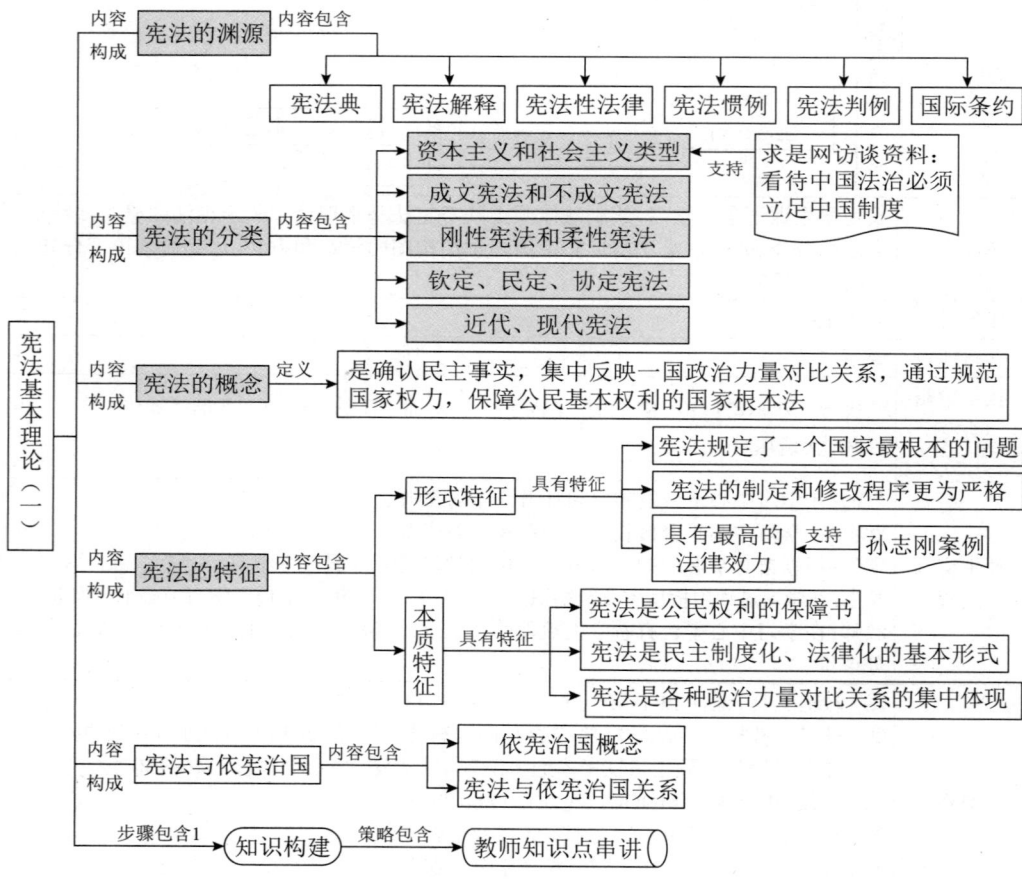

续表

任务描述	采用知识点串讲的教学策略与方法,依据学生课下自主学习情况,教师对该章节知识点进行针对性串讲,达到全面梳理、强化学生记忆的目的
任务时长	20 分钟
学习地点	课上
教学策略 (学习策略)	☑讲授　□小组讨论　☑答疑　□实验　□实训　□自主学习　□翻转课堂 □其他(请填写)_____
师生交互过程	学生:通过课下观看视频、阅读教材和参考书、绘制知识结构图等,自主学习掌握本章节知识点 教师:在课堂上分别对宪法的概念、宪法的特征、宪法的分类、宪法的渊源、宪法与依宪治国知识点进行串讲,并在串讲过程中进行提问:什么是宪法? 宪法在我们的生活中扮演什么角色? 宪法有哪些特征? 形式特征和实质特征分别有哪些? 宪法分类的标准有哪些? 根据不同的标准可以进行哪些分类? 我们国家的宪法属于什么类型? 宪法的渊源有哪些? 哪些是我国宪法的渊源? 怎么看宪法和依宪治国之间的关系? ⋯⋯ 学生:针对教师提问进行快速回答 教师:根据学生回答情况(是否回答完整正确)、课前提交的知识结构图、学习中心习题测验结果,了解学生对本部分知识点的掌握情况,特别是针对错误较多题目涉及的知识点,要重点展开讲解 学生:查漏补缺,记笔记进行梳理强化
学习资源	①(教辅工具)课件 PPT 第一章(宪法基本理论),1~24 页 ②(马工程教材)《宪法学》(第二版),高等教育出版社,2020 年 12 月,17~25 页 ③(教辅工具)该章节知识建模图 ④(作业)学生绘制本章节知识结构图
学习成果及评价标准	通过教师进一步的补充串讲,学生对自己绘制的知识结构图进行补充完善,形成结构完整、知识点覆盖全面的知识图 评价标准: ①认真完善,并且知识点梳理完整,具体细致,绘制结构美观,10 分 ②态度一般,知识点梳理有遗漏,绘制结构一般,酌情给 3~7 分 ③未完善,0 分
备注	在知识点串讲过程中,发现学生对我国宪法渊源有哪些存在疑惑,疑惑点在于国际条约是否是我国宪法的渊源,告诉学生马工程教材对该知识点的明确说明——国际条约不属于我国宪法的渊源

活动 2 知识建模图（课上 + 课下）：

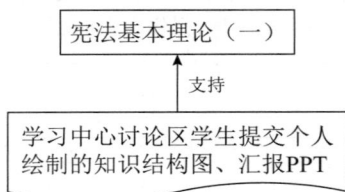

宪法基本理论（一）

↑支持

学习中心讨论区学生提交个人绘制的知识结构图、汇报PPT

活动目标	法律硕士联考涉及该部分知识点的学习思路和学习方法（运用）

活动任务序列（任务一）

任务一知识组块： 宪法基本理论（一） ↑支持 学习中心讨论区学生提交个人绘制的知识结构图、汇报PPT	任务描述	采用学生课下制作 PPT 对该章节知识点的成果及学习资源进行整理的策略与方法,达到梳理学习思路和学习方法、掌握学习策略的目的
	任务时长	50 分钟
	学习地点	课下

教学策略 （学习策略）	□讲授 ☑小组讨论 ☑答疑 □实验 □实训 ☑自主学习 ☑翻转课堂 □其他（请填写）_____
师生交互过程	教师:在学习中心平台作业区提前布置课堂汇报任务(按名单顺序,每次由 3 名同学进行 PPT 汇报) 汇报的同学:课下按照要求(PPT 汇报评价标准)制作汇报 PPT(学习成果、学习资源、学习方法等) 教师:在上课前一天提醒学生提交 PPT 至学习中心平台作业区 学生:按时完成 PPT 的上传
学习资源	①(教辅工具)课堂 PPT 汇报评价标准 ②(作业)学生课堂展示的学习成果及学习资源 ③(网络平台)哔哩哔哩网站、小红书、抖音的法律硕士联考博主等 《宪法综合》课堂 PPT 汇报评价标准

项 目	内 容	得分
1. 内容(50 分)	学习方法总结到位(15 分)	
	学习成果展示丰富(20 分)	
	学习资源多样化(15 分)	
2. PPT 制作技能(20 分)	排版整齐美观(10 分)	
	图文结合(10 分)	
3. 讲解(20 分)	表达清楚,与听众适当进行眼神交流(10 分)	
	汇报流利,形式具有创造性(10 分)	
4. 时间管理(10 分)	时间把握合适:6 分钟以内(10 分)	

学习成果及评价标准	学生能够结合自身学习情况,按时完成课堂汇报 PPT 的制作 评价标准如下: ① 按时完成并上传至学习中心平台作业区,10 分 ② 未完成,0 分
备注	批阅学生上传至学习中心平台作业区的课堂汇报 PPT,发现学生在制作 PPT 的技术层面有所欠缺,需要提升,特别是格式排版、字体字号,有些学生的 PPT 字号太小,影响观看效果。PPT 内容大体符合要求,能够从学习资源、学习方法、学习问题三个方面进行制作

活动任务序列(任务二)

任务二知识组块: 宪法基本理论(一) ↑ 支持 学习中心讨论区学生提交个人绘制的知识结构图、汇报PPT	任务描述	采用学生课堂汇报 PPT、与班级同学共同讨论学习方法和学习资源的教学策略与方法,达到学习资源共享、提升学习效率的目的
	任务时长	30 分钟
	学习地点	课上

教学策略 (学习策略)	□讲授　☑小组讨论　☑答疑　□实验　□实训　□自主学习　☑翻转课堂 □其他(请填写)_____
师生交互过程	教师:上课前提醒汇报的学生做好汇报准备,拷贝 PPT 课堂汇报的 3 名学生:依次进行 PPT 汇报,内容包括学习资源、学习方法及学习中遇到的问题 其他同学(汇报过程中):认真聆听,必要时做好笔记,特别是自己不知道的学习资源和对自己有用的学习方法 其他同学(汇报结束后):可就该名同学汇报的内容提出问题,或者是结合自身复习情况给出问题的解决建议,共同讨论学习方法和学习资源,做到资源共享 教师:根据学生的汇报和讨论结果,就学生学习中遇到的问题给出参考性建议,对学生提到的学习方法和技巧进行总结,进一步补充学习资源,完善到教案里
学习资源	①(作业)学生课堂汇报 PPT ②(教辅工具)该章节知识建模图 ③(参考书)《法律硕士考试背诵宝典·法理学/宪法学》,众合教育
学习成果及评价标准	学生能够结合自身学习情况,按时完成课堂汇报 PPT,通过汇报总结自身学习情况,并学习其他同学好的学习经验

学习成果及评价标准	评价标准：		

《宪法综合》课堂 PPT 汇报评价标准

项　目	内　容	得分
1. 内容（50 分）	学习方法总结到位（15 分）	
	学习成果展示丰富（20 分）	
	学习资源多样化（15 分）	
2. PPT 制作技能（20 分）	排版整齐美观（10 分）	
	图文结合（10 分）	
3. 讲解（20 分）	表达清楚，与听众适当进行眼神交流（10 分）	
	汇报流利，形式具有创造性（10 分）	
4. 时间管理（10 分）	时间把握合适：6 分钟以内（10 分）	

备注	学生在课堂汇报过程中，让老师印象特别深刻的是樊白雪同学，她对自己的考研复习作了详细的规划，有疑惑的地方会与宿舍其他同学进行讨论，取长补短，并总结出自己听课、背书和刷题的方法，提出了"把错题整理出来，方便后续复习使用"的学习方法，该学习方法已推荐给班级其他同学

活动 3 知识建模图（课上＋课下）：

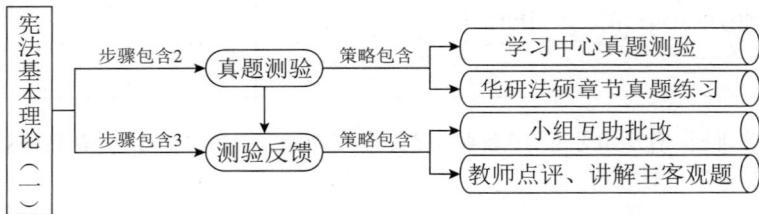

活动目标	该章节知识点的主客观真题的解题思路和解题技巧（理解、运用）

活动任务序列（任务一）

任务一知识组块：

任务描述	采用学习中心真题测验的教学策略与方法，达到检验学生知识点掌握情况的目的
任务时长	20 分钟
学习地点	课下
教学策略（学习策略）	□讲授　☑小组讨论　□答疑　□实验　□实训　☑自主学习　□翻转课堂 ☑其他（请填写）真题测验
师生交互过程	教师提前通知真题测验时间，并在学习中心平台发布习题测验 学生进入学习中心平台，在规定时间内进行答题 答题结束后，教师查看学生答题情况并做初步分析

学习资源	（教辅工具）学习中心平台中该章节真题库
学习成果及评价标准	学生完成测验后,学习中心平台给出测验分数,教师根据测验分数进行评价 测试真题为选择题,每次测试 10~15 道题目,单选题每题 2 分,多选题每题 5 分（少选或多选都不得分）
备注	学生能够在规定时间内完成学习中心平台的习题测验,全班 23 名同学均参与完成答题,测验共 11 道题目,从得分看,有 7 名同学满分,第 10 题得分率最低,课堂上会进行测试题的分析和讲解

活动任务序列（任务二）

任务二知识组块:

宪法基本理论（一） —— 步骤包含3 —→ 测验反馈 —— 策略包含 —→ 小组互助批改 / 教师点评、讲解主客观题

任务描述	采用真题分析和讲解的教学策略与方法,教师重点讲解错误率较高的题目,提炼重难点知识,达到总结提炼主客观题的解题思路和解题技巧的学习目的
任务时长	50 分钟
学习地点	课上
教学策略（学习策略）	☑ 讲授　☑ 小组讨论　☑ 答疑　□ 实验　□ 实训　□ 自主学习　□ 翻转课堂　□ 其他（请填写）_____
师生交互过程	教师布置任务:完成华研法硕《法律硕士联考 章节真题》第一章考点 1~ 考点 4（1~3 页）的真题,15 分钟内完成 （学生在规定时间内完成答题,并与同桌交换,用红笔进行批改,对的打"√",错的打"×"） 教师通过微信群发布在线小程序,征集学生错误较多的题目信息 学生进入小程序填写错题 教师针对错误较多的题目进行相关知识点的讲解分析 学生根据教师的讲解进行错误选项批注 教师总结客观题答题技巧:"排除法",对于拿不定的选项可以通过其他选项是否正确来进行排除选择,例如,第 2 页第 8 题单选题,"关于宪法本质的表述,不正确的是（ ）"该题如果不确定 B 选项正确与否,可通过判断其他三个选项是否正确来选出正确答案 学生认真记录教师讲解的答题方法和技巧
学习资源	①（作业）学习中心习题测试结果分析 ②（作业）学生整理本章节知识,法律硕士真题错题集 ③（参考书）华研法硕《法律硕士联考 章节真题》及答案详解,3~10 页 ④（法条）《中华人民共和国宪法》 ⑤（参考书）《法律硕士（法学）联考主观题突破》,中国人民大学出版社 ⑥（参考书）《法律硕士考试写作宝典·法理学／宪法学》,众合教育
学习成果及评价标准	学生结合自身真题测验结果及教师分析主客观题的解题思路和解题技巧,形成该部分知识点的课堂笔记 评价标准: ① 记录认真,内容完整,字迹工整,10 分 ② 记录潦草,内容不完整,酌情给 3~8 分 ③ 未记录,0 分

续表

备注	学生在做题过程中,缺乏做题技巧,比如客观题,如果选项中存在绝对化的词语,那么该选项往往是错误的,可以用排除法进行选择

活动4 知识建模图(课下)

宪法基本理论(一) ——步骤包含4——> 知识强化 ——策略包含——> 整理错题集 / 问卷星模拟题测试

活动目标	错题集分析整理,问卷星模拟题测试,进行知识强化(运用)

活动任务序列(任务一)

任务一知识组块: 宪法基本理论(一) —步骤包含4→ 知识强化 —策略包含→ 整理错题集 / 问卷星模拟题测试	任务描述	采用整理真题错题和问卷星模拟题测试的教学策略与方法,达到强化记忆和运用该章节知识点的学习目的
	任务时长	100分钟
	学习地点	课下

教学策略 (学习策略)	□讲授 ☑小组讨论 ☑答疑 □实验 □实训 ☑自主学习 □翻转课堂 ☑其他(请填写) 模拟题测试
师生交互过程	教师在学习中心平台发布课后任务 课后,学生根据前期测试章节真题整理错题,形成章节错题集 教师提前通知学生问卷星模拟测试,并在班级群发布问卷星模拟测试二维码 学生用微信扫码进行模拟题测试,进一步强化章节知识 教师进入问卷星平台查看学生模拟测试题完成情况,在下次课进行反馈
学习资源	①(参考书)华研法硕《法律硕士联考 章节真题》及答案详解,3~10页 ②(教辅工具)问卷星模拟测试题 ③(教辅工具)竹马官网,法律硕士宪法学真题库(宪法基本理论) ④(作业)学生整理本章节知识,法律硕士真题错题集
学习成果及评价标准	通过错题整理分析和问卷星模拟题测试,学生能够熟练掌握该章节知识,对课程知识的掌握应达到客观题正确率80%,主观题答题要点80%以上正确
备注	学生整理错题积极认真,专门用一个作业本摘抄错题,并附上相关知识点,用不同颜色笔标注知识点,可见学习态度认真端正

（2）宪法基本理论（二）教学设计见表 4-2-5。

表 4-2-5　宪法基本理论（二）教学设计

2023—2024 学年第 2 学期第 2 周

知识建模图：

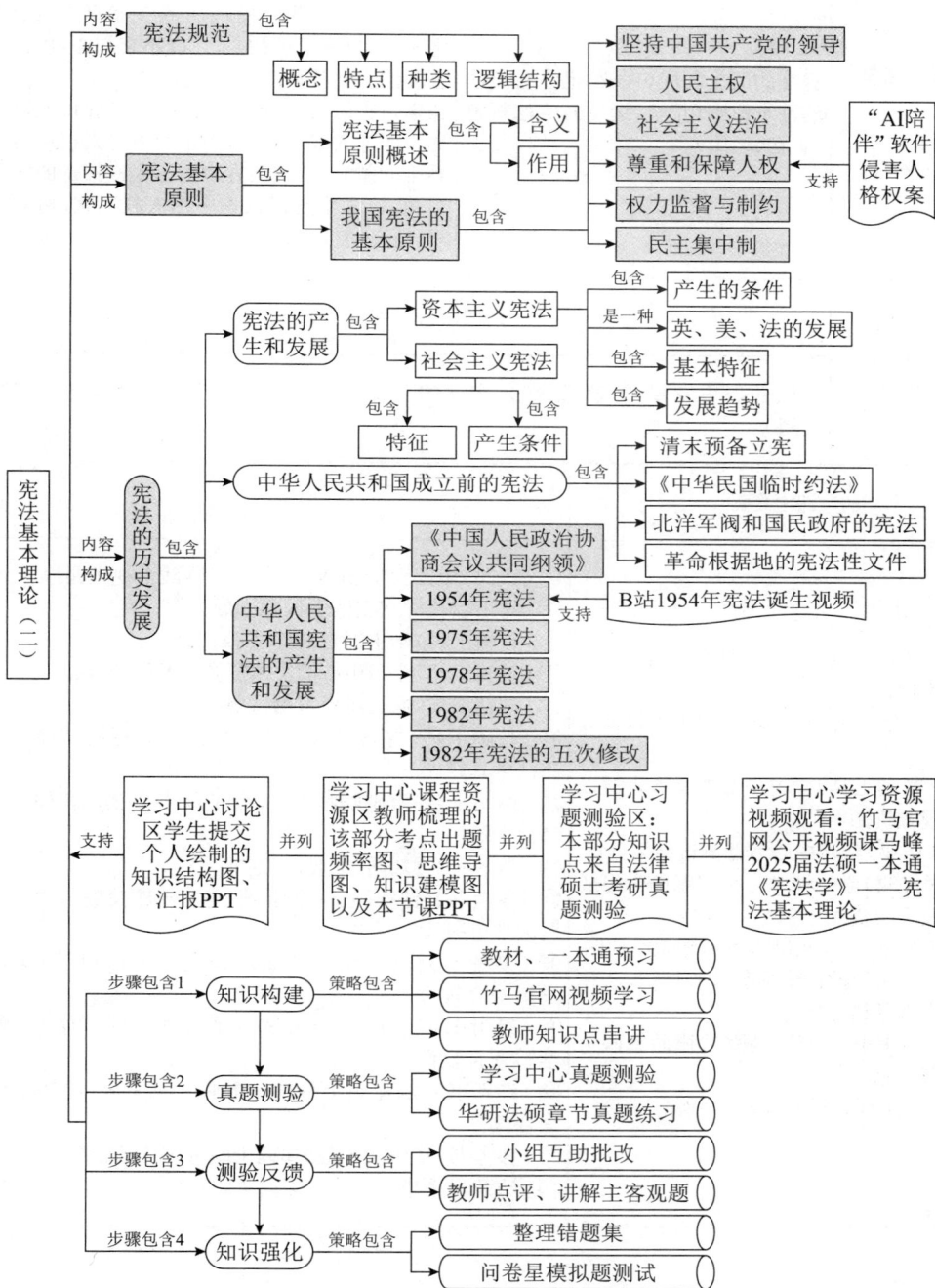

续表

知识点(学习水平)	素质目标
学习目标 宪法的历史发展(理解、记忆);宪法的基本原则(记忆、运用);宪法规范(记忆、运用)	在学习宪法的历史发展时,通过了解中华人民共和国宪法诞生历程,学生感受幸福生活的来之不易,只有了解初心,才能不忘初心,以此增强爱国主义教育; 在学习宪法的尊重和保障人权原则时,通过对比中西方人权现状,认识中西方在人权话语体系中的差异,认识西方对别国人权抨击的狭窄视角,让学生正确认识中国人权现状,树立公平、正义的价值观

学习先决知识	知识点(学习水平)
	宪法的历史发展(理解、记忆);宪法的基本原则(记忆、运用);宪法规范(记忆、运用)

课上资源	课下资源
①(教辅工具)课件PPT第一章(宪法基本理论) ②(教辅工具)学生课堂PPT汇报评分表 ③(教辅工具)学习中心的文本资源以及视频资源 ④(作业)学习中心习题测试结果分析 ⑤(作业)学生课堂汇报展示的学习成果及学习资源 ⑥(作业)学生绘制本章节知识结构图 ⑦(作业)学生整理本章节知识,法律硕士真题错题集 ⑧(参考书)华研法硕《法律硕士联考章节真题》 ⑨(马工程教材)《宪法学》(第二版)	①(微课)中国大学MOOC,《宪法学》线上视频课程 ②(马工程教材)《宪法学》(第二版) ③(教辅工具)学生课堂PPT汇报评分表 ④(教辅工具)学习中心的文本资源以及视频资源 ⑤(教辅工具)问卷星模拟测试题 ⑥(教辅工具)竹马官网,马峰,宪法学公开课;法律硕士宪法学真题库 ⑦(网络平台)哔哩哔哩网站、小红书、抖音的法律硕士联考博主等 ⑧(学术网站)知网、维普、万方等 ⑨(参考书)《法律硕士(法学)联考主观题突破》,中国人民大学出版社 ⑩(参考书)《法律硕士考试写作宝典·法理学/宪法学》,众合教育 ⑪(参考书)《法律硕士考试背诵宝典·法理学/宪法学》,众合教育 ⑫(参考书)《法律硕士考试一本通·法理学/宪法学》,众合教育 ⑬(参考书)华研法硕《法律硕士联考 章节真题》 ⑭(法条)《中华人民共和国宪法》

续表

课上时间	100 分钟	课下时间		350 分钟
活动序列	活动目标	地点	时间	学习资源
活动 1	掌握宪法的历史发展、宪法的基本原则、宪法规范（理解、记忆、运用）	课上	20 分钟	①（教辅工具）课件 PPT 第一章（宪法基本理论）②（马工程教材）《宪法学》（第二版）③（教辅工具）该章节知识建模图 ④（作业）学生绘制本章节知识结构图
		课下	150 分钟	①（教辅工具）课件 PPT 第一章（宪法基本理论）②（马工程教材）《宪法学》（第二版）③（参考书）《法律硕士考试一本通·法理学/宪法学》，众合教育 ④（微课）中国大学 MOOC，《宪法学》线上视频课程 ⑤（教辅工具）学习中心的文本资源以及视频资源
活动 2	法律硕士联考涉及该部分知识点的学习思路和学习方法（运用）	课上	30 分钟	①（作业）学生课堂汇报 PPT ②（教辅工具）该章节知识建模图 ③（参考书）《法律硕士考试背诵宝典·法理学/宪法学》，众合教育
		课下	60 分钟	①（教辅工具）课堂 PPT 汇报评价标准 ②（作业）学生课堂展示的学习成果及学习资源
活动 3	该章节知识点的主客观真题的解题思路和解题技巧（理解、运用）	课上	50 分钟	①（作业）学生整理本章节知识，法律硕士真题错题集 ②（参考书）华研法硕《法律硕士联考　章节真题》及答案详解 ③（法条）《中华人民共和国宪法》
		课下	40 分钟	（教辅工具）学习中心该章节真题库
活动 4	错题集分析整理，问卷星模拟题测试，强化该章节知识（运用）	课下	100 分钟	①（参考书）华研法硕《法律硕士联考　章节真题》及答案详解 ②（教辅工具）问卷星模拟测试题 ③（教辅工具）竹马官网，法律硕士宪法学真题库

活动1 知识建模图(课上+课下):

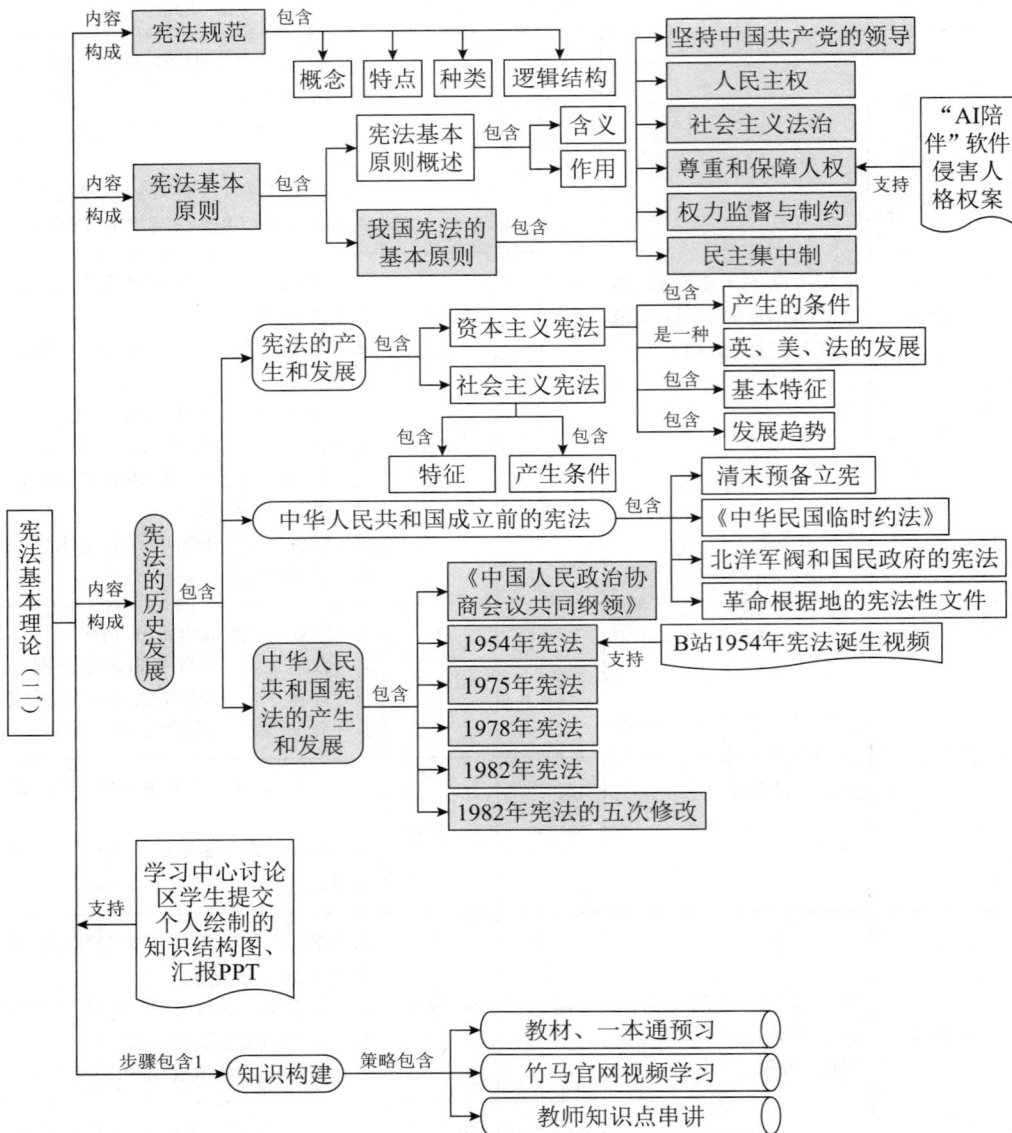

活动目标	掌握宪法的历史发展、宪法的基本原则、宪法规范(理解、记忆、运用)

活动任务序列(导入任务描述):教师通过角色扮演的方式唤起学生对先前讲过知识的回顾,将班级同学按照座位分为两大组,一组代表资本主义宪法的国家,一组代表社会主义宪法的国家,通过两组同学之间的对答,引入本次课学习知识点

师生交互过程	教师:同学们,我们按照座位进行分组,左边三列代表资本主义宪法国家,右边三列代表社会主义宪法国家,大家记住了吗? 学生:记住了 教师:下面我们围绕资本主义宪法和社会主义宪法有什么不同展开对答。教师首先随机邀请资本主义宪法国家同学代表进行回答 学生:资本主义宪法的产生基础是生产资料私有制,维护的是资产阶级的统治地位 教师:那社会主义类型宪法呢? 学生:社会主义宪法的产生基础是生产资料公有制,维护的是无产阶级的统治 教师:还有什么不同? 学生:资本主义宪法的民主是伪民主 学生:社会主义宪法保证人民真正实现当家做主 …… 教师:除了刚才同学们提到的资本主义宪法和社会主义宪法的这些不同之外,其实两者的产生条件也是不一样的,那本次课我们就来看看两者是怎么产生和发展的

活动任务序列(任务一)

任务一知识组块:

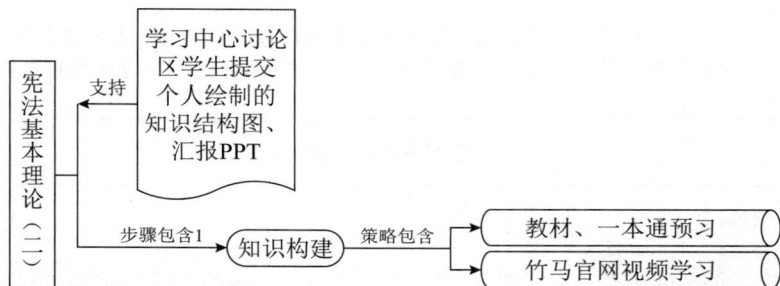

任务描述	采用学生课下自主学习,绘制法律硕士联考宪法基本理论中关于宪法的历史发展、宪法的基本原则、宪法规范知识结构图的策略和方法,达到梳理该部分知识点的学习目的
任务时长	150 分钟
学习地点	课下
教学方式 (学习 方式)	□讲授 ☑小组讨论 ☑答疑 □实验 □实训 ☑自主学习 ☑翻转课堂 □其他(请填写)_____
师生交互过程	教师:在学习中心平台发布学习任务和学习资源 学生:在学习中心平台接收学习任务和学习资源 学生:根据自身掌握的知识和教师上传的学习资源开展自主学习 学生:在学习过程中梳理本章节知识点,绘制知识结构图,并上传至学习中心平台作业区 教师:在学习中心平台查看学生梳理的知识点,了解学生课下梳理知识点的情况,并打分评价

续表

学习资源	①（教辅工具）课件 PPT 第一章（宪法基本理论），43~62 页 ②（马工程教材）《宪法学》（第二版），高等教育出版社，2020 年 12 月，41~78 页 ③（参考书）《法律硕士考试一本通·法理学/宪法学》，众合教育，150~164 页 ④（微课）中国大学 MOOC，《宪法学》线上视频课程 ⑤（教辅工具）学习中心的文本资源以及视频资源 ⑥ 2024 法律硕士考试一本通 ⑦ 中国大学 MOOC ⑧ 课件
学习成果及评价标准	学生完成自主学习后，绘制具有独创性的知识结构图 从以下方面对该知识结构图进行评价： ① 知识点梳理完整，具体细致，绘制结构美观，10 分 ② 知识点梳理有遗漏，绘制结构一般，酌情给 4~8 分 ③ 未完成，0 分
备注	之前主要是通过学习委员通知转达课下学习任务，效率较低，为了提高课下与学生的沟通效率和效果，专门建立班级同学微信群，便于课下进行学习任务的沟通交流

活动任务序列（任务二）

任务二知识组块：

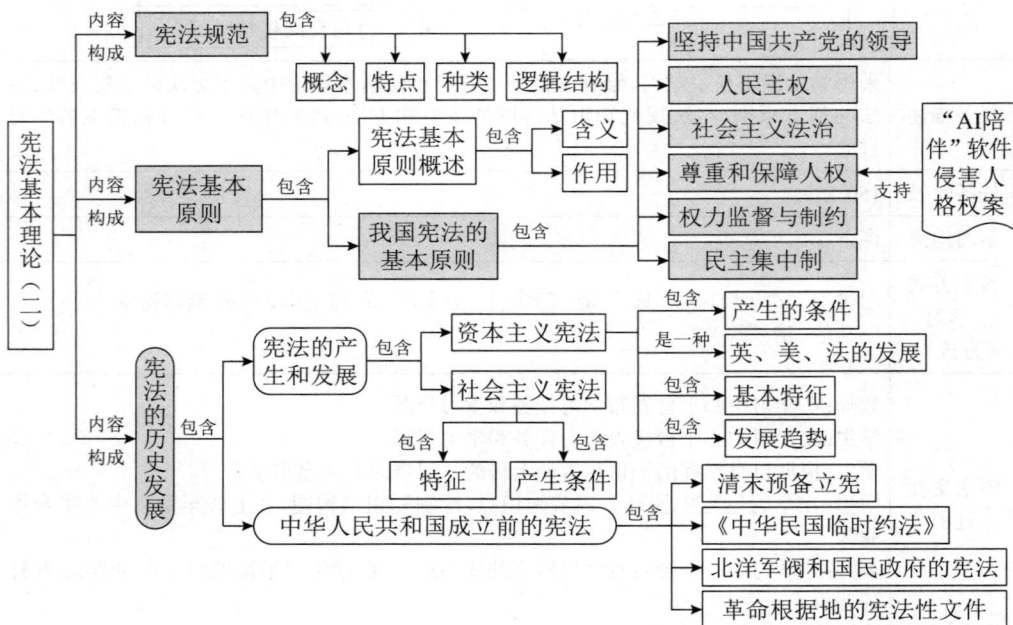

续表

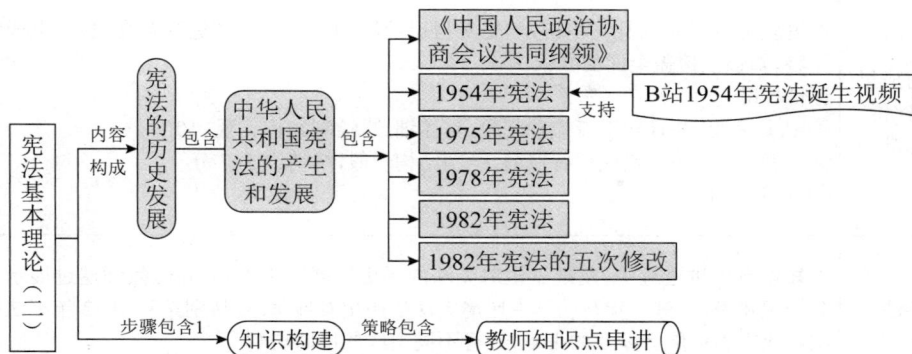

任务描述	采用知识点串讲的教学策略与方法,依据学生课下自主学习情况,教师对该章节知识点进行针对性串讲,达到全面梳理、强化学生记忆的目的
任务时长	20 分钟
学习地点	课上
教学策略 (学习策略)	☑ 讲授 □ 小组讨论 ☑ 答疑 □ 实验 □ 实训 □ 自主学习 □ 翻转课堂 □ 其他(请填写)_____
师生交互过程	通过课下观看视频、阅读教材和参考书、绘制知识结构图等,学生自主学习掌握本章节知识点。 教师:在课堂上将宪法的历史发展、宪法原则、宪法规范知识建模图展示出来,按照知识建模图进行串讲,串讲过程中进行提问(资本主义宪法和社会主义宪法产生的条件分别是什么? 世界上第一部社会主义类型的宪法是哪部? 中国历史上第一个也是最后一个资产阶级共和国性质的宪法文件是哪个? 起着临时宪法作用的《共同纲领》是什么性质的? 中华人民共和国第一部社会主义性质的宪法是哪一年宪法? 我国现行宪法是哪一年宪法? 经历了几次修订?) 学生:针对教师提问进行快速回答 教师:根据课堂上学生回答情况(是否回答完整正确)、课前提交的知识结构图、学习中心习题测验,了解学生对本部分知识点的掌握情况,特别是针对错误较多题目涉及的知识点,要重点展开讲解 学生:查漏补缺,记笔记进行梳理强化。
学习资源	①(教辅工具)课件 PPT 第一章(宪法基本理论),43~62 页 ②(马工程教材)《宪法学》(第二版),高等教育出版社,2020 年 12 月,41~78 页 ③(教辅工具)该章节知识建模图 ④(作业)学生绘制本章节知识结构图

续表

学习成果及评价标准	通过教师进一步的补充串讲,学生对自己绘制的知识结构图进行补充完善,形成结构完整、知识点覆盖全面的知识图 评价标准: ① 认真完善,并且知识点梳理完整,具体细致,绘制结构美观,10 分 ② 态度一般,知识点梳理有遗漏,绘制结构一般,酌情给 3~7 分 ③ 未完善,0 分
备注	在知识点串讲过程中,发现学生对宪法的历史发展脉络不够清晰,教师通过展示本部分知识建模图,进一步帮助学生厘清宪法的历史发展脉络,特别是对 1982 年宪法的历次修改内容可能会涉及的考点,进行不同主线的串联讲解

活动 2 知识建模图(课上 + 课下):

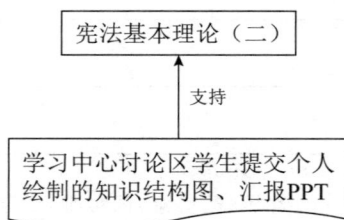

宪法基本理论(二)

↑ 支持

学习中心讨论区学生提交个人绘制的知识结构图、汇报PPT

活动目标	法律硕士联考涉及该部分知识点的学习思路和学习方法(运用)

活动任务序列(任务一)

任务一知识组块: 宪法基本理论(二) ↑ 支持 学习中心讨论区学生提交个人绘制的知识结构图、汇报PPT	任务描述	采用学生课下制作 PPT 对该章节知识点的成果及学习资源进行整理的策略与方法,达到梳理学习思路和学习方法、掌握学习策略的目的
	任务时长	60 分钟
	学习地点	课下

教学策略 （学习 策略）	□讲授　☑小组讨论　☑答疑　□实验　□实训　☑自主学习　☑翻转课堂 □其他（请填写）_____		
师生交互 过程	教师在学习中心平台作业区，提前布置课堂汇报任务（按名单顺序，每次由 3 名同学进行 PPT 汇报） 汇报的同学课下按照要求（PPT 汇报评价标准）制作汇报 PPT（学习成果、学习资源、学习方法） 教师在上课前一天提醒学生提交 PPT 至学习中心平台作业区 学生按时完成 PPT 的上传		
学习资源	①（教辅工具）课堂 PPT 汇报评价标准 ②（作业）学生课堂展示的学习成果及学习资源 《宪法综合》课堂 PPT 汇报评价标准		

《宪法综合》课堂 PPT 汇报评价标准

项　　目	内　　容	得　　分
1. 内容（50 分）	学习方法总结到位（15 分）	
	学习成果展示丰富（20 分）	
	学习资源多样化（15 分）	
2. PPT 制作技能（20 分）	排版整齐美观（10 分）	
	图文结合（10 分）	
3. 讲解（20 分）	表达清楚，与听众适当进行眼神交流（10 分）	
	汇报流利，形式具有创造性（10 分）	
4. 时间管理（10 分）	时间把握合适：6 分钟以内（10 分）	

学习成果 及评价 标准	学生能够结合自身学习情况，按时完成课堂汇报 PPT 的制作 评价标准如下： ① 按时完成并上传至学习中心平台作业区，10 分 ② 未完成，0 分
备注	指定课堂汇报的学生在课前能够按时完成课堂汇报 PPT 的制作并上传至学习中心平台作业区，通过上次汇报反馈，学生本次 PPT 的制作水平有了一定的改进和提升，起码能够做到排版整齐，字体字号效果便于观看

活动任务序列（任务二）

任务二知识组块： 宪法基本理论（二） ↑支持 学习中心讨论区学生提交个人绘制的知识结构图、汇报PPT	任务描述	采用学生课堂 PPT 汇报、与班级同学共同讨论学习方法和学习资源的教学策略与方法，达到学习资源共享、提升学习效率的目的
	任务时长	30 分钟
	学习地点	课上

教学策略（学习策略）	□讲授　☑小组讨论　☑答疑　□实验　□实训　□自主学习　☑翻转课堂 □其他（请填写）_____
师生交互过程	教师：上课前提醒汇报的学生做好汇报准备，上传 PPT 课堂汇报的 3 名学生：依次进行 PPT 汇报，内容包括学习资源、学习方法及学习中遇到的问题 其他同学（汇报过程中）：认真聆听，必要时做好笔记，特别是自己不知道的学习资源和对自己有用的学习方法 其他同学（汇报结束后）：可就该名同学汇报的内容提出问题，或者是结合自身复习情况给出问题的解决建议，共同讨论学习方法和学习资源，做到资源共享 教师根据学生汇报和讨论结果，就学生学习中遇到的问题给出参考性建议，对学生提到的学习方法和技巧进行总结，进一步补充学习资源，完善到教案里
学习资源	①（作业）学生课堂汇报 PPT ②（教辅工具）该章节知识建模图 ③（参考书）《法律硕士考试背诵宝典·法理学/宪法学》，众合教育
学习成果及评价标准	学生能够结合自身学习情况，按时完成课堂汇报 PPT，通过汇报总结自身学习情况，以及学习其他同学好的学习经验 评价标准： <div align="center">《宪法综合》课堂 PPT 汇报评价标准</div>

项　　目	内　　容	得　　分
1. 内容（50 分）	学习方法总结到位（15 分）	
	学习成果展示丰富（20 分）	
	学习资源多样化（15 分）	
2. PPT 制作技能（20 分）	排版整齐美观（10 分）	
	图文结合（10 分）	
3. 讲解（20 分）	表达清楚，与听众适当进行眼神交流（10 分）	
	汇报流利，形式具有创造性（10 分）	
4. 时间管理（10 分）	时间把握合适：6 分钟以内（10 分）	

备注	此次课堂汇报,李璐言同学推荐自己发现的新的学习资源——微信公众号:研料库,该公众号会发布关于考研的资料和信息,建议同学们关注此公众号,并筛选对自己有用的信息;在学习方法分享中她提到,不要花大量时间在视频课上,建议挑重点去看视频课,着重看自己不理解、难懂的地方,可以开 1.5 倍速去听课,这个建议为之前同学觉得看视频课太占用时间提供了很好的解决方法;同时李璐言同学也提出了自己在复习宪法知识过程中遇到的问题:难以把握学习的重点,导致学习效率低下。宪法要学习到什么程度? 要准备多久? 教师对学生提到的学习资源和学习方法进行记录,补充到教案中,在今后的教学中重点关注学生提出的问题

活动 3 知识建模图(课上 + 课下):

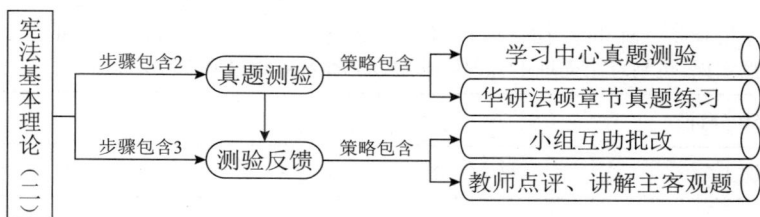

活动目标	该章节知识点的主客观真题的解题思路和解题技巧(理解、运用)

活动任务序列(任务一)

任务一知识组块:

任务描述	采用学习中心真题测验的教学策略与方法,达到检验学生知识点掌握情况的目的
任务时长	40 分钟
学习地点	课下
教学策略 (学习 策略)	□讲授　☑ 小组讨论　□答疑　□实验　□实训　☑ 自主学习　□翻转课堂 □其他(请填写)　真题测验
师生交互 过程	教师提前通知真题测验时间,并在学习中心平台发布习题测验 学生进入学习中心平台,在规定时间内完成答题 答题结束后,教师查看学生答题情况,并做初步分析
学习资源	(教辅工具)学习中心平台该章节真题库
学习成果 及评价 标准	学生完成测验后,学习中心平台给出测验分数,教师根据测验分数进行评价 测试真题为选择题,每次测试 10~15 道题目,单选题每题 2 分,多选题每题 5 分(少选或多选都不得分)

| 备注 | 学生能够在规定时间内完成学习中心平台的习题测验,全班 23 名同学均参与完成答题,测验共 11 道题目,从得分看,有 7 名同学满分,第 10 题得分率最低,课堂上会进行测试题的分析和讲解 |

活动任务序列(任务二)

任务二知识组块:

```
┌─────────────────┐  步骤包含3  ┌────────┐  策略包含  ┌──────────────────────┐
│ 宪法基本理论(二) │──────────→│ 测验反馈 │──────────→│      小组互助批改       │
└─────────────────┘           └────────┘          ├──────────────────────┤
                                                    │  教师点评、讲解主客观题  │
                                                    └──────────────────────┘
```

任务描述	采用真题讲解和分析的教学策略与方法,教师重点讲解错误率较高的题目,提炼重难点知识,达到总结提炼主客观题的解题思路和解题技巧的学习目的
任务时长	50 分钟
学习地点	课上
教学策略(学习策略)	☑讲授　☑小组讨论　☑答疑　□实验　□实训　□自主学习　□翻转课堂 □其他(请填写)_____
师生交互过程	教师布置任务:完成华研法硕《法律硕士联考章节真题》第一章考点 5~考点 7(3~5 页)的真题,15 分钟内完成 学生在规定时间内完成答题,并与同桌交换,用红笔进行批改,对的打"√",错的打"×" 教师通过微信群发布在线小程序,征集学生错误较多的题目信息 学生进入小程序填写错题 教师针对错误较多的题目进行讲解,分析相关知识点 学生根据教师的讲解进行错误选项批注 教师总结客观题答题技巧:过于绝对不选。表述过于绝对化的选项一般都是错误的,例如,第 5 页第 2 题单选题——下列关于宪法规范的表述,正确的是(　),D 选项:宪法规范具有政治性,只能通过立法具体化。其中"只能"就过于绝对化,初步判定该选项错误 学生认真记录教师讲解的答题方法和技巧
学习资源	①(作业)学生整理本章节知识,法律硕士真题错题集 ②(参考书)华研法硕《法律硕士联考 章节真题》及答案详解,10~18 页 ③(法条)《中华人民共和国宪法》
学习成果及评价标准	学生结合自身真题测验结果及教师分析主客观题的解题思路和解题技巧,整理该部分知识点的课堂笔记 评价标准: ①记录认真,内容完整,字迹工整,10 分 ②记录潦草,内容不完整,酌情给 3~8 分 ③未记录,0 分
备注	学生在做题时,有些题目做错是因为知识储备不足,所以,还需要对基础知识加强学习和记忆

续表

活动 4 知识建模图（课下）：

活动目标	错题集分析整理,问卷星模拟题测试,进行知识强化(运用)

活动任务序列（任务一）

任务一知识组块：

任务描述	采用整理真题错题和问卷星模拟题测试的教学策略与方法,达到强化记忆和运用该章节知识点的学习目的
任务时长	100 分钟
学习地点	课下
教学策略 （学习 策略）	☐讲授　☑小组讨论　☑答疑　☐实验　☐实训　☑自主学习　☐翻转课堂 ☑其他(请填写)＿模拟题测试＿
师生交互 过程	教师在学习中心平台发布课后任务 学生课后根据前期章节测试真题进行错题整理,形成章节错题集 教师提前通知学生问卷星模拟测试,并在班级群发布问卷星模拟测试二维码 学生扫码进行模拟测试,进一步强化章节知识 教师进入问卷星平台查看学生模拟测试题完成情况,在下次课进行反馈
学习资源	①(参考书)华研法硕《法律硕士联考 章节真题》及答案详解,10~18 页 ②(教辅工具)问卷星模拟测试题 ③(教辅工具)竹马官网,法律硕士宪法学真题库(宪法基本理论)
学习成果 及评价 标准	通过错题整理分析和问卷星模拟题测试,学生对该章节知识达到熟练掌握程度,对课程知识的掌握达到客观题正确率 80%,主观题答题要点 80% 以上正确

（3）宪法的制定和实施（一）教学设计见表 4-2-6。

表 4-2-6　宪法的制定和实施（一）教学设计

2023—2024 学年第 2 学期第 3 周

知识建模图：

概述
制宪机关
制宪程序
中华人民共和国的宪法制定

设立制宪机关
提出宪法草案
通过宪法草案
公布

步骤1　步骤2　步骤3　步骤4

宪法的制定（包含）

概念
意义
解释机关和体制
解释种类
解释原则

最高国家权力机关或立法机关解释制
普通法院解释制
宪法法院或宪法委员会解释制　←　马伯里诉麦迪逊案

效力
目的
方法

宪法的解释（包含）

教材、一本通预习
竹马官网视频学习
教师知识点串讲
学习中心真题测验
华研法硕章节真题练习
小组互助批改
教师点评、讲解主客观题
整理错题集
问卷星模拟题测试

知识构建（策略包含）
真题测验（策略包含）
测验反馈（策略包含）
知识强化（策略包含）

步骤包含1　步骤包含2　步骤包含3　步骤包含4

宪法的制定与实施（一）

支持

学习中心讨论区学生提交个人绘制的知识结构图、汇报PPT

学习中心课程资源区教师梳理的该部分考点出题频率图、思维导图、知识建模图以及本节课PPT

并列

学习中心习题测验区：本部分知识点来自法律硕士考研真题测验

学习中心学习资源视频观看：竹马官网公开视频课马峰2025届法硕一本通《宪法学》——宪法的制定与实施

内容构成

宪法的修改（包含）

含义
必要性
修改限制
修改方式
修改程序

全面修改　←　1975年宪法修改／1978年宪法修改／1982年宪法修改（支持）
部分修改

提案
先决投票
公告
议决
公布

步骤1　步骤2　步骤3　步骤4　步骤5

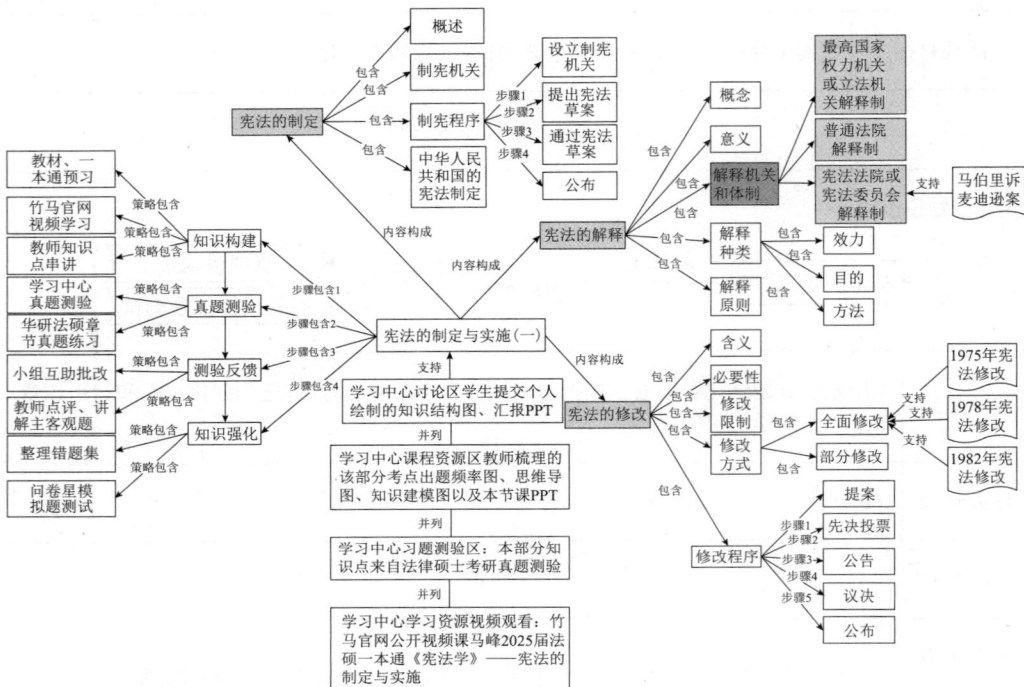

学习目标	知识点（学习水平）	素质目标
	宪法的制定（理解、记忆）；宪法的解释（理解、记忆）；宪法的修改（记忆、运用）	结合我国宪法的制定、解释、修改，联系社会主义法治建设实际，增强学生的国家意识以及对社会主义核心价值观的认同，坚定走中国特色社会主义法治道路的理想和信念
学习先决知识	知识点（学习水平）	
	宪法的制定（理解、记忆）；宪法的解释（理解、记忆）；宪法的修改（记忆、运用）	
课上资源		课下资源
①（教辅工具）课件 PPT 第二章（宪法的制定与实施）②（教辅工具）学生课堂 PPT 汇报评分表③（教辅工具）学习中心的文本资源以及视频资源		①（微课）中国大学 MOOC，《宪法学》线上视频课程②（马工程教材）《宪法学》（第二版）③（教辅工具）学生课堂 PPT 汇报评分表

续表

④（作业）学习中心习题测试结果分析 ⑤（作业）学生课堂汇报展示的学习成果及学习资源 ⑥（作业）学生绘制本章节知识结构图 ⑦（作业）学生整理本章节知识,法律硕士真题错题集 ⑧（参考书）华研法硕《法律硕士联考 章节真题》 ⑨（马工程教材）《宪法学》（第二版）	④（教辅工具）学习中心的文本资源以及视频资源 ⑤（教辅工具）问卷星模拟测试题 ⑥（教辅工具）竹马官网,马峰,宪法学公开课;法律硕士宪法学真题库 ⑦（网络平台）哔哩哔哩网站、小红书、抖音的法律硕士联考博主等 ⑧（学术网站）知网、维普、万方等 ⑨（参考书）《法律硕士（法学）联考主观题突破》,中国人民大学出版社 ⑩（参考书）《法律硕士考试写作宝典·法理学／宪法学》,众合教育 ⑪（参考书）《法律硕士考试背诵宝典·法理学／宪法学》,众合教育 ⑫（参考书）《法律硕士考试一本通·法理学／宪法学》,众合教育 ⑬（参考书）华研法硕《法律硕士联考章节真题》 ⑭（法条）《中华人民共和国宪法》

课上时间	100 分钟		课下时间	250 分钟

活动序列	活动目标	地点	时间	学习资源
活动 1	掌握宪法的制定、宪法的解释、宪法的修改（理解、记忆、运用）	课上	20 分钟	①（教辅工具）课件 PPT 第二章（宪法的制定与实施） ②（马工程教材）《宪法学》（第二版） ③（教辅工具）该章节知识建模图 ④（作业）学生绘制本章节知识结构图
	掌握宪法的制定、宪法的解释、宪法的修改（理解、记忆、运用）	课下	100 分钟	①（教辅工具）课件 PPT 第二章（宪法的制定与实施） ②（马工程教材）《宪法学》（第二版） ③（参考书）《法律硕士考试一本通·法理学／宪法学》,众合教育 ④（微课）中国大学 MOOC,《宪法学》线上视频课程 ⑤（教辅工具）学习中心的文本资源以及视频资源
活动 2	法律硕士联考涉及该部分知识点的学习思路和学习方法（运用）	课上	30 分钟	①（作业）学生课堂汇报 PPT ②（教辅工具）该章节知识建模图 ③（参考书）《法律硕士考试背诵宝典·法理学／宪法学》,众合教育
		课下	40 分钟	①（教辅工具）课堂 PPT 汇报评价标准 ②（作业）学生课堂展示的学习成果及学习资源

续表

活动序列	活动目标	地点	时间	学习资源
活动3	该章节知识点的主客观真题的解题思路和解题技巧(理解、运用)	课上	50分钟	①(作业)学生整理本章节知识,法律硕士真题错题集 ②(参考书)华研法硕《法律硕士联考 章节真题》及答案详解 ③(法条)《中华人民共和国宪法》
		课下	20分钟	(教辅工具)学习中心该章节真题库
活动4	错题集分析整理,问卷星模拟题测试,强化该章节知识(运用)	课下	90分钟	①(参考书)华研法硕《法律硕士联考章节真题》及答案详解 ②(教辅工具)问卷星模拟测试题 ③(教辅工具)竹马官网,法律硕士宪法学真题库

活动1知识建模图(课上+课下):

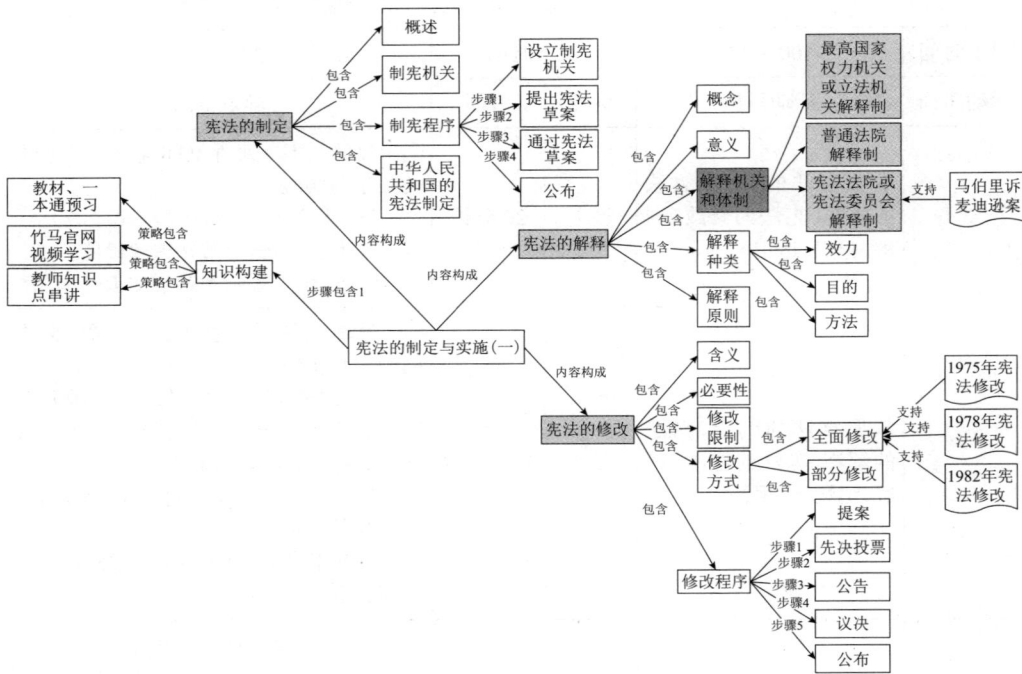

活动目标	掌握宪法的制定、宪法的解释、宪法的修改(理解、记忆、运用)

活动任务序列(导入任务描述):教师通过提问的方式引导学生回忆先前讲过的有关制宪权的相关知识,从而引入本次课

师生交互过程	教师：同学们，我们之前在宪法学课程中讲过，是谁提出的制宪权理论？ 学生：西耶斯 教师：对，是西耶斯，也可称为"西耶士"。他是哪个国家的？又是在什么书中提出的制宪法理论？ 学生：法国人，在《第三等级是什么》这本书中提出的 教师：制宪权属于谁？ 学生：国民 教师：制宪权和修宪权、立法权、行政权、监察权、司法权相比，哪个最高？它们之间应怎么排序？ 学生：制宪权最高（或者制宪权和修宪权一样高），比立法权、行政权这些权力高些 教师：看来大家对这个问题的看法是不一样的。那么，我们一起来进一步了解什么是制宪权，由谁来制宪，制宪权的效力是不是最高的，制宪的程序是怎样的

活动任务序列（任务一）

任务一知识组块： 	任务描述	采用学生课下自主学习，绘制法律硕士联考宪法的制定与实施中关于宪法的制定、宪法的解释、宪法的修改知识结构图的策略和方法，达到梳理该部分知识点的学习目的
	任务时长	90 分钟
	学习地点	课下

教学策略（学习策略）	□讲授　☑小组讨论　☑答疑　□实验　□实训　☑自主学习　☑翻转课堂 □其他（请填写）_____
师生交互过程	教师：在学习中心平台发布学习任务和学习资源 学生：在学习中心平台接收学习任务和学习资源 学生：根据自身掌握的知识和教师上传的学习资源开展自主学习 学习过程中梳理本章节知识点，绘制知识结构图，并上传至学习中心平台作业区 教师在学习中心平台查看学生梳理的知识点，了解学生课下梳理知识点的情况，并打分评价
学习资源	①（教辅工具）课件 PPT 第二章（宪法的制定与实施），1~21 页 ②（马工程教材）《宪法学》（第二版），高等教育出版社，2020 年 12 月，29~35 页 ③（参考书）《法律硕士考试一本通·法理学/宪法学》，众合教育，165~168 页 ④（微课）中国大学 MOOC，《宪法学》线上视频课程 ⑤（教辅工具）学习中心的文本资源以及视频资源
学习成果及评价标准	学生完成自主学习后，绘制具有独创性的知识结构图 从以下方面对该知识结构图进行评价： ① 知识点梳理完整，具体细致，绘制结构美观，10 分 ② 知识点梳理有遗漏，绘制结构一般，酌情给 4~8 分 ③ 未完成，0 分

续表

备注	在评阅学生绘制的知识结构图时,发现学生绘制方式多样,体现出个性化特点,其中李梦贺同学利用平板绘制结构图的方法挺不错,推荐给班级其他同学

活动任务序列(任务二)

任务二知识组块:

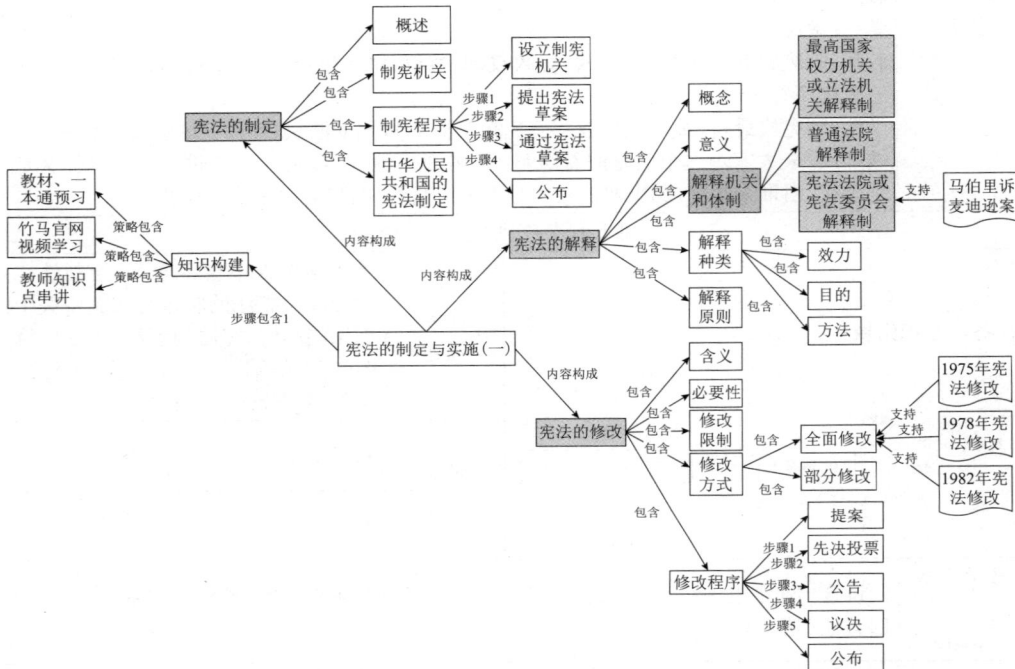

任务描述	采用知识点串讲的教学策略与方法,依据学生课下自主学习的情况,教师对该章节的知识点进行有针对性的串讲,达到全面梳理、强化学生记忆的目的
任务时长	20 分钟
学习地点	课上
教学策略(学习策略)	☑讲授 □小组讨论 ☑答疑 □实验 □实训 □自主学习 □翻转课堂 □其他(请填写)_____
师生交互过程	学生:通过课下观看视频、阅读教材和参考书、绘制知识结构图等,自主学习掌握本章节知识点 教师:在课堂上将宪法的制定、解释、修改的知识建模图展示出来,按照知识建模图进行串讲,串讲过程中进行提问(制宪权掌握在谁的手里?是谁在哪本书里最先提出制宪权理论?制宪机关是常设机关吗?我们国家的制宪机关是哪个?制宪要经过哪些程序?什么是宪法解释?宪法解释的体制有哪些?我们国家的解释体制是哪种?为什么要进行宪法修改?宪法修改的方式有哪些?我们国家宪法修改哪些属于全面修改?哪些属于部分修改?宪法修改的程序有哪些?谁有权提议修改宪法?)

师生交互过程	学生:针对教师提问进行快速回答 教师:根据课堂上学生的回答情况(是否回答完整正确)、课前提交的知识结构图、学习中心习题测验,了解学生对本部分知识点的掌握情况,特别是错误较多题目涉及的知识点,要重点展开讲解 学生:查漏补缺,记笔记进行梳理强化
学习资源	①(教辅工具)课件 PPT 第二章(宪法的制定与实施),1~21 页 ②(马工程教材)《宪法学》(第二版),高等教育出版社,2020 年 12 月,29~35 页 ③(教辅工具)该章节知识建模图 ④(作业)学生绘制本章节知识结构图
学习成果及评价标准	通过教师进一步的补充串讲,学生对自己绘制的知识结构图进行补充完善,形成结构完整、知识点覆盖全面的知识图 评价标准: ① 认真完善,并且知识点梳理完整,具体细致,绘制结构美观,10 分 ② 态度一般,知识点梳理有遗漏,绘制结构一般,酌情给 3~7 分 ③ 未完善,0 分
备注	在知识点串讲过程中,发现学生对宪法修改的提议主体(全国人大常委会或者 1/5 以上的全国人大代表)这个知识点掌握得不好,教师将此知识点浓缩为"五一全人常"几个字,提醒大家可以用此方法记忆

活动 2 知识建模图(课上 + 课下):

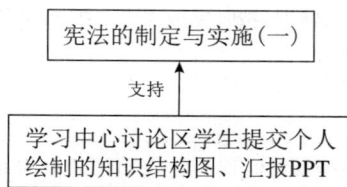

宪法的制定与实施(一)

支持

学习中心讨论区学生提交个人绘制的知识结构图、汇报PPT

活动目标	法律硕士联考涉及该部分知识点的学习思路和学习方法(运用)

活动任务序列(任务一)

任务一知识组块: 宪法的制定与实施(一) 支持 学习中心讨论区学生提交个人绘制的知识结构图、汇报PPT	任务描述	采用学生课下制作 PPT 对该章节知识点的成果及学习资源进行整理的策略与方法,达到梳理学习思路和学习方法、掌握学习策略的目的
	任务时长	50 分钟
	学习地点	课下
教学策略(学习策略)	□讲授　☑ 小组讨论　☑ 答疑　□实验　□实训　☑ 自主学习　☑ 翻转课堂 □其他(请填写)_____	

师生交互过程	教师在学习中心平台作业区,提前布置课堂汇报任务(按名单顺序,每次由3名同学进行PPT汇报) 汇报的同学课下按照要求(PPT汇报评价标准)制作汇报PPT(学习成果、学习资源、学习方法) 教师在上课前一天提醒学生提交PPT至学习中心平台作业区 学生按时完成PPT的上传
学习资源	①(教辅工具)课堂PPT汇报评价标准 ②(作业)学生课堂展示的学习成果及学习资源

《宪法综合》课堂PPT汇报评价标准

项　　目	内　　容	得　　分
1. 内容(50分)	学习方法总结到位(15分)	
	学习成果展示丰富(20分)	
	学习资源多样化(15分)	
2. PPT制作技能(20分)	排版整齐美观(10分)	
	图文结合(10分)	
3. 讲解(20分)	表达清楚,与听众适当进行眼神交流(10分)	
	汇报流利,形式具有创造性(10分)	
4. 时间管理(10分)	时间把握合适:6分钟以内(10分)	

学习成果及评价标准	学生能够结合自身学习情况,按时完成课堂汇报PPT的制作 评价标准如下: ① 按时完成并上传至学习中心平台作业区,10分 ② 未完成,0分
备注	指定课堂汇报的学生能够按时保质完成PPT的制作并上传至学习中心平台作业区,通过制作PPT可以进一步梳理自己学习时用到的学习资源、学习方法,以及遇到的问题,在课堂上与同学们共享、讨论,达到共同学习进步的目的

活动任务序列(任务二)

任务二知识组块: 宪法的制定与实施(一) ↑ 支持 学习中心讨论区学生提交个人绘制的知识结构图、汇报PPT	任务描述	采用学生课堂PPT汇报、与班级同学共同讨论学习方法和学习资源的教学策略与方法,达到学习资源共享,提升学习效率的目的
	任务时长	30分钟
	学习地点	课上

教学策略(学习策略)	□讲授 ☑小组讨论 ☑答疑 □实验 □实训 □自主学习 ☑翻转课堂 □其他(请填写)_____

师生交互过程	教师：上课前提醒汇报的学生做好汇报准备，上传 PPT 课堂汇报的 3 名学生：依次进行 PPT 汇报，内容包括学习资源、学习方法及学习中遇到的问题 其他同学（汇报过程中）：认真聆听，必要时做好笔记，特别是自己不知道的学习资源和对自己有用的学习方法 其他同学（汇报结束后）：可就该名同学汇报的内容提出问题，或者结合自身的复习情况给出问题的解决建议，共同讨论学习方法和学习资源，做到资源共享 教师根据学生的汇报和讨论结果，就学生学习中遇到的问题给出参考性建议，对学生提到的学习方法和技巧进行总结，进一步补充学习资源，完善到教案里
学习资源	①（作业）学生课堂汇报 PPT ②（教辅工具）该章节知识建模图 ③（参考书）《法律硕士考试背诵宝典·法理学/宪法学》，众合教育
学习成果及评价标准	学生能够结合自身学习情况，按时完成课堂汇报 PPT，通过汇报总结自身的学习情况，以及学习其他同学好的学习经验 评价标准： 《宪法综合》课堂 PPT 汇报评价标准 <table><tr><th>项　目</th><th>内　容</th><th>得　分</th></tr><tr><td rowspan="3">1. 内容（50 分）</td><td>学习方法总结到位（15 分）</td><td></td></tr><tr><td>学习成果展示丰富（20 分）</td><td></td></tr><tr><td>学习资源多样化（15 分）</td><td></td></tr><tr><td rowspan="2">2. PPT 制作技能（20 分）</td><td>排版整齐美观（10 分）</td><td></td></tr><tr><td>图文结合（10 分）</td><td></td></tr><tr><td rowspan="2">3. 讲解（20 分）</td><td>表达清楚，与听众适当进行眼神交流（10 分）</td><td></td></tr><tr><td>汇报流利，形式具有创造性（10 分）</td><td></td></tr><tr><td>4. 时间管理（10 分）</td><td>时间把握合适：6 分钟以内（10 分）</td><td></td></tr></table>
备注	在此次课堂汇报中，徐薇同学分享了新的学习资源：B 站上一些英语学习和政治学习的博主，英语博主有唐迟、田静、王江涛，政治博主有肖秀荣、腿姐、徐涛，此外还有微信公众号：考研顶呱呱（院校专业难度分析）、51 考研网（考研一类资讯及时）、枯藤看天下（考研规划类齐全）；在学习方法中提到利用通关必刷 2000 题，来巩固知识点。教师对学生提到的学习资源和学习方法进行记录，补充到教案中

活动 3 知识建模图（课上＋课下）：

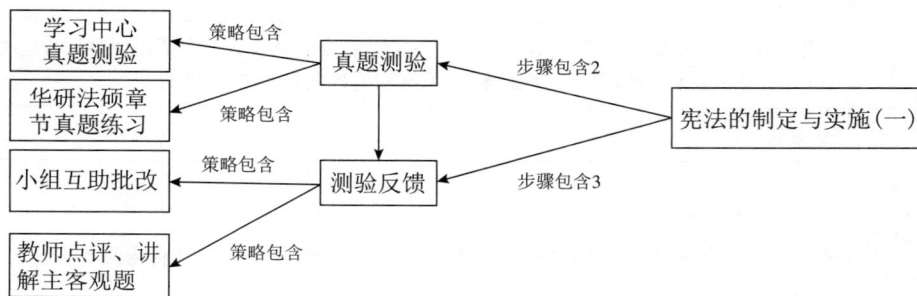

续表

活动目标	该章节知识点的主客观真题的解题思路和解题技巧(理解、运用)

活动任务序列(任务一)

任务一知识组块：

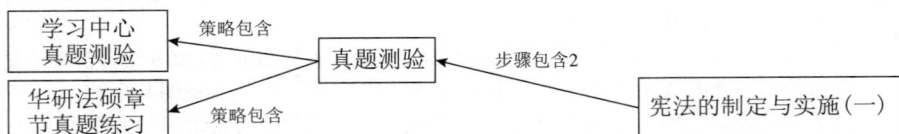

任务描述	采用学习中心真题测验的教学策略与方法,达到检验学生知识点掌握情况的目的
任务时长	20分钟
学习地点	课下
教学策略 (学习 策略)	□讲授　☑小组讨论　□答疑　□实验　□实训　☑自主学习　□翻转课堂 □其他(请填写)真题测验
师生交互 过程	教师提前通知真题测验时间,并在学习中心平台发布习题测验 学生进入学习中心平台,在规定时间内完成答题 答题结束后,教师查看学生答题情况,并做初步分析
学习资源	(教辅工具)学习中心该章节真题库
学习成果 及评价 标准	学生完成测验后,学习中心平台给出测验分数,教师根据测验分数进行评价 测试真题为选择题,每次测试10~15道题目,单选题每题2分,多选题每题5分(少选 或多选都不得分)
备注	学生能够在规定时间内完成学习中心平台的习题测验,全班23名同学均参与完成答 题,测验共11道题目,从得分看,有15名同学满分,其中第7题得分率最低,对涉及的 知识点在课堂上会重点进行讲解

活动任务序列(任务二)

任务二知识组块：

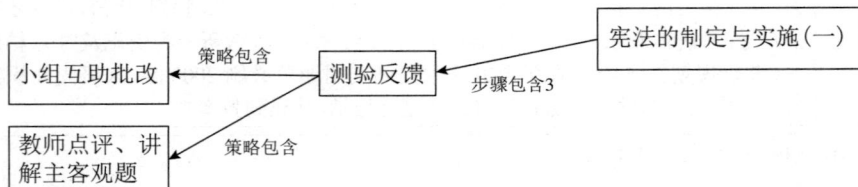

任务描述	采用真题分析和讲解的教学策略与方法,教师重点讲解错误率较高的题目,提炼重难 点知识,达到总结提炼主客观题的解题思路和解题技巧的学习目的
任务时长	50分钟
学习地点	课上
教学策略 (学习 策略)	☑讲授　□小组讨论　☑答疑　□实验　□实训　□自主学习　□翻转课堂 □其他(请填写)_____

师生交互过程	教师布置任务：完成华研法硕《法律硕士联考章节真题》第二章考点 1~考点 3（5~8 页）的真题，15 分钟内完成 学生：在规定时间内完成答题，并与同桌交换，用红笔进行批改，对的打"√"，错的打"×" 教师：通过微信群发布在线小程序，征集学生错误较多的题目信息 学生：进入小程序填写错题 教师：针对错误较多的题目进行相关知识点的讲解分析 学生：根据教师的讲解进行错误选项批注 教师：总结客观题答题技巧：如果存在一对内容互相对立的选项，而其他两项不存在内容对立的情况，那么在此对立两项中至少有一个正确项；若存在两对内容互相对立的选项，从两对对立项中分别选择一个选项作为正确选项 学生：认真记录教师讲解的答题方法和技巧
学习资源	①（作业）学生整理本章节知识，法律硕士真题错题集 ②（参考书）华研法硕《法律硕士联考章节真题》及答案详解（19~30 页） ③（法条）《中华人民共和国宪法》
学习成果及评价标准	学生结合自身真题测验结果，及教师分析主客观题的解题思路和解题技巧，形成该部分知识点的课堂笔记 评价标准： ① 记录认真，内容完整，字迹工整，10 分 ② 记录潦草，内容不完整，酌情给 3~8 分 ③ 未记录，0 分
备注	学生在做题时，发现有些题目做错是因为没有看清题干要求，老师提醒同学：如果这个题题干要求选错误的选项，一定在做完题后再倒回来看看，自己做题时是否将题干读成了选正确的选项，一定要养成认真读题干的好习惯，避免再发生这样的错误

活动 4 知识建模图（课下）：

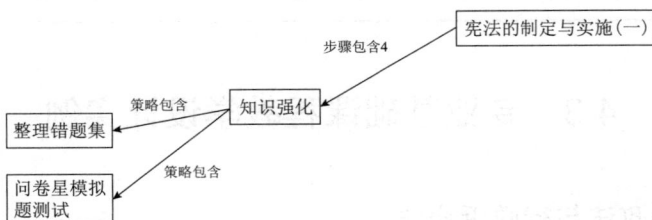

活动目标	错题集分析整理，问卷星模拟题测试，进行知识强化（运用）

活动任务序列（任务一）

任务一知识组块：

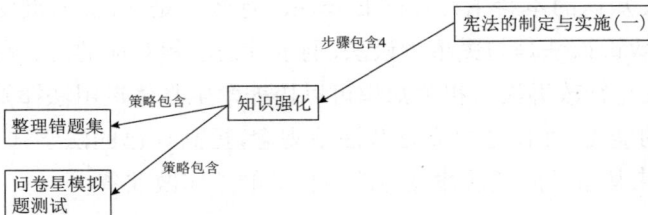

续表

任务描述	采用整理真题错题和问卷星模拟题测试的教学策略与方法,达到强化记忆和运用该章节知识点的学习目的
任务时长	90分钟
学习地点	课下
教学策略 (学习策略)	□讲授　☑小组讨论　☑答疑　□实验　□实训　☑自主学习　□翻转课堂 □其他(请填写)　模拟题测试
师生交互过程	教师在学习中心平台发布课后任务 学生课后根据前期章节测试真题进行错题整理,形成章节错题集 教师提前通知学生问卷星模拟测试,并在班级群发布问卷星模拟测试二维码 学生扫码进行模拟题测试,进一步强化章节知识 教师进入问卷星平台查看学生模拟测试题完成情况,在下次课进行反馈
学习资源	①(参考书)华研法硕《法律硕士联考章节真题》及答案详解,19~30页 ②(教辅工具)问卷星模拟测试题 ③(教辅工具)竹马官网,法律硕士宪法学真题库(宪法的制定与实施)
学习成果及评价标准	通过错题整理分析和问卷星模拟题测试,学生对该章节知识达到熟练掌握程度,课程知识掌握达到客观题正确率80%,主观题答题要点80%以上正确
备注	学生反馈说整理错题集还是很有帮助的,能再学习一遍掌握不牢固的知识点,而且还可以时不时拿出来复习,对提高复习效率很有帮助,并表示会继续做好错题整理和分析

4.3　专业基础课程教学设计实例

4.3.1　行政法与行政诉讼法

1. 行政法与行政诉讼法课程简介

行政法与行政诉讼法是全国高等学校法学专业开设的主干课程之一,是针对具有一定法学基础知识的本科生开设的必修课。行政法是与民法、刑法相对应的三大实体法之一,行政诉讼法是与民事诉讼法、刑事诉讼法相对应的三大程序法之一。学习和掌握行政法与行政诉讼法相关知识可以培养学生具体运用法律知识分析和解决实际法律问题的能力,并使之树立行政法治观念,提高自己的法学知识水平,增强法律修养,为其将来从事并胜任法律及与法律相关的工作做准备。

2. 行政法与行政诉讼法教学设计

（1）行政法与行政诉讼法教学设计（一）见表 4-3-1

扫码看大图

表 4-3-1　行政法与行政诉讼法教学设计（一）

2023—2024 学年第 2 学期第 7 周第 1 次课

知识建模图:

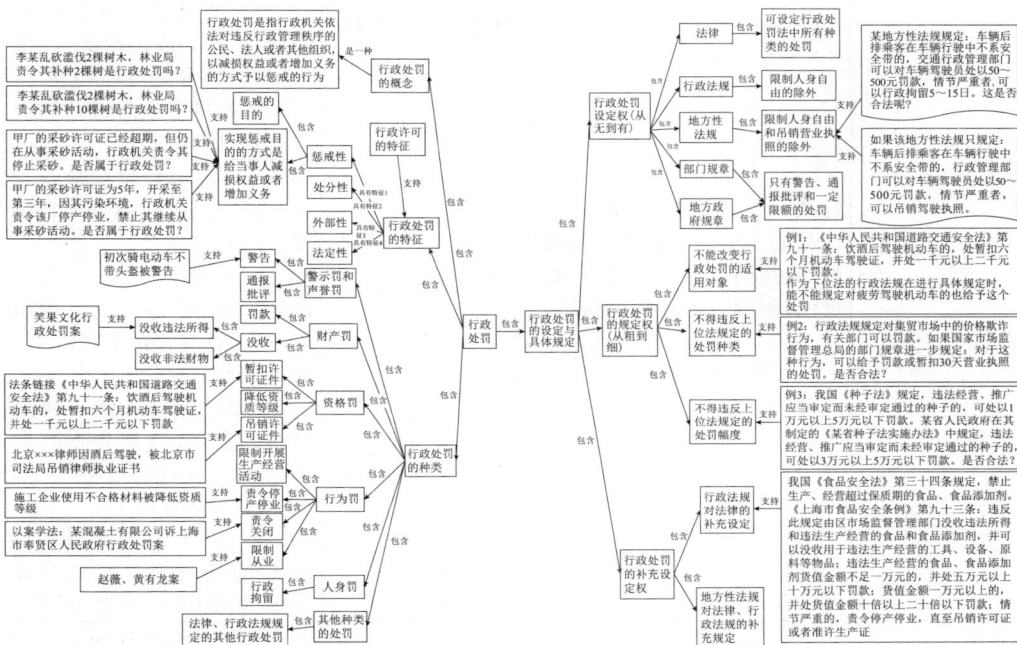

学习目标	知识点（学习水平）	素质目标
	行政处罚的概念（记忆）；行政处罚的特征（记忆、运用）；行政处罚的种类（理解、记忆）；行政处罚的设定权与规定权（记忆、运用）	结合笑果文化行政处罚案,培养学生时刻自觉维护军队形象的意识

学习先决知识	知识点（学习水平）
	行政许可的特征（理解、记忆）

课上资源	课下资源
①（教辅工具）课件 PPT ②（教辅工具）法考真题 ③（教辅工具）某混凝土有限公司诉上海市奉贤区人民政府行政处罚案、笑果文化行政处罚案等案例 ④（马工程教材）《行政法与行政诉讼法学》（第二版）,《行政法与行政诉讼法学》编写组,高等教育出版社,2018 年 8 月 ⑤（法条）《中华人民共和国行政处罚法》 ⑥（作业）智慧黄科测试	①（马工程教材）《行政法与行政诉讼法学》（第二版）,高等教育出版社,145~148 页 ②（参考教材）《行政法专题讲座精讲卷》,李佳,中国石化出版社,2023 年 11 月,93~101 页 ③（中国大学 MOOC）湖南科技大学《行政法与行政诉讼法》第 8 章行政处罚 8.1 行政处罚概述 8.2 行政处罚的设定与具体规定 ④（哔哩哔哩视频）2024 年法考客观题精讲卷行政法,众合李佳,专题 07:行政处罚（01） ⑤（法条）《中华人民共和国行政处罚法》

续表

课上时间	100 分钟		课下时间		240 分钟
活动序列	活动目标	地点	时间		学习资源
活动1	行政处罚的概念(记忆);行政处罚的特征(记忆);惩戒性(运用);处分性(理解);外部性(理解);内部性(理解)	课上	20 分钟		①(教辅工具)课件PPT ②法考真题 ③(马工程教材)《行政法与行政诉讼法学》(第二版),《行政法与行政诉讼法学》编写组,2018年8月,145页 ④(法条)《中华人民共和国行政处罚法》
		课下	40 分钟		①(马工程教材)《行政法与行政诉讼法学》,高等教育出版社,145~148页 ②(参考教材)《行政法专题讲座精讲卷》,李佳,中国石化出版社,2023年11月,93~101页 ③(中国大学MOOC)湖南科技大学《行政法与行政诉讼法》第8章行政处罚8.1行政处罚概述 ④(哔哩哔哩视频)2024年法考客观题精讲卷行政法,众合李佳,专题07:行政处罚(01)
活动2	行政处罚的种类(理解、记忆):警示罚与声誉罚:警告(记忆);通报批评(记忆);财产罚:罚款(理解);没收违法所得(理解);没收非法财物(记忆);资格罚:暂扣许可证件(记忆);降低资质等级(记忆);吊销许可证件(记忆)	课上	25 分钟		①(教辅工具)课件PPT ②(法条)《中华人民共和国行政处罚法》第九条 ③(视频)笑果文化行政处罚案视频 ④(案例)笑果文化行政处罚案 ⑤(法条)《中华人民共和国道路交通安全法》第九十一条
		课下	100 分钟		①(法条)《中华人民共和国行政处罚法》第九条 ②(参考教材)《行政法专题讲座精讲卷》,李佳,北京:中国石化出版社,2023年11月,95~96页 ③(中国大学MOOC)湖南科技大学《行政法与行政诉讼法》第8章行政处罚8.1行政处罚概述

活动序列	活动目标	地点	时间	学习资源
活动2	行政处罚的种类(理解、记忆):警示罚与声誉罚:警告(记忆);通报批评(记忆);财产罚:罚款(理解);没收违法所得(理解);没收非法财物(记忆);资格罚:暂扣许可证件(记忆);降低资质等级(记忆);吊销许可证件(记忆)	课下	100分钟	④(哔哩哔哩视频)2024年法考客观题精讲卷行政法,众合李佳,专题07:行政处罚(01) ⑤(网址)中国法院网 - 行政指导案例 ⑥(网址)中华人民共和国最高人民法院公报
活动3	行政处罚的种类(记忆):行为罚:限制开展生产经营活动(理解);责令停产停业(理解);责令关闭(理解);限制从业(记忆);人身罚:行政拘留(记忆);其他种类的处罚:法律、行政法规规定的其他行政处罚(记忆)	课上	20分钟	①(教辅工具)课件PPT ②(法条)《中华人民共和国行政处罚法》第九条 ③(案例)北京朗迪制药有限公司行政处罚案 ④(案例)某混凝土有限公司诉上海市奉贤区人民政府行政处罚案 ⑤(案例)赵薇、黄有龙案
		课下	100分钟	①(法条)《中华人民共和国行政处罚法》第九条 ②(参考教材)《行政法专题讲座精讲卷》,李佳,中国石化出版社,2023年11月,95~96页 ③(中国大学MOOC)湖南科技大学《行政法与行政诉讼法》第8章行政处罚8.1行政处罚概述 ④(哔哩哔哩视频)2024年法考客观题精讲卷,行政法,众合李佳,专题07:行政处罚(01) ⑤(网址)中国法院网 - 行政指导案例 ⑥(网址)《中华人民共和国最高人民法院公报》中华人民共和国最高人民法院公报
活动4	行政处罚的设定权(记忆、运用):法律的设定权(记忆);行政法规的设定权(记忆);地方性法规的设定权(记忆);部门规章的设定权(理解);地方政府规章的设定权(理解)	课上	15分钟	①(教辅工具)课件PPT ②(法条)《中华人民共和国行政处罚法》第十、十一、十二、十三、十四条 ③(案例)某混凝土有限公司诉上海市奉贤区人民政府行政处罚案

续表

活动序列	活动目标	地点	时间	学习资源
活动 4	行政处罚的设定权(记忆、运用):法律的设定权(记忆);行政法规的设定权(记忆);地方性法规的设定权(记忆);部门规章的设定权(理解);地方政府规章的设定权(理解)	课上	15 分钟	④(案例)笑果文化行政处罚案 ⑤(案例)北京朗迪制药行政处罚案 ⑥(法条)《中华人民共和国道路交通安全法》第九十一条
活动 5	行政处罚的规定权(记忆、运用);不得改变上位法规定的行政处罚的适用对象(运用);不得违反上位法规定的处罚种类(运用);不得违反上位法规定的处罚幅度(运用) 行政处罚的补充设定权(理解);行政法规的补充设定权(理解);地方性法规的补充设定权(理解)	课上	20 分钟	①(教辅工具)课件 PPT ②(法条)《中华人民共和国行政处罚法》第十、十一、十二、十三、十四条 ③(案例)某混凝土有限公司诉上海市奉贤区人民政府行政处罚案 ④(案例)笑果文化行政处罚案 ⑤(案例)北京朗迪制药行政处罚案 ⑥(法条)《中华人民共和国道路交通安全法》第九十一条

活动 1 知识建模图(课上 + 课下):

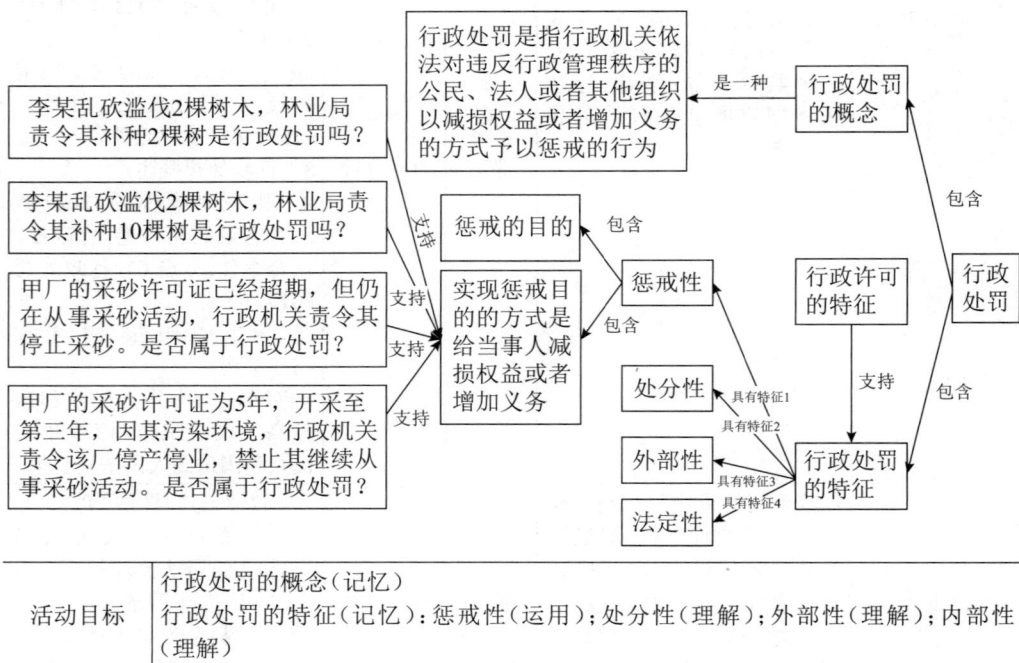

活动目标	行政处罚的概念(记忆) 行政处罚的特征(记忆):惩戒性(运用);处分性(理解);外部性(理解);内部性(理解)

活动任务序列(导入任务描述)	
师生交互过程	教师创设问题情境:大家还记得上节课我们学过的行政许可的特征吗? 教师随机提问:行政许可的概念和特征 学生回答:行政许可是一种依申请的行政行为 教师陈述:那我们继续学习下一个具体行政行为——行政处罚,分析行政许可和行政处罚的特征有何不同

活动任务序列(任务一)

任务一知识组块:

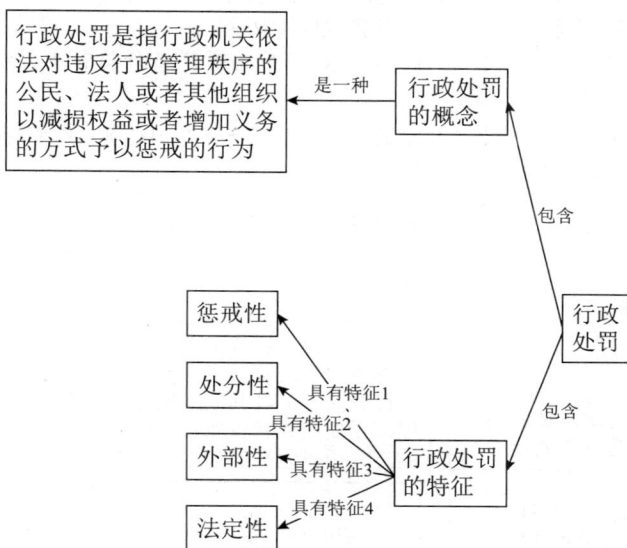

任务描述	教材与法条上对于行政处罚的概念特征界定清晰,此内容难易程度适中,因此采用阅读法条、预习教材、观看视频等自学的教学策略,达到理解行政处罚概念和特征的学习效果
任务时长	40 分钟
学习地点	课下
教学策略 (学习策略)	□讲授　□小组讨论　□答疑　□实验　□实训　☑自主学习 □其他(请填写)_____
师生交互过程	教师发布任务:通过微信群发布课下任务,有疑问的同学可以及时在群里沟通分享 ①(中国大学 MOOC)湖南科技大学《行政法与行政诉讼法》第 8 章行政处罚 8.1 行政处罚概述——行政处罚的概念、特征 ②结合课件预习(马工程教材)《行政法与行政诉讼法学》,高等教育出版社,146 页 ③结合《中华人民共和国行政处罚法》第二条理解行政处罚的含义 学生认同:及时完成学习任务,小组长在组长群里及时与老师沟通本组学生的学习进度 教师督促:教师根据智慧黄科后台参与情况,及时在群里反馈

学习资源	①（马工程教材）《行政法与行政诉讼法学》，高等教育出版社，145 页 ②（参考教材）《行政法专题讲座精讲卷》，李佳，中国石化出版社，2023 年 11 月，93~94 页 ③（中国大学 MOOC）湖南科技大学《行政法与行政诉讼法》第 8 章行政处罚 8.1 行政处罚概述 ④（哔哩哔哩视频）2024 年法考客观题精讲卷行政法，众合李佳，专题 07：行政处罚（01） ⑤（法条）《中华人民共和国行政处罚法》第二条
学习成果 及评价 标准	成果一：完成慕课视频及法考视频学习 评价标准：根据视频观看截图，完成得 10 分，完不成得 0 分 成果二：智慧黄科测验：行政处罚测验题，共 10 题 评价标准：9 分以上为优秀，8 分为良好，7 分为中等，6 分及格，6 分以下为不及格。本次测验成绩计入平时成绩
备注	部分学生测验成绩不够理想，可能是没有认真完成预习任务，教师要想办法调动学生的学习积极性，增强学生学习内驱力

活动任务序列（任务二）

任务二知识组块：

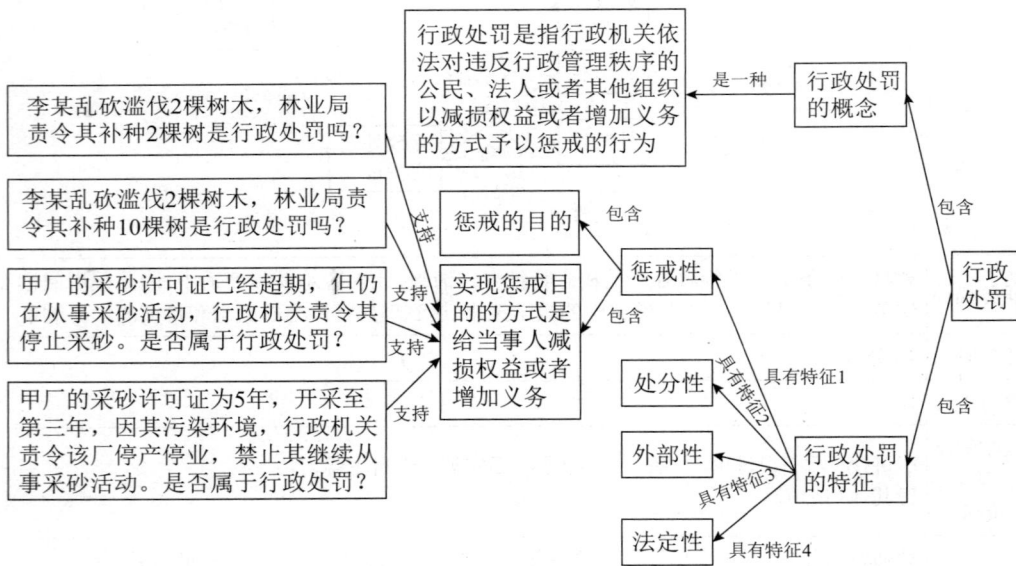

任务描述	因法考要求准确区分行政处罚与其他负担行政行为，所以此内容仍需要通过教师讲授、真题重现、比较分析等教学策略，达到理解行政处罚与其他负担行政行为区别的目的
任务时长	20 分钟
学习地点	课上

教学策略（学习策略）	☑ 讲授　☐ 小组讨论　☑ 答疑　☐ 实验　☐ 实训　☐ 自主学习 ☑ 其他（请填写）真题演练
师生交互过程	教师播放 PPT：陈述行政处罚的概念及主要特征 教师引导：行政许可的特征是什么？行政许可的特征与行政处罚的特征有何不同？如何准确区分行政处罚与其他具体行政行为的特征？ 学生回答：行政许可是依申请的授益性行政行为，行政处罚是依职权的负担行政行为 教师举例：①李某乱砍滥伐 2 棵树木，林业局责令其补种 2 棵树。属于行政处罚吗？ 部分学生抢答：不属于 教师举例：②李某乱砍滥伐 2 棵树木，林业局责令其补种 10 棵树。属于行政处罚？ 部分学生抢答：属于 教师赞同并公布答案：第一个不属于，第二个属于 教师鼓励学生归纳：为什么第一个不属于行政处罚，第二个属于行政处罚？两者的根本区别在哪里？ 学生归纳总结：第一个不具有惩戒性，第二个具有惩戒性，惩戒性是行政处罚区别于其他具体行政行为的特征 教师赞同：李某乱砍滥伐 2 棵树木，林业局责令其补种 2 棵树，是责令其恢复原状，属于行政强制措施，并未减损李某的权利也没有为李某增加义务，故不属于行政处罚。李某乱砍滥伐 2 棵树木，林业局责令其补种 10 棵树，属于为李某增加了义务，故属于行政处罚 学生赞同：表示已理解了行政处罚的精髓 教师举例：①甲厂的采砂许可证已经超期，但仍在从事采砂活动，行政机关责令其停止采砂。是否属于行政处罚？ 部分学生抢答：不属于 教师举例：②甲厂的采砂许可证为 5 年，开采至第 3 年，因其污染环境，行政机关责令该厂停产停业，禁止其继续从事采砂活动。是否属于行政处罚？ 学生回答：属于 教师陈述总结：行政处罚的概念及特征
学习资源	①（马工程教材）《行政法与行政诉讼法学》，高等教育出版社，145 页 ②（参考教材）《行政法专题讲座精讲卷》，李佳，中国石化出版社，2023 年 11 月，93~94 页 ③（法条）《中华人民共和国行政处罚法》第二条 ④（教辅工具）课件 PPT：行政处罚法 ⑤（教辅工具）法考真题：国家统一律师职业资格考试法考 2010 年卷二第 44 题
学习成果及评价标准	学习成果：法考真题：国家统一律师职业资格考试法考 2010 年卷二第 44 题 评价标准：答对得 5 分，答错得 0 分
备注	教师通过陈述讲解、案例分析、鼓励学生主动归纳等方法帮助学生理解行政处罚的特征，学生深入理解了行政处罚的特征，达到了预期效果

活动 2 知识建模图（课上 + 课下）：

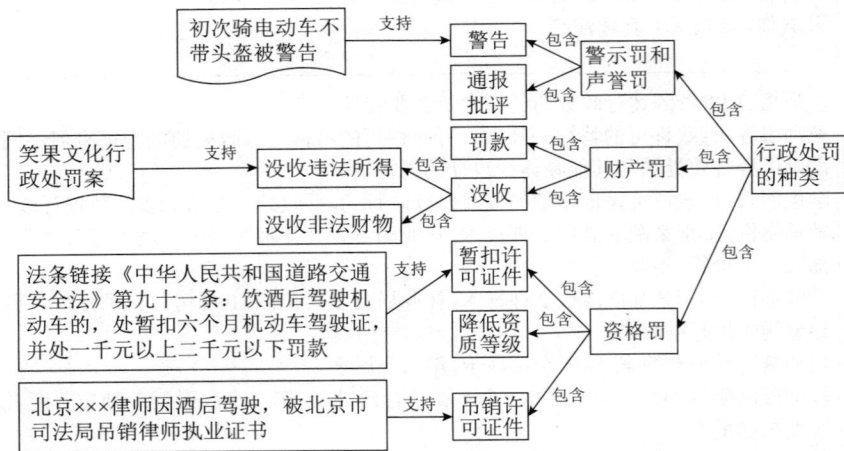

活动目标	行政处罚的种类（理解、记忆）：警示罚与声誉罚：警告（记忆）；通报批评（记忆）；财产罚：罚款（理解）；没收违法所得（理解）；没收非法财物（记忆）；资格罚：暂扣许可证件（记忆）；降低资质等级（记忆）；吊销许可证件（记忆）

活动任务序列（任务一）

任务一知识组块：		
	任务描述	因法条上对于行政处罚的种类列举详细，此内容难易程度适中，所以采用阅读法条、观看视频、搜集案例等自学的教学策略，达到理解行政处罚种类的目的
	任务时长	100 分钟
	学习地点	课下

教学策略（学习策略）	□讲授　□小组讨论　□答疑　□实验　□实训　☑自主学习　□其他（请填写）_____
师生交互过程	教师发布任务：通过微信群发布课下任务，有疑问的同学可以及时在群里沟通分享。 ① 结合《中华人民共和国行政处罚法》第九条理解记忆行政处罚的种类 ② 观看视频（中国大学 MOOC）湖南科技大学《行政法与行政诉讼法》第 8 章行政处罚 8.1 行政处罚概述——行政处罚的种类 ③ 搜集案例：搜集一个行政处罚案案例，并分析其中的行政处罚种类

师生交互过程	学生认同:及时完成学习任务,小组长在组长群里及时与老师沟通本组学生的学习进度 教师督促:教师根据智慧黄科后台参与情况,及时在群里反馈
学习资源	①(法条)《中华人民共和国行政处罚法》第九条 ②(参考教材)《行政法专题讲座精讲卷》,李佳,中国石化出版社,2023 年 11 月,95~96 页 ③(中国大学 MOOC)湖南科技大学《行政法与行政诉讼法》第 8 章行政处罚 8.1 行政处罚概述 ④(哔哩哔哩视频)2024 年法考客观题精讲卷行政法,众合李佳,专题 07:行政处罚(01) ⑤(网址)中国法院网 - 行政指导案例 ⑥(网址)中华人民共和国最高人民法院公报
学习成果及评价标准	学习成果:在 Word 中完成作业(行政处罚案例中的行政处罚种类分析) 评价标准: ① 案例选取正确,所选案例为行政处罚案例,得 5 分,所选案例错误不得分 ② 观点正确,能准确找到行政处罚的种类并准确识别其所属种类。能准确识别行政处罚种类得 5 分,漏掉 1 种扣 1 分 ③ 格式规范得 5 分,格式不规范视程度扣 1~3 分
备注	本次作业对学生的理解能力、分析能力都有一定要求,预想学生提交的作业水平可能参差不齐,预计挑选作业做得比较好的学生给大家展示自己的作业,既能够锻炼学生的分析能力、表达能力,也能够促进学生之间的相互学习,不断提升自己

活动任务序列(任务二)

任务二知识组块:

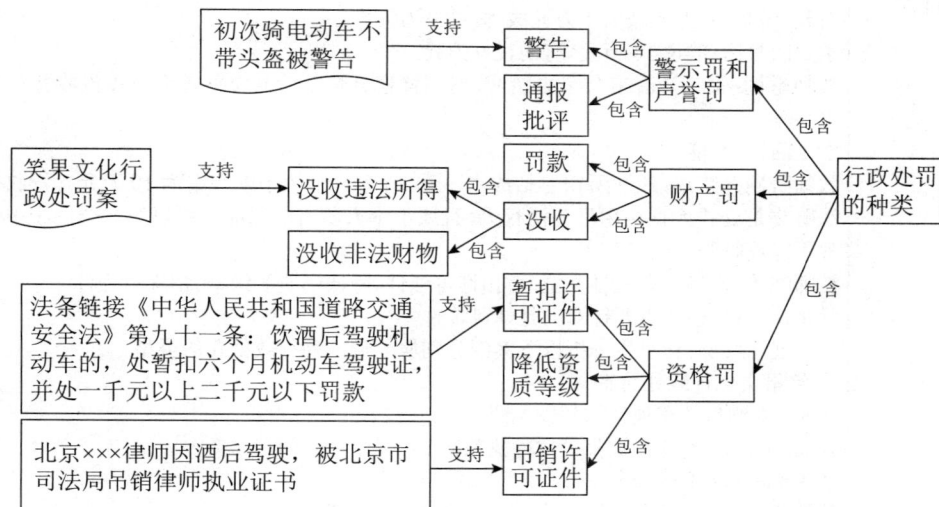

任务描述	因行政处罚的种类与行政强制措施区分容易混淆,且法考考察行政处罚种类中的部分细节容易出错,所以仍需通过案例分析、法考真题检测等教学策略帮助学生理解、记忆行政处罚的种类
任务时长	25 分钟
学习地点	课上
教学策略 (学习 策略)	☑讲授　□小组讨论　☑答疑　□实验　□实训　□自主学习 ☑其他(请填写)案例分析、真题检测
师生交互 过程	教师播放 PPT 陈述:行政处罚的种类有警示罚与声誉罚、财产罚、资格罚等 教师引导:警告是否可以是口头形式的? 学生回答:部分学生抢答可以,部分学生抢答不行 教师赞同:行政处罚中的警告和我们通常理解的口头警告是不同的,行政处罚中的警告是需要以书面文件形式送达给本人的 教师展示照片:教师展示收集的警告的罚单和交警现场执法的照片 学生认同:行政机关所作行为大都为书面形式的,因为要有凭证 教师举例:教师将在网站上收集的通报批评的案例展示给学生 示例:关于对万霖大酒店等十二个项目建设、施工监理单位进行通报批评的通知 教师引导学生归纳:警告和通报批评的区别在哪里呢? 学生归纳总结:警告是点对点,通报批评是点对面,且都是书面 教师展示照片:教师展示现实生活中常见的罚款的罚单,帮助学生理解 学生认同:罚款是行政处罚中比较常见的行政处罚类型 教师陈述引导:教师介绍没收的类型,包括没收违法所得和没收非法财物,并强调其中细节。①没收违法所得:指实施违法行为所取得的款项。②没收非法财物:指的是被处罚人直接用于违法行为,且属于本人所有的物品 教师举例:某企业生产劣质口罩,盈利 10 万元,其中成本 1 万元。请问,没收的是 10 万元,还是 10 万元减去 1 万元成本,共 9 万元? 学生回答:有的说 10 万元,有的说 9 万元 教师举例:张三开着宝马车去赌博,遇到警察查赌。请问警察是否可以没收张三的宝马车? 学生回答:不能 教师赞同并陈述:违法所得包括成本 + 利润,第一个例子中答案为 10 万元。没收非法财物是处罚人直接用于违法行为,且属于本人所有的物品。所以第二个例子中警察不能没收张三的宝马车 教师陈述:资格罚有三种类型:暂扣许可证件、降低资质等级、吊销许可证件 学生认同:资格罚主要针对的是许可证件 教师展示案例:让学生分析以下案例分别属于哪一种行政处罚的类型 ① 笑果文化行政处罚案 ② 张 × 酒后驾车被暂扣驾驶执照 ③ 北京 ××× 律师被吊销律师执照案 学生给出自己的答案 教师陈述总结:行政处罚的警示罚、声誉罚、资格罚

续表

学习资源	①（教辅工具）课件 PPT ②（法条）《中华人民共和国行政处罚法》第九条 ③（法条）《中华人民共和国道路交通安全法》第九十一条 ④（视频）笑果文化行政处罚案视频 ⑤（案例）笑果文化行政处罚案 ⑥（案例）张××酒后驾车被暂扣驾驶执照 ⑦（案例）北京×××律师被吊销律师执照案
学习成果及 评价标准	学习成果：在 Word 中完成作业（行政处罚案例中的行政处罚种类分析） 评价标准： ① 案例选取正确，所选案例为行政处罚案例，得 5 分，所选案例错误不得分 ② 观点正确，能准确找到行政处罚的种类并准确识别其所属种类。能准确识别行政 处罚种类得 5 分，漏掉 1 种扣 1 分 ③ 格式规范得 5 分，格式不规范视程度扣 1~3 分
备注	问题： ① 讲授课程所用时间比想象中要多，因为有较多补充案例，学生阅读和分析的时间 较长 ② 因为《中华人民共和国行政处罚法》2021 年修正，教材没有更新，具有滞后性，虽 然给学生提供了电子版法条，但部分学生没有打印，还是看书，容易混淆 建议： ① 上课时要把握重点，不需要每一种处罚种类都有案例，容易混淆及难以理解的才 需要补充案例 ② 建议学生购买行政法法条汇编书

活动 3 知识建模图（课上 + 课下）：

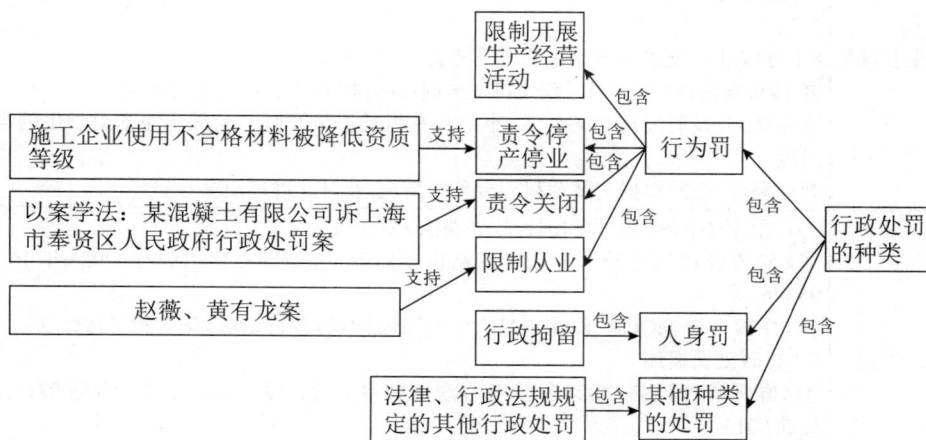

活动目标	行政处罚的种类（记忆）：行为罚：限制开展生产经营活动（理解）；责令停产停业（理解）；责令关闭（理解）；限制从业（记忆）；人身罚：行政拘留（记忆）；其他种类的处罚：法律、行政法规规定的其他行政处罚（记忆）

活动任务序列（任务一）

任务一知识组块：

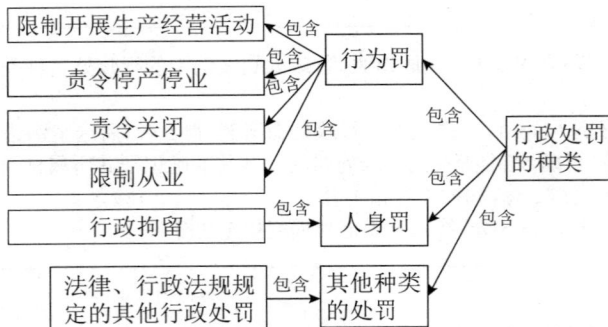

任务描述	因法条上对行政处罚的种类列举详细，此内容难易程度适中，所以采用阅读法条、观看视频、搜集案例等自学的教学策略，达到理解行政处罚种类的目的
任务时长	100 分钟
学习地点	课下
教学策略（学习策略）	□讲授　□小组讨论　□答疑　□实验　□实训　☑自主学习　□其他（请填写）＿＿＿＿＿＿
师生交互过程	教师发布任务：通过微信群发布课下任务，有疑问的同学可以及时在群里沟通分享 ① 结合《中华人民共和国行政处罚法》第二条理解记忆行政处罚的种类 ② 观看视频（中国大学 MOOC）湖南科技大学《行政法与行政诉讼法》第 8 章行政处罚 8.1 行政处罚概述——行政处罚的种类 ③ 搜集案例：收集一个行政处罚案案例，并分析其中的行政处罚种类 学生认同：及时完成学习任务，小组长在组长群里及时与老师沟通本组学生的学习进度 教师督促：教师根据智慧黄科后台参与情况，及时在群里反馈
学习资源	①（法条）《中华人民共和国行政处罚法》第九条 ②（参考教材）《行政法专题讲座精讲卷》，李佳，中国石化出版社，2023 年 11 月，95~96 页 ③（中国大学 MOOC）湖南科技大学《行政法与行政诉讼法》第 8 章行政处罚 8.1 行政处罚概述 ④（哔哩哔哩视频）2024 年法考客观题精讲卷行政法，众合李佳，专题 07：行政处罚（01） ⑤（网址）中国法院网 - 行政指导案例 ⑥（网址）中华人民共和国最高人民法院公报

续表

学习成果及评价标准	成果一:完成慕课视频及法考视频学习 评价标准:根据视频观看截图,完成得 10 分,完不成得 0 分 成果二:智慧黄科测验:行政处罚共 10 题 评价标准:9 分以上为优秀,8 分为良好,7 分为中等,6 分及格,6 分以下为不及格。本次测验成绩计入平时成绩
备注	部分学生测验成绩不够理想,可能是没有认真完成预习任务,教师要想办法调动学生的学习积极性,增强学生学习内驱力

活动任务序列(任务二)

任务二知识组块:

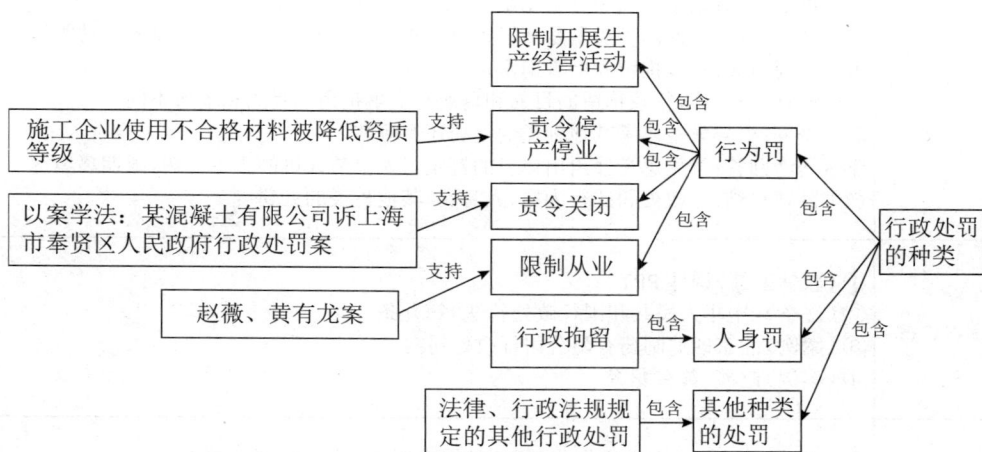

任务描述	因行政处罚的种类与行政强制措施种类容易混淆,且法考考察行政处罚种类中的部分细节,所以仍需通过案例分析、法考真题检测等教学策略帮助学生理解、记忆行政处罚的种类
任务时长	20 分钟
学习地点	课上
教学策略 (学习策略)	☑讲授　☑小组讨论　□答疑　□实验　□实训　□自主学习 □其他(请填写)_____
师生交互过程	教师播放 PPT 陈述:行政处罚的种类有行为罚、人身罚、其他种类的处罚 教师引导:资格罚和行为罚的区别有哪些? 学生回答:资格罚针对的是许可证件,行为罚不针对许可证件 教师赞同:顾名思义,资格罚是限制或剥夺被处罚人从事特点行为的能力和资格;而行为罚是对公民法人或者其他组织行为的限制

师生交互过程	教师举例:如果某企业有 10 条生产线,排放污染物超标,那政府有权依据法律限制其若干条生产线,而未被限制的还可以继续生产 学生认同:限制开展生产经营活动,限制的是部分,不是全部 教师展示案例:北京朗迪制药有限公司行政处罚案。因该公司所生产的产品含量与标注的产品含量不一致,被北京市市场监督管理局罚款,因违反药品管理法,被北京市市监局责令停产停业整顿 30 天,并罚款 1.34 亿余元 教师引导:以上案例中有哪些行政处罚的种类? 学生回答:罚款属于财产罚,责令停产停业属于行为罚 教师引导学生归纳:如果通过限制开展生产经营活动和责令停产停业达不到整改整顿的目的,该怎么办? 是不是该责令关闭? 或者更严重一些,限制从业? 学生归纳总结:行为罚的四种类型是从轻到重的关系,这样更方便记忆 教师展示案例:列举赵薇和黄有龙案,帮助学生理解限制从业 学生认同:行为罚的四种类型是从轻到重的关系,限制从业是其中最重的一种类型 教师陈述引导:行政拘留和刑事拘留是否一样? 学生回答:不一样,行政拘留的目的和场所与刑事拘留的目的和场所不同 教师赞同:引导学生思考其他种类的处罚还有哪些 学生思考回答:学生思考并给出自己的答案。如上节课讲的责令种树,限期离境等 教师陈述总结:行政处罚的行为罚、人身罚、其他种类的处罚
学习资源	①（教辅工具）课件 PPT ②（法条）《中华人民共和国行政处罚法》第九条 ③（案例）北京朗迪制药有限公司行政处罚案 ④（案例）赵薇、黄有龙案
学习成果及评价标准	学习成果:在 Word 中完成作业（行政处罚案例中的行政处罚种类分析） 评价标准: ① 案例选取正确,所选案例为行政处罚案例,得 5 分,所选案例错误不得分 ② 观点正确,能准确找到行政处罚的种类并准确识别其所属种类。能准确识别行政处罚种类得 5 分,漏掉 1 种扣 1 分 ③ 格式规范得 5 分,格式不规范视程度扣 1~3 分
备注	问题: ① 课程讲授所用时间比想象中要多,因为有较多补充案例,学生阅读和分析的时间较长 ② 因为《中华人民共和国行政处罚法》2021 年修正,教材没有更新,具有滞后性,虽然给学生提供了电子版法条,但部分学生没有打印,还是看书,容易混淆 建议: ① 上课时要把握重点,不需要每一种处罚种类都有案例,容易混淆及难以理解的才需要补充案例 ② 建议学生购买行政法法条汇编书

活动 4 知识建模图（课上）：

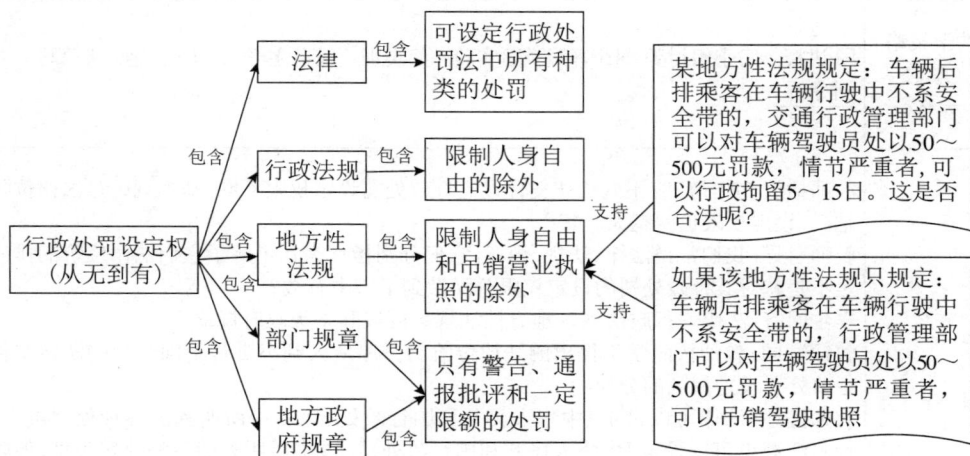

行政处罚设定权（从无到有）
- 包含 → 法律 — 包含 → 可设定行政处罚法中所有种类的处罚
- 包含 → 行政法规 — 包含 → 限制人身自由的除外
- 包含 → 地方性法规 — 包含 → 限制人身自由和吊销营业执照的除外
- 包含 → 部门规章 — 包含 → 只有警告、通报批评和一定限额的处罚
- 包含 → 地方政府规章 — 包含 → 只有警告、通报批评和一定限额的处罚

某地方性法规规定：车辆后排乘客在车辆行驶中不系安全带的，交通行政管理部门可以对车辆驾驶员处以50～500元罚款，情节严重者，可以行政拘留5～15日。这是否合法呢？ — 支持 →

如果该地方性法规只规定：车辆后排乘客在车辆行驶中不系安全带的，行政管理部门可以对车辆驾驶员处以50～500元罚款，情节严重者，可以吊销驾驶执照 — 支持 →

活动目标	行政处罚的设定权（记忆、理解）；法律的设定权（记忆）；行政法律的设定权（记忆）；地方性法规的设定权（记忆）；部门规章的设定权（理解）；地方政府规章的设定权（理解）

活动任务序列（任务一）

任务一知识组块：

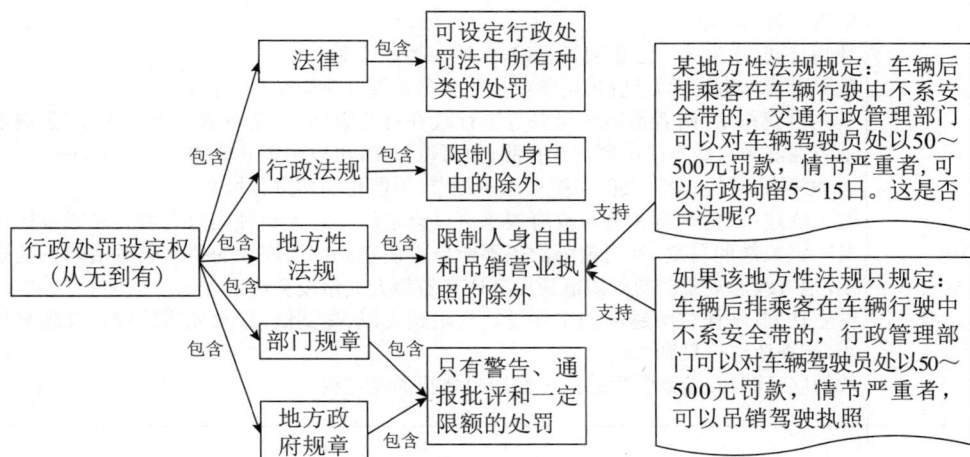

行政处罚设定权（从无到有）
- 包含 → 法律 — 包含 → 可设定行政处罚法中所有种类的处罚
- 包含 → 行政法规 — 包含 → 限制人身自由的除外
- 包含 → 地方性法规 — 包含 → 限制人身自由和吊销营业执照的除外
- 包含 → 部门规章 — 包含 → 只有警告、通报批评和一定限额的处罚
- 包含 → 地方政府规章 — 包含 → 只有警告、通报批评和一定限额的处罚

某地方性法规规定：车辆后排乘客在车辆行驶中不系安全带的，交通行政管理部门可以对车辆驾驶员处以50～500元罚款，情节严重者，可以行政拘留5～15日。这是否合法呢？ — 支持 →

如果该地方性法规只规定：车辆后排乘客在车辆行驶中不系安全带的，行政管理部门可以对车辆驾驶员处以50～500元罚款，情节严重者，可以吊销驾驶执照 — 支持 →

任务描述	因为该知识点涉及学生对不同法律文件的行政处罚权限的分配，所以采用陈述讲解、案例分析等教学策略，帮助学生理解、记忆不同位阶的法律文件的行政处罚设定权
任务时长	15 分钟

续表

学习地点	课上
教学策略（学习策略）	☑讲授　□小组讨论　☑答疑　□实验　□实训　□自主学习　☑其他（请填写）案例分析
师生交互过程	教师播放 PPT 陈述：不同法律文件设定行政处罚设定权限不同，基本规则是法律位阶越高，设定权限也就越大 教师引导：我们常说法律、法规、规章，它们分别指什么？了解了它们法律位阶的排序是不是就对其行政处罚的设定权限分配做到了心中有数？ 学生回答：法律＞行政法规＞地方性法规＞同级和下级政府规章 教师赞同：教师按照学生提出的法律位阶的排序从大到小讲解不同位阶的法律文件行政处罚设定权限的分配 教师陈述：法律可以设定《中华人民共和国行政处罚法》中所明列的各种处罚类型。行政法规也可以设定《中华人民共和国行政处罚法》中所明列的各种处罚类型，但限制人身自由的除外。地方性法规可以设定《中华人民共和国行政处罚法》中大部分处罚类型，但限制人身自由以及吊销营业执照的处罚除外 教师举例：① 某地方行政法规规定：车辆后排乘客在车辆行驶中不系安全带的，交通行政管理部门可以对车辆驾驶员处以 50~500 元罚款，情节严重者，可以行政拘留 5~15 日。这是否合法呢？ ② 如果该地方性法规只规定："车辆后排乘客在车辆行驶中不系安全带的，行政管理部门可以对车辆驾驶员处以 50~500 元罚款，情节严重者，可以吊销驾驶执照。"这是否合法呢？ 学生回答：都违法 教师赞同：学生第一道题回答正确，但第二道题不对 教师引导学生思考归纳：吊销营业执照和吊销驾驶执照是否一样？ 学生自我总结：两者都属于可以设定行政许可的事项，但是两者并不一样，法条规定地方性法规只是不能吊销营业执照，但可以暂扣，可以吊销其他的执照或者许可证 教师赞同：是的，最主要的是把握法条细节，不能想当然进行推断 教师陈述：部门规章和地方政府规章可以设定的行政处罚种类只有警告和通报批评及一定数额的罚款，且罚款限额还不能自主决定。部门规章的罚款限额由国务院规定，地方政府规章的罚款限额应由其所在省级人大常委会决定 学生认同：法律位阶越高的文件设定权限越大，从高到低，行政处罚的设定权越来越小，到规章这里只剩 3 项 教师展示图片：帮助学生总结记忆行政处罚的设定权
学习资源	①（教辅工具）课件 PPT（第 8 章行政处罚） ②（法条）《中华人民共和国行政处罚法》第十条至十四条 ③（案例）新泰市盐业有限公司诉原新泰市某局行政处罚案 ④（教具）行政处罚设定权分配图

续表

学习成果及 评价标准	学习成果：案例分析：新泰市某盐业有限公司诉原新泰市某局行政处罚案 评价标准： ① 观点完整、正确得 10 分 ② 观点不完整但正确得 6~8 分 ③ 观点不正确得 0 分
备注	教师通过陈述讲解、案例分析、引导学生主动分析归纳等方法帮助学生理解行政处罚设定权，学生能深入理解行政处罚的设定权，达到了预期效果

活动 5 知识建模图（课上）：

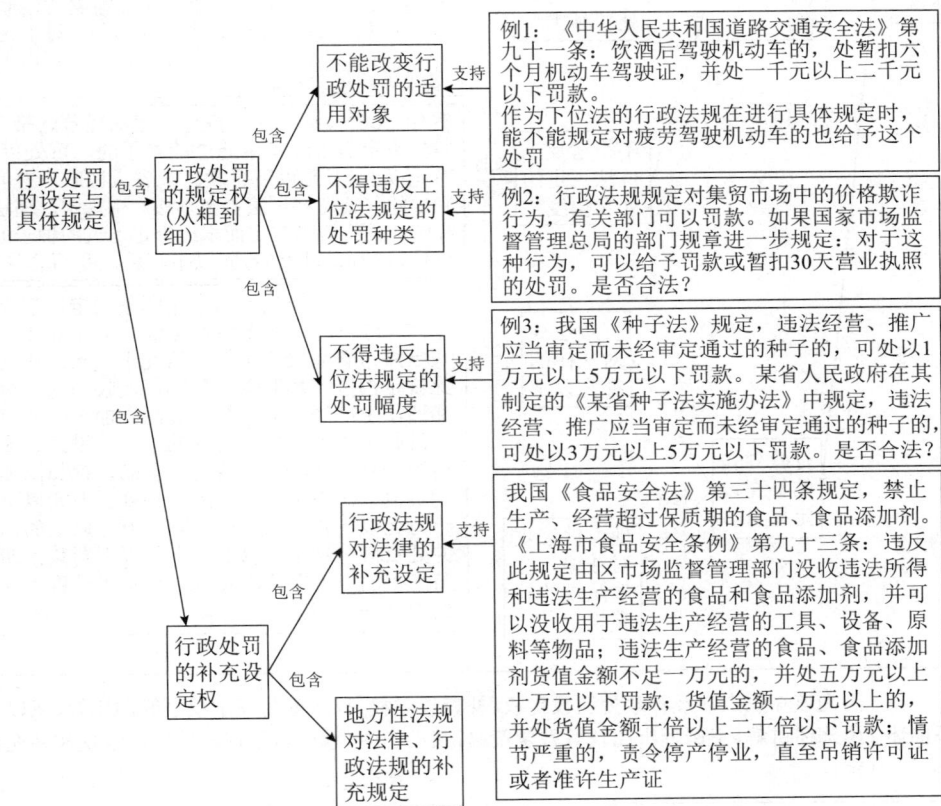

活动目标	行政处罚的规定权（记忆、运用）：不得改变上位法规定的行政处罚的适用对象（运用）；不得违反上位法规定的处罚种类（运用）；不得违反上位法规定的处罚幅度（运用） 行政处罚的补充设定权（理解）：行政法规的补充设定权（理解）；地方性法规的补充设定权（理解）

续表

活动任务序列(任务一)

任务一知识组块：

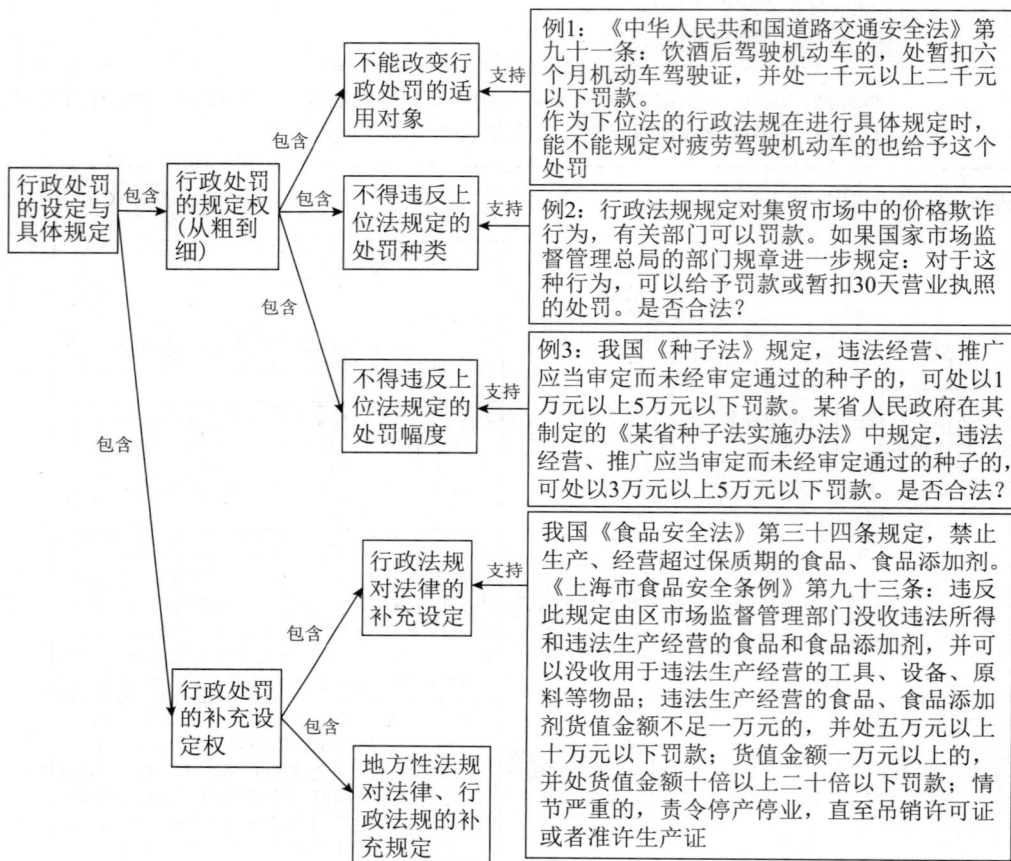

任务描述	因为该知识点涉及行政处罚设定权、补充设定权、行政处罚规定权之间的比较,所以采用陈述讲解、案例分析比较等教学策略,帮助学生理解、运用行政处罚设定权和补充设定权
任务时长	20 分钟
学习地点	课上
教学策略 (学习策略)	☑ 讲授 ☑ 小组讨论 □ 答疑 □ 实验 □ 实训 □ 自主学习 ☑ 其他(请填写)__案例分析__

师生交互过程	教师播放 PPT 陈述：行政处罚的规定权与行政许可的规定权一样都是三不得，但内容有差异。第一，不能改变行政处罚的适用对象 教师举例：《中华人民共和国道路交通安全法》第九十一条——饮酒后驾驶机动车的，处暂扣六个月机动车驾驶证，并处一千元以上二千元以下罚款 那么作为下位法的行政法规在进行具体规定时，能不能规定对疲劳驾驶机动车的也给予这个处罚 学生回答：不可以，因为这样改变了上位法规定的适用对象 教师赞同：对。（并继续陈述）第二，不得违反上位法规定的处罚种类 教师举例：行政法规规定对集贸市场中的价格欺诈行为，有关部门可以罚款 如果国家市场监督管理总局的部门规章进一步规定：对于这种行为，可以给予罚款或暂扣 30 天营业执照的处罚。是否合法？ 学生回答：不合法，因为下位法违了上位法规定的处罚种类 教师赞同：对。（并继续陈述）第三，不得违反上位法规定的处罚幅度 教师展示案例：我国《种子法》规定，违法经营、推广应当审定而未经审定通过的种子的，可处以 1 万元以上 5 万元以下罚款 那某省人民政府在其制定的《某省种子法实施办法》中规定，违法经营、推广应当审定而未经审定通过的种子的，可处以 3 万元以上 5 万元以下罚款。是否违法？ 学生回答：违法。因为下位法违了上位法规定的处罚幅度 教师引导学生归纳：通过三个例子，我们看到了下位法在细化上位法时的规律，说说是什么 学生归纳总结：上位法可以细化下位法，但不能抵触上位法 教师通过法条引入：我国《食品安全法》第 34 条规定，禁止生产、经营超过保质期的食品、食品添加剂。大家观察这个法条是否完整？有没有什么问题？ 学生回答：好像不完整，没有规定处罚种类 教师赞同：对，我们的部分法条确实只有行为模式，没有责任模式，所以，我们需要对其进行补充设定 教师陈述：这就是行政法规和地方性法规的补充设定权 教师总结：行政处罚的设定权是从无到有，规定权是从粗到细，补充设定权是从有到全
学习资源	①（教辅工具）课件 PPT（第 8 章行政处罚） ②（法条）《中华人民共和国行政处罚法》第十一条至十四条 ③（法条）《中华人民共和国食品安全法》第三十四条 ④（法条）《中华人民共和国道路交通安全法》第九十一条
学习成果及评价标准	学习成果：智慧黄科测试：行政处罚测验题，共 10 题 评价标准：9 分以上为优秀，8 分为良好，7 分为中等，6 分及格，6 分以下为不及格。本次测验成绩计入平时成绩
备注	教师通过陈述讲解、案例分析、引导学生主动分析归纳等方法，帮助学生理解行政处罚规定权和补充设定权，学生能深入理解行政处罚的规定权和补充设定权，达到了预期效果

（2）行政法与行政诉讼法教学设计（二）见表 4-3-2

表 4-3-2　行政法与行政诉讼法教学设计（二）

扫码看大图

2023—2024 学年第 2 学期第 9 周第 1 次课

知识建模图：

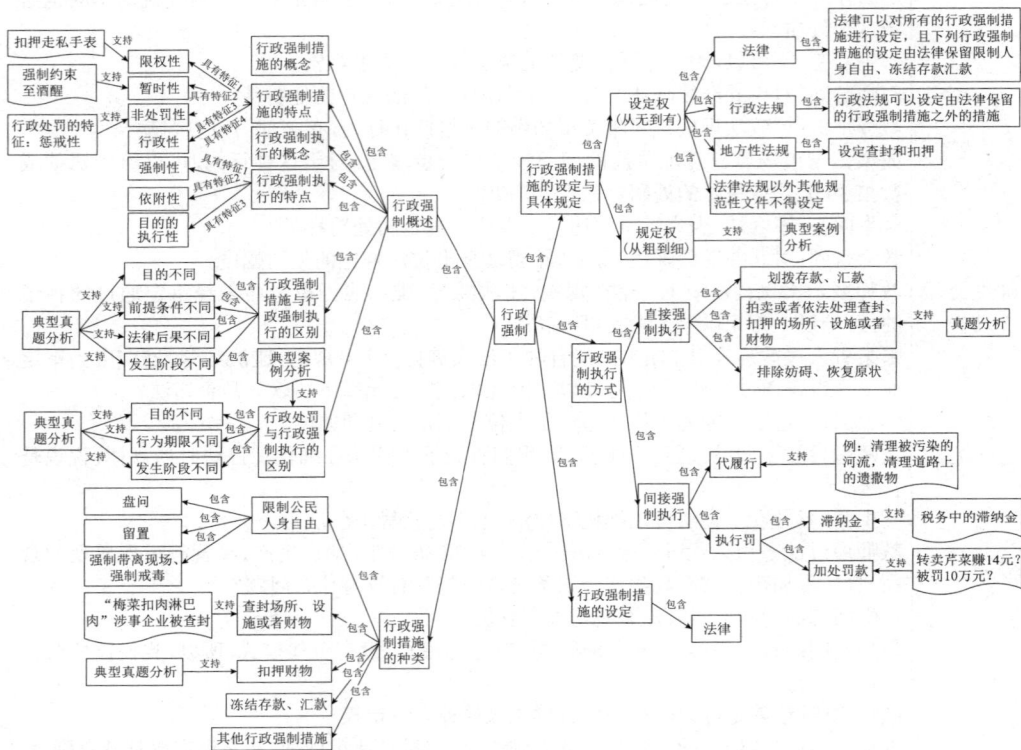

	知识点（学习水平）	素质目标
学习目标	行政强制概述（理解、记忆）；行政强制措施的种类（理解、记忆）；行政强制措施的设定与具体规定（理解、记忆）；行政强制执行的方式（记忆、运用）；行政强制措施的设定（记忆）	具备尊重事实和证据，有实证意识和严谨的求知态度，做有温度的法律人；能通过"转卖芹菜赚了 14 元　缘何会被罚 10 万元？"这一案例培养学生批判和质疑精神

学习先决知识	知识点（学习水平）	
	行政处罚的特征:惩戒性（记忆、运用）	

课上资源	课下资源
①（教辅工具）课件 PPT ②（教辅工具）法考真题 ③（教辅工具）案例分析：转卖芹菜赚 14 元？被罚 10 万元？	①（马工程教材）《行政法与行政诉讼法学》，高等教育出版社，161~167 页 ②（参考教材）《行政法专题讲座精讲卷》，李佳，中国石化出版社，2023 年 11 月，117~123 页

续表

课上资源	课下资源
④（教辅工具）"梅菜扣肉淋巴肉"涉事企业,被现场查封 2 万余盒 ⑤（马工程教材）《行政法与行政诉讼法学》,《行政法与行政诉讼法学》编写组,2018 年 8 月 ⑥（法条）《中华人民共和国行政强制法》 ⑦（作业）智慧黄科测试 ⑧（作业）案例分析	③（中国大学 MOOC）湖南科技大学《行政法与行政诉讼法》第 9 章行政强制 9.1 行政强制概述 9.2 行政强制的种类和设定 ④（哔哩哔哩视频）2024 年法考客观题精讲卷行政法,众合李佳,专题 08:行政处罚（01） ⑤（法条）《中华人民共和国行政强制法》 ⑥（案例视频）3.15 曝光梅菜扣肉涉事企业被查封 ⑦（案例视频）《法治在线》转卖芹菜赚了 14 元缘何会被罚 10 万元？

课上时间	100 分钟	课下时间	200 分钟

活动序列	活动目标	地点	时间	学习资源
活动1	行政强制措施的概念（记忆） 行政强制措施的特点（记忆）:限权性（理解）;暂时性（理解）;非惩戒性（记忆、运用）;行政性（理解） 行政强制执行的概念（记忆） 行政强制执行的特点（理解）:强制性（理解）;依附性（记忆、运用）;目的的执行性（记忆、运用）	课上	20 分钟	①（教辅工具）课件 PPT ②（教辅工具）法考真题 ③（马工程教材）《行政法与行政诉讼法学》,《行政法与行政诉讼法学》编写组,2018 年 8 月,161 页 ④（法条）《中华人民共和国行政强制法》
		课下	100 分钟	①（马工程教材）《行政法与行政诉讼法学》,高等教育出版社,161 页 ②（参考教材）《行政法专题讲座精讲卷》,李佳,中国石化出版社,2023 年 11 月,119~121 页 ③（中国大学 MOOC）湖南科技大学《行政法与行政诉讼法》第八章行政强制 ④（哔哩哔哩视频）2024 年法考客观题精讲卷行政法,众合李佳,专题 08:行政强制（01） ⑤（教辅工具）法考真题
活动2	行政强制措施与行政强制执行的区别（记忆、运用）;行政强制措施与行政处罚的区别（记忆、运用）	课上	15 分钟	①（教辅工具）课件 PPT（第八章:行政强制） ②（法条）《中华人民共和国行政强制法》第二条 ③（教辅工具）法考真题 ④（参考教材）《行政法专题讲座精讲卷》,李佳,中国石化出版社,2023 年 11 月,119~121 页

活动序列	活动目标	地点	时间	学习资源
活动3	行政强制措施的种类(记忆):限制公民人身自由(理解、记忆);查封场所、设施或者财物(理解、记忆);扣押财物(记忆);冻结存款、汇款(理解、记忆);其他行政强制措施(理解)	课上	25分钟	①(教辅工具)课件PPT ②(法条)《中华人民共和国行政强制法》第九条 ③(案例)"梅菜扣肉淋巴肉"涉事企业被查封 ④(马工程教材)《行政法与行政诉讼法学》,《行政法与行政诉讼法学》编写组,2018年8月,162页
		课下	100分钟	①(法条)《中华人民共和国行政处罚法》第九条 ②(参考教材)《行政法专题讲座精讲卷》,李佳,中国石化出版社,2023年11月,121~122页 ③(中国大学MOOC)湖南科技大学《行政法与行政诉讼法》第9章行政强制 9.2行政强制的种类和设定 ④(哔哩哔哩视频)2024年法考客观题精讲卷行政法,众合李佳,专题08:行政强制(01) ⑤(网址)中国法院网-行政指导案例 ⑥(网址)中华人民共和国最高人民法院公报 ⑦(马工程教材)《行政法与行政诉讼法学》,高等教育出版社,162~163页 ⑧(视频)"梅菜扣肉淋巴肉"涉事企业被查封
活动4	行政强制措施的设定权(记忆、运用):法律的设定权(记忆);行政法规的设定权(记忆);地方性法规的设定权(记忆);部门规章的设定权(理解); 地方政府规章的设定权(理解)	课上	15分钟	①(教辅工具)课件PPT(第八章:行政强制) ②(法条)《中华人民共和国行政强制法》第十条、十一条 ③(马工程教材)《行政法与行政诉讼法学》,高等教育出版社,162~163页 ④(教具)行政强制设定权限分配图

续表

活动序列	活动目标	地点	时间	学习资源
活动 5	行政强制执行的方式（记忆）：加处罚款或者滞纳金（理解、记忆）；划拨存款、汇款（理解、记忆）；拍卖或者依法处理查封、扣押的场所、设施或者财物（理解、记忆）；排除妨碍、恢复原状（理解、记忆）；代履行（理解、记忆）；其他强制执行方式（理解）	课上	25 分钟	①（教辅工具）课件 PPT ②（马工程教材）《行政法与行政诉讼法学》，高等教育出版社，161~167 页 ③（法条）《中华人民共和国行政强制法》第十二、十三条 ④（案例）转卖芹菜赚了 14 元 缘何会被罚 10 万？ ⑤（教辅工具）智慧黄科测验

活动 1 知识建模图（课上 + 课下）：

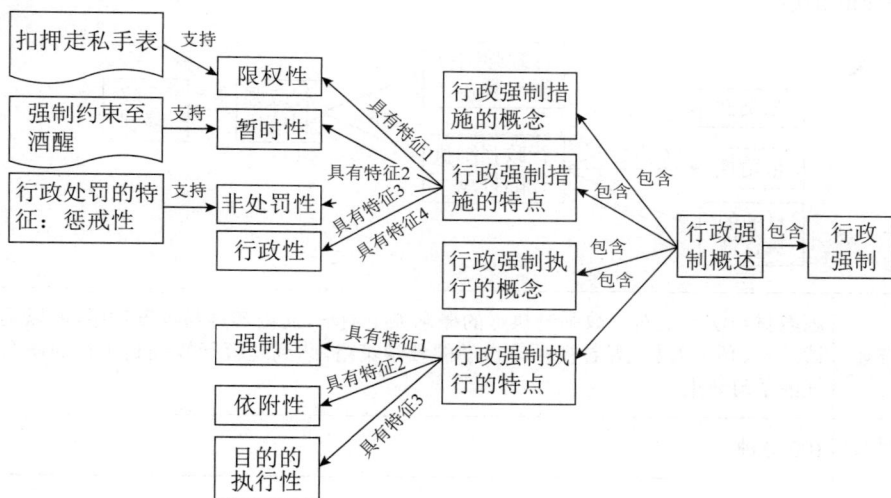

活动目标	行政强制措施的概念（记忆） 行政强制措施的特点（记忆）：限权性（理解）；暂时性（理解）；非惩戒性（记忆、运用）；行政性（理解） 行政强制执行的概念（记忆） 行政强制执行的特点（理解）：强制性（理解）；依附性（记忆、运用）；目的的执行性（记忆、运用）
	活动任务序列（导入任务描述）
师生交互过程	教师通过作业答疑引入新课：教师对学生课后作业中出现的共性问题进行答疑 教师引导学生回忆上节课内容：行政处罚中听证的启动条件是什么？ 学生回答：

师生交互过程	① 较大数额罚款 ② 没收较大数额违法所得、没收较大价值非法财物 ③ 降低资质等级、吊销许可证件 ④ 责令停产停业、责令关闭、限制从业 ⑤ 其他较重的行政处罚 ⑥ 法律、法规、规章规定的其他情形 教师创设问题情境:治安管理处罚中听证的启动条件是什么? 学生回答:吊销许可证以及 2000 元以上的罚款 教师赞同:是的,教师肯定学生的思考,并提问:强制传唤是否属于过程性行政行为? 学生回答:不太清楚 教师引入新课:教师帮助学生回忆理解过程性行政行为的含义,并提问:如果不是过程性行政行为,那是什么呢?

活动任务序列(任务一)

任务一知识组块:

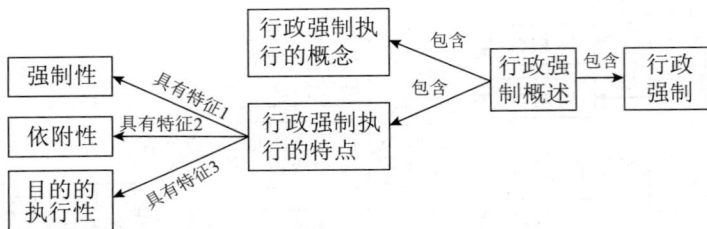

```
                ┌──────────┐
                │行政强制执行│
                │的概念    │ ←包含┐
                └──────────┘      │   ┌──────┐        ┌────┐
┌──────┐ 具有特征1                 ├──│行政强│ 包含  │行政│
│强制性│ ←────┐                    │  │制概述│ ──── │强制│
└──────┘       │  ┌──────────┐    │  └──────┘        └────┘
┌──────┐ 具有特征2│行政强制执行│ ←包含┘
│依附性│ ←────│  │的特点    │
└──────┘       │  └──────────┘
┌──────┐ 具有特征3
│目的的│ ←────┘
│执行性│
└──────┘
```

任务描述	因教材与法条上对行政强制执行的概念界定清晰,此内容难易程度适中,所以采用阅读法条、预习教材、观看视频等自学的教学策略,达到理解行政强制执行的概念和特征的学习效果
任务时长	100 分钟
学习地点	课下
教学策略 (学习策略)	□讲授 □小组讨论 □答疑 □实验 □实训 ☑自主学习 □其他(请填写)＿＿＿＿＿
师生交互过程	教师发布任务:通过微信群发布课下任务,有疑问的同学可以及时在群里沟通分享 ① 结合课件,预习马工程教材《行政法与行政诉讼法学》161~167 页 ② 阅读《中华人民共和国行政强制法》第二条 ③ 观看法考视频李佳《行政法》行政强制(01):第 1~15 分钟 ④ 观看案例视频"转卖芹菜赚了 14 元 缘何会被罚 10 万?" 学生认同:及时完成学习任务,小组长在组长群里及时与老师沟通本组学生的学习进度 教师督促:教师根据智慧黄科后台参与情况,及时在群里反馈

续表

学习资源	①（马工程教材）《行政法与行政诉讼法学》，高等教育出版社，161~167 页 ②（参考教材）《行政法专题讲座精讲卷》，李佳，中国石化出版社，2023 年 11 月 118~121 页 ③（案例视频）《法制在线》20240226 转卖芹菜赚了 14 元 缘何会被罚 10 万？ ④（哔哩哔哩视频）2024 年法考客观题精讲卷行政法，众合李佳，专题 08：行政强制（01） ⑤（法条）《中华人民共和国行政强制法》第二条
学习成果及评价标准	成果一：完成慕课视频及案例视频学习，并截图 评价标准：根据视频观看截图，完成得 10 分，完不成得 0 分 成果二：案例视频案例中行政处罚种类分析 评价标准：3 种处罚种类都分析正确得 10 分，每错一个扣 3 分
备注	本次课前任务吸取以往课前任务的经验教训，难易程度适中，预计学生们会完成得较好，课上通过随机提问的方式检验大家课前任务的完成情况

活动任务序列（任务二）

任务二知识组块：

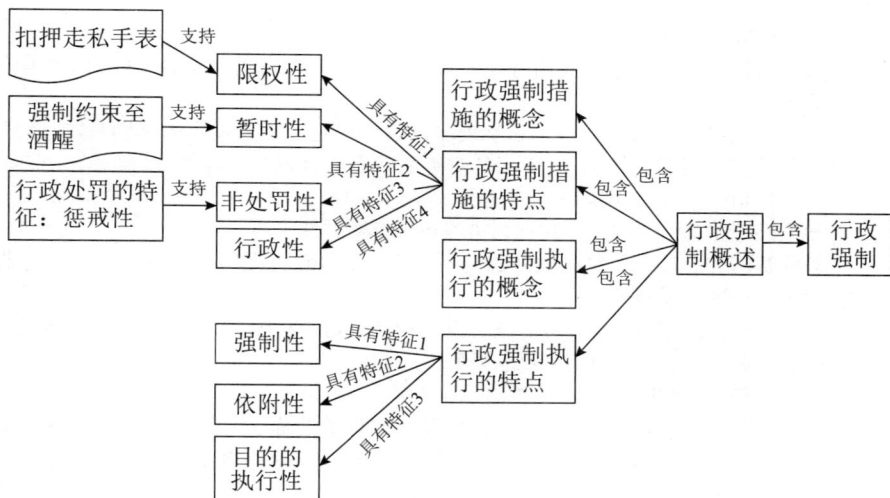

任务描述	因法考要求准确理解行政强制措施与行政强制执行的概念特征，所以此部分内容仍需要通过教师讲授、真题重现、比较分析等教学策略，达到理解行政强制措施概念与特征、行政强制执行概念与特征的学习目的
任务时长	20 分钟
学习地点	课上
教学策略（学习策略）	☑讲授　□小组讨论　☑答疑　□实验　□实训　☑自主学习 ☑其他（请填写）真题演练

师生交互过程	教师播放 PPT:陈述行政强制措施的概念 教师引导:我们来剖析行政强制措施的概念,能否发现行政强制措施具有什么特征?和我们之前所学的行政处罚的特征有何不同? 学生回答:强制性?限权性?学生尝试总结归纳 教师赞同:是的,我们看看行政强制的目的是什么? 教师举例:李某乱砍滥伐 2 棵树木,林业局责令其补种 2 棵树。这是什么行为性质? 部分学生抢答:行政强制措施 教师举例:李某乱砍滥伐 2 棵树木,林业局责令其补种 10 棵树。这是什么行为性质? 部分学生抢答:行政处罚 教师赞同并公布答案:第一个属于行政强制措施,第二个属于行政处罚 教师引导学生归纳:为什么第一个属于行政强制措施,第二个属于行政处罚?两者的根本区别在哪里? 学生归纳总结:第一个不具有惩戒性,第二个具有惩戒性,惩戒性是行政处罚区别于其他具体行政行为的特征 教师赞同:对的,行政强制措施目的不具有惩戒性,而是为了制止违法、预防危险发生或进一步扩大,这就是行政强制措施的第一个特征。我们继续往下看,它还有什么特征? 学生回答:限权性 教师赞同:是的,行政强制措施是对行政相对人的财物或人身的一种物理性限制,而非剥夺 教师举例:例如,扣押一块走私手表与没收一块走私手表最大的区别是,前者只是对走私手表使用权的限制,后者则是对走私手表所有权的一种处分(剥夺)。前者属于行政强制措施,后者则属于行政处罚 学生回答并总结:是的,行政强制措施还具有暂时性 教师赞同并总结:对,除此以外我们还要意识到行政行强制措施不同于为了犯罪侦查而采取的刑事强制 教师陈述:以上是行政强制措施的概念和特征,接下来看行政强制执行的概念,由其概念我们又能看出其具有什么特征呢? 学生回答:强制性? 教师赞同:是的,我们前面提到过,如果行政机关罚你 5 万元,你不交,就会被强制执行,所以我们可以看出,行政强制执行一定依附于一个基础决定。那它的目的是什么呢?是实现这个你没有实现的"基础决定" 学生归纳:行政强制执行具有强制性、依附性和目的的执行性 教师:展示法考真题并随机提问两名学生,了解学生的掌握情况 学生:回答并解释原因
学习资源	①(马工程教材)《行政法与行政诉讼法学》,高等教育出版社,161~167 页 ②(参考教材)《行政法专题讲座精讲卷》,李佳,中国石化出版社,2023 年 11 月,118~122 页 ③(法条)《中华人民共和国行政强制法》第二条 ④(教辅工具)课件 PPT(第八章:行政强制法) ⑤(教辅工具)法考真题

学习成果及评价标准	学习成果：法考真题：国家统一律师职业资格考试法考真题（2013/2/45、2012/2/99） 评价标准：每题 5 分，答对两题得 10 分，答对 1 题得 5 分，都答错得 0 分
备注	教师通过陈述讲解、比较分析、举例说明及引导学生主动归纳等方法帮助学生理解行政强制措施的概念、特征，以及行政强制执行的概念、特征 所选法考真题第一题较为简单，第二题有一定迷惑性，预计有部分学生会回答错误，不过该题也为下一个知识点的学习起到了导入作用

活动 2 知识建模图（课上）：

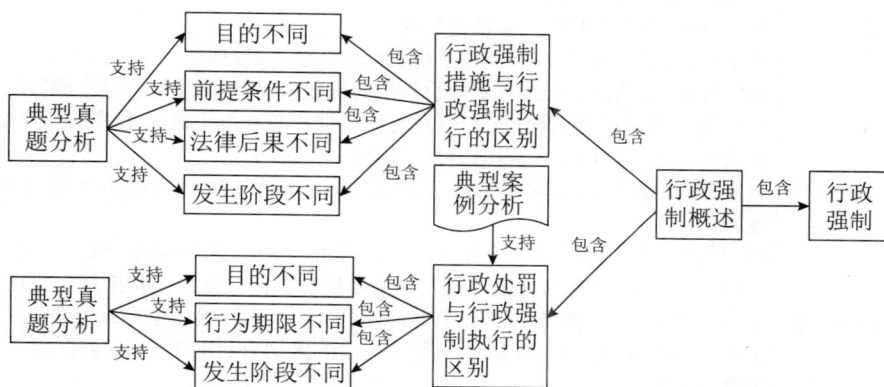

活动目标	行政强制措施与行政强制执行的区别（记忆、运用）；行政强制措施与行政处罚的区别（记忆、运用）

活动任务序列（任务一）

任务一知识组块：

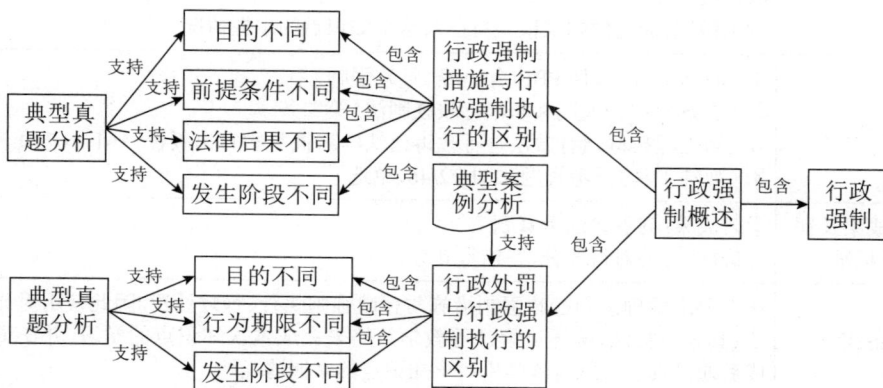

任务描述	因法考要求明确区别行政强制措施与行政强制执行、行政处罚,所以要使用对比分析法、真题分析法、陈述讲解法等教学策略帮助学生学会判断行政强制措施、行政处罚、行政强制执行之间的区别
任务时长	15分钟
学习地点	课上
教学策略 (学习策略)	☑讲授　□小组讨论　☑答疑　□实验　□实训　□自主学习 ☑其他(请填写) 案例分析、真题检测
师生交互过程	教师引用法考真题引入:某交通局在检查中发现张某所驾驶的货车无道路运输证,遂扣留了张某驾驶证和车载货物,要求张某缴纳罚款1万元。张某拒绝缴纳,交通局将车载货物拍卖抵缴罚款 学生回答:学生扫描二维码,在手机上完成两题真题测验 教师分析:教师在手机上观察分析学生的答题情况,并准备解答学生的疑问 学生提出疑问:扣留驾驶证的行为为什么是行政强制措施?上节课行政处罚的种类中有一个资格罚。暂扣许可证件,这个不是吗? 教师赞同:教师肯定学生的思考,并表示这也是往届学长学姐容易有疑问的地方 教师答疑:行政处罚一般是有期限的,从其做出处罚之日起便确定了期限,而行政强制难以确定期限,而且一般发生的阶段也不同。行政强制措施一般在前,要先固定证据、进行调查,等调查清楚,证据确凿,然后才能做出行政处罚 学生总结归纳:行政强制措施和行政处罚的区别有目的不同、行为期限不同、发生阶段不同 教师引导:我们继续来看行政强制措施和行政强制执行有何不同,发生阶段有不同吗? 学生总结:目的也不同,发生阶段也不同 教师赞同:教师肯定学生的思考,同时补充陈述另外两点不同——前提条件不同和发生阶段不同 教师展示图表:帮助学生识记行政强制措施和行政强制执行的主要区别 学生记笔记:学生在书上或法条上重点标记两者区别 教师展示法考真题:(2016/2/46,单选)检验学生对该知识点的掌握情况 学生做题:通过做题来检验自己对这个知识点的掌握情况
学习资源	①(教辅工具)课件PPT(第八章:行政强制) ②(法条)《中华人民共和国行政强制法》第二条 ③(马工程教材)《行政法与行政诉讼法学》,高等教育出版社,161~167页 ④(教辅工具)法考真题(2016/2/46,单选)
学习成果及评价标准	学习成果:问卷星法考真题 评价标准:答对得5分,答错得0分
备注	法考要求明确区别行政强制措施与行政强制执行、行政处罚,因此使用对比分析法、真题分析法、陈述讲解法等教学策略来完成本次知识点的学习,并在讲授完成后通过真题演练检测学生对该知识点的掌握情况

活动 3 知识建模图（课上＋课下）：

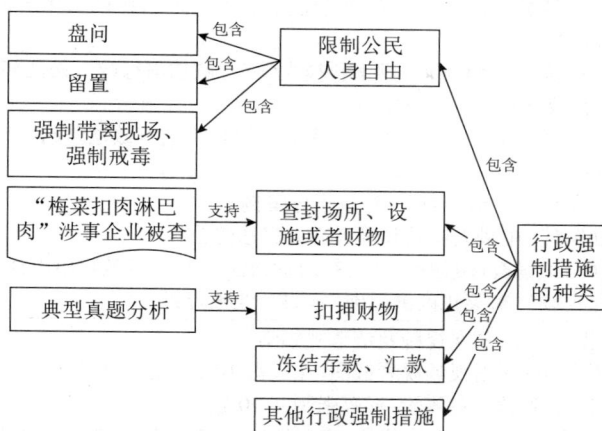

活动目标	行政强制措施的种类（记忆）：限制公民人身自由（理解、记忆）；查封场所、设施或者财物（理解、记忆）；扣押财物（记忆）；冻结存款、汇款（理解、记忆）；其他行政强制措施（理解）

活动任务序列（任务一）

任务一知识组块：

任务描述	因法条上对行政强制措施的种类列举详细，此内容难易程度适中，所以采用阅读法条、观看视频、搜集案例等自学的教学策略，达到理解行政强制措施种类的目的
任务时长	100 分钟
学习地点	课下

教学策略（学习策略）	□讲授　□小组讨论　□答疑　□实验　□实训　☑自主学习　□其他（请填写）＿＿＿＿
师生交互过程	教师发布任务：通过微信群发布课下任务，有疑问的同学可以及时在群里沟通分享 ① 阅读《中华人民共和国行政强制法》第九条，理解记忆行政强制措施的种类 ② 观看案例视频"3·15 曝光梅菜扣肉涉事企业被查封" ③ 搜集一个行政强制措施案例，分析其中的行政强制措施种类 学生认同：及时完成学习任务，小组长在组长群里及时与老师沟通本组学生的学习进度 教师督促：教师根据智慧黄科后台参与情况，及时在群里反馈

学习资源	①（法条）《中华人民共和国行政强制法》第九条 ②（参考教材）《行政法专题讲座精讲卷》，李佳，中国石化出版社，2023年11月，121~122页 ③（中国大学MOOC）湖南科技大学《行政法与行政诉讼法》第9章行政强制9.2行政强制的种类设定 ④（哔哩哔哩视频）2024年法考客观题精讲卷行政法，众合李佳，专题08：行政强制（01） ⑤（网址）中国法院网-行政指导案例 ⑥（网址）中华人民共和国最高人民法院公报 ⑦（马工程教材）《行政法与行政诉讼法学》，高等教育出版社，162~163页 ⑧（视频）"梅菜扣肉淋巴肉"涉事企业被查封
学习成果及 评价标准	成果一：完成慕课视频及法考视频学习 评价标准：根据视频观看截图，完成得10分，完不成得0分 成果二：智慧黄科测验：行政强制共10题 评价标准：9分以上为优秀，8分为良好，7分为中等，6分及格，6分以下为不及格。本次测验成绩计入平时成绩
备注	部分学生测验成绩不够理想，可能是没有认真完成预习任务，教师要想办法调动学生的学习积极性，增强学生学习内驱力

活动任务序列（任务二）

任务二知识组块：

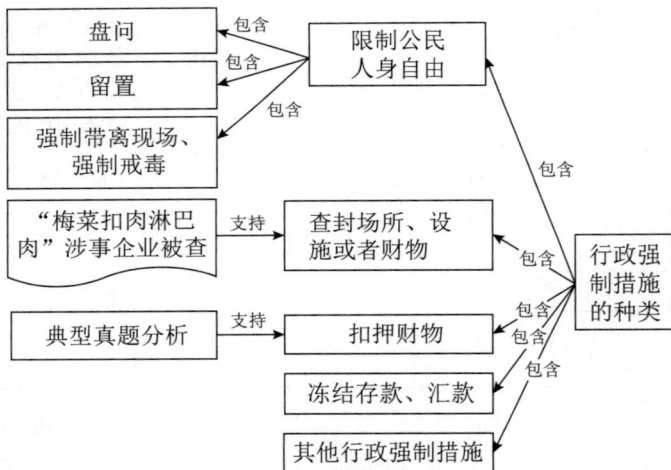

任务描述	因为法考要求学生正确区分行政处罚的种类与行政强制措施的种类，所以仍需通过教师讲授、案例分析等教学策略帮助学生理解、记忆行政强制措施的种类
任务时长	25分钟
学习地点	课上
教学策略 （学习策略）	☑讲授　☑小组讨论　☑答疑　□实验　□实训　□自主学习 ☑其他（请填写）案例分析

师生交互过程	教师播放 PPT 陈述:行政强制措施的种类包括,第一个,限制公民人身自由,这个不同于行政拘留,因为行政拘留有期限,目的是惩戒,常见的限制人身自由的措施有留置、盘问、强制隔离、强制戒毒等 学生认同:已经明确了行政拘留和限制人身自由的区别 教师展示照片:教师展示阜阳市场监督管理局的情况通报,并询问:"梅菜扣肉淋巴肉"涉事企业被查封视频看了吗? 何有感想? 学生回答:以后再也不吃梅菜扣肉了 教师引导:这里面涉事企业被查封,就是我们所讲的行政强制措施中的第二种,查封场所、设施或者财物(就地封存),这个案例可以帮助我们理解行政强制措施的处罚种类 教师举例陈述:行政强制措施种类中的第三种是扣押财物,如某超市出售过期产品,市监局为了防止其继续销售,同时也为了保存证据,有权对其产品进行扣押 教师引导学生归纳:如何理解查封和扣押的区别? 学生归纳总结:不方便扣押的大件商品就查封,小件商品能扣押的异地扣押 教师赞同:查封是就地封存,扣押是异地保管 学生认同:这个解释非常有画面感 教师陈述引导:教师介绍行政强制措施第四类冻结存款、汇款,以及第五类其他行政强制措施 教师举例:税务局责令某公司限期缴纳税款,在限期内发现该公司有明显转移财产的迹象,税务局可以书面通知纳税人开户银行冻结纳税人相当于应纳税款的存款。那么,如何理解冻结存款的性质? 学生回答:行政强制措施 教师赞同并陈述总结:行政强制措施的种类
学习资源	①(教辅工具)课件 PPT(第八章——行政强制) ②(法条)《中华人民共和国行政强制法》第九条 ③(视频案例)转卖芹菜赚了 14 元　缘何会被罚 10 万? ④(马工程教材)《行政法与行政诉讼法学》,高等教育出版社,161~167 页 ⑤(图片)阜阳市市场监督管理局情况通报
学习成果及评价标准	学习成果:在 Word 中完成作业(行政强制案例中的行政强制措施种类分析) 评价标准: ①案例选取正确,所选案例为行政强制案例得 5 分,所选案例错误不得分 ②观点正确,能准确找到行政强制措施的种类并准确识别其所属种类。能准确识别行政强制措施种类得 5 分,漏掉 1 种扣 1 分 ③格式规范得 5 分,格式不规范视程度扣 1~3 分
备注	教师在讲解行政处罚种类时课程讲授所用时间比想象中要多,因为有较多补充案例,学生阅读和分析的时间较长。所以在讲解行政强制措施种类时并没有提供过多的课上案例。因此时间把握得比较好,但不知道学生掌握情况如何 为了检测学生对该知识的掌握情况,课下要求学生查找相关行政强制措施的案例进行分析

续表

活动4知识建模图（课上）：

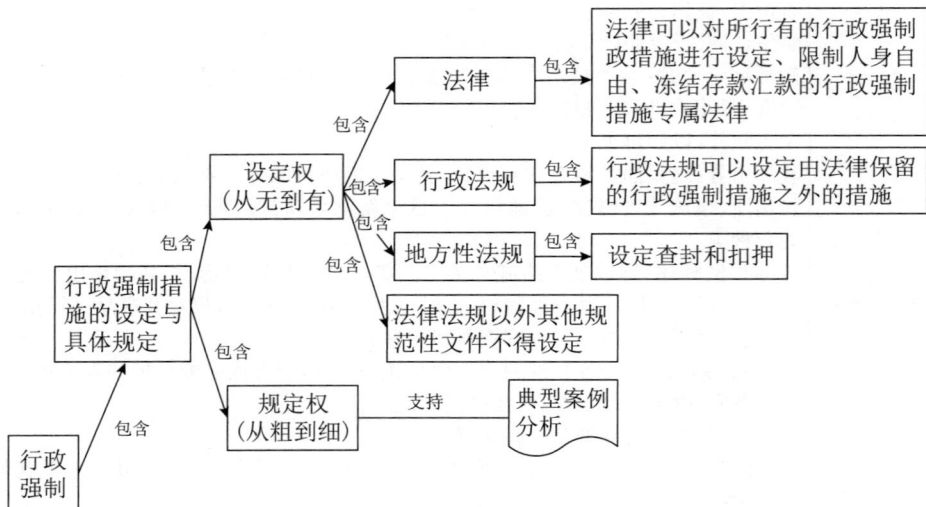

活动目标	行政强制措施的设定权（记忆、理解）；法律的设定权（记忆）；行政法规的设定权（记忆）；地方性法规的设定权（记忆） 行政强制措施的规定权（理解）

活动任务序列（任务一）

任务一知识组块：

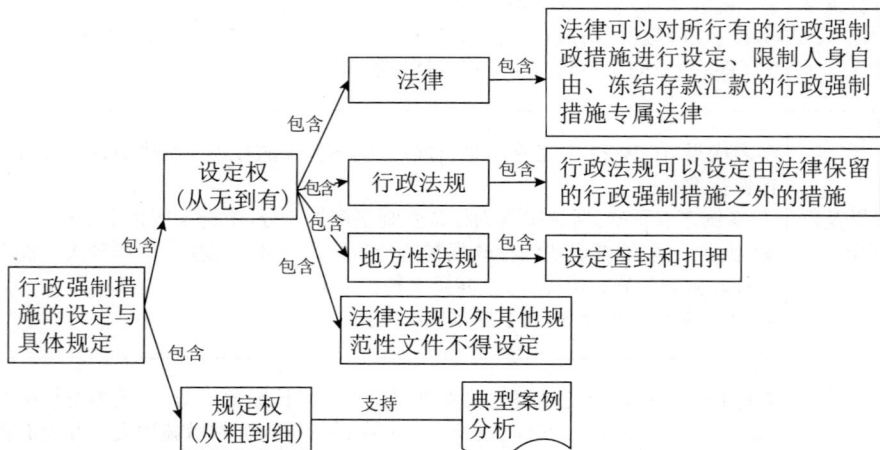

任务描述	因为该知识点涉及学生对不同法律文件的行政强制措施设定权限的分配，所以采用陈述讲解、案例分析等教学策略，帮助学生理解、记忆不同位阶的法律文件的行政强制措施设定权

续表

任务时长	15 分钟
学习地点	课上
教学策略（学习策略）	☑讲授　□小组讨论　☑答疑　□实验　□实训　□自主学习 ☑其他（请填写）__案例分析__
师生交互过程	教师播放 PPT 陈述:不同法律文件设定行政强制措施的权限不同,基本规则是位阶越高的法律,设定权限也就越大。了解了它们法律位阶的排序是不是就对行政强制措施的设定权限分配也做到了心中有数呢 教师引导:现在我们按照法律位阶从高到低进行讲解 学生回答:法律 > 行政法规 > 地方性法规 > 同级和下级政府规章 教师赞同:教师按照学生提出的法律位阶的排序从大到小讲解不同位阶的法律文件行政强制措施设定权限的分配 教师陈述:法律可以设定行政强制法中所明确列举的各种行政强制措施处罚类型。行政法规设定行政强制措施要同时满足三个条件:①尚未制定法律;②属于国务院行政管理职权事项;③行政法规可以设定由法律保留的行政强制措施之外的措施。地方性法规仅可以设定查封和扣押。除法律、法规以外的其他法律文件,均没有行政强制措施的设定权 学生认同:和前面所学的行政许可的设定权、行政处罚的设定权一样,位阶越高的法律,设定权限也就越大 教师陈述:对法律已设定的行政强制措施,行政法规、地方性法规只能对法律所规定的行政强制措施的对象、条件、种类做出细化规定,让其具体化,扩大规定的无效 教师举例:《中华人民共和国森林法》规定:对未取得运输许可证运输林木的,木材检查站有权予以制止。甲市地方性法规《甲市森林法实施办法》规定,对无证运输林产品的,木材检查站应当予以制止,并可以扣押无证运输的木材。是否合法? 学生回答:不合法,并分析具体原因 教师赞同:教师肯定学生的答案。该《办法》在细化法律的时候将适用条件从无证运输木材扩大到了所有的林产品,同时增加了强制措施的种类,扩大了强制措施的适用范围,是违法的 学生自我总结:上位法可以细化下位法,但不能抵触上位法 教师赞同:是的,行政强制措施的具体规定原则也和前期所学的行政处罚和行政许可一样,上位法可以细化下位法,但不能抵触上位法
学习资源	①（教辅工具）课件 PPT（第八章:行政强制） ②（法条）《行政强制法》第十条至第十四条 ③（马工程教材）《行政法与行政诉讼法学》,高等教育出版社,161~167 页 ④（教辅工具）行政强制设定权限分配图

学习成果及评价标准	学习成果: 案例分析:衡阳华强玻璃制品有限公司诉湖南省衡阳市经济和信息化委员会及湖南省衡阳市电力行政执法支队行政强制执行及行政赔偿案 要求:梳理其事实概要、判决要旨及自己的主要观点 评价标准: ① 事情清楚,观点完整、正确得 10 分 ② 事情清楚,观点不完整但正确得 6~8 分 ③ 观点不正确得 0 分
备注	教师通过陈述讲解、案例分析、引导学生主动分析归纳等方法帮助学生理解行政强制措施设定权和规定权,学生能深入理解行政强制措施的设定权和规定权,达到了预期效果

活动 5 知识建模图(课上):

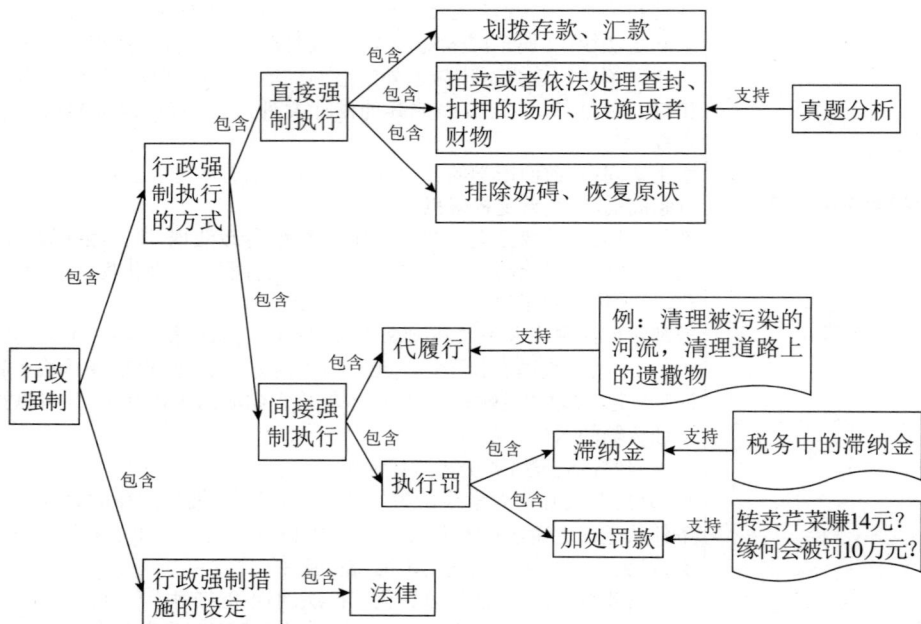

活动目标	行政强制执行的方式(记忆):加处罚款或者滞纳金(理解、记忆);划拨存款、汇款(理解、记忆);拍卖或者依法处理查封、扣押的场所、设施或者财物(理解、记忆);排除妨碍、恢复原状(理解、记忆);代履行(理解、记忆);其他强制执行方式(理解) 行政强制执行的设定(理解)

活动任务序列(任务一)

任务一知识组块:

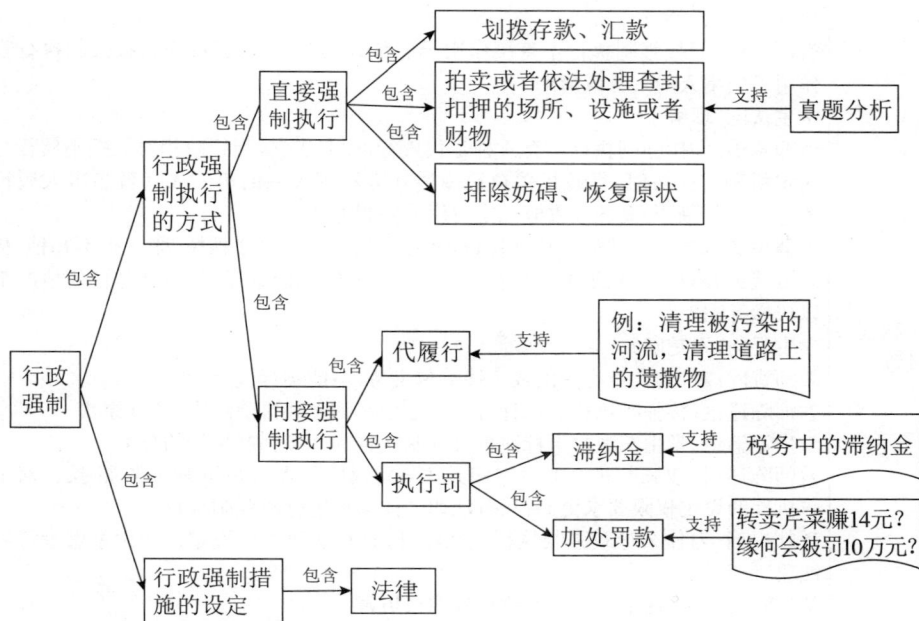

任务描述	因为该知识点涉及行政强制执行的方式,比较重要,对后面学习行政强制执行的实施程序也起到重要作用,所以采用陈述讲解、案例分析、比较分析等教学策略,帮助学生理解、记忆行政强制执行的方式
任务时长	25 分钟
学习地点	课上
教学策略 (学习 策略)	☑ 讲授　☑ 小组讨论　☐ 答疑　☐ 实验　☐ 实训　☐ 自主学习 ☑ 其他(请填写)　案例分析
师生交互 过程	教师通过案例引入:转卖芹菜赚了 14 元　缘何会被罚 10 万?家住福建省福州市闽侯县的张某,帮邻居顺手卖了点菜到菜市场,赚了 14 元钱,但没想到这些菜竟然农残超标,因此要被罚款 5 万元。又因为迟迟没有缴纳罚款,被追加罚款 5 万元,甚至被告到法院,要求强制执行。这个视频大家看了吗?其中这个被追加罚款 5 万元,甚至被告到法院,要求强制执行。就是我们这节课马上要学习的新知识点 学生回答:看过了,这个案例很有意思 教师陈述:行政强制执行的方式共有五类,并强调按照执行手段不同,行政强制执行可以分为两大类:直接强制执行和间接强制执行

师生交互过程	教师举例:案例中张某被罚款 5 万元,后因为没有缴纳罚款,被追加罚款 5 万元,这就是我们讲的间接强制执行方式中的第一种——执行罚 学生认同并提出疑问:加处罚款为什么是间接强制执行? 间接强制执行和直接强制执行有什么区别? 教师答疑:间接强制执行不直接作用于当事人的财物或人身;而直接强制执行直接作用于当事人的人身或财产 学生认同:理解了 教师陈述:间接强制执行还有一种是代履行,顾名思义,当行政相对人拒不履行行政决定所确定义务时,行政机关自己或委托无利害关系的第三人代替当事人履行义务,并在履行后向义务人收取一定费用的强制方式 教师举例:如,张三乱砍滥伐 2 棵树,林业局责令其补种 2 棵树,张三拒不补种,林业局可代为补种,补种的费用由张三支付。教师创设情景提问:是不是任何情况都可以代履行呢? 学生提问:不是吧? 教师赞同:对,与人身有关的或金钱给付义务,不能实行代履行 教师陈述:直接强制执行有三种方式①划拨②拍卖③排除障碍、恢复原状 学生记笔记:学生在教材上标注直接强制执行和间接强制执行的分类 教师陈述:行政强制执行的设定和具体规定。《中华人民共和国行政强制法》对于行政执行的设定权限要求更高,只有法律才能够设定行政强制执行 教师提问:为什么行政强制执行这么特殊,只有法律能够设定? 请大家思考背后的法理 学生归纳总结:这个行政强制执行好像很厉害 教师赞同:对,行政强制执行的后果会造成相对人权利最终被剥夺,所以只有法律才能够设定 教师展示表格:帮助学生对比分析行政强制措施和行政强制执行的设定和具体规定的不同 学生观看:默记其主要差别
学习资源	①(教辅工具)课件 PPT(第八章:行政强制) ②(法条)《中华人民共和国行政强制法》第十一条至第十四条 ③(马工程教材)《行政法与行政诉讼法学》,高等教育出版社,161~167 页 ④(案例)转卖芹菜赚了 14 元　缘何会被罚 10 万?
学习成果及评价标准	学习成果:智慧黄科测试:行政强制测验题,共 10 题 评价标准:9 分以上为优秀,8 分为良好,7 分为中等,6 分及格,6 分以下为不及格 本次测验成绩计入平时成绩
备注	教师通过陈述讲解、案例分析、引导学生主动分析归纳等方法帮助学生理解行政强制执行的方式及其设定,学生能深入理解行政强制执行的方式和设定,达到了预期效果

（3）行政法与行政诉讼法专业基础课教学设计（三）见表 4-3-3

表 4-3-3 行政法与行政诉讼法专业基础课教学设计（三）

2023—2024 学年第 2 学期第 7 周第 2 次课

知识建模图：

学习目标	知识点（学习水平）	素质目标
	行政处罚的实施主体（记忆）；行政处罚实施的简易程序（记忆、运用）；行政处罚实施的普通程序（理解、记忆）；行政处罚实施的听证程序（记忆、运用）	通过对最高法院指导案例"贝某丰诉市公安局交通警察大队道路交通管理行政处罚案"的分析，学生认识到礼让行人是文明驾驶的基本要求

学习先决知识	知识点（学习水平）
	行政许可的实施主体（理解、记忆）；行政许可的听证程序（记忆、运用）

课上资源	课下资源
①（教辅工具）课件 PPT ②（教辅工具）（马工程教材）《行政法与行政诉讼法学》，《行政法与行政诉讼法学》编写组，2018 年 8 月 ③（法条）《中华人民共和国行政处罚法》	①（马工程教材）《行政法与行政诉讼法学》，高等教育出版社，2018 年 8 月 ②（参考教材）《行政法专题讲座精讲卷》，李佳，中国石化出版社，2023 年 11 月 ③（中国大学 MOOC）湖南科技大学《行政法与行政诉讼法》第 8 章行政处罚

续表

课上资源	课下资源
④（法条）《中华人民共和国治安管理处罚法》 ⑤（教辅工具）法考真题（2017 年卷二第 79 题、2021 年客观第 13 题） ⑥（作业）行政处罚章节测验	8.3 行政处罚的实施 ④（哔哩哔哩视频）2024 年法考客观题精讲卷行政法，众合李佳，专题 07：行政处罚（02）/（03） ⑤（法条）《中华人民共和国行政处罚法》 ⑥（法条）《中华人民共和国治安管理处罚法》 ⑦（案例）贝某丰诉市公安局交通警察大队道路交通管理行政处罚案

课上时间	100 分钟	课下时间	220 分钟

活动序列	活动目标	地点	时间	学习资源
活动 1	行政处罚实施主体的含义（理解）；拥有行政处罚权的行政机关（记忆）；相对集中实施行政处罚权（理解）；法律法规授权的具有公共管理事务职能的组织（记忆、运用）；受委托的行政机关实施（理解）	课上	25 分钟	①（教辅工具）课件 PPT ②（马工程教材）《行政法与行政诉讼法学》，《行政法与行政诉讼法学》编写组，2018 年 8 月，148~149 页 ③（法条）《中华人民共和国行政处罚法》第十七条至第二十一条 ④（参考教材）《行政法专题讲座精讲卷》，李佳，中国石化出版社，2023 年 11 月，100~102 页
		课下	120 分钟	①（马工程教材）《行政法与行政诉讼法学》，高等教育出版社，148~150 页 ②（参考教材）《行政法专题讲座精讲卷》，李佳，中国石化出版社，2023 年 11 月，102~105 页 ③（中国大学 MOOC）湖南科技大学《行政法与行政诉讼法》第 8 章行政处罚 8.3 行政处罚的实施 ④（哔哩哔哩视频）2024 年法考客观题精讲卷行政法，众合李佳，专题 07：行政处罚（02） ⑤（法条）《中华人民共和国行政处罚法》第十七条至第二十一条

续表

活动序列	活动目标	地点	时间	学习资源
活动 2	行政处罚简易程序的适用条件（记忆、运用）；行政处罚简易程序的特殊规则（理解、记忆）	课上	25 分钟	①（教辅工具）课件 PPT ②（法条）《中华人民共和国行政处罚法》第五十一条至第五十三条 ③（教辅工具）法考真题（2017/2/79、2006/2/82） ④（法条）《中华人民共和国治安管理处罚法》第一百条 ⑤（马工程教材）《行政法与行政诉讼法学》，高等教育出版社，152 页 ⑥（作业）案例分析：贝某丰诉市公安局交通警察大队道路交通管理行政处罚案
活动 3	行政处罚的一般程序（记忆、运用）；立案（理解）；调查（理解、记忆）；审核（理解）；决定（理解、记忆）；送达（理解）	课上	20 分钟	①（教辅工具）课件 PPT ②（法条）《中华人民共和国行政处罚法》第五十四条至第六十二条 ③（参考教材）《行政法专题讲座精讲卷》，李佳，中国石化出版社，2023 年 11 月，102~105 页 ④（马工程教材）《行政法与行政诉讼法学》，高等教育出版社，152~153 页
活动 4	行政处罚的听证程序（记忆、运用）；行政处罚听证程序的适用条件（记忆、运用）行政处罚听证程序的程序要求（记忆）	课上	30 分钟	①（教辅工具）课件 PPT ②（法条）《中华人民共和国行政处罚法》第六十三条至第六十五条 ③（法条）《中华人民共和国治安管理处罚法》第九十八条 ④（马工程教材）《行政法与行政诉讼法学》，高等教育出版社，152 页 ⑤（教辅工具）法考真题（2021 年客观第 13 题）

续表

活动序列	活动目标	地点	时间	学习资源
活动4	行政处罚的听证程序（记忆、运用）；行政处罚听证程序的适用条件（记忆、运用）行政处罚听证程序的程序要求（记忆）	课下	100分钟	①（教辅工具）课件PPT ②（法条）《中华人民共和国行政处罚法》第六十三条至第六十五条 ③（法条）《中华人民共和国治安管理处罚法》第九十八条 ④（马工程教材）《行政法与行政诉讼法学》，高等教育出版社，152页 ⑤（哔哩哔哩视频）2024年法考客观题精讲卷行政法，众合李佳，专题07：行政处罚（02）/（03） ⑥（网址）中国法院网-行政指导案例 ⑦（网址）中华人民共和国最高人民法院公报

活动1知识建模图（课上+课下）：

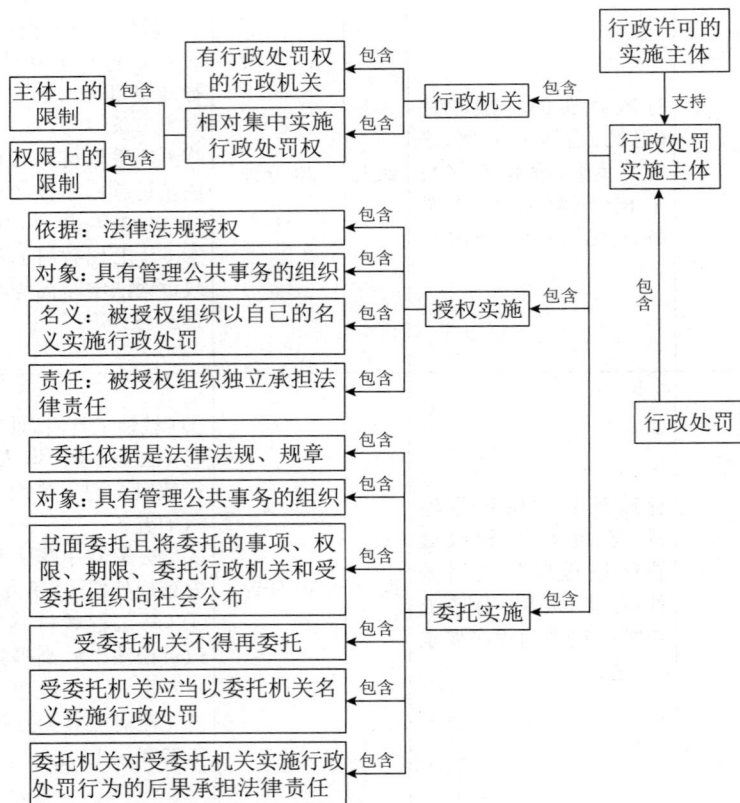

活动目标	行政处罚实施主体的含义(理解);拥有行政处罚权的行政机关(记忆);相对集实施行政处罚权(理解);法律法规授权的具有公共管理事务职能的组织(记忆、运用);受委托的行政机关实施(理解)

活动任务序列(导入任务描述)

师生交互过程	教师创设问题情境:大家还记得上节课我们学过的行政许可实施主体吗? 教师随机提问:行政许可的实施主体 学生回答:行政许可的实施主体有三类:行政机关实施、授权实施、受委托的行政机关实施 教师赞同:对的,我们行政许可的实施主体和行政处罚的实施主体大部分内容是一样的,但有一些细节不同,我们来一起学习

活动任务序列(任务一)

任务一知识组块:

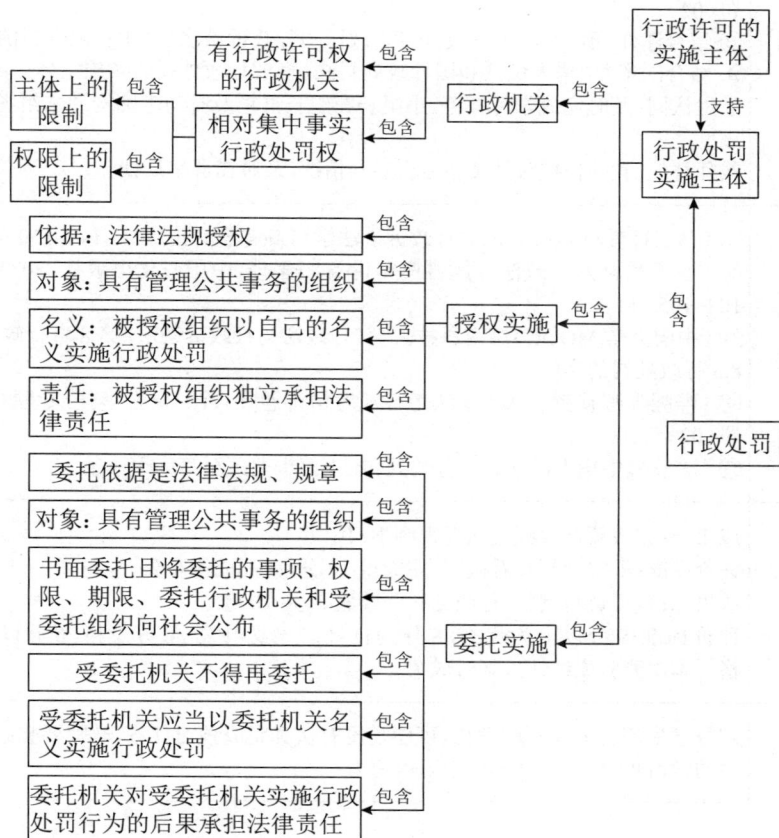

任务描述	因教材与法条上对行政处罚实施主体界定清晰,且之前已经学过行政许可的实施主体,所以采用阅读法条、预习教材、观看视频等自学的教学策略,达到理解行政处罚实施主体的教学目的
任务时长	120 分钟
学习地点	课下
教学策略（学习策略）	□讲授　□小组讨论　□答疑　□实验　□实训　☑自主学习 □其他（请填写）_____
师生交互过程	教师发布任务:通过微信群发布课下任务,有疑问的同学可以及时在群里沟通分享 ①（中国大学 MOOC）湖南科技大学《行政法与行政诉讼法》第 8 章行政处罚 8.3 行政处罚的实施 ②（哔哩哔哩视频）2024 年法考客观题精讲卷行政法,众合李佳,专题 07:行政处罚（02） ③结合课件,预习（马工程教材）《行政法与行政诉讼法学》中行政处罚的实施主体 ④结合法条《中华人民共和国行政处罚法》理解行政处罚的实施主体 学生认同:及时完成学习任务,小组长在组长群里及时与老师沟通本组学生的学习进度 教师督促:教师根据智慧黄科后台参与情况,及时在群里反馈
学习资源	①（马工程教材）《行政法与行政诉讼法学》,高等教育出版社,148~150 页 ②（参考教材）《行政法专题讲座精讲卷》,李佳,中国石化出版社,2023 年 11 月,102~105 页 ③（中国大学 MOOC）湖南科技大学《行政法与行政诉讼法》第 8 章行政处罚 8.3 行政处罚的实施 ④（哔哩哔哩视频）2024 年法考客观题精讲卷行政法,众合李佳,专题 07:行政处罚（02） ⑤（法条）《中华人民共和国行政处罚法》第十七条至第二十一条
学习成果及评价标准	成果一:完成慕课视频及法考视频学习 评价标准:根据视频观看截图,完成得 10 分,完不成得 0 分 成果二:智慧黄科测验:行政处罚测验题 2,共 10 题 评价标准:9 分以上为优秀,8 分为良好,7 分为中等,6 分及格,6 分以下为不及格。本次测验成绩计入平时成绩
备注	部分学生测验成绩不够理想,可能是没有认真完成预习任务,教师要想办法调动学生的学习积极性,增强学生学习内驱力

续表

活动任务序列（任务二）

任务二知识组块：

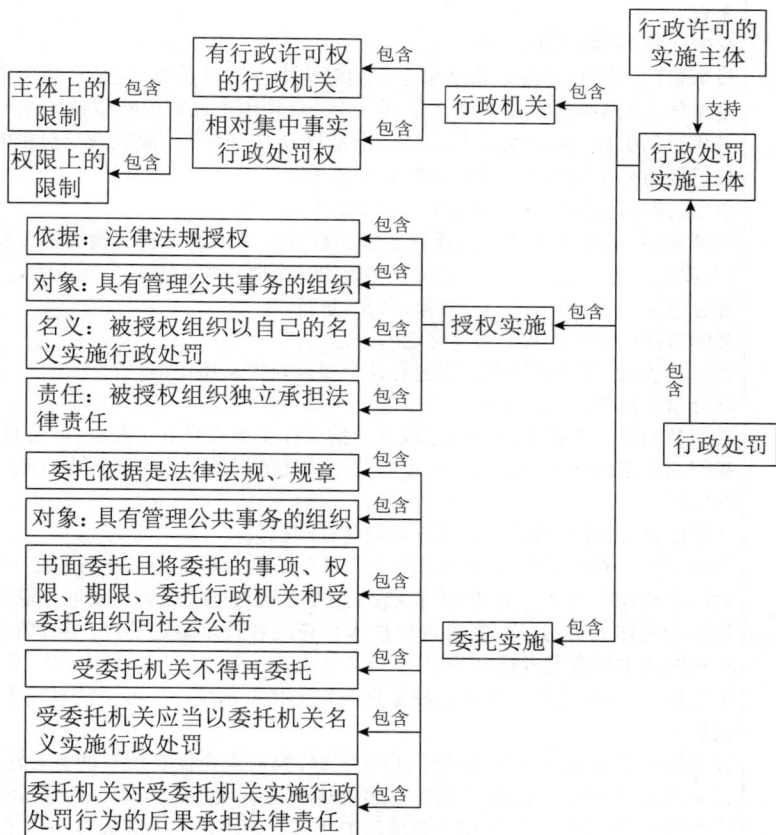

任务描述	因法考中要求准确区分行政处罚实施主体与行政许可的实施主体的主要区别,所以此部分内容仍需要通过教师讲授、真题重现、比较分析等教学策略,达到理解行政处罚实施主体的目的
任务时长	25 分钟
学习地点	课上
教学策略（学习策略）	☑讲授 □小组讨论 ☑答疑 □实验 □实训 □自主学习 ☑其他（请填写）真题演练

师生交互过程	教师播放 PPT:陈述行政处罚的实施主体有三类。行政许可的实施主体也是三类,其中第一类为行政机关实施,第二类是授权实施,第三类是受委托的组织实施。这点内容是一样的 教师引导:但大家是否还记得,行政许可有集中许可,谁有权利创造一个权力的巨无霸? 学生回答:记得,国批省办 教师赞同:是的,行政处罚这里也有相对集中行政处罚权,但是有两个限制。一个是主体上的限制,国务院或者省、自治区、直辖市人民政府可以决定由一个行政机关相对集中行使行政处罚权。另一个是权限上的限制。限制人身自由的行政处罚权只能由公安机关和法律规定的其他机关行使 学生认同:是的,和行政许可对比着记忆不容易乱 教师陈述:这里行政处罚的授权实施和行政许可中的授权实施的四个要点一模一样,我们一起回忆一下许可的授权实施的几个要点吧。有几个要点呢? 部分学生抢答:四个:依据、对象、名义、责任 教师赞同:是的,行政处罚也是这四个点 教师陈述:行政许可的委托实施有几个要点?大家还记得吗? 部分学生抢答:记得,6 个 教师赞同并公布答案:对的,行政处罚的委托实施也是 6 个要点,但是有一点不同,我们主要强调这一点。这一点不同就是委托的对象。大家还记得行政许可委托的对象吗? 学生回答:行政许可委托的对象必须是行政机关 教师赞同:对的,我们行政处罚的委托对象是具有管理公共事务职能的组织,并且对这个组织有要求。首先,要有熟悉有关法律、法规、规章和业务并取得行政执法资格的工作人员;其次,需要进行技术检查或者技术鉴定的,应当有条件组织进行相应的技术检查或者技术鉴定 学生提出疑问:为什么要有这种差别呢?为什么不统一?各个法规定不一样,很难记忆 教师回答学生疑问:这个问题问得非常好,我们现在没有统一的行政法典,各个单行立法的时间各不相同,所以容易出现这种现象,这也是为什么很多学生觉得行政法难的一个原因,因为存在没有道理的不同。但这个也不算没有道理了,因为行政许可是授益性行政行为,所以我们对委托组织要求更高,确保它在现实生活中更可靠 学生认同:表示已理解了这个问题 教师陈述总结:行政处罚的实施主体
学习资源	①(教辅工具)课件 PPT ②(马工程教材)《行政法与行政诉讼法学》,《行政法与行政诉讼法学》编写组,2018 年 8 月,148~150 页 ③(法条)《中华人民共和国行政处罚法》第十七条至第二十一条 ④(参考教材)《行政法专题讲座精讲卷》,李佳,中国石化出版社,2023 年 11 月,102~105 页
学习成果及评价标准	学习成果:法考真题(国家统一律师职业资格考试法考 2014 年卷二第 99 题) 评价标准:答对得 5 分,答错得 0 分

续表

| 备注 | 教师通过陈述讲解、对比分析、引导学生主动归纳等方法帮助学生理解行政处罚的实施主体,学生能深入理解行政处罚的实施主体,达到了预期效果 |

活动 2 知识建模图(课上):

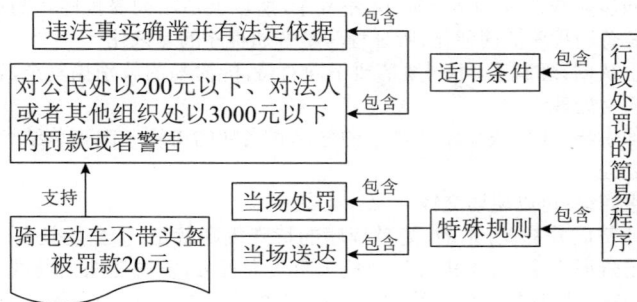

| 活动目标 | 行政处罚简易程序的适用条件(记忆、运用);行政处罚简易程序的特殊规则(理解、记忆) |

活动任务序列(任务一)

	任务描述	因法考中对于行政处罚简易程序的知识点基本上是每年必考,所以需要教师通过展示图片、陈述讲解、举例分析等教学策略,帮助学生达到理解行政处罚简易程序的目的
任务一知识组块:	任务时长	25 分钟
	学习地点	课上

| 教学策略(学习策略) | ☑讲授 □小组讨论 ☑答疑 □实验 □实训 □自主学习 ☑其他(请填写)　案例分析 |

| 师生交互过程 | 教师创设情境提问:有没有学生骑电动车不戴头盔被交警查到的?
部分学生回答:有 / 没有
教师邀请:有骑车不带头盔的同学分享自己被交警查到后的经历吗?
学生分享:有的学生扫二维码当场被罚 20 元,有的学生扫二维码后没有罚钱,穿马甲在马路上指挥交通
教师展示图片:骑车不戴头盔被交警查到的图片及罚单。引导学生进入情境
教师陈述:行政处罚简易程序的适用条件:①违法事实确凿并有法定依据;②处罚种类和幅度分别是对公民处以 200 元以下、对法人或者其他组织处以 3000 元以下的罚款或者警告 |

师生交互过程	学生提出疑问:理解了行政处罚的简易程序,但不理解为什么有的是简易、有的是普通、有的是听证,为什么都是行政处罚,但是程序却不一样 教师答疑:简易是违法事实确凿并有法定依据,如同我们刚才展示的照片,一个人骑车没戴头盔,是不是违法事实确凿,立案、调查、审核、决定、送达几个程序在时空上同步完成。因为案情简单、不复杂,所以就适用简易程序。简单来说,简易程序就是普通程序的简便化,听证程序是普通程序的复杂化 学生认同:理解了,不同案情要不同对待,能简易的就别搞复杂,案情复杂的,也不能简易处理 教师引导:我们根据刚才同学的分享和老师的讲解一起来总结一下简易程序的特殊之处 学生回答:可以现场交钱 教师赞同并补充:是的,简易程序的特殊规则就是:①当场处罚——调查、检查和决定阶段三合一,不需经行政机关负责人批准,发现违法当场做出处罚;②当场送达——当场处罚必然当场送达,当事人拒绝签收的,应当在行政处罚决定书上注明 学生标注:学生在书上、法条上标注重点内容 教师展示法考真题:以此检测学生对简易程序的理解是否到位 学生扫码做题:选出自己认为的正确答案 教师分析:教师分析学生的做题情况,并就学生在做题中存在的问题进行答疑
学习资源	①(教辅工具)课件 PPT(第八章行政处罚) ②(法条)《中华人民共和国行政处罚法》第五十一条至第五十三条 ③(教辅工具)法考真题 ④(法条)《中华人民共和国治安管理处罚法》第一百条 ⑤(马工程教材)《行政法与行政诉讼法学》,高等教育出版社,152 页 ⑥(案例)贝某丰诉某县公安局交通警察大队道路交通管理行政处罚案 ⑦(网址)中华人民共和国最高人民法院公报
学习成果及评价标准	学习成果:在 Word 中完成"贝某丰诉某县公安局交通警察大队道路交通管理行政处罚案"案例分析 评价标准: ①基本案情(20 分) ②争议焦点(20 分) ③裁判结果(20 分) ④裁判理由(20 分) ⑤简单评析(20 分)
备注	教师通过陈述讲解、答疑、举例说明及引导学生主动归纳等方法帮助学生理解行政处罚的简易程序。同时,选取两道真题作为检测手段。所选法考真题虽难度不大,但有一定迷惑性,预计有部分学生会回答错误 教师布置了案例分析题:希望大家能认识到礼让行人是文明安全驾驶的基本要求

续表

活动 3 知识建模图（课上）：

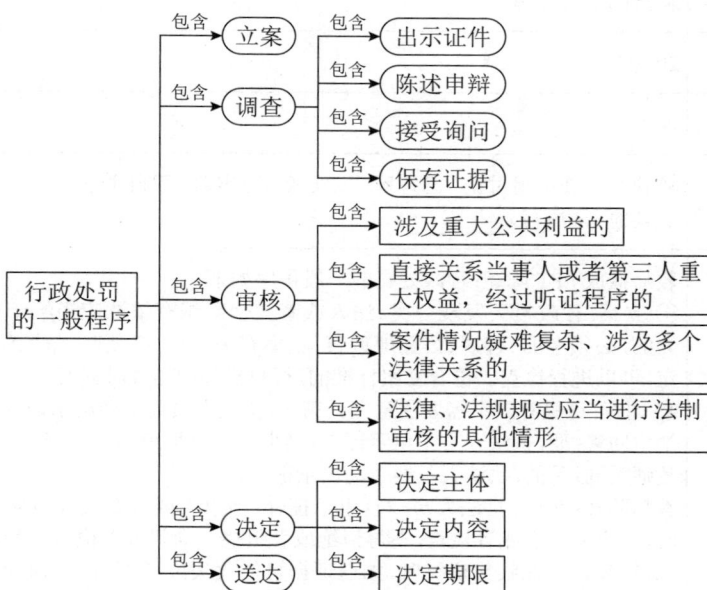

```
                                            包含 ─→ ( 立案 )  包含 ─→ [ 出示证件 ]
                            包含 ─→ ( 调查 )  包含 ─→ [ 陈述申辩 ]
                                                     包含 ─→ [ 接受询问 ]
                                                     包含 ─→ [ 保存证据 ]

                                            包含 ─→ [ 涉及重大公共利益的 ]
                                            包含 ─→ [ 直接关系当事人或者第三人重
                                                      大权益，经过听证程序的 ]
  [行政处罚    包含 ─→ ( 审核 )  包含 ─→ [ 案件情况疑难复杂、涉及多个
   的一般程序]                              法律关系的 ]
                                            包含 ─→ [ 法律、法规规定应当进行法制
                                                      审核的其他情形 ]

                                            包含 ─→ [ 决定主体 ]
                            包含 ─→ ( 决定 )  包含 ─→ [ 决定内容 ]
                            包含 ─→ ( 送达 )  包含 ─→ [ 决定期限 ]
```

活动目标	行政处罚的一般程序（记忆、运用）：立案（理解）；调查（理解、记忆）；审核（理解）；决定（理解、记忆）；送达（理解）

活动任务序列（任务一）

任务一知识组块：

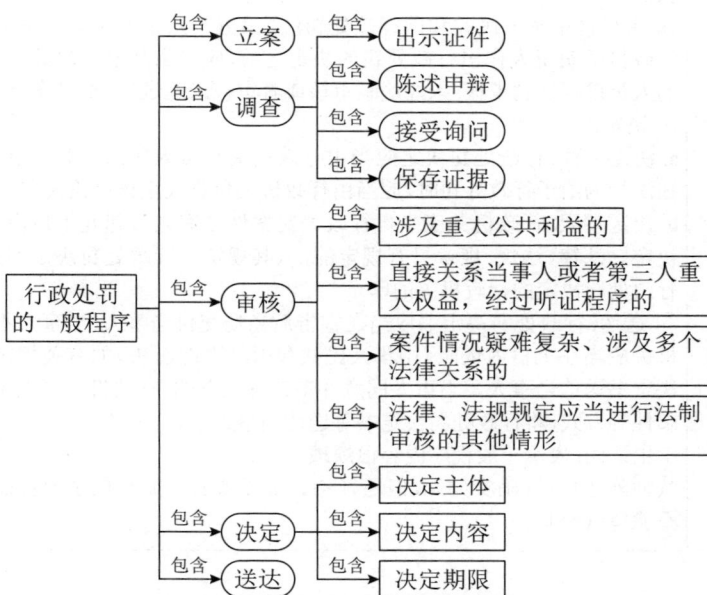

```
                                            包含 ─→ ( 立案 )  包含 ─→ [ 出示证件 ]
                            包含 ─→ ( 调查 )  包含 ─→ [ 陈述申辩 ]
                                                     包含 ─→ [ 接受询问 ]
                                                     包含 ─→ [ 保存证据 ]

                                            包含 ─→ [ 涉及重大公共利益的 ]
                                            包含 ─→ [ 直接关系当事人或者第三人重
                                                      大权益，经过听证程序的 ]
  [行政处罚    包含 ─→ ( 审核 )  包含 ─→ [ 案件情况疑难复杂、涉及多个
   的一般程序]                              法律关系的 ]
                                            包含 ─→ [ 法律、法规规定应当进行法制
                                                      审核的其他情形 ]

                                            包含 ─→ [ 决定主体 ]
                            包含 ─→ ( 决定 )  包含 ─→ [ 决定内容 ]
                            包含 ─→ ( 送达 )  包含 ─→ [ 决定期限 ]
```

续表

任务描述	因为法考要求熟练掌握行政处罚一般程序中的部分细节,所以仍需通过教师讲解帮助学生理解
任务时长	20 分钟
学习地点	课上
教学策略 (学习策略)	☑讲授　☑小组讨论　□答疑　□实验　□实训　□自主学习 □其他(请填写)_____
师生交互过程	教师播放 PPT 陈述:行政处罚的一般程序如下 ① 立案:行政机关发现公民、法人或者其他组织有依法应当给予行政处罚的行为的,必须全面、客观、公正地调查,收集有关证据;必要时,依照法律、法规的规定,可以进行检查。符合立案标准的,行政机关应当及时立案 ② 调查:这里有四个需要注意点。第一,执法人员要不要出示证件? 学生回答:要,执法人员不出示证件,当事人有权拒绝接受调查 教师赞同:是的,执法人员要主动出示证件 教师陈述:第二,执法人员一旦出示证件,当事人或者有关人员应当如实回答询问,并协助调查或者检查,不得拒绝或者阻挠。询问或者检查应当制作笔录。第三,行政机关在收集证据时,如遇证据可能灭失或者以后难以取得的情况,经行政机关负责人批准,可以先行登记保存,并在七日内及时作出处理决定,在此期间,当事人或者有关人员不得销毁或者转移证据。第四,未告知当事人拟作出的行政处罚内容及事实、理由、依据,或拒绝听取当事人陈述申辩的,不得作出行政处罚决定,当事人明确放弃的除外 学生认同:调查这里需要注意的事项可真不少 教师陈述: ③ 审核:《中华人民共和国行政处罚法》第五十八条所明确列举了几种情况,在行政机关负责人作出行政处罚的决定之前,应当由从事行政处罚决定法制审核的人员进行法制审核;未经法制审核或者审核未通过的,不得作出决定 ④ 决定: a. 决定主体,行政处罚决定应当由行政机关负责人作出。对情节复杂或者重大违法行为给予行政处罚时,应当由行政机关负责人集体讨论决定 b. 决定期限,行政机关应当自行政处罚案件立案之日起九十日内作出行政处罚决定。法律、法规、规章另有规定的,从其规定。行政处罚决定书必须盖有作出行政处罚决定的行政机关的印章 ⑤ 送达:行政处罚决定书应当在宣告后当场交付当事人;当事人不在场的,行政机关应当在七日内依照《中华人民共和国民事诉讼法》的有关规定,将行政处罚决定书送达当事人。当事人同意并签订确认书的,行政机关可以采用传真、电子邮件等方式,将行政处罚决定书等送达当事人 学生认同:表示一般程序内容很烦琐 教师陈述总结:确实如此,但还好考试更爱考的是简易程序和听证程序,不过也不能掉以轻心

学习资源	①（教辅工具）课件 PPT ②（法条）《中华人民共和国行政处罚法》第五十四条至第六十二条 ③（参考教材）《行政法专题讲座精讲卷》，李佳，中国石化出版社，2023 年 11 月，95~96 页 ④（马工程教材）《行政法与行政诉讼法学》，高等教育出版社，152~153 页
学习成果及评价标准	无
备注	一般程序内容较为枯燥，能够讲法理和穿插例子的内容不多，部分学生有走神现象。要求教师准备这部分内容的时候，更要多下功夫，找到能够与学生共鸣的地方，吸引学生，提高学生的注意力

活动 4 知识建模图（课上 + 课下）：

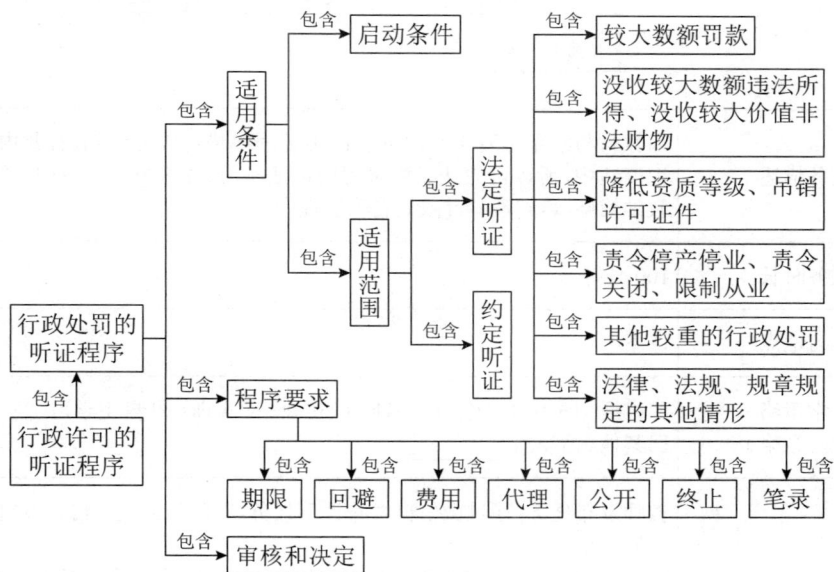

活动目标	行政处罚听证程序的适用条件（记忆、运用）：法定听证（记忆、运用）；约定听证（记忆、运用） 行政处罚听证程序的要求（理解、记忆）

续表

活动任务序列（任务一）

任务一知识组块：

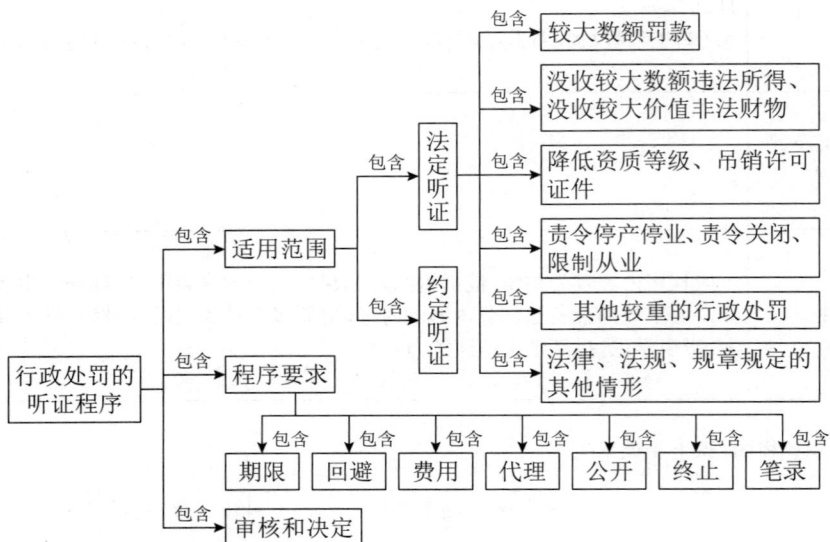

```
                                                      包含  ┌─────────────┐
                                                   ┌──────→│ 较大数额罚款 │
                                                   │       └─────────────┘
                                              ┌────┴──┐ 包含 ┌──────────────────┐
                                              │法 │  ├─────→│没收较大数额违法所得、│
                                              │定 │  │      │没收较大价值非法财物 │
                                              │听 │  │      └──────────────────┘
                                         包含 │证 │  │ 包含 ┌──────────────┐
                                      ┌──────→│   │  ├─────→│降低资质等级、吊销许可│
                                      │       └───┘  │      │证件          │
                    包含  ┌────────┐   │              │      └──────────────┘
                 ┌──────→│ 适用范围 │──┤              │ 包含 ┌──────────────────┐
                 │       └────────┘   │              ├─────→│责令停产停业、责令关闭、│
                 │                    │ 包含 ┌───┐    │      │限制从业          │
                 │                    └─────→│约 │    │      └──────────────────┘
                 │                           │定 │    │ 包含 ┌──────────────┐
┌─────────┐     │                           │听 │────┼─────→│其他较重的行政处罚 │
│行政处罚的 │─────┤                           │证 │    │      └──────────────┘
│听证程序  │     │                           └───┘    │ 包含 ┌──────────────────┐
└─────────┘     │                                    └─────→│法律、法规、规章规定的│
                 │ 包含  ┌────────┐                          │其他情形          │
                 ├──────→│ 程序要求 │                          └──────────────────┘
                 │       └────────┘
                 │         包含 包含 包含 包含 包含 包含 包含
                 │        ┌──┐┌──┐┌──┐┌──┐┌──┐┌──┐┌──┐
                 │        │期限││回避││费用││代理││公开││终止││笔录│
                 │        └──┘└──┘└──┘└──┘└──┘└──┘└──┘
                 │ 包含  ┌──────────┐
                 └──────→│ 审核和决定 │
                         └──────────┘
```

任务描述	因教材与法条上对于行政处罚的听证程序描述较为详细，且此内容难易程度适中，所以可先让学生采用阅读法条、预习教材、观看视频等自学的教学策略，达到理解行政处罚听证程序的目的
任务时长	100 分钟
学习地点	课下
教学策略 （学习策略）	□讲授 □小组讨论 □答疑 □实验 □实训 ☑自主学习 □其他（请填写）_____
师生交互过程	教师发布任务：通过微信群发布课下任务，有疑问的同学可以及时在群里沟通分享 ① 结合课件，预习马工程教材《行政法与行政诉讼法学》，153~154 页 ② 阅读《中华人民共和国行政处罚法》第六十三条至第六十五条 ③ 观看（哔哩哔哩视频）2024 年法考客观题精讲卷，行政法，众合李佳，专题 07：行政处罚 03 学生认同：及时完成学习任务，小组长在组长群里及时与老师沟通本组学生的学习进度 教师督促：教师根据智慧黄科后台参与情况，及时在群里反馈

学习资源	①（马工程教材）《行政法与行政诉讼法学》，高等教育出版社，153~154 页 ②（参考教材）《行政法专题讲座精讲卷》，李佳，中国石化出版社，2023 年 11 月，105~108 页 ③（哔哩哔哩视频）2024 年法考客观题精讲卷行政法，众合李佳，专题 07：行政处罚（02）/（03） ④（法条）《中华人民共和国行政处罚法》第六十三条至第六十五条
学习成果及评价标准	成果一：完成慕课视频及案例视频学习，并截图 评价标准：根据视频观看截图，完成得 10 分，完不成得 0 分 成果二：案例视频中行政处罚程序合法性的分析 评价标准：观点正确、依据正确得 10 分；观点正确、依据错误得 5 分；观点错误得 0 分
备注	吸取以往课前任务的经验教训，本次课前任务难易程度适中，预计学生们会完成得较好，课上会通过随机提问的方式检验大家课前任务的完成情况

活动任务序列（任务二）

任务二知识组块：

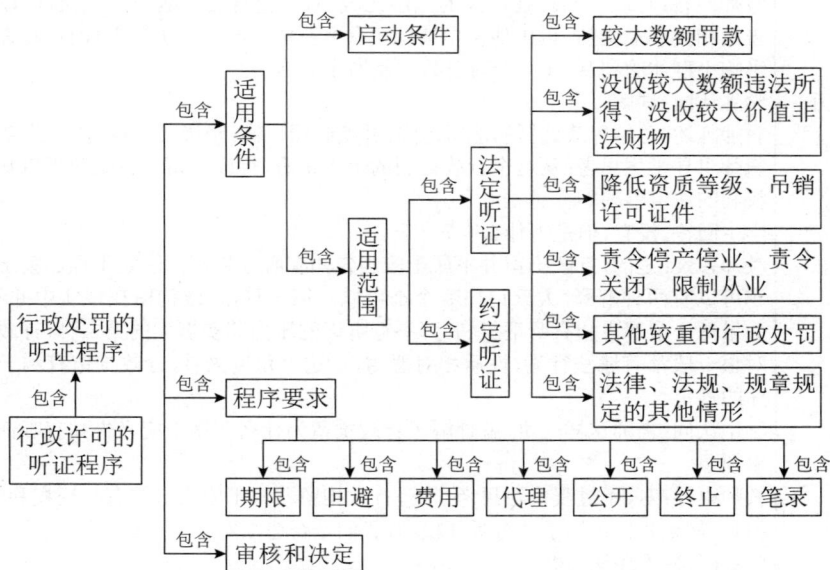

任务描述	因为该知识点在法考主观题和客观题上均有涉及，虽难易程度适中，但有较多细节，所以采用陈述讲解、案例分析等教学策略，帮助学生理解、记忆、运用行政处罚听证程序
任务时长	30 分钟
学习地点	课上

续表

教学策略（学习策略）	☑ 讲授　☐ 小组讨论　☐ 答疑　☐ 实验　☐ 实训　☐ 自主学习 ☑ 其他（请填写）<u>案例分析</u>
师生交互过程	教师引导：前面我们学过行政许可的听证程序，大家还记得吗？行政许可听证的启动条件是什么呢？ 学生回答：既有依申请也有依职权 教师赞同：是的，非常好。那么，通过课后预习，同学们发现行政处罚的启动条件是什么了吗？和行政许可一样吗？ 学生回答：好像不一样 教师陈述：是的，行政处罚的听证程序只有依申请而没有依职权，大家可以看看《中华人民共和国行政处罚法》第六十三条，行政机关拟作出下列行政处罚决定，应当告知当事人有要求听证的权利，当事人要求听证的，行政机关应当组织听证。从这个法条，我们能够看出行政处罚的启动程序吗？ 学生回答：只有依申请 教师赞同：是的，总结下来就是"告知＋申请＝听证"，即行政处罚只有依申请而没有依职权。但是大家想想这是为什么呢？为什么行政许可既有依申请也有依职权，而行政处罚却只有依申请呢？ 学生思考：…… 教师回答：行政处罚往往波及的范围比较小，不会直接影响公共利益，所以只需要告知相关利益主体，再由他们申请即可。（"告知＋申请＝听证"）而行政许可除了影响小群体的利益，还可能对公共利益构成影响 学生认同：理解了 教师陈述：总结行政处罚的适用范围，并编制顺口溜：降级吊证件、责令关停业 教师引导学生思考：从这个行政处罚的范围来看，行政拘留是否是应当告知有听证权利的法定事项？ 学生回答：没有，但是为什么呢？ 教师答疑：是的，行政拘留并不属于应当告知有听证权利的法定事项。关于这个问题可以有两种解释，大家记住哪个都可以。第一种，行政拘留在现实中并不少见，如果每一个都告知有听证权利，那举行听证的压力其实挺大的第二种，行政拘留的对象一般都有违法行为，性质相对恶劣，从这个角度来看，行政拘留有利于社会秩序的稳定 学生认同：老师这样一讲，就理解了行政拘留为什么不属于应当告知有听证权利的事项了 教师引导：对，不过我们再思考一下，行政拘留不属于应当告知有听证权利的事项，但是，如果我们告知了其有听证权利，我们是否违法？ 学生回答：不违法吧？ 教师赞同：是的，听证是个好制度，我们鼓励行政机关听证，所以我们可以告知其有听证权利。这就是我们要学习的下一个知识点——约定听证 教师陈述：上述六大处罚对行政机关有强行要求；而其他事项，如拘留5日，罚款1000元，行政拘留等，在官民双方自愿的情况下，均属于可以听证范畴 学生归纳：行政处罚的听证适用范围既有法定听证也有约定听证

师生交互过程	教师提问:行政许可的听证具体程序和行政处罚的听证具体程序大都一样,老师带领学生复习行政许可的听证程序条件 学生回答:学生跟教师一起复习行政许可的听证具体程序 教师强调:行政许可的听证举行期限是 20 天,而行政处罚并没有规定听证的举行期限 学生提出疑问:为什么呢? 教师答疑:因为行政许可是授益性行政行为,行政相对人会比较着急,而应该没有人着急要吊销许可证件或者罚款 200 万元吧 学生认同:确实是这样 教师陈述总结:行政处罚的听证程序
学习资源	①(马工程教材)《行政法与行政诉讼法学》,高等教育出版社,153~154 页 ②(参考教材)《行政法专题讲座精讲卷》,李佳,中国石化出版社,2023 年 11 月,105~106 页 ③(法条)《中华人民共和国行政处罚法》第二条 ④(作业)行政强制章节练习题
学习成果及评价标准	学习成果:智慧黄科测试:行政处罚测验题,共 10 题 评价标准:9 分以上为优秀,8 分为良好,7 分为中等,6 分及格,6 分以下为不及格。本次测验成绩计入平时成绩
备注	教师通过陈述讲解、案例分析、引导学生主动分析归纳等方法帮助学生理解行政处罚的听证程序,学生能深入理解行政强制处罚的听证程序,达到了预期效果

4.3.2　民事诉讼法

1. 民事诉讼法课程简介

民事诉讼法是法学专业核心课程之一,是民事权利的保障法,对解决民事纠纷、保障当事人权益、促进社会和谐有重要的作用。在民事诉讼法的教学过程中,应该坚持以马克思主义为指导,帮助学生了解相关专业和行业领域的国家战略、法律法规和相关政策,引导学生深入社会实践、关注现实问题,提升学生经世济民、诚信服务、德法兼修的职业素养。通过民事诉讼法课程的学习,学生可以掌握民事诉讼法的基本理论、基本知识和基本概念,在此基础上掌握民事诉讼的基本程序和基本规定;通过参与模拟法庭,学生可以进一步加深对诉讼的认识。学习民事诉讼法,不仅能使学生的法学知识完备,而且为今后的诉讼实践打下良好的基础,为成为德才兼备的社会主义法律服务工作者助力。

2. 民事诉讼法教学设计

（1）民事诉讼法专业基础课教学设计（一）见表 4-3-4

表 4-3-4 民事诉讼法专业基础课教学设计（一）

2024 年第 1 学期第 1 周第 1 次课

知识建模图：

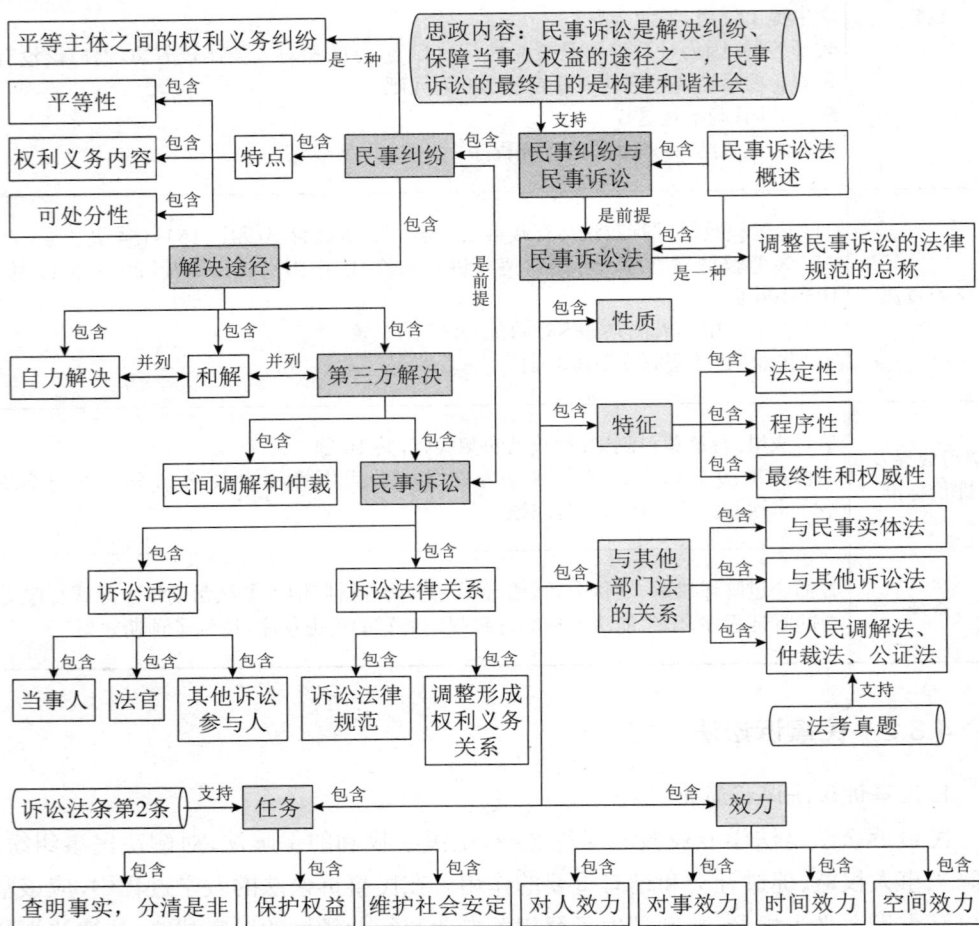

	知识点（学习水平）	素质目标
学习目标	民事纠纷概念及特点（记忆）；民事纠纷的解决机制（运用）；民事纠纷和民事诉讼所包含的思政理念（理解）；民事诉讼的内容（理解）；民事诉讼法概念、特征及性质（记忆）；民事诉讼法的效力（理解）；民事诉讼法的任务（理解）；民事诉讼法与其他部门法的关系（运用）	通过民事纠纷及其解决机制的记忆和运用，学生明白民事诉讼是解决纠纷、保障当事人权益的途径之一，综合考量和平衡利益冲突，学会既要实现保障个案中的当事人的合法权利，也要注重协调好社会关系；民事诉讼的最终目的是构建和谐社会

续表

学习先决知识	知识点（学习水平）			
	无			

课上资源	课下资源			
①（马工程教材）《民事诉讼法学》（第三版），高等教育出版社，《民事诉讼法学》编写组，2022 ②（法条）《中华人民共和国民事诉讼法》司法解释条文、《中华人民共和国人民调解法》《中华人民共和国仲裁法》《中华人民共和国公证法》 ③ 上课课件 ④ 案例库 ⑤ 法考真题库	① 民事诉讼法慕课视频 ② 翻转校园练习题 ③ 法院网站资源：中国庭审公开网；中国裁判文书网；最高人民法院诉讼服务网；人民法院案例库 ④ 文件资料：最高人民法院案由的文件；关于简易程序的若干规定；在线审判规则 ⑤ 题库：法考真题库 ⑥ 学术网站：哔哩哔哩官网；法律法规、案例检索网站；北大法宝；中国法学网 ⑦ 参考书目：《民事诉讼法》，田平安，中国人民大学出版社，2013；《民事诉讼法学》，江伟，复旦大学出版社，2016；《民事诉讼法》，齐树洁，中国人民大学出版社，2019			

课上时间	100 分钟		课下时间	120 分钟
活动序列	活动目标	地点	时间	学习资源
课前活动	课前学习慕课视频资源；查阅最高人民法院的案由规定和法院网的法院审判视频；学习相关参考书目及中国法学网等相关网站上的内容，并做翻转校园练习题；了解民事纠纷的类型，以及民事纠纷可以通过民事诉讼进行解决、民事诉讼的基本过程，并明白民事诉讼法是调整民事诉讼活动的法律规范；做法考真题题库中民事纠纷、民事诉讼法概述部分章节的真题	课下	120 分钟	①（中国大学 MOOC）中国政法大学，杨秀清，《民事诉讼法》 1.1 民事纠纷及多元化纠纷解决机制 1.2 民事诉讼 ② 翻转校园练习题 1 ③ 网站资源：中国庭审公开网；2011 年民事案由的规定；2021年，最高法针对《民事案件案由规定》印发了两份文件：法〔2020〕346 号、法〔2020〕347 号 ④ 中国法学网 ⑤ 参考书目：《民事诉讼法》，田平安，中国人民大学出版社，2013；《民事诉讼法学》，江伟，复旦大学出版社，2016
活动 1	民事纠纷概念及特点（记忆）	课上	20 分钟	①（马工程教材）《民事诉讼法学》（第三版），高等教育出版社，《民事诉讼法学》编写组，2022（第 19 页） ② 最高法发布的《民事案件案由规定》两份文件：法〔2020〕346 号、法〔2020〕347 号 ③ 课件：0101

活动序列	活动目标	地点	时间	学习资源
活动2	民事纠纷的解决机制（运用）；民事纠纷和民事诉讼所包含的思政理念（理解）	课上	25分钟	①（马工程教材）《民事诉讼法学》（第三版），高等教育出版社，《民事诉讼法学》编写组，2022（第19、20页） ② 课件：0101
活动3	民事诉讼的内容（理解）	课上	15分钟	①（马工程教材）《民事诉讼法学》（第三版），高等教育出版社，《民事诉讼法学》编写组，2022（第20、21页） ② 网站资源：中国庭审公开网 ③ 课件：0102
活动4	民事诉讼法概念、特征及性质（记忆）；民事诉讼法的效力（理解）；民事诉讼法的任务（理解）	课上	20分钟	①（法条）《中华人民共和国民事诉讼法》第一条至第三条 ②（马工程教材）《民事诉讼法学》（第三版），高等教育出版社，《民事诉讼法学》编写组，2022（第22、23页，29至33页） ③（案例）房屋买卖合同纠纷（赵某和房地产商）；管辖法院：新郑人民法院 ④ 课件：0102
活动5	民事诉讼法与其他部门法的关系（运用）	课上	20分钟	① 法考真题库：民事诉讼法和其他部门法的关系（章节） ②（马工程教材）《民事诉讼法学》（第三版），高等教育出版社，《民事诉讼法学》编写组，2022（第24至29页） ③（法条）《中华人民共和国人民调解法》《中华人民共和国仲裁法》《中华人民共和国公证法》的法条规定 ④ 课件：0103

活动1知识建模图（课上）：

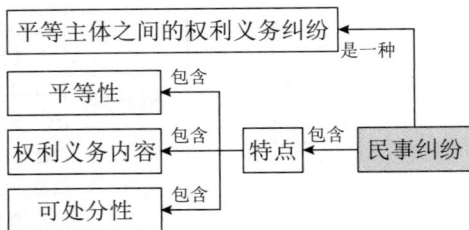

活动目标	民事纠纷概念及特点(记忆)
活动任务序列(导入任务描述):无	
师生交互过程	无

活动任务序列(任务一)

任务一知识组块:	任务描述	通过教师讲解分析、归纳类比和案例分析,掌握民事纠纷的概念和特点
平等主体之间的权利义务纠纷 是一种 平等性 包含 权利义务内容 包含 特点 包含 民事纠纷 可处分性 包含	任务时长	20分钟
	学习地点	课上

教学策略 (学习策略)	☑ 讲授　□ 小组讨论　☑ 答疑　□ 实验　□ 实训　□ 自主学习　□ 翻转课堂 ☑ 其他(请填写)　案例分析
师生交互过程	教师引导学生思考:矛盾无处不在,无时不在,纠纷其实就是矛盾或者是激化的矛盾,也是处处存的。同学们自己身边或者听说过的民事纠纷有哪些?最后是通过什么途径解决的呢? 2名学生思考之后结合自己身边的实例或者听过的民事纠纷进行回答,并说出是通过什么途径解决的 教师总结:这些纠纷也是我们经常会遇到的。大家想一想,这些民事纠纷有什么特点?是不是都必须按照一种解决方式进行解决?我们现在就要学习民事纠纷的特点以及解决途径 教师引导学生查阅最高法发布的《民事案件案由规定》两份文件:法〔2020〕346号、法〔2020〕347号,阐述它的实质是反映各种民事纠纷类型的文件,让学生认识到我们身边的民事纠纷有很多种类,民事纠纷无处不在 教师提问:法律规定的民事纠纷的种类有哪些? 学生回答:2名学生根据已经学习的最高人民法院发布的案由文件,回答自己比较熟悉的民事纠纷,回答5个以上 教师列举案例:不当得利纠纷案例(误转错钱,对方因为账户被查封无法返还而引发的诉讼)。结合该案例,学生回答该纠纷中的主体、内容和客体。并让学生比较该民事纠纷和刑事案件(如故意杀人案件),在主体上、对象上和内容上有哪些不同? 学生回答:1名学生回答,并进行比较分析 根据学生的回答,教师归纳总结民事纠纷的特点:主体的平等性、内容的权利义务性、权利的可处分性。这些特点是刑事纠纷没有的,刑事纠纷是强大的侦查机关、检察机关代表国家行使侦查、检察权利,代表社会利益追究犯罪,不具有主体的平等性、对于受害者的权利不可处分等 教师讲解:民事纠纷就是平等主体之间的,以权利义务为内容的,具有权利可处分性特征的纠纷或者矛盾。具有主体平等性,内容的权利义务性、权利的可处分性等特点 案例分析:判断是否属于民事纠纷。案例①:姓名案;案例②:保姆放火案;案例③:二手房买卖合同纠纷(课件展示) 学生回答:1名学生判断,并回答判断依据——主体的平等性、内容的权利义务性、权利的可处分性

学习资源	① 马工程教材《民事诉讼法学》(第三版),高等教育出版社,《民事诉讼法学》编写组,2022(第 19 页) ② 最高法发布的《民事案件案由规定》两份文件:法〔2020〕346 号、法〔2020〕347 号 ③ 课件:0101 ④ 教学案例:课件展示
学习成果 及评价 标准	学生掌握民事纠纷的概念和特点 定量评价标准:完成报告,内容包括 5 种以上民事纠纷案例,并对其主体、客体、内容进行分析,最后分析所有案件的特点 优秀(90~100 分),良好(80~89 分),中等(60~79 分),差(60 分以下) 定性评价标准:从民事纠纷的类型数量、概括的民事纠纷的特点、处分性的体现三个方面进行评价。优秀(90~100 分):结合民事纠纷的类型寻找自己身边的民事纠纷案例(5 个以上),并准确概括不同类型民事纠纷的特点(主体、内容和客体),以及处分性的体现。良好(80~89 分):结合民事纠纷的类型寻找自己身边的民事纠纷案例(5 个以上),并概括一个以上民事纠纷的特点(主体、内容和客体),以及处分性的体现。中等(60~79 分):至少寻找一个自己身边的民事纠纷案例,概括民事纠纷的特点(主体、内容和客体),以及处分性的体现。差(60 分以下):案例不是民事纠纷,或者概括的特点不符合民事纠纷的主体、客体和内容的规定,也没有总结出民事纠纷的可处分性的体现,或者没有提交报告
备注	一定要跟学生强调民事纠纷的概念和特点的重要性,虽然这部分知识并不是特别难,但是我们学习整个民事诉讼法的基础,整个民事诉讼及民事诉讼法都是在民事纠纷及其特点的基础上进行活动和构建的,所以一定要从第一节课记到最后一节课

活动 2 知识建模图(课上):

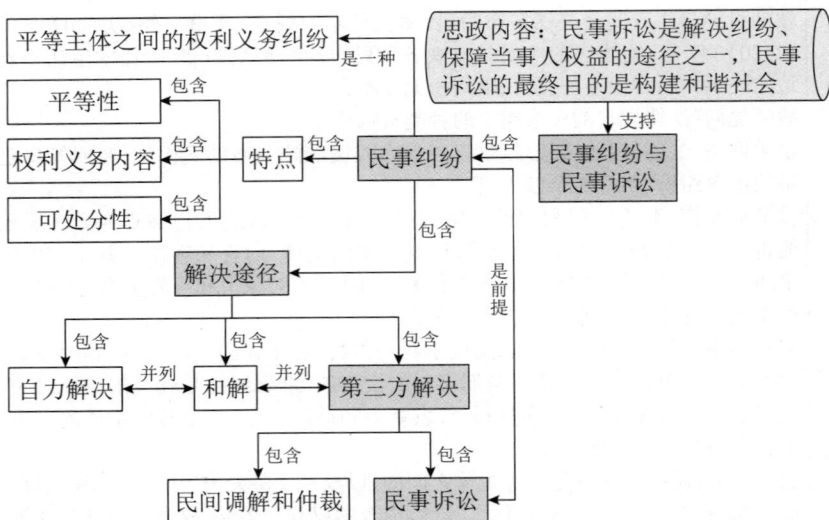

活动目标	民事纠纷的解决机制(运用);民事纠纷和民事诉讼所包含的思政理念(理解)		
活动任务序列(导入任务描述):无			
师生交互过程	无		

续表

活动任务序列(任务一)

任务一知识组块:

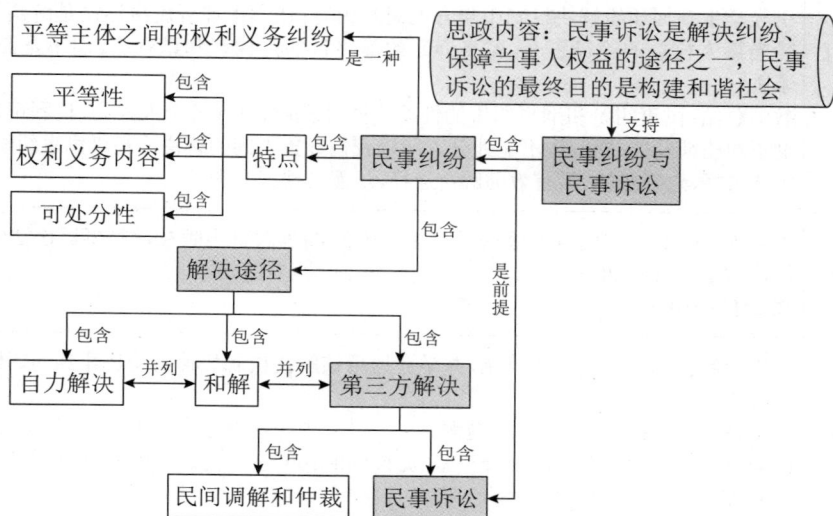

任务描述	通过教师讲解、课上分组讨论、对比分析,理解民事纠纷的解决机制,并学会运用该解决机制快速解决民事纠纷,体会其中包含的通过快速解决纠纷助力建设和谐社会的思政内容
任务时长	25 分钟
学习地点	课上
教学策略 (学习策略)	☑ 讲授　☑ 小组讨论　☑ 答疑　□ 实验　□ 实训　□ 自主学习　□ 翻转课堂 □ 其他(请填写)_____
师生交互过程	教师引导学生思考:我们回顾了两个民事纠纷的案例及相关案例的解决途径,是不是这就是所有民事纠纷的解决途径? 1 名学生思考之后进行回答,要有不同的途径 教师:民事纠纷无处不在,我们必须尽快解决民事纠纷,从而实现构建和谐社会的要求。那么,民事纠纷的解决机制有哪些? 各有哪些好处? 解决机制:①自力救济:凭借自己的力量解决。(教师举例说明)吃霸王餐的解决方式。②协商解决(和解):双方进行协商解决问题。(教师举例说明)双方协商解决合同纠纷。③第三方解决(包括民事诉讼,仲裁、调解等):通过第三方的力量解决纠纷。(教师举例)同学之间打架,一方将另一方打伤,第三方辅导员居中协调解决 教师:学生分组回答不同的解决机制有何优势,又有何缺点? 结合刚才举的两个案例,回答自己这一组会选择的解决途径及原因 学生分为 3 个小组进行讨论并派代表进行回答:选择途径要有理由,能体现出一个理性的法律人的思维 教师提问:为什么民事纠纷可以选择不同的解决途径,而刑事纠纷(除了自诉案件)不能选择? 根本原因是什么? 学生回答:1 名学生回答,应结合民事纠纷和刑事纠纷的不同性质进行回答

师生交互过程	教师引导学生注意:设置不同的民事纠纷解决机制的目的和意义。掌握设置民事纠纷解决机制的最终目的是快速解决纠纷,构建和谐社会 引导学生掌握纠纷解决机制中包含的思政内容:让学生理解民事诉讼是解决纠纷,保障当事人权益的途径之一,民事诉讼的最终目的是构建和谐社会,而不是激化社会矛盾 教师总结:民事纠纷和刑事纠纷的性质不同:民事纠纷涉及个人权利,权利可以处分;刑事纠纷涉及公共利益,不能处分。所以我们设置不同的解决途径供民事纠纷的权利主体选择,选择最快、最有效的解决途径,从而实现社会和谐
学习资源	①（马工程教材）《民事诉讼法学》（第三版），高等教育出版社，《民事诉讼法学》编写组，2022（第19、20页） ②课件:0101
学习成果及评价标准	学生理解民事纠纷的解决机制,并学会运用该解决机制快速解决民事纠纷,体会其中包含的思政内容 定量评价标准:学习中心客观题测试——共有5道选择题和判断题,每道题20分,按照得分评价出优秀、良好、中等和差;优秀(90~100分),良好(80~89分),中等(60~79分),差(60分以下) 定性评价标准——优秀(90~100分):全部正确,良好(80~89分):4道题正确,中等(60~79分)3道题正确,差(60分以下):2道或2道以下题正确
备注	大家的思维比较中庸,认为自己解决或者调解得更好,虽然我们强调选择权的重要性,但是也要知道通过法律规定的诉讼途径解决的重要性和权威性

活动3知识建模图（课上）:

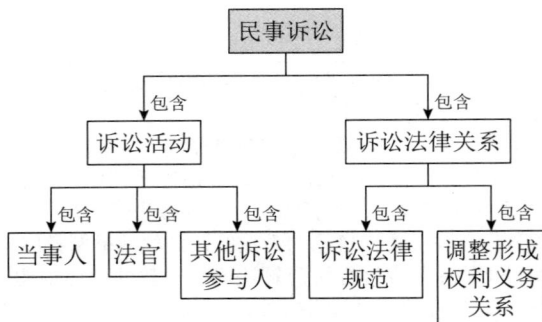

活动目标	民事诉讼的内容（理解）
活动任务序列（导入任务描述）:无	
师生交互过程	无

续表

活动任务序列(任务一)

任务一知识组块:				

任务 描述		通过中国庭审公开网中民事审判程序步骤的学习和小组讨论,以及教师讲解,学生理解民事诉讼包含的基本内容
任务 时长		15 分钟
学习 地点		课上

教学策略 (学习 策略)	☑ 讲授　☑ 小组讨论　☑ 答疑　□ 实验　□ 实训　☑ 自主学习　□ 翻转课堂 □ 其他(请填写)＿＿＿＿＿＿
师生交互 过程	教师引导学生思考:民事诉讼是我们能够选择的解决民事纠纷的途径,也就是我们俗称的打官司,那么,什么是打官司?怎么打官司? 1 名学生思考之后进行回答,要有主体、内容和行为 教师:接下来我们具体学习民事诉讼 教师提前发布中国庭审公开网中的案件审判链接,让学生在课前进行观看 教师:民事诉讼就是我们俗称的打官司,那么打官司是怎样进行的?其基本内容又是什么呢?这是很多人都比较好奇和关注的。我们在课前已经发布了中国庭审公开网中的视频链接,相信大家已经看过了开庭审理的基本情况,对开庭审理也有了更直观的认识 教师提问:我们发布的案件庭审视频中开庭审理的步骤是什么?在案件的审理过程中有哪些主体参与,分别进行了哪些活动,这些主体之间形成了哪种联系? 学生分成 2 个小组进行讨论,之后派出代表进行回答,答案要包含视频中的基本内容 教师引导学生注意:民事诉讼或者打官司最集中的环节就是庭审环节,我们看到了各种主体的活动,从而推进庭审的进行,而且在活动中各个主体必然相互联系,如当事人向法院递交文书,相互进行辩驳等,这是以法院为主导而形成的主体之间的联系 教师讲解:民事诉讼俗称打官司,包括起诉、答辩、开庭前的准备、开庭审理、判决等阶段,本质上都是各种诉讼主体参与的诉讼活动及以法官为中心形成的各种联系,这种联系受民事诉讼法调整,形成诉讼法律关系,也就是我们说的诉讼权利义务关系(主体能做什么,不能做什么)。所以,打官司就是各种参与人按照法律的规定进行的各种行为的综合,以及在行为的基础上形成的法律关系
学习资源	①(马工程教材)《民事诉讼法学》(第三版),高等教育出版社,《民事诉讼法学》编写组,2022(第 20、21 页) ② 网站资源:中国庭审公开网 ③ 课件:0101

学习成果及评价标准	学生理解民事诉讼的基本内容 定量评价标准:完成分析报告(对审判视频中的各个主体和主体的诉讼活动,以及形成的法律关系进行分析)。优秀(90~100分),良好(80~89分),中等(60~79分),差(60分以下) 定性评价标准:从回答问题的整体准确性、对内容的分析陈述、语言表达三方面进行评判。优秀(90~100分):回答问题准确;陈述内容充分,重点突出,思路清楚,条理清晰;语言表达通顺,用词准确。良好(80~89分):回答问题较准确;陈述内容较充分,能突出重点,思路较清楚,条理较清晰;语言表达较通顺,用词较准确。中等(60~79分):回答问题基本准确;基本能够陈述相关内容,有一定思路,条理基本清晰;语言表达基本通顺,用词基本准确。差(60分以下):回答问题错误或者陈述内容混乱,抓不住重点,条理性差或者语言表达不通顺,用词不够准确
备注	提前发布庭审视频,学生一定要在课前观看,否则不知道如何回答教师课上的提问

活动4 知识建模图(课上):

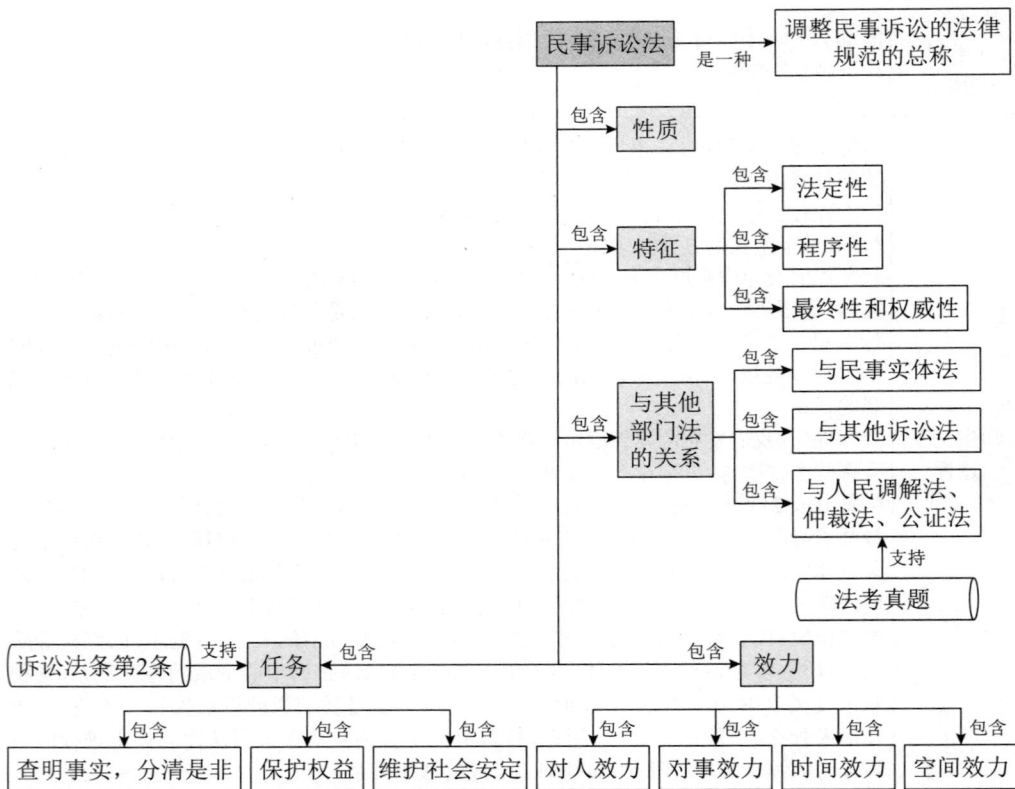

活动目标	民事诉讼法概念、特征及性质(记忆);民事诉讼法的效力(理解);民事诉讼法的任务(理解)
活动任务序列(导入任务描述):无	
师生交互过程	无

续表

活动任务序列（任务一）

任务一知识组块：

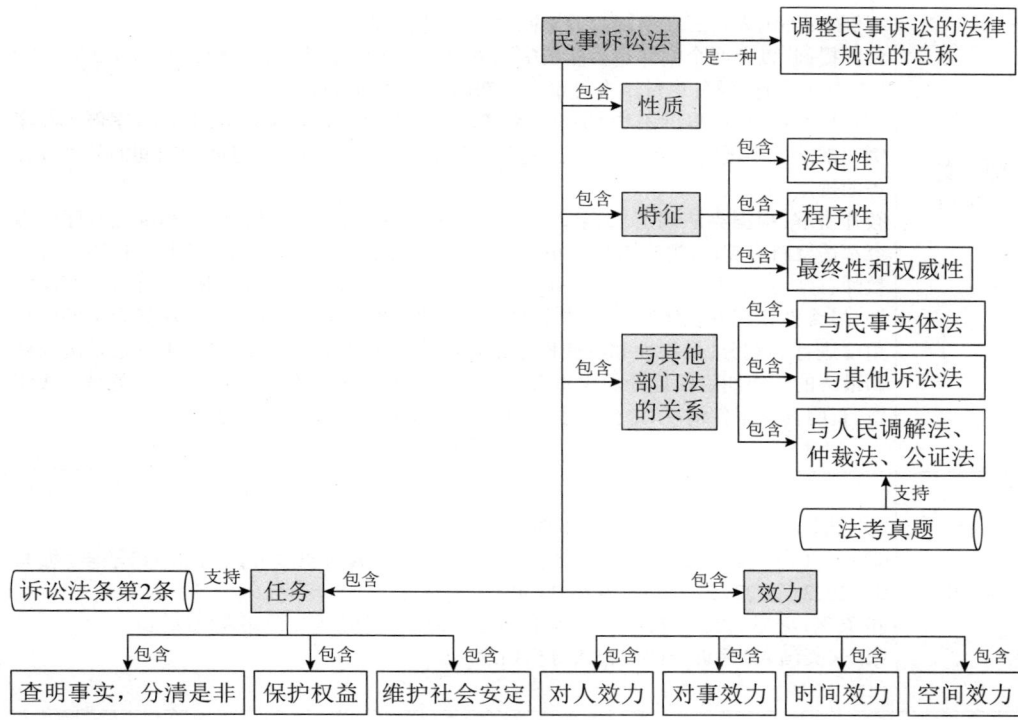

任务描述	通过学习法条、教师讲解、案例分析及法理和宪法相关知识的联系,理解民事诉讼法的效力和民事诉讼法的任务,并掌握民事诉讼法的概念、特征、性质
任务时长	20 分钟
学习地点	课上
教学策略（学习策略）	☑ 讲授　☑ 小组讨论　☑ 答疑　☐ 实验　☐ 实训　☑ 自主学习　☐ 翻转课堂 ☐ 其他(请填写)_____
师生交互过程	教师引导学生理解民事诉讼法就是对民事诉讼进行调整的法律规范的总和,它对民事诉讼的效力、任务等都进行了规定,是民事诉讼的基本依据 教师提前布置预先学习这部分法条的任务 教师提问:《中华人民共和国民事诉讼法》是如何规定民事诉讼法的任务的? 学生回答:1 名学生结合法条进行回答,查明事实,定分止争等 教师讲解:《中华人民共和国民事诉讼法》是调整在中华人民共和国领域内民事诉讼的法律规范,其任务是解决纠纷、保护权益、定分止争。民事诉讼法的效力包含四个方面:①对人效力:所有在中华人民共和国领域内的诉讼主体。②对事效力:民事纠纷。③时间效力:法律生效之日起发生的案件,一般不具有溯及力。④空间效力:在中华人民共和国领域内进行诉讼的案件

师生交互过程	教师：案例①：疫情时期房地产商在房屋买卖合同中因为疫情、大气污染等违约引起的诉讼 案例②：外国人张三在中国起诉李四，引发侵权诉讼 教师提问：以上两个案件是否能在中国诉讼？中国法院是否有管辖权？为什么？ 1名学生进行回答：尽量结合民事诉讼法的四个效力进行回答 教师总结：根据民事诉讼法的时间、空间、对人、对事的效力及任务的规定，案例①和案例②都能在中国的法院进行诉讼，符合民事诉讼法对事、对人、时间和空间的效力及任务的规定 教师讲解：根据宪法规定，民事诉讼法作为基本法，其制定机构、地位和制定程序的内容都需要符合宪法的规定，民事诉讼法具有基本法、程序法、部门法的基本性质 教师总结：民事诉讼法是调整民事诉讼活动的基本法，属于程序法和部门法，具有法定性、最终性和权威性等特点。法定性是指法律的明文规定；程序性是从其规定的内容角度进行的划分；最终性和权威性是指在解决民事纠纷的途径上，民事诉讼是最权威和最终的解决纠纷的途径。民事诉讼法是进行民事诉讼的法律依据，其任务是解决纠纷、查明真实案件情况、定分止争；具有对人、对事、时间、空间效力
学习资源	①（法条）《中华人民共和国民事诉讼法》：第一条至第三条 ②（马工程教材）《民事诉讼法学》（第三版），高等教育出版社，《民事诉讼法学》编写组，2022（第22、23页；第29至33页） ③案例：房屋买卖合同纠纷（赵某和房地产商）；管辖法院：新郑人民法院 张三（美国人）起诉李四侵害人身权纠纷
学习成果及评价标准	理解民事诉讼法的效力、民事诉讼法的任务 定量评价标准：分析案例"房屋买卖合同纠纷（赵某和房地产商）"，分析该案件的审理是否符合民事诉讼法的效力（四个效力）和任务（法条的规定）。优秀（90~100分），良好（80~89分），中等（60~79分），差（60分以下） 定性评价标准：从回答问题的整体准确性、对内容的分析陈述、语言表达三方面进行评判。优秀（90~100分）：回答问题准确；陈述内容充分，重点突出，思路清楚，条理清晰；语言表达通顺，用词准确。良好（80~89分）：回答问题较准确；陈述内容较充分，能突出重点，思路较清楚，条理较清晰；语言表达较通顺，用词较准确。中等（60~79分）：回答问题基本准确；基本能够陈述相关内容，有一定思路，条理基本清晰；语言表达基本通顺，用词基本准确。差（60分以下）：回答问题错误或者陈述内容混乱，抓不住重点，条理性差或者语言表达不通顺，用词不够准确
备注	学生的法理知识掌握得不是很好，法理学是对法律的概括和抽象，对具体法有指导作用。有些理论不好记忆，需要结合具体法进行理解和记忆

活动 5 知识建模图（课上）：

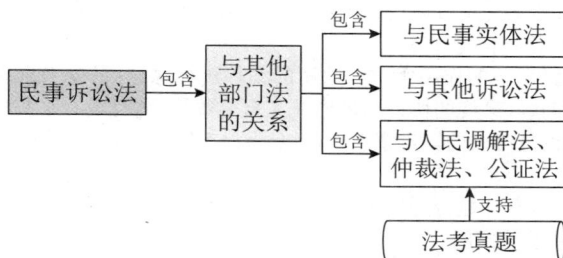

活动目标	民事诉讼法与其他部门法的关系（运用）
活动任务序列（导入任务描述）：无	
师生交互过程	无

活动任务序列（任务一）

任务一知识组块：	任务描述	通过讲解、案例分析、比较民事诉讼法和其他部门法的关系、做法考真题,学生准确掌握民事诉讼法和人民调解法、仲裁以及公证的关系及适用
	任务时长	20 分钟
	学习地点	课上

教学策略（学习策略）	☑讲授 □小组讨论 ☑答疑 □实验 □实训 ☑自主学习 □翻转课堂 ☑其他（请填写）_案例分析_
师生交互过程	教师提前布置学生学习《中华人民共和国人民调解法》《中华人民共和国仲裁法》《中华人民共和国公证法》的任务 教师引导学生注意:作为解决纠纷的方式,人民调解、仲裁、公证同样能够起到很好解决纠纷、定分止争的作用,而且和民事诉讼有一定的关联性,所以我们要学习、比较这几种解决纠纷的方式,分析其特征和优势。下面我们结合案例进行分析 案例:货物买卖合同纠纷:张某和王某签订货物买卖合同,之后王某违约,双方之间发生纠纷。引导学生思考解决纠纷的不同适用情况

师生交互过程	① 人民调解 教师提问:该案件是否能进行人民调解?最后的结果如何? 1 名学生回答该问题 教师对人民调解的作用、结果、适用的案件进行总结:只要当事人愿意,所有民事纠纷都能进行调解,最终的协议需要当事人自愿签订,并且没有强制执行力,如果当事人想提起诉讼也是可以的。当事人也可以到法院确认协议的内容,使协议具有强制执行力 ② 仲裁法 教师提问:该案件是否能进行仲裁?什么条件才能进行仲裁?最后的结果如何? 1 名学生回答该问题 教师对仲裁的作用、结果、适用的案件进行总结:只有达成有效的书面仲裁协议的案件才能仲裁,并且属于财产类纠纷,结果是仲裁裁决,仲裁本身没有强制执行力,需要法院的执行和配合才能实现仲裁的内容 ③ 公证法 教师提问:该案件是否能进行公证?公证的目的是什么?能否直接实现合同目的? 1 名学生回答该问题 教师对公证的作用、结果、适用的案件进行总结:对于证据及具有执行力的协议都可以进行公证,公证能够有效地降低争议,但是公证的结果也是需要法院确认和实现的 教师总结:通过分析发现,每一个解决纠纷的途径都有其规定的条件和结果,但是民事诉讼具有权威性和解决纠纷的最终性,并且能够为其他解决纠纷的途径提供支持和帮助,所以当事人可以选择最有利的途径达到自己解决纠纷的目的,并且最终能够取得法院的强制支持,是非常不错的选择,能够让当事人真正地实现选择权 最后教师讲解法考典型题目并提问(课件展示法考真题:关于人民调解、仲裁和公证的联系的选择题,民事诉讼和仲裁法的关系的知识点题目)
学习资源	① 法考真题库:民事诉讼法和其他部门法的关系(章节) ②(马工程教材)《民事诉讼法学》(第三版),高等教育出版社,《民事诉讼法学》编写组,2022(第 24 至 29 页) ③《中华人民共和国人民调解法》《中华人民共和国仲裁法》《中华人民共和国公证法》的法条规定 ④ 课件:0102
学习成果及评价标准	能够准确理解民事诉讼法和其他部门法的关系,尤其是和人民调解、仲裁、公证之间的关系 定量评价标准:法考真题库[优秀(90~100 分),良好(80~89 分),中等(60~79 分),差(60 分以下)] 定性评价标准:做题次数和对的数量是评价标准。优秀(90~100 分):第一次全对;良好(80~89 分):第一次有错误,但通过上课听讲之后能够做对;中等(60~79 分):第一次有错误,经过听讲后依然没有做对,需要教师反复讲解;差(60 分以下):没有做题或者出错之后没有进行反思和订正
备注	这一部分内容涉及的法条比较多也比较重要,部分学生没有在课下认真学习,需要好好地研读相关内容,才能真正掌握这一部分的知识点

（2）民事诉讼专业基础课教学设计（二）见表 4-3-5

表 4-3-5　民事诉讼法专业基础课教学设计（二）

2024 年第 1 学期第 1 周第 2 次课

知识建模图：

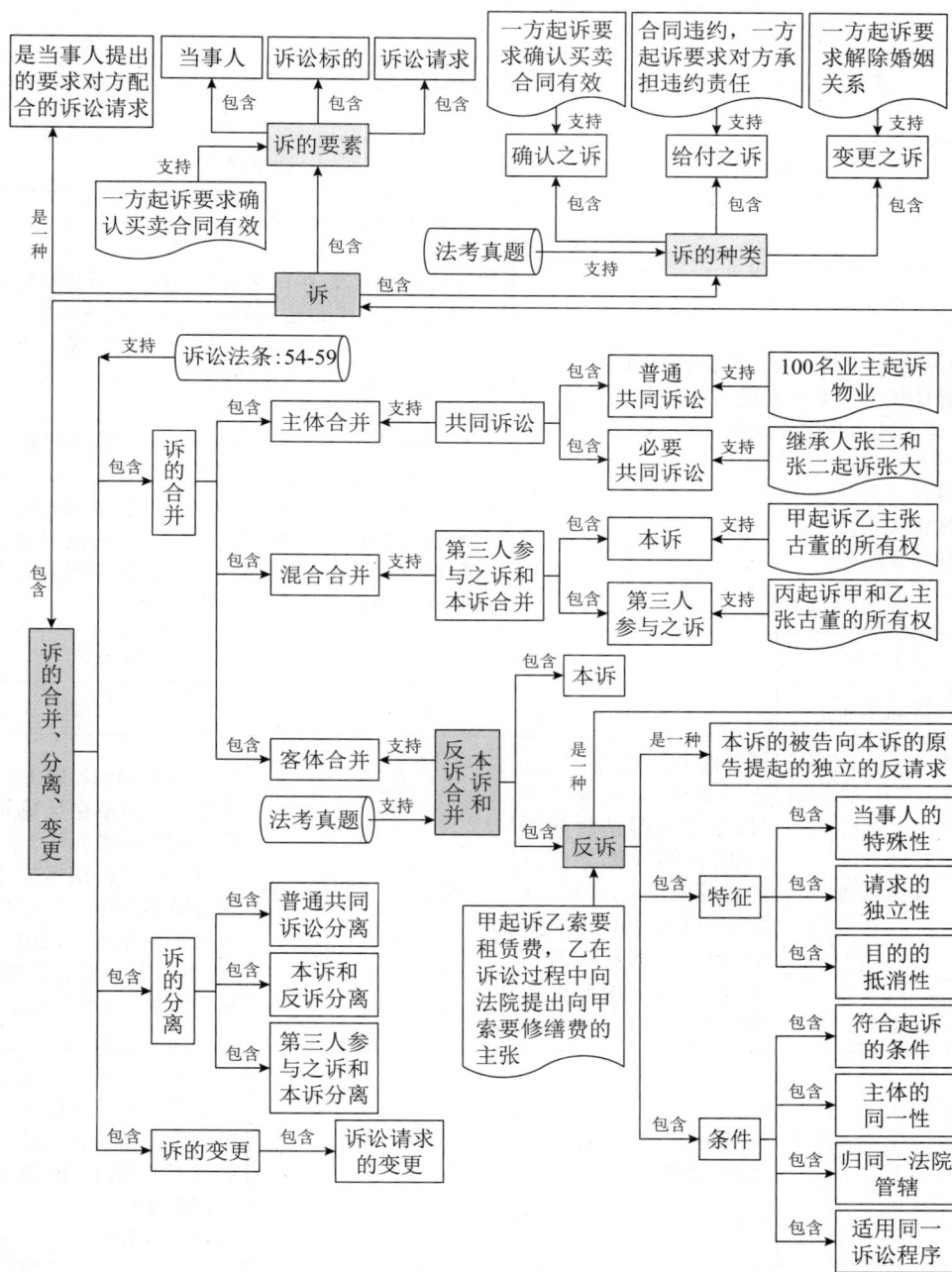

学习目标	知识点（学习水平）		素质目标
	诉的概念（记忆）诉的要素（理解）；诉的种类（记忆、运用）；诉的合并、分离和变更（理解）；反诉（记忆、运用）		无
学习先决知识	知识点（学习水平）		
	无		

课上资源	课下资源
①（马工程教材）《民事诉讼法学》（第三版），高等教育出版社，《民事诉讼法学》编写组，2022 ②（法条）《中华人民共和国民事诉讼法》，司法解释条文，《中华人民共和国人民调解法》《中华人民共和国仲裁法》《中华人民共和国公证法》 ③课件 ④案例库 ⑤法考真题库	① 民事诉讼法慕课视频 ② 翻转校园练习题 ③ 法院网站资源：中国庭审公开网；中国裁判文书网；最高人民法院诉讼服务网；人民法院案例库 ④ 文件资料：最高人民法院案由的文件；关于简易程序的若干规定；在线审判规则 ⑤ 题库：法考真题库 ⑥ 学术网站：哔哩哔哩官网；法律法规、案例检索网站；北大法宝；中国法学网 ⑦ 参考书目：《民事诉讼法》，田平安，中国人民大学出版社，2013；《民事诉讼法学》，江伟，复旦大学出版社，2016；《民事诉讼法》，齐树洁，中国人民大学出版社，2019

课上时间	100 分钟	课下时间	120 分钟

活动序列	活动目标	地点	时间	学习资源
课前活动	课前观看法院网的法院审判视频，学习参考书目，学习中国法院网的知识，做练习题，了解诉的合并的形式、作用，诉的变更是哪些地方的变更，初步掌握反诉的基本规定，对诉的要素有基本的认识	课下	120 分钟	① 翻转校园练习题 1 ② 网站资源：中国庭审公开网中国法学网 ③ 参考书目：田平安主编，《民事诉讼法》，中国人民大学出版社，2013；《民事诉讼法学》，江伟，复旦大学出版社，2016
活动 1	诉的概念（记忆）；诉的要素（理解）	课上	10 分钟	①（马工程教材）《民事诉讼法学》（第三版），高等教育出版社，《民事诉讼法学》编写组，2022（第 34 页） ② 课件：0201

续表

活动序列	活动目标	地点	时间	学习资源
活动 2	诉的种类（记忆、运用）	课上	25 分钟	①（马工程教材）《民事诉讼法学》（第三版），高等教育出版社，《民事诉讼法学》编写组，2022（第 35、36 页） ② 法考真题库：诉的理论（章节） ③ 课件：0201
活动 3	诉的合并、分离和变更（理解）	课上	25 分钟	① 课件：0202 ② 网站资源：中国庭审公开网
活动 4	反诉（记忆、运用）	课上	40 分钟	①（马工程教材）《民事诉讼法学》（第三版），高等教育出版社，《民事诉讼法学》编写组，2022（第 36、37 页） ② 课件：0203 ③ 网站资源：中国庭审公开网

活动 1 知识建模图（课上或课下）：

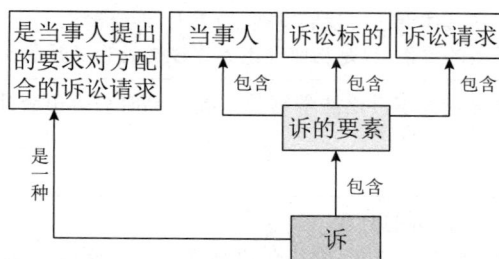

活动目标	诉的概念（记忆）；诉的要素（理解）

活动任务序列（导入任务描述）：无

师生交互过程	无

活动任务序列(任务一)

任务一知识组块:		任务描述	通过教师讲解、分析归纳,掌握诉的概念,理解诉的要素
是当事人提出的要求对方配合的诉讼请求　当事人　诉讼标的　诉讼请求　包含　包含　包含　诉的要素　是一种　包含　诉		任务时长	10 分钟
		学习地点	课上

教学策略(学习策略)	☑ 讲授　□ 小组讨论　☑ 答疑　□ 实验　□ 实训　☑ 自主学习　□ 翻转课堂 □ 其他(请填写)_____
师生交互过程	教师课前布置学生查找民事诉讼法中包含"诉"字的法条 教师引导学生注意:诉是对所有具体诉讼的抽象和概括,能够让我们对具体的诉讼有理论上的认识 教师提问学生:民事诉讼法条中跟"诉"有关的字眼包含哪些? 1 名学生回答:起诉、上诉、诉讼请求、诉求、第三人撤销之诉、公益诉讼等(至少 5 个) 教师引导学生思考:一方起诉要求确认买卖合同有效的案件中必须包含哪些基本的要素?一方起诉要求对方承担违约责任的案件中必须包含哪些基本的要素? 1 名学生回答:原告、被告、审案的法官,提出需要法官解决的问题,什么原因提出诉讼等,最后是审案的结果、判决或调解。每一个案件逐步分析 教师总结:根据以上分析,诉是关于起诉、上诉、反诉、再审之诉、第三人撤销之诉、确认之诉、变更之诉等所有具体的诉讼的抽象概括,是指当事人向法院提出要求法院裁判的诉讼请求。从具体诉讼中我们发现,当事人、诉讼请求、双方争议的法律关系是一个案件中必须具备的要素,也是当前理论界比较赞成的三要素说的体现
学习资源	①(马工程教材)《民事诉讼法学》(第三版),高等教育出版社,《民事诉讼法学》编写组,2022,34 页 ② 课件:0201
学习成果及评价标准	掌握诉的概念,理解诉的要素 定量评价标准:对确认之诉(确认存在租赁法律关系)案例进行分析,分析该诉的要素。优秀(90~100 分),良好(80~89 分),中等(60~79 分),差(60 分以下) 定性评价标准:从回答问题的整体准确性、对内容的分析陈述、语言表达三方面进行评判。优秀(90~100 分):回答问题准确;陈述内容充分,重点突出,思路清楚,条理清晰;语言表达通顺,用词准确。良好(80~89 分):回答问题较准确;陈述内容较充分,能突出重点,思路较清楚,条理较清晰;语言表达较通顺,用词较准确。中等(60~79 分):回答问题基本准确;基本能够陈述相关内容,有一定思路,条理基本清晰;语言表达基本通顺,用词基本准确。差(60 分以下):回答问题错误或者陈述内容混乱,抓不住重点,条理性差或者语言表达不通顺,用词不够准确
备注	诉是比较抽象的字眼,一定要结合具体的诉讼进行理解

活动 2 知识建模图（课上）

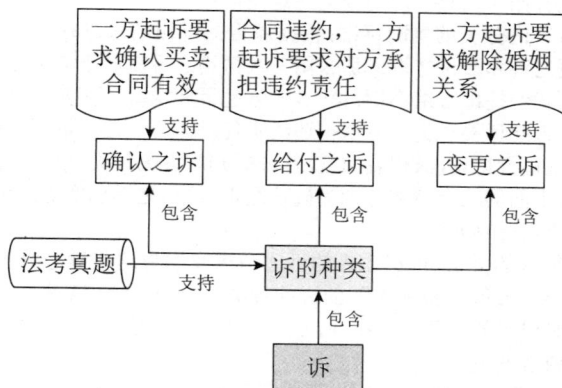

活动目标	诉的种类（记忆、运用）
活动任务序列（导入任务描述）：无	
师生交互过程	无

活动任务序列（任务一）

任务一知识组块：	任务描述	通过讲解、案例分析、做法考真题，学生理解并学会判断诉的种类，了解诉的种类
	任务时长	25 分钟
	学习地点	课上

教学策略（学习策略）	☑讲授　☑小组讨论　☑答疑　□实验　□实训　□自主学习　□翻转课堂 ☑其他（请填写）案例分析

师生交互过程	教师引导学生关注诉的种类,思考民事诉讼法中明确规定的诉讼如第三人撤销之诉属于哪种诉讼,如何判断? 诉的分类的意义何在? 教师讲解:诉的分类的判断标准:根据原告的诉讼请求进行判断。诉的种类包括确认之诉、变更之诉和给付之诉。那么第三人撤销之诉就属于变更之诉或者形成之诉 教师:下面我们提出三组案例:第一,一方起诉要求确认买卖合同有效的案件;第二,合同违约,一方起诉要求另一方承担违约责任;第三,一方起诉要求解除婚姻关系 学生分 3 组进行讨论,派代表回答,并分析判断诉的种类,以及判断的标准 教师总结,上面的三个案例分别为确认之诉;给付之诉和变更之诉,我们都是根据原告的诉讼请求进行判断的 现实中有很多的诉讼,根据原告的诉讼请求我们将这些诉讼分为确认之诉,变更之诉和给付之诉。要能够根据不同的诉的种类,在提出诉讼请求时给予当事人指导,在法官审案的时候也能给予判决指导,不至于犯错。我们将要学到的第三人撤销之诉属于形成之诉或者变更之诉 教师提问:在第一个案例中,原告提起确认之诉,要求法院确认其和对方之间存在租赁合同法律关系,之后法院判决原告胜诉,原告是否可以申请法院强制执行,实现租金权利? 1 名学生回答:从诉的种类及原告的目的方面进行回答,这个案件是不能强制执行的,因为原告的诉请是确认,而不是给付,希望注意 最后,带领学生做典型法考真题
学习资源	① (马工程教材)《民事诉讼法学》(第三版),高等教育出版社,《民事诉讼法学》编写组,2022,第 35、36 页 ② 法考真题库:诉的理论(章节) ③ 课件:0201
学习成果及评价标准	能够准确理解并判断诉的种类 定量评价标准:法考真题库 —— 优秀(90~100 分),良好(80~89 分),中等(60~79分),差(60 分以下) 定性评价标准:做的次数和对的数量是评价标准。优秀(90~100 分):第一次全对;良好(80~89 分):第一次有错误,但通过上课听讲之后能够做对;中等(60~79 分):第一次有错误,经过听讲后依然没有做对,需要教师反复讲解;差(60 分以下):没有做题或者出错之后没有进行反思和订正
备注	一定要注意诉的分类的指导意义,实践中也出现过对确认之诉进行执行的情形

活动3 知识建模图(课上＋课下):

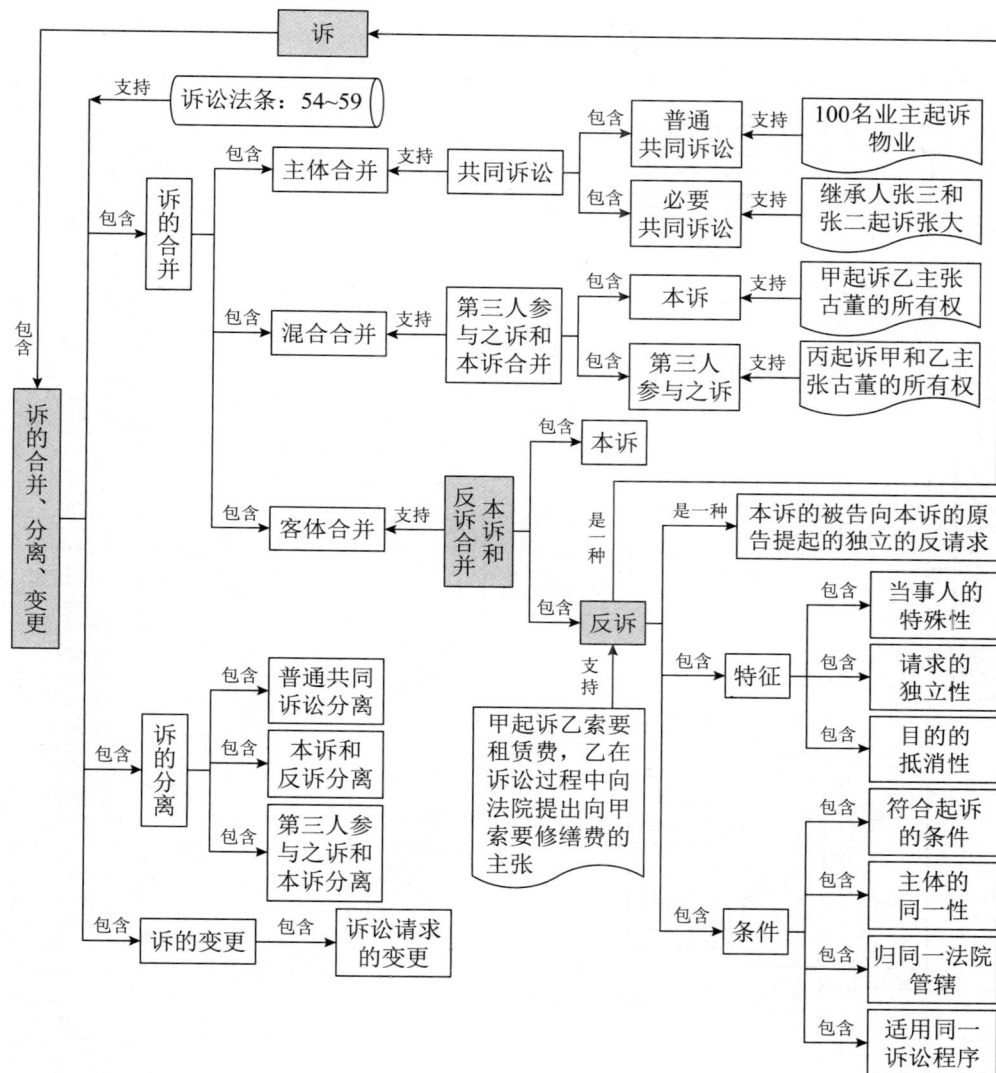

诉

诉讼法条:54~59

- 诉的合并、分离、变更(包含)
  - 诉的合并(包含)
    - 主体合并(支持)共同诉讼
      - 普通共同诉讼(支持)100名业主起诉物业
      - 必要共同诉讼(支持)继承人张三和张二起诉张大
    - 混合合并(支持)第三人参与之诉和本诉合并
      - 本诉(支持)甲起诉乙主张古董的所有权
      - 第三人参与之诉(支持)丙起诉甲和乙主张古董的所有权
    - 客体合并(支持)本诉和反诉合并
      - 本诉
      - 反诉(支持)甲起诉乙索要租赁费,乙在诉讼过程中向法院提出向甲索要修缮费的主张
        - 是一种:本诉的被告向本诉的原告提起的独立的反请求
        - 特征
          - 当事人的特殊性
          - 请求的独立性
          - 目的的抵消性
        - 条件
          - 符合起诉的条件
          - 主体的同一性
          - 归同一法院管辖
          - 适用同一诉讼程序
  - 诉的分离(包含)
    - 普通共同诉讼分离
    - 本诉和反诉分离
    - 第三人参与之诉和本诉分离
  - 诉的变更(包含)
    - 诉讼请求的变更

活动目标	诉的合并、分离和变更(理解)
活动任务序列(导入任务描述):无	
师生交互过程	无

续表

活动任务序列（任务一）

任务一知识组块：

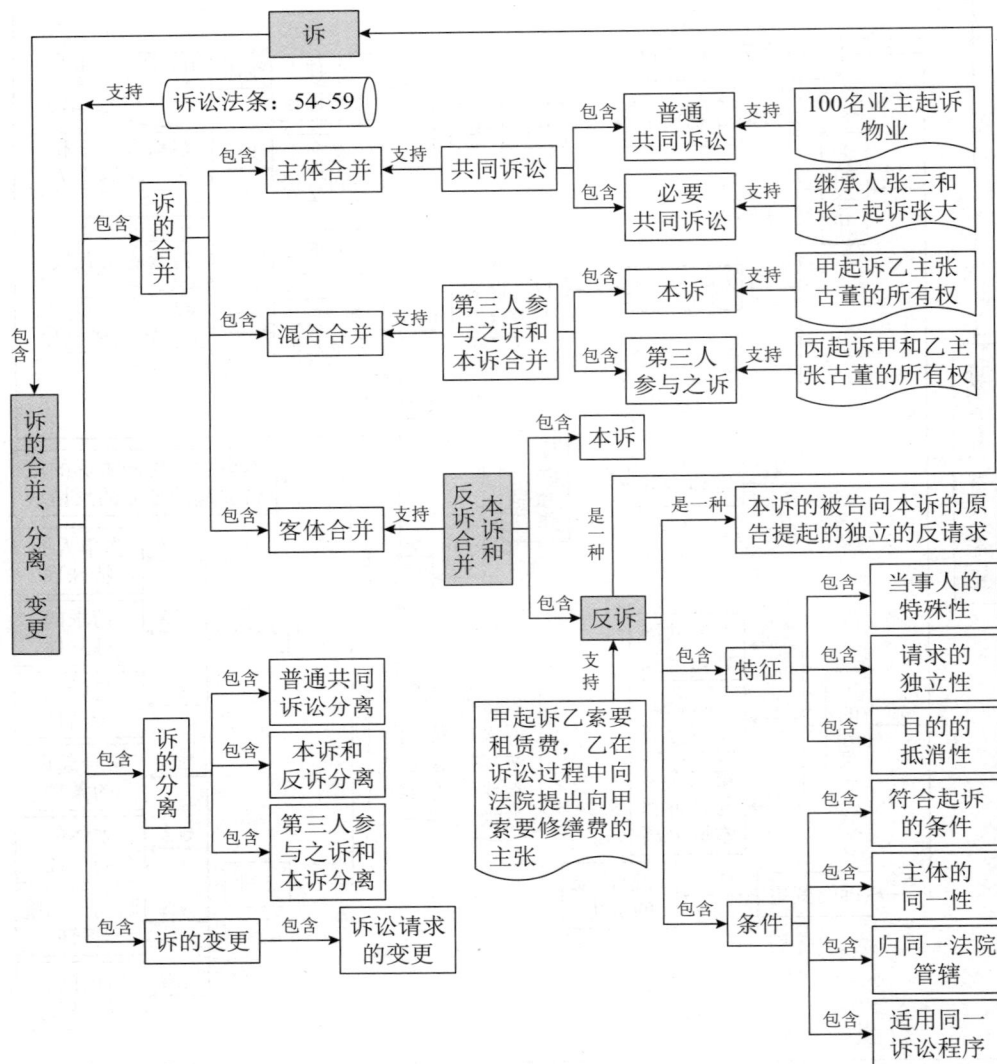

任务描述	通过对诉的合并案件审理视频的学习和总结，以及教师讲解、案例分析，理解诉的合并、分离和变更，并对现实进行指导
任务时长	25 分钟
学习地点	课上

续表

教学策略 （学习 策略）	☑ 讲授　☑ 小组讨论　☑ 答疑　□ 实验　□ 实训　☑ 自主学习　□ 翻转课堂 ☑ 其他（请填写）__案例分析__
师生交互 过程	教师提前发布诉的合并的案件审判链接，让学生课前进行观看 教师提问：我们发布的诉的合并的庭审视频链接中，诉的合并是哪些案件的合并？法庭开庭审理的步骤是什么？两个以上的案件如何进行合并？为什么能合并审理？（普通共同诉讼审判视频） 学生分成 2 个小组进行讨论，之后派出代表进行回答 教师总结，通过分析，我们发现该视频中是将 2 个案件一起进行审理，先审第一个，再审第二个，只不过因为第一个和第二个案件种类一样，所以第二个案件审理速度非常快，程序进行非常有效率 讲师讲解：诉的合并的含义，是将两个或者两个以上有关联的案件合并到一个诉讼程序中进行审理的制度。根据诉的合并的不同，诉的合并可以分为主体合并，客体合并和混合合并，我们刚才看到的视频就是诉的混合合并，我们之后会陆续学习共同诉讼、第三人参与之诉，本诉和反诉的合并就是不同种类的诉的合并的体现，以后学习时需要注意 教师引导学生注意：诉的合并不是案件的合并，每个案件还是要单独进行审理的，这里的合并是指在一个审判过程中进行审理，而不是分成两个程序进行审理，最后是两个以上的案件的判决 教师案例：①购房人起诉开发商要求解除合同；②开发商要求买房的人继续履行合同 教师要求学生分为 3 组，讨论之后派代表回答：这两个案件如何合并？庭审程序怎么进行？为什么这两个案件能够合并？合并之后的优势是什么？ 教师引导学生思考上述案例，将两个或者两个以上有关联的案件进行程序合并，目的是提高效率，每个案件还是它本身，但如果不能实现合并之后的效率又该怎么办？ 1 名学生思考之后进行回答：主要结合诉的合并的相反方向进行回答 教师提问：如果原告起诉之后，认为自己的诉讼有误，想要进行变更，你们认为能够变更的内容都有哪些？注意从诉的要素进行思考 学生回答：1 名学生思考进行回答 教师总结：诉的要素包括诉的主体、诉讼请求、诉讼标的，其中只有诉讼请求允许变化其他诉的要素不允许变化，否则就不是该案件 诉的合并、诉的分离只是为了实现诉讼的效率，并不是将案件进行合并，每个案件都是其本身，必须进行单独审理，并做出判决 诉的合并、诉的分离、诉的变更能够指导当事人的诉讼行为，实现自己的目的
学习资源	① 课件：0202 ② 网站资源：中国庭审公开网 ③ 案例资源：购房者起诉开发商要求解除合同；开发商要求买房的人继续履行合同

学习成果及评价标准	学生理解诉的合并、分离和变更理论,并能指导实践 定量评价标准:完成对诉的合并案件的审判视频的分析报告,内容包括如何审理、如何合并诉、合并的结果是什么、诉的合并意义。优秀(90~100 分),良好(80~89 分),中等(60~79 分),差(60 分以下) 定性评价标准:从回答问题的整体准确性、对内容分析的陈述、语言表达三方面进行评判。优秀(90~100 分):回答问题准确;陈述内容充分,重点突出,思路清楚,条理清晰;语言表达通顺,用词准确。 良好(80~89 分):回答问题较准确;陈述内容较充分,能突出重点,思路较清楚,条理较清晰;语言表达较通顺,用词较准确。中等(60~79 分):回答问题基本准确;基本能够陈述相关内容,有一定思路,条理基本清晰;语言表达基本通顺,用词基本准确。差(60 分以下):回答问题错误或者陈述内容混乱,抓不住重点,条理性差或者语言表达不通顺,用词不够准确
备注	通过直观的开庭审理的视频来学习诉的合并的理论,是比较直观和有用的教学策略,也符合民事诉讼实践的特点

活动 4 知识建模图(课上 + 课下):

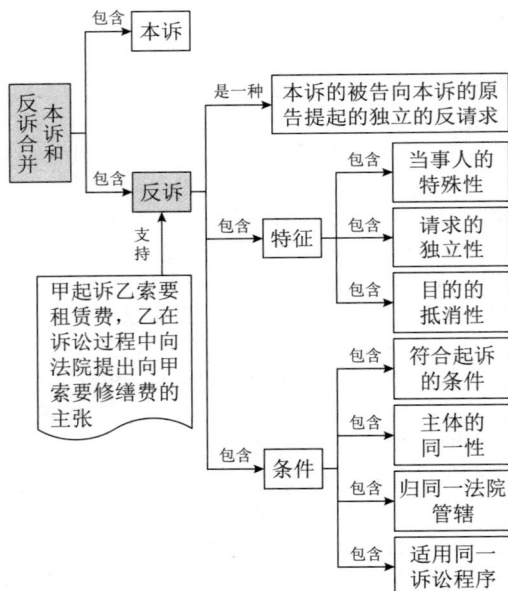

活动目标	反诉(记忆、运用)
活动任务序列(导入任务描述):无	
师生交互过程	无

续表

活动任务序列（任务一）

任务一知识组块：

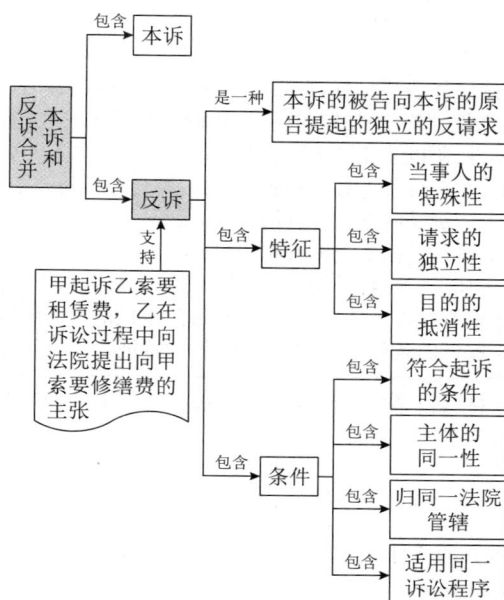

本诉和反诉合并
- 包含 → 本诉
- 包含 → 反诉
  - 是一种 → 本诉的被告向本诉的原告提起的独立的反请求
  - 支持 → 甲起诉乙索要租赁费，乙在诉讼过程中向法院提出向甲索要修缮费的主张
  - 包含 → 特征
    - 包含 → 当事人的特殊性
    - 包含 → 请求的独立性
    - 包含 → 目的的抵消性
  - 包含 → 条件
    - 包含 → 符合起诉的条件
    - 包含 → 主体的同一性
    - 包含 → 归同一法院管辖
    - 包含 → 适用同一诉讼程序

任务描述	通过课下观看法院网中关于本诉和反诉合并审理的视频、教师讲解,掌握本诉和反诉的合并
任务时长	25 分钟
学习地点	课上
教学策略（学习策略）	☑ 讲授　□ 小组讨论　☑ 答疑　□ 实验　□ 实训　☑ 自主学习　□ 翻转课堂 □ 其他（请填写）_____
师生交互过程	教师提醒学生注意:我们刚才分析诉的合并的时候就分析了本诉和反诉的合并,反诉是诉讼中比较重要的一种诉讼,是本诉的被告保护自己权益的一种行为,我们要对反诉进行具体的学习 教师提前发布本诉和反诉的合并的案件审判链接,让学生课前进行观看 教师提问:根据我们所学诉的合并的理论,我们发布的诉的合并的庭审视频链接中的诉的合并是哪些案件的合并? 主体分别是谁? 两个或两个以上的案件如何进行合并? 为什么能合并审理? 两个案件诉讼的目的分别是什么? 1 名学生进行回答 教师讲解:根据视频资料我们发现,反诉就是本诉的被告提出的针对本诉的原告的独立的反请求,所以具有主体的特殊性,诉讼请求的独立性和相反性以及目的的抵消性等特征

师生交互过程	教师引导学生注意：诉的合并是两个或两个以上有关联的案件，诉的合并不是案件的合并，每个案件还是要单独进行审理的，但是是在一个审判过程中进行审理，而不是分成两个程序进行审理，最终是对两个或两个以上的案件的判决。反诉和本诉通常合并审理，体现诉的合并的理论 教师提问：反诉为什么能和本诉进行合并？ 1 名学生回答：主体的特殊性，即反诉的原告是本诉的被告，反诉的被告是本诉的原告；目的的抵消性，归一个法院管辖，适用同一个程序审理，能够在一个程序中彻底解决相关联的案件，所以能让一个法院合并审理 教师讲解：如何提起反诉？首先和起诉一样，符合起诉的四个条件，且本诉正在进行审理，反诉案件归本诉法院管辖，反诉和本诉适用一个诉讼程序，本诉的被告要向本诉的管辖法院提出反诉，并提交反诉状和相关证据等 教师总结：反诉属于比较特殊的诉讼，是指本诉的被告以本诉的原告为被告，向受诉法院提起的与本诉有牵连的独立的反请求，目的是抵消本诉的诉讼请求。反诉的提起条件除了要符合起诉的条件，还应当符合反诉的特征
学习资源	①（马工程教材）《民事诉讼法学》（第三版），高等教育出版社，《民事诉讼法学》编写组，2022（第 36、37 页） ② 课件：0203 ③ 网站资源：中国庭审公开网
备注	反诉是诉的合并的一种，在学习反诉的时候一定要将诉的合并的理论进行代入，才能真正理解本诉和反诉审理的意义和过程

活动任务序列（任务二）

任务二知识组块：

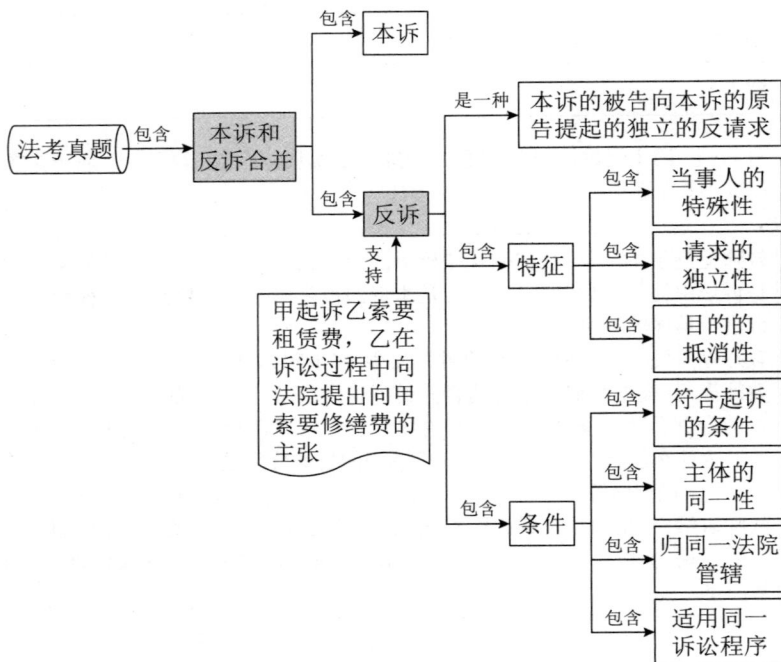

续表

任务描述	通过案例分析,学会应用反诉
任务时长	15 分钟
学习地点	课上
教学策略 (学习 策略)	☑ 讲授　☑ 小组讨论　☑ 答疑　□ 实验　□ 实训　□ 自主学习　□ 翻转课堂 ☑ 其他(请填写)　案例分析
师生交互 过程	教师引导学生关注,反诉是诉讼中一种常见的诉讼,是本诉被告的一项权利。本诉的被告通过提起反诉达到抵销本诉的目的 教师:案例分析"甲起诉乙索要租赁费,乙在诉讼过程中向法院提出向甲索要修缮费的主张" 让学生分 3 个组进行讨论,并派代表回答该案中是否有反诉,如何提起反诉,提起反诉的条件,通过反诉达到的目的 教师要求:学生应当结合该案例,回答是否能提起反诉、需要提交的资料和流程等实际问题,从而达到应用反诉相关知识的目的 教师总结:提起反诉不仅是法律规定的诉讼权利,也是当事人达到自己目的的诉讼手段,严格按照法律的规定提起反诉,符合反诉的条件,才能达到自己的目的,实现彻底解决纠纷的目的。尤其注意,本诉和反诉都是独立的案件,虽然在现实生活中合并审理,但是每一个都是需要单独审理的案件 最后做典型的法考真题
学习资源	①(马工程教材)《民事诉讼法学》(第三版),高等教育出版社,《民事诉讼法学》编写组,2022,第 36、37 页 ② 法考真题库:诉的理论章 ③ 课件:0203
学习成果 及评价 标准	能够准确掌握反诉的基本理论 定量评价标准:法考真题库 —— 优秀(90~100 分),良好(80~89 分),中等(60~79 分),差(60 分以下) 定性评价标准:做题次数和对的数量是评价标准。优秀(90~100 分):第一次全对;良好(80~89 分):第一次有错误,但通过上课听讲之后能够做对;中等(60~79 分):第一次有错误,经过听讲后依然没有做对,需要教师反复讲解;差(60 分以下):没有做题或者出错之后没有进行反思和订正
备注	反诉是本诉被告的重要权利,能够应用于诉讼实践,需要大家注意

（3）民事诉讼法专业基础课教学设计（三）见表 4-3-6

表 4-3-6　民事诉讼法专业基础课教学设计（三）

2024 年第 1 学期第 2 周第 1 次课

知识建模图：

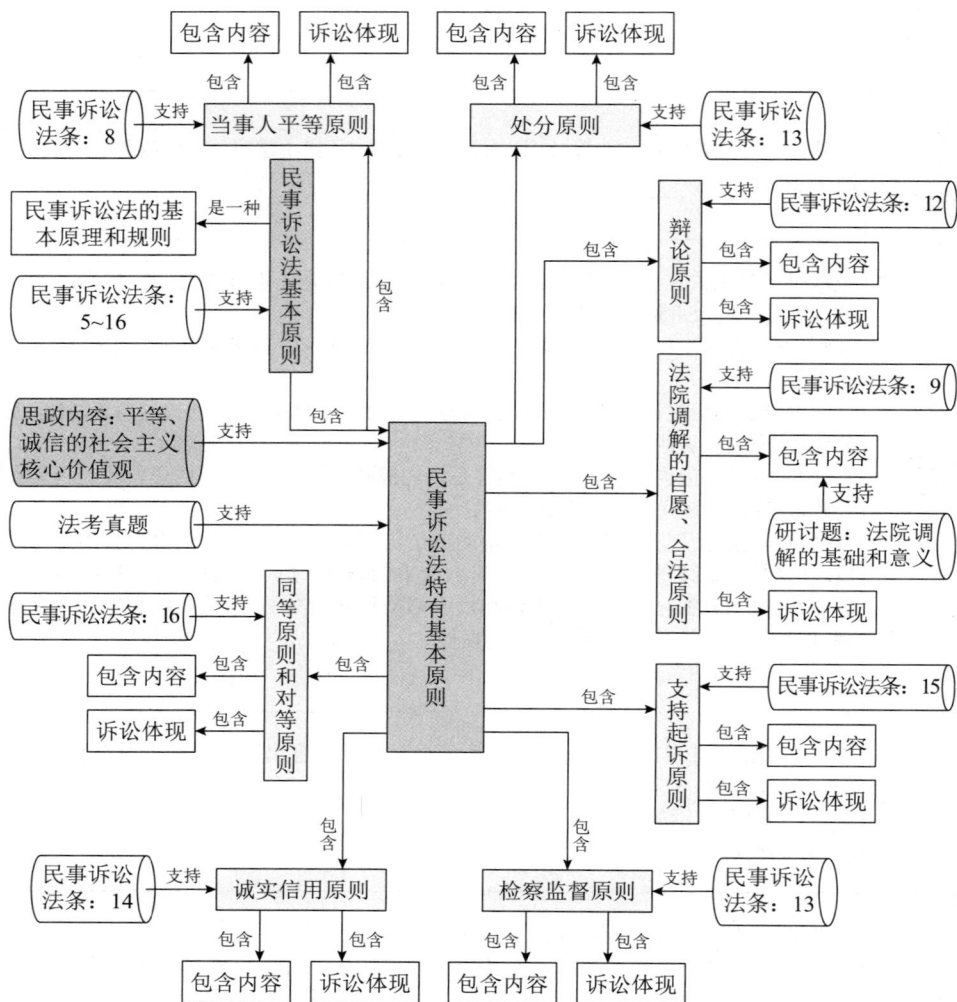

	知识点（学习水平）	素质目标
学习目标	民事诉讼法基本原则的概念及民事诉讼法特有的基本原则（记忆、理解）；平等原则、同等对等原则（记忆、运用）；法院调解的自愿、合法原则（记忆、运用）；辩论原则（记忆、运用）、处分原则（记忆、运用）、诚信原则（理解、运用）；检察监督原则（理解、运用）；支持起诉原则（记忆、运用）	通过学习平等原则、诚信原则等，深刻认识到遵守民事诉讼法基本原则的重要性，深刻掌握体现在基本原则中的平等、诚信的社会主义核心价值观

续表

学习先决 知识	知识点(学习水平)	
	无	

课上资源	课下资源
①（马工程教材）《民事诉讼法学》（第三版），高等教育出版社，《民事诉讼法学》编写组，2022 ②（法条）《中华人民共和国民事诉讼法》及司法解释条文，《中华人民共和国人民调解法》《中华人民共和国仲裁法》《中华人民共和国公证法》 ③上课课件 ④案例库 ⑤法考真题库	① 民事诉讼法慕课视频 ② 翻转校园练习题 ③ 法院网站资源：中国庭审公开网；中国裁判文书网；最高人民法院诉讼服务网；人民法院案例库 ④ 文件资料：最高人民法院案由的文件；关于简易程序的若干规定；在线审判规则 ⑤ 题库：法考真题库 ⑥ 学术网站：哔哩哔哩；法律法规、案例检索网站；北大法宝；中国法学网 ⑦ 参考书目：《民事诉讼法》，田平安，中国人民大学出版社，2013；《民事诉讼法学》，江伟，复旦大学出版社，2016；《民事诉讼法》，齐树洁，中国人民大学出版社，2019

课上时间	100 分钟	课下时间	120 分钟

活动序列	活动目标	地点	时间	学习资源
课前活动	课前学习慕课视频资源；学习北大法宝等网站；学习相关参考书目；做练习题；掌握民事诉讼法中基本原则的规定的含义，明白基本原则是贯穿于民事诉讼法的基本精神和原则，是整个民事诉讼法的核心和灵魂；做法考真题题库中相关章节真题	课下	120 分钟	①（中国大学 MOOC）中国政法大学，杨秀清，《民事诉讼法》 2.1 辩论原则 2.2 处分原则 ② 翻转校园练习题 2 ③ 北大法宝 ④ 中国法学网 ⑤ 参考书目：《民事诉讼法》，田平安，中国人民大学出版社，2013；《民事诉讼法学》，江伟，复旦大学出版社，2016；《民事诉讼法》，齐树洁，中国人民大学出版社，2019
活动 1	民事诉讼法基本原则的概念及民事诉讼法特有的基本原则（理解）	课上	15 分钟	①（马工程教材）《民事诉讼法学》（第三版），高等教育出版社，《民事诉讼法学》编写组，2022（56~72 页） ②（法条）《中华人民共和国民事诉讼法》第五至第十六条 ③ 课件：0301~0303

续表

活动序列	活动目标	地点	时间	学习资源
活动2	平等原则、同等对等原则(记忆、运用);辩论原则(记忆、运用);处分原则(记忆、运用)	课上	25分钟	①(马工程教材)《民事诉讼法学》(第三版),高等教育出版社,《民事诉讼法学》编写组,2022(57~60页) ②(法条)《中华人民共和国民事诉讼法》(第五、八、十二、十三条 ③课件:0302 ④网站资源:中国庭审公开网
活动3	法院调解的自愿、合法原则(记忆、运用)	课上	40分钟	①(马工程教材)《民事诉讼法学》(第三版),高等教育出版社,《民事诉讼法学》编写组,2022(62、63页) ②(法条)《中华人民共和国民事诉讼法》第九条 ③案例分析及课件:0301
活动4	诚信原则(理解、运用);检察监督原则(理解、运用);支持起诉原则(记忆、运用)	课上	20分钟	①(马工程教材)《民事诉讼法学》(第三版),高等教育出版社,《民事诉讼法学》编写组,2022(63~71页) ②(法条)《中华人民共和国民事诉讼法》第九、十三至十六条 ③课件:0303 ④法考真题库:民事诉讼法基本原则(章节)

活动1知识建模图(课上):

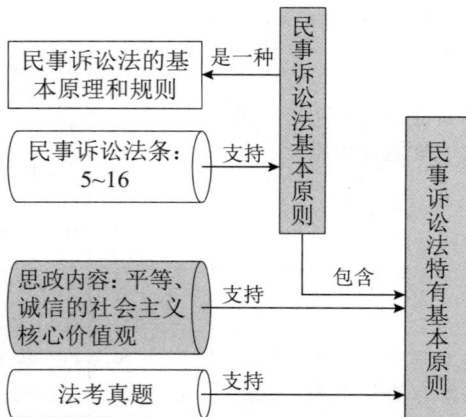

活动目标	民事诉讼法基本原则的概念及民事诉讼法特有的基本原则(理解)
活动任务序列(导入任务描述):无	
师生交互过程	无

续表

活动任务序列(任务一)

任务一知识组块:		
	任务描述	通过学习法条及类比,学生掌握民事诉讼法基本原则的含义及民事诉讼法特有的基本原则,并理解平等原则、诚信原则等包含的社会主义核心价值观的思政内容
	任务时长	15 分钟
	学习地点	课上

教学策略(学习策略)	☑ 讲授 ☑ 小组讨论 ☑ 答疑 □ 实验 □ 实训 □ 自主学习 □ 翻转课堂 ☑ 其他(请填写) 比较
师生交互过程	教师引导学生思考:大到国家,小到个人,都会有基本原则。那我们国家的基本原则是什么? 1 名学生思考之后进行回答:四项基本原则 教师总结:四项基本原则是贯穿我们整个国家运行的基本的、核心的规定,我们所做的任何事情都是围绕四项基本原则进行的,四项基本原则是我们国家之所以区别于其他国家和地区的内在的原理和规则。民事诉讼法也有自己的基本原则,也是民事诉讼法内在的原理和规则,是民事诉讼法区别于其他法律的内在核心 教师课下提前布置作业:学习《中华人民共和国民事诉讼法》第五至第十六条 教师提问:根据《中华人民共和国民事诉讼法》的规定,民事诉讼法的基本原则有哪些? 学生回答:1 名学生根据法条的规定回答,包括第五至第十六条的所有基本原则 教师提问:你们认为哪些原则是民事诉讼法特有的基本原则? 为什么?(需要和刑事诉讼及行政诉讼法结合进行说明) 学生分 2 组进行讨论,并派代表进行回答,答案至少三个以上,并且是结合民事纠纷的特点进行回答的,这些原则符合民事纠纷的特点;同时,回答刑事诉讼法、行政诉讼法和民事诉讼法的不同之处,决定了行政诉讼法和刑事诉讼法不可能有这些原则 教师总结:基本原则是贯穿于整个民事诉讼法规定的基本原理和规则,是民事诉讼法的核心,偏离了基本原则,民事诉讼法将不复存在。民事诉讼法是调整民事诉讼的法律规范,民事诉讼因为民事纠纷而产生,所以民事纠纷的特点决定了民事诉讼的特点,决定了民事诉讼法的基本原则。民事诉讼法既有三大诉讼法都有的基本原则,比如法院审理案件等,也有民事诉讼法特有的基本原则,如平等原则、辩论原则、处分原则、平等、同等和对等原则等 教师总结民事诉讼法特有基本原则包含的平等、诚信等社会主义核心价值观,贯穿到整个民事诉讼法法条的规定中,是我们学习整个民事诉讼法都要遵守的思政内容

学习资源	①（马工程教材）《民事诉讼法学》（第三版），高等教育出版社，《民事诉讼法学》编写组，2022（56~72页） ②（法条）《中华人民共和国民事诉讼法》第五至第十六条 ③课件：0301~0303
学习成果及评价标准	掌握民事诉讼法特有的基本原则 定量评价标准：完成法条总结报告 —— 优秀（90~100分），良好（80~89分），中等（60~79分），差（60分以下） 定性评价标准：从法条的数量、民事诉讼法特有原则的归纳、属于民事诉讼法特有原则的原因说明几个方面来评价。优秀（90~100分）：法条准确全面，并准确说明民事诉讼法特有的基本原则及原因。良好（80~89分）：法条准确全面，基本说明民事诉讼法特有的基本原则及原因。中等（60~79分）：法条准确，基本说明民事诉讼法特有的基本原则并及原因。差（60分以下）：法条不全面，错误总结民事诉讼法特有的基本原则且没有说明原因，或者没有提交报告
备注	学习法条是民事诉讼法的一个基本工作和任务，我们所学的理论和实践都是以法条为基础的，所以应当重视法条的学习，有部分学生没有法条，需要注意

活动 2 知识建模图（课上）：

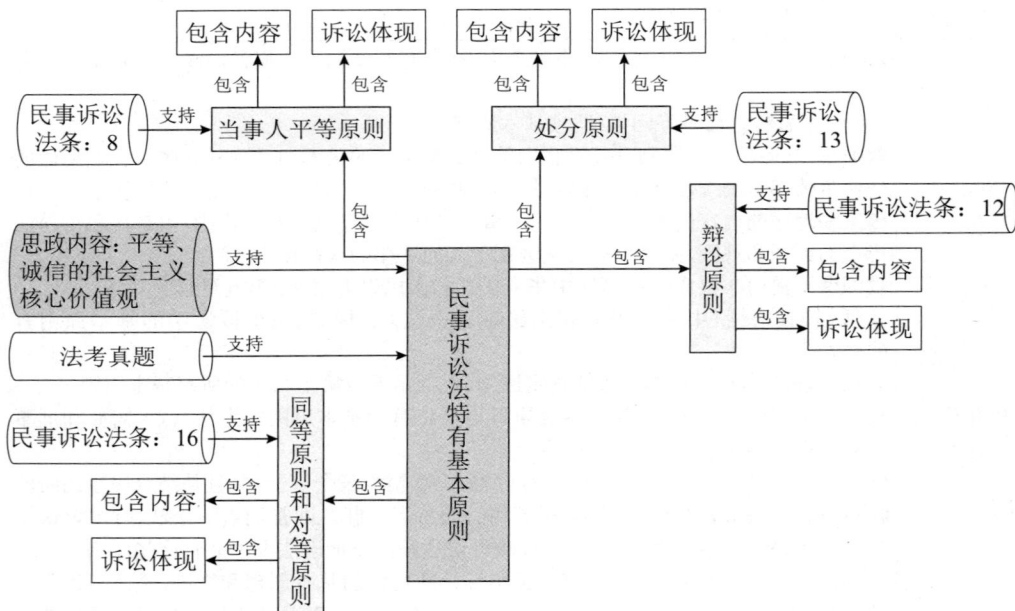

活动目标	平等原则、同等对等原则（记忆、运用）；辩论原则（记忆、运用）；处分原则（记忆、运用）
活动任务序列（导入任务描述）：无	
师生交互过程	无

续表

活动任务序列(任务一)

任务一知识组块:

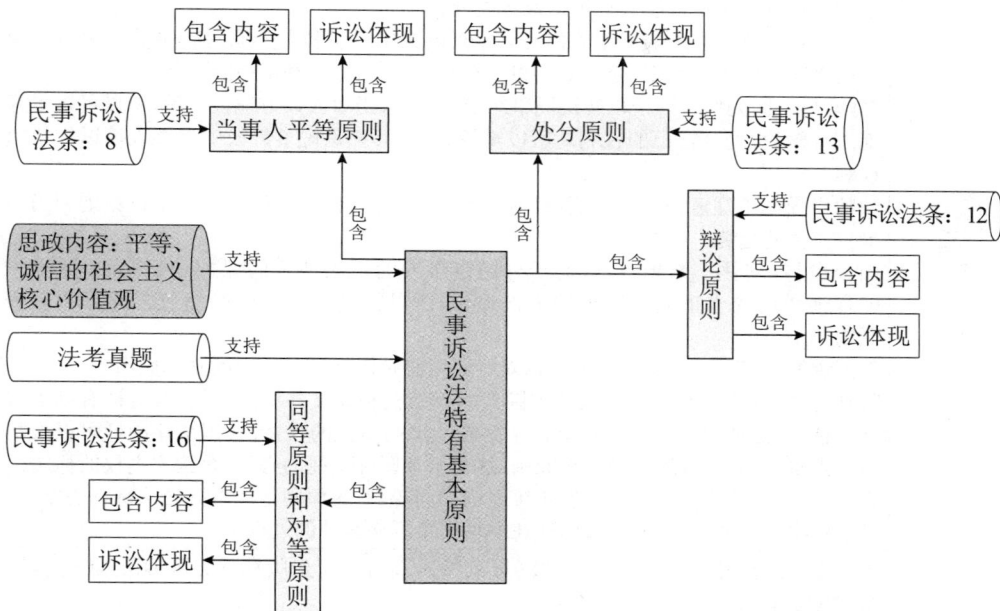

任务描述	通过教师讲解、诉讼场景回顾和刑事诉讼、行政诉讼对比,学生掌握辩论原则、处分原则、平等原则、同等和对等原则内容,以及在诉讼中的体现和运用
任务时长	25 分钟
学习地点	课上
教学策略 (学习策略)	☑讲授　□小组讨论　☑答疑　□实验　□实训　□自主学习　□翻转课堂 ☑其他(请填写)　对比和场景回顾
师生交互过程	教师:辩论原则、处分原则、平等原则、同等原则和对等原则是理论界较为认同的民事诉讼法的特有的原则,内在都是通过外化体现出来的,我们可以通过外在的表现把握内在的规定。掌握其基本内容和在诉讼中的体现和适用,能够进一步把握民事诉讼法的内在核心,从而掌握民事诉讼法的规定 教师讲解:平等原则包含的内容有如下。①当事人享有平等的权利和相对应的权利;②法院平等地保护当事人的权利。辩论原则包含的内容如下。①当事人可以就案件事实等进行辩驳和争议;②辩论原则贯穿整个审判过程;③辩论的内容;④辩论的形式;⑤辩论的体现。处分原则包含的内容如下。①可以处分的内容;②处分原则贯穿整个审判过程 教师引导学生分析以前看过的相关庭审视频资料,说说哪些地方能够体现平等原则、辩论原则和处分原则 1 名学生回答,一定和要讲解的原则内容相联系 教师提问:我们思考一下,行政诉讼和刑事诉讼是否也体现平等原则? 学生回答问题:1 名学生说出开庭审理场景中行政案件和刑事案件庭审的不同之处

续表

师生交互过程	教师总结:平等原则是民事诉讼法特有的基本原则,这是由民事纠纷的特点决定的 教师提问:法庭开庭中如何进行辩论?开庭审理中当事人如何行使处分权利?刑事诉讼和行政诉讼中是否能进行辩论或者处分? 2 名学生回答问题:1 名学生说出开庭审理场景中辩论和处分原则的体现;1 名学生回答民事案件中辩论原则、处分原则和行政案件、刑事案件庭审中的不同 教师总结:因为民事诉讼以解决民事纠纷为基础,当事人双方地位平等,所以可以平等地进行辩论,处分自己的权利。所以辩论、处分等都是民事诉讼中当事人可以行使的权利 教师引导学生注意,我国可以管辖具有涉外因素的案件,体现了国家主权原则和当今世界交往的趋势 当今世界,交往不断地纵深,对于外国当事人的诉讼地位的保护是必要的,这样才能保证我国的当事人在国外的诉讼地位,所以在涉外诉讼中必然包含同等和对等原则 教师讲解:同等原则就是内外一致;对等原则就是国和国交往中的基本原则 教师总结,同等原则是外国人和本国人的诉讼权利和义务相同的规定,这样有助于对外交往,但是如果外国法律在诉讼中限制我国当事人的权益,我国法律同样可以限制该国当事人的权利,这就是对等原则,这是当今国际交往的必然,是国家主权的标志 教师总结:辩论原则、处分原则、平等原则和同等、对等原则是民事诉讼法特有的原则,是由民事纠纷的特点决定的,体现在办理民事诉讼案件的过程中
学习资源	①（马工程教材）《民事诉讼法学》(第三版),高等教育出版社,《民事诉讼法学》编写组,2022 年,57~60 页 ②（法条）《中华人民共和国民事诉讼法》第五、八、十二、十三条 ③ 课件:0302 ④ 网站资源:中国庭审公开网
学习成果及评价标准	学生掌握辩论原则、处分原则、平等原则、同等原则和对等原则的基本内容 定量评价标准:学习中心客观题测试[共有 5 道选择题和判断题,每道题 20 分,按照得分评价出优秀、良好、中等和差。优秀(90~100 分);良好(80~89 分);中等(60~79分);差(60 分以下)] 定性评价标准:优秀(90~100 分):全对;良好(80~89 分):4 道题正确;中等(60~79分):3 道题正确;差(60 分以下):2 道或 2 道以下题正确
备注	观看和掌握审判视频是法学学生提高实践技能的途径之一,所以要认真学习审判视频,并理解现象背后的原因,这对学习来说非常重要

活动 3 知识建模图(课上 + 课下):

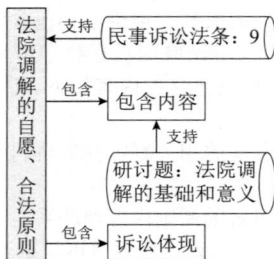

活动目标	法院调解的自愿、合法原则(记忆、运用)

续表

活动任务序列（导入任务描述）：无

师生交互过程	无

活动任务序列（任务一）

任务一知识组块：		
	任务描述	通过讲解、案例分析和小组讨论,学生掌握法院调解的自愿和合法原则的内容,并理解解决纠纷、实现和谐社会的意义
	任务时长	25 分钟
	学习地点	课上

教学策略（学习策略）	☑ 讲授　☑ 小组讨论　☑ 答疑　☐ 实验　☐ 实训　☑ 自主学习　☐ 翻转课堂 ☑ 其他（请填写）案例分析
师生交互过程	教师引导学生注意,法院调解的自愿和合法原则是民事诉讼法特有的原则之一,体现了民事诉讼法的特性,法院调解是具有"东方经验"的解决纠纷的方式。具体法条见《中华人民共和国民事诉讼法》第九条。我们现在对法院调解的自愿和合法原则进行分析 教师讲解:法院调解的自愿和合法原则的内容包括:第一,尽量调解;第二:自愿和合法原则的理解;第三,贯穿审判程序;第四,调解不成,及时判决 教师引导学生对自愿和合法原则进行认识 教师:案例分析一:在张三和李四的货物买卖合同纠纷中,法官问张三和李四是否愿意调解,张三愿意,李四不愿意,这时候法官对李四说,如果你愿意调解,我可以跟张三说说,少要点,如果你不愿意调解,我直接支持张三的主张,最后李四愿意调解 案例分析二:张某和王某谈恋爱,张某给王某彩礼若干,之后王某不同意结婚,张某起诉要求王某返还彩礼。最后双方在法院主持下调解:王某不用返还彩礼,但是必须在张某结婚后才能结婚 学生分 2 组讨论,之后派代表回答,回答的要点要体现法院调解是在自愿和合法原则上进行的 教师总结:法院调解的自愿原则,内容包括程序上的自愿和实体上的自愿;法院调解的合法原则,内容上包括程序上的合法和实体上的合法,需要法院及当事人在诉讼中遵守,才能真正解决纠纷,实现社会和谐 双方当事人在调解的过程中都是本着自愿和合法的原则进行的,是当事人内心真正的意愿,所以能够从根本上解决纠纷,实现和谐社会,也是具有中国特色的解决纠纷的方式之一
学习资源	①（马工程教材）《民事诉讼法学》（第三版）,高等教育出版社,《民事诉讼法学》编写组,2022（62、63 页） ②（法条）《中华人民共和国民事诉讼法》第九条 ③ 案例分析及课件:0301

学习成果 及评价 标准	学生掌握法院调解的自愿和合法原则的内容 讨论题:法院调解的基础和意义——优秀(90~100分),良好(80~89分),中等(60~79分),差(60分以下) 定性评价标准:从回答问题的整体准确性、对内容的陈述分析、语言表达三方面进行评判。优秀(90~100分):回答问题准确;陈述内容充分,重点突出,思路清楚,条理清晰;语言表达通顺,用词准确。良好(80~89分):回答问题较准确;陈述内容较充分,能突出重点,思路较清楚,条理较清晰;语言表达较通顺,用词较准确。中等(60~79分):回答问题基本准确;基本能够陈述相关内容,有一定思路,条理基本清晰;语言表达基本通顺,用词基本准确。差(60分以下):回答问题错误或者陈述内容混乱,抓不住重点,条理性差或者语言表达不通顺,用词不够准确
备注	调解的时候要有一定的法律知识和社会常识,如中国传统的儒家思想、调解的传统、彩礼的意义,婚姻自由等,所以需要学生好好学习民事诉讼法,并具有一定的社会常识

活动任务序列(任务二)

任务二知识组块: 	任务 描述	通过分析法院网中调解过程的视频及教师讲解,学生掌握司法实践中法院调解的自愿和合法原则的应用
	任务 时长	15分钟
	学习 地点	课上

教学策略 (学习 策略)	☑讲授　☑小组讨论　☑答疑　□实验　□实训　☑自主学习　□翻转课堂 ☑其他(请填写)　情景结合分析
师生交互 过程	教师:法院调解属于"东方经验",在实践中有重要意义和应用。所以我们需要掌握其具体应用 教师提前发布案件调解链接,让学生课前进行观看 教师提问:在发布的链接的案件诉讼中,法院是如何调解的?结果又如何?调解的注意事项和好处各是什么? 学生分成2个小组进行讨论,之后派出代表进行回答,内容包括流程、如何体现调解的自愿和合法、最终如何结束

续表

师生交互过程	教师总结和讲解:法院调解作为审案的一种方式,和我国审判规定的程序不同,没有明确的法条规定。在司法实践中做法也没要求一致。在我国司法实践中有两种过程体现,第一,在法庭调查和法庭辩论之后询问当事人双方是否愿意开启调解,之后可以庭上调解,也可以庭后调解,然后形成合法的协议,最后法院根据调解协议出具调解书,这就是我们庭审中看到的法院调解及本着自愿和合法原则体现的调解;第二,从起诉立案之后,法院随时开启调解,如果双方愿意,法院进入调解程序,调解中一定要查明事实,分清是非之后进行调解。这是调解中比较常用的两种方式。我们学习的视频是第一种调解方式,也是我们通常能看到的调解途径,另一种途径因为不公开调解,所以通常看不到,但也是真实存在的,希望大家注意 教师引导学生注意:法院调解是和法院审判并列的法院审案和结案的一种方式,所以如何进行法院调解,在法院调解过程中如何体现自愿原则,如何体现合法原则非常重要,这关系到案件是否自愿、合法解决的,只有自愿、合法被调解才能真正实现诉讼真正解决纠纷的目的
学习资源	① 法院调解的视频资料:哔哩哔哩官网 ②(马工程教材)《民事诉讼法学》(第三版),高等教育出版社,《民事诉讼法学》编写组,2022 年,62、63 页 ③(法条)《中华人民共和国民事诉讼法》第九条
学习成果及评价标准	学生掌握法院调解的自愿和合法原则的运用 定量评价标准:对审判视频的分析报告,内容包括:法院如何调解、在哪个环节调解、调解的优势何在。优秀(90~100 分),良好(80~89 分),中等(60~79 分),差(60 分以下) 定性评价标准:从回答问题的整体准确性、对内容的陈述分析、语言表达三方面进行评判。优秀(90~100 分):学生回答问题准确;陈述内容充分,重点突出,思路清楚,条理清晰;语言表达通顺,用词准确。良好(80~89 分):回答问题较准确;陈述内容较充分,能突出重点,思路较清楚,条理较清晰;语言表达较通顺,用词较准确。中等(60~79 分):回答问题基本准确;基本能够陈述相关内容,有一定思路,条理基本清晰;语言表达基本通顺,用词基本准确。差(60 分以下):回答问题错误或者陈述内容混乱,抓不住重点,条理性差或者语言表达不通顺,用词不够准确
备注	注意:法院调解没有固定的程序规定,所以在实践中每个法院的做法可能都不同,但是大致的情形已经讲述,需要学生认真理解

活动 4 知识建模图(课上):

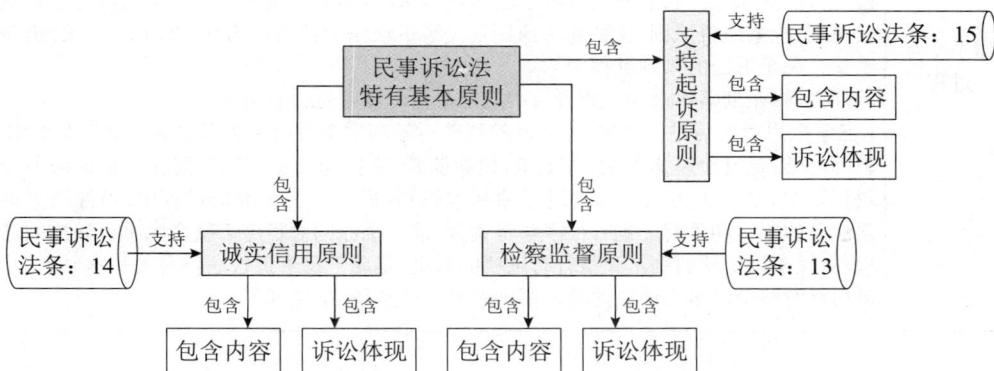

活动目标	诚信原则（理解、运用）；检察监督原则（理解、运用）；支持起诉原则（记忆、运用）
活动任务序列（导入任务描述）：无	
师生交互过程	无

活动任务序列（任务一）

任务一知识组块：	任务描述	通过教师讲解、学习民事诉讼法法条，理解诚信原则、检察监督原则、支持起诉原则和内容，以及支持起诉原则在诉讼中的运用；最后做典型法考真题，对整个民事诉讼法的基本原则进行掌握
	任务时长	20分钟
	学习地点	课上

教学策略（学习策略）	☑讲授　□小组讨论　☑答疑　□实验　□实训　□自主学习　□翻转课堂 □其他（请填写）_____
师生交互过程	教师引导学生注意：诚信原则、检察监督原则、支持起诉原则也在民事诉讼法中有规定，是民事诉讼法的基本原则，那么，这些是不是民事诉讼法的特有原则呢？这就需要我们对这些原则进行认识和学习 教师讲解：诚信原则的基本内容包括诚信的主体、诚信内容、诚信时间；检察监督原则是宪法赋予检察机关的法律监督权；支持起诉原则的内容包括支持起诉的主体、内容、被支持的对象等。它们是民事诉讼法的基本原则，体现在整个民事诉讼的过程中。诚信原则、检察监督原则、支持起诉原则在民事诉讼法中体现在第9、13、14、15条，贯穿于整个民事诉讼的审判过程中 教师提问：在刑事诉讼和行政诉讼中这三个基本原则是否有所体现？ 1名学生思考之后进行回答：主要回答行政诉讼和刑事诉讼中是否也需要这三个原则 教师总结：这几个基本原则，如诚信、检察监督、支持起诉也可以体现在刑事诉讼和行政诉讼中，是三大诉讼法都要遵守的基本原则，贯穿于三大诉讼过程中，指导三大诉讼法条的制定和理解。也有很多学者认为，这三个原则对贯穿于整个民事诉讼法的过程，对民事诉讼法的制定和执行有重要的意义，是属于民事诉讼法特有的基本原则 最后针对整个民事诉讼法的基本原则做典型法考题，学生回答

师生交互过程	（课件展示：辩论原则和处分原则的理解；主诚信原则是指各个主体诚信地进行诉讼；检察监督是指检察院对整个民事诉讼进行监督；支持起诉是指机关、团体、企事业单位对损害国家、集体或者个人民事权益的行为，支持受损害的个人或单位等向人民法院起诉）
学习资源	①（马工程教材）《民事诉讼法学》（第三版），高等教育出版社，《民事诉讼法学》编写组，2022 年，63~71 页 ②（法条）《中华人民共和国民事诉讼法》第九、第十三 ~ 第十五条 ③ 课件：0303 ④ 法考真题库：民事诉讼法基本原则（章节）
学习成果及评价标准	掌握辩论原则、处分原则、诚信原则、检察监督原则、支持起诉原则的内容及在诉讼中的运用 定量评价标准：法考真题库 —— 优秀（90~100 分），良好（80~89 分），中等（60~79 分），差（60 分以下） 定性评价标准：做的次数和对的数量是评价标准。优秀（90~100 分）：第一次全对；良好（80~89 分）：第一次有错误，但通过上课听讲之后能够做对；中等（60~79 分）：第一次有错误，经过听讲后依然没有做对，需要教师反复讲解；差（60 分以下）：没有做题或者出错之后没有进行反思和订正
备注	这一部分内容涉及检察机关的性质、对诚信的含义的理解等，说明整个法律体系是相互关联的，既要学好民事诉讼法的规定，又要学好其他学科的知识

4.3.3　国际法

1. 国际法课程简介

通过该课程的学习，学生将能够理解国际法的基本与核心概念，例如"领海""领事""斡旋"；扫清国际法的概念盲区；理解和掌握国际法的主要规范，如外交特权与豁免的具体内容、国际组织的运行过程、联合国大会决议的效力、联合国安理会决议的效力等；深入思考国家发展与国际法的关系，深刻认识到国际法是国家软实力的重要组成部分，是国家成长中对于中国国内问题和国际事务立场表达的关键领域。学好国际法、用好国际法，有助于在法律工作领域、外交工作领域和媒体工作领域为中国发展作出贡献，也可以在其他工作领域对国际事务做出清晰且有效的判断，有利于工作的顺利推进。

2. 国际法教学设计

（1）国际法上的承认教学设计见表 4-3-7

表 4-3-7 国际法上的承认和继承教学设计

2023—2024 学年第 2 学期第 4 周第 1 次课

知识建模图：

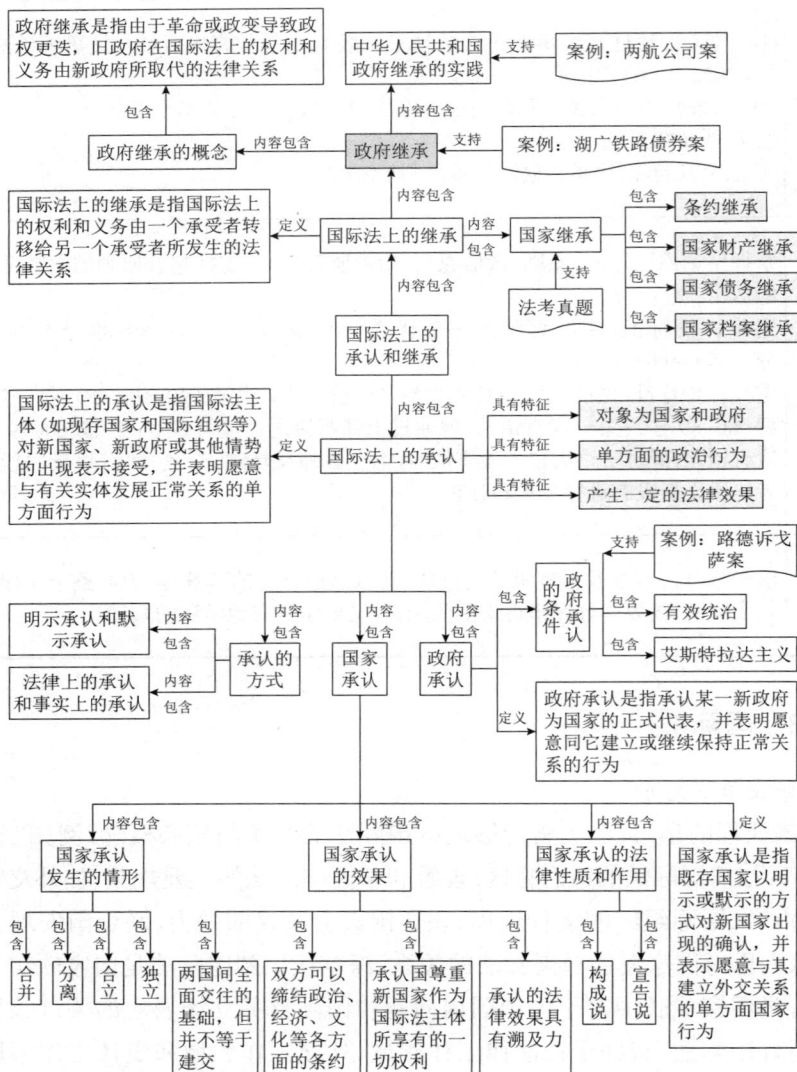

学习目标	知识点（学习水平）		素质目标
	国际法上的承认（记忆、理解、运用）；国际法上的继承（理解、运用）		具备爱国主义精神
学习先决知识	知识点（学习水平）		
	无		

续表

课上资源	课下资源	
①（马工程教材）《国际公法学》（第三版），《国际公法学》编写组,高等教育出版社,2022 年 9 月,第 143~155 页 ② 课件 PPT ③ 路德诉戈萨案 ④ 法考真题（2008 年 33 题） ⑤ 两航公司案 ⑥ "学习强国"中的音频,党史知识问答,世界上第一个承认中华人民共和国的是哪个国家 ⑦ 小视频,最先承认中华人民共和国的 15 个国家	①（马工程教材）《国际公法学》（第三版），《国际公法学》编写组,高等教育出版社,2022 年 9 月,第 143~155 页 ②《国际法》（第六版),程晓霞,余民才主编,中国人民大学出版社,2021 年 1 月,第 61~73 页 ③（中国大学慕课 MOOC）《国际法》（吉林大学,何志鹏）第 24 讲视频（第 3 章国家 2 承认） ④ "学习强国"中关于国际法上承认、继承的视频（山东学习平台电视台 - 看法治 - 法律讲堂烟台大学、潍坊学习平台潍坊学院） ⑤ B 站关于国际法上的承认和继承的法考视频（三国法,陆寰,国际法上的承认与继承;杨帆,三国国际法上的承认,国际法上的继承;瑞达法考,国际法上的承认） ⑥ 湖广铁路债券案	

课上时间	100 分钟	课下时间	280 分钟	
活动序列	活动目标	地点	时间	学习资源
课前活动	通过阅读指定教材和参考教材及观看大学慕课、学习强国、B 站中国际法上的承认与继承的视频,理解国际法上的承认与继承的基本理论	课下 （课前）	220 分钟	①（马工程教材）《国际公法学》（第三版），《国际公法学》编写组,高等教育出版社,2022 年 9 月,第 143~155 页 ②《国际法》（第六版),程晓霞,余民才主编,中国人民大学出版社,2021 年 1 月,第 61~73 页 ③（中国大学慕课 MOOC）《国际法》（吉林大学,何志鹏）第 24 讲视频（第 3 章国家 2 承认） ④ "学习强国"中关于国际法上承认、继承的视频（山东学习平台电视台 - 看法治 - 法律讲堂烟台大学、潍坊学习平台潍坊学院） ⑤ B 站关于国际法上的承认和继承的法考视频（三国法,陆寰,国际法上的承认与继承;杨帆,三国国际法上的承认,国际法上的继承;瑞达法考,国际法上的承认）

续表

活动序列	活动目标	地点	时间	学习资源
活动1	记忆和理解国际法上的承认的概念、特征和方式	课上	20分钟	①（马工程教材）《国际公法学》（第三版），《国际公法学》编写组，高等教育出版社，2022年9月，第143、144页 ②课件PPT ③"学习强国"中的音频，党史知识问答，世界上第一个承认中华人民共和国的是哪个国家 ④小视频，最先承认中华人民共和国的15个国家
活动2	理解和运用国家承认的概念、国家承认的法律性质和作用、国家承认发生的情形、国家承认的效果	课上	20分钟	①（马工程教材）《国际公法学》（第三版），《国际公法学》编写组，高等教育出版社，2022年9月，第144~147页 ②课件PPT
活动3	理解和运用政府承认的概念和条件	课上	20分钟	①（马工程教材）《国际公法学》（第三版），《国际公法学》编写组，高等教育出版社，2022年9月，第147、148页 ②课件PPT ③路德诉戈萨案
活动4	理解国际法上继承的概念、理解和运用条约继承、国家财产继承、国家债务继承、国家档案继承	课上	20分钟	①（马工程教材）《国际公法学》（第三版），《国际公法学》编写组，高等教育出版社，2022年9月，第148~153页 ②课件PPT ③法考真题（2008年33题）
活动5	理解政府继承的概念、中华人民共和国政府继承的实践	课上	20分钟	①（马工程教材）《国际公法学》（第三版），《国际公法学》编写组，高等教育出版社，2022年9月，第153~155页 ②课件PPT ③两航公司案
		课下（课后）	60分钟	湖广铁路债券案

课前活动 知识建模图（课下）：

政府继承是指由于革命或政变导致政权更迭，旧政府在国际法上的权利和义务由新政府所取代的法律关系

中华人民共和国政府继承的实践

政府继承的概念 ← 内容包含 ← 政府继承

内容包含 → 条约继承

国际法上的继承是指国际法上的权利和义务由一个承受者转移给另一个承受者所发生的法律关系 ← 定义 ← 国际法上的继承 → 内容包含 → 国家继承 → 包含 → 条约继承／国家财产继承／国家债务继承／国家档案继承

国际法上的承认和继承

国际法上的承认是指国际法主体（如现存国家和国际组织等）对新国家、新政府或其他情势的出现表示接受，并表明愿意与有关实体发展正常关系的单方面行为 ← 定义 ← 国际法上的承认 → 具有特征 → 对象为国家和政府／单方面的政治行为／产生一定的法律效果

明示承认和默示承认 ← 内容包含 ← 承认的方式

法律上的承认和事实上的承认 ← 内容包含

承认的方式／国家承认／政府承认

政府承认的条件 → 包含 → 有效统治／艾斯特拉达主义

政府承认是指承认某一新政府为国家的正式代表，并表明愿意同它建立或继续保持正常关系的行为

国家承认发生的情形 → 包含 → 合并／分离／合立／独立

国家承认的效果 → 包含 → 两国间全面交往的基础，但并不等于建交／双方可以缔结政治、经济、文化等各方面的条约／承认国尊重新国家作为国际法主体所享有的一切权利／承认的法律效果具有溯及力

国家承认的法律性质和作用 → 包含 → 构成说／宣告说

国家承认是指既存国家以明示或默示的方式对新国家出现的确认，并表示愿意与其建立外交关系的单方面国家行为

活动目标	理解和运用国际法上的承认和继承基本理论

续表

活动任务序列（任务一）

任务一知识组块：

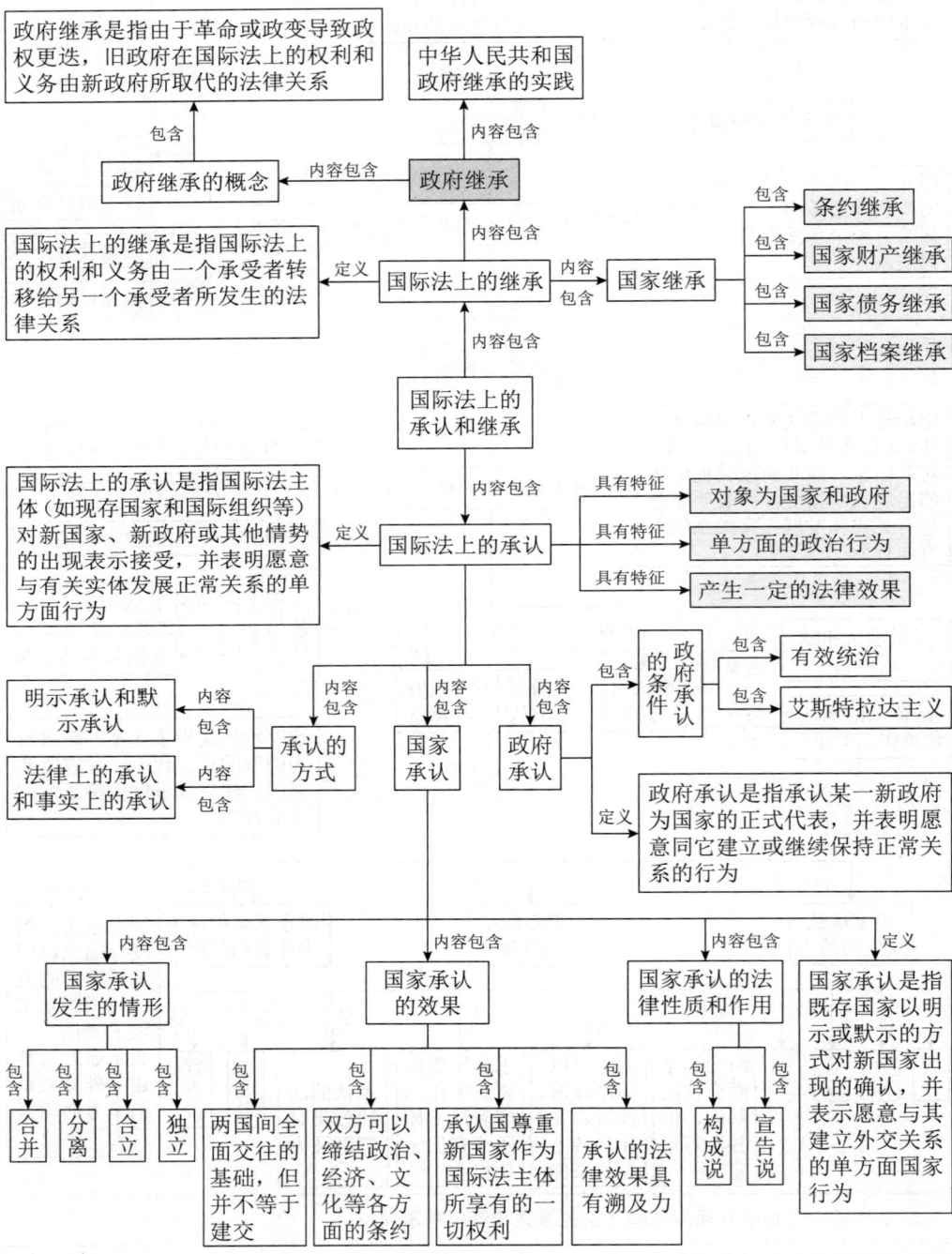

政府继承是指由于革命或政变导致政权更迭，旧政府在国际法上的权利和义务由新政府所取代的法律关系

中华人民共和国政府继承的实践

政府继承的概念 ←内容包含— 政府继承

政府继承 —内容包含→ 中华人民共和国政府继承的实践

包含→ 条约继承
包含→ 国家财产继承
包含→ 国家债务继承
包含→ 国家档案继承

国际法上的继承是指国际法上的权利和义务由一个承受者转移给另一个承受者所发生的法律关系

定义→ 国际法上的继承 —内容包含→ 国家继承

国际法上的承认和继承

国际法上的承认是指国际法主体（如现存国家和国际组织等）对新国家、新政府或其他情势的出现表示接受，并表明愿意与有关实体发展正常关系的单方面行为

定义→ 国际法上的承认

具有特征→ 对象为国家和政府
具有特征→ 单方面的政治行为
具有特征→ 产生一定的法律效果

明示承认和默示承认
法律上的承认和事实上的承认

承认的方式
国家承认
政府承认

政府承认的条件
包含→ 有效统治
包含→ 艾斯特拉达主义

政府承认是指承认某一新政府为国家的正式代表，并表明愿意同它建立或继续保持正常关系的行为

国家承认发生的情形
包含→ 合并
包含→ 分离
包含→ 合立
包含→ 独立

国家承认的效果
包含→ 两国间全面交往的基础，但并不等于建交
包含→ 双方可以缔结政治、经济、文化等各方面的条约
包含→ 承认国尊重新国家作为国际法主体所享有的一切权利
包含→ 承认的法律效果具有溯及力

国家承认的法律性质和作用
包含→ 构成说
包含→ 宣告说

国家承认是指既存国家以明示或默示的方式对新国家出现的确认，并表示愿意与其建立外交关系的单方面国家行为

续表

任务描述	因为要提前熟悉教学内容,所以采用阅读指定教材和参考教材,以及观看大学慕课、学习强国和 B 站视频的教学策略,达到理解和运用国际法上的承认和继承基本理论的学习目的
任务时长	220 分钟
学习地点	课下(课前)
教学策略(学习策略)	□讲授　□小组讨论　□答疑　□实验　□实训　☑自主学习　□翻转课堂 ☑其他(请填写)　观看视频
师生交互过程	教师布置任务:要求学生阅读并理解(马工程教材)《国际公法学》(第三版)和《国际法》(第六版)中关于国际法上的承认和继承的内容,观看大学慕课、学习强国和 B 站中关于国际法上的承认和继承的视频 学生接收任务:阅读并理解(马工程教材)《国际公法学》(第三版)和《国际法》(第六版)中关于国际法上的承认和继承的内容,观看大学慕课、学习强国和 B 站中关于国际法上的承认和继承的视频
学习资源	①(马工程教材)《国际公法学》(第三版),《国际公法学》编写组,高等教育出版社,2022 年 9 月,第 143~155 页 ②《国际法》(第六版),程晓霞,余民才主编,中国人民大学出版社,2021 年 1 月,第 61~73 页 ③(中国大学慕课 MOOC)《国际法》(吉林大学,何志鹏)第 24 讲视频(第 3 章国家 2 承认) ④"学习强国"中关于国际法上承认、继承的视频(山东学习平台电视台 - 看法治 - 法律讲堂烟台大学、潍坊学习平台潍坊学院) ⑤B 站关于国际法上的承认和继承的法考视频(三国法,陆寰,国际法上的承认与继承;杨帆,三国国际法上的承认,国际法上的继承;瑞达法考,国际法上的承认)
学习成果及评价标准	学生能够理解和运用国际法上的承认和继承基本理论。学习成果通过课中法考真题、学习中心习题载体呈现 定量评价标准:学习中心测试 ——优秀(90~100 分),良好(80~89 分),中等(70~79 分),及格(60~69 分),不及格 60 分以下) 定性评价标准: 优秀(90~100 分):回答问题准确,理由充分。良好(80~89 分):回答问题准确,大部分知识点回答到位。中等(70~79 分):回答问题基本准确,部分知识点回答有欠缺。及格(60~69 分):回答问题部分准确,部分知识点回答有欠缺。不及格(60 分以下):回答问题不准确,大部分知识点回答有欠缺
备注	大部分同学都能提前通过多种方式熟悉教学内容,有少部分同学需要加强学习主动性

续表

活动1知识建模图（课上）：

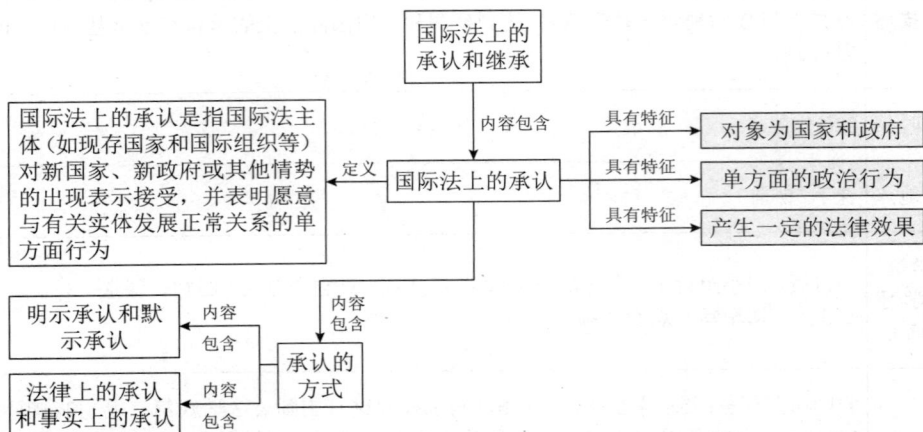

活动目标	记忆和理解国际法上的承认的概念、特征和方式

活动任务序列（导入任务描述）：通过"学习强国"音频和小视频导入，能够理解国家承认属于国际法上的承认

师生交互过程	教师提问：世界上第一个承认中华人民共和国中央人民政府的是哪个国家？什么时间承认的？ 学生回答：回答上来，苏联。回答不上来，提示，这个国家国名是两个字（苏联） "学习强国"音频（听党史 - 中国共产党历史知识问答） 教师播放小视频：最先承认中华人民共和国的15个国家 学生观看小视频：最先承认中华人民共和国的15个国家

活动任务序列（任务一）

任务一知识组块：

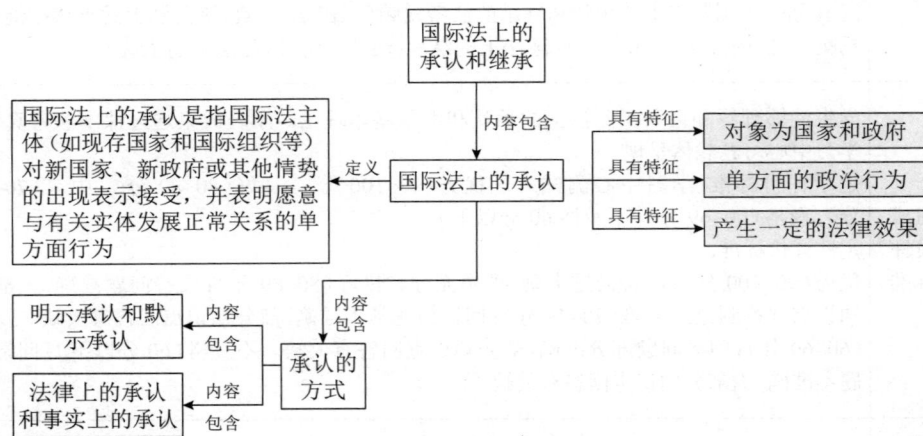

任务描述	因为理论联系实际效果较好,所以采用讲授、举例的教学策略,达到记忆和理解国际法上的承认的概念、特征和方式的学习目的
任务时长	20 分钟
学习地点	课上
教学策略（学习策略）	☑ 讲授　□ 小组讨论　□ 答疑　□ 实验　□ 实训　□ 自主学习　□ 翻转课堂 ☑ 其他（请填写）举例
师生交互过程	教师讲解:国际法上的承认是指国际法主体(如现存国家和国际组织等)对新国家、新政府或其他情势的出现表示接受,并表明愿意与有关实体发展正常关系的单方面行为 教师提问:国际法上的承认是法理学中讲过的法律行为吗? 学生回答:是 教师追问:法律行为可以分为单方行为和双方行为,国际法上的承认是哪一种行为? 学生回答:单方行为 教师追问:根据国际法上的承认的概念,两种常见的类型是什么? 学生回答:国家承认和政府承认,还包括对交战团体的承认和叛乱团体的承认,但不常见 教师讲解:承认的特征包括对象为国家和政府、单方面的政治行为、产生一定的法律效果 承认的方式:①明示承认和默示承认。②法律上的承认和事实上的承认。明示承认——承认者通过单方面的发照会、函电或发表声明宣告承认被承认者。默示承认——承认者通过某种实际行动表示对被承认者的承认。例如,与新国家建立外交关系或领事关系,缔结双边条约,在政府间国际组织中投票表示对新国家的承认。法律上的承认——既存国家给予新国家确定的和完全的承认,是永久的和不可撤销的。事实上的承认——不完的承认。既存国家与新国家在一定范围内建立联系,通常是经济、贸易、商业上的交往,不发生政治、外交和军事关系。一般情况下,它会发展成为法律上的承认 学生理解:国际法上的承认的特征和方式 教师举例:S 国是一个新成立的国家。该国成立后,甲国代表向联合国大会提案支持 S 国成为联合国的会员国;乙国与 S 国签署了两国互助同盟友好条约;丙国允许 S 国在其首都设立商业旅游服务机构;丁国与 S 国共同参加了某项贸易规则的多边谈判会议。根据国际法的有关规则,上述哪些国家的行为构成对 S 国的正式承认?(　　　) 学生回答、教师分析:甲国和乙国。丙国是与新国家有某种事实上的联系,丁国与新国家参加国际会议,都不构成默示承认
学习资源	①（马工程教材）《国际公法学》(第三版),《国际公法学》编写组,高等教育出版社,2022 年 9 月,第 143、144 页 ② 课件 PPT ③"学习强国"音频,党史知识问答,世界上第一个承认中华人民共和国的是哪个国家? ④ 小视频,最先承认中华人民共和国的 15 个国家

学习成果及评价标准	学生能够记忆和理解国际法上的承认的概念、特征和方式 定量评价标准：学习中心测试——优秀（90~100 分），良好（80~89 分），中等（70~79 分），及格（60~69 分），不及格（60 分以下） 定性评价标准： 优秀（90~100 分）：回答问题准确，理由充分。良好（80~89 分）：回答问题准确，大部分知识点回答到位。中等（70~79 分）：回答问题基本准确，部分知识点回答有欠缺。及格（60~69 分）：回答问题部分准确，部分知识点回答有欠缺。不及格（60 分以下）：回答问题不准确，大部分知识点回答有欠缺
备注	少部分同学存在打瞌睡、玩手机的现象，还有少部分同学注意力不集中，回答问题没有回答到具体知识点上，需要改进

活动 2 知识建模图（课上）：

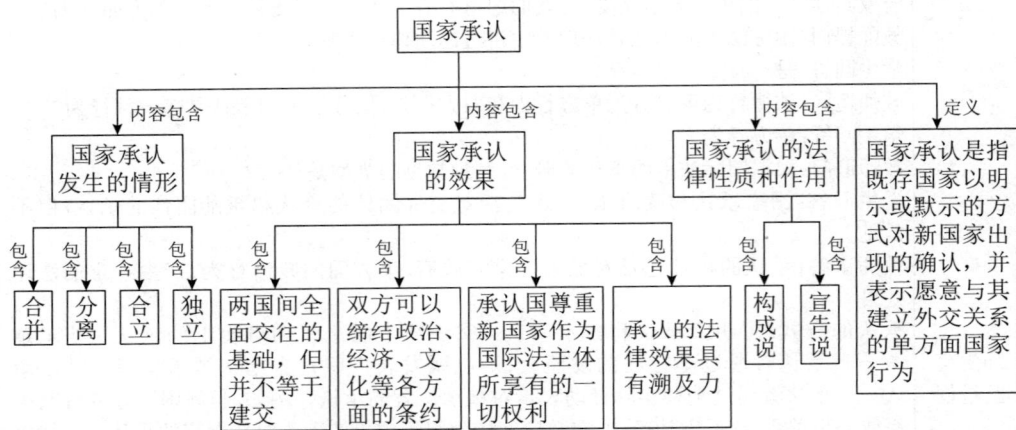

国家承认
- 内容包含 → 国家承认发生的情形
  - 包含 → 合并
  - 包含 → 分离
  - 包含 → 合立
  - 包含 → 独立
- 内容包含 → 国家承认的效果
  - 包含 → 两国间全面交往的基础，但并不等于建交
  - 包含 → 双方可以缔结政治、经济、文化等各方面的条约
  - 包含 → 承认国尊重新国家作为国际法主体所享有的一切权利
  - 包含 → 承认的法律效果具有溯及力
- 内容包含 → 国家承认的法律性质和作用
  - 包含 → 构成说
  - 包含 → 宣告说
- 定义 → 国家承认是指既存国家以明示或默示的方式对新国家出现的确认，并表示愿意与其建立外交关系的单方面国家行为

活动目标	理解和运用国家承认的概念、国家承认的法律性质和作用、国家承认发生的情形、国家承认的效果

活动任务序列（任务一）

任务一知识组块：

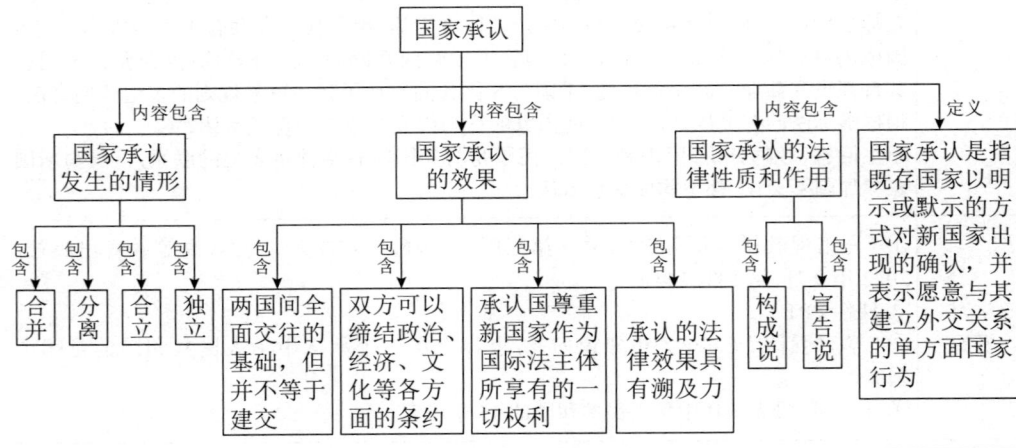

国家承认
- 内容包含 → 国家承认发生的情形
  - 包含 → 合并
  - 包含 → 分离
  - 包含 → 合立
  - 包含 → 独立
- 内容包含 → 国家承认的效果
  - 包含 → 两国间全面交往的基础，但并不等于建交
  - 包含 → 双方可以缔结政治、经济、文化等各方面的条约
  - 包含 → 承认国尊重新国家作为国际法主体所享有的一切权利
  - 包含 → 承认的法律效果具有溯及力
- 内容包含 → 国家承认的法律性质和作用
  - 包含 → 构成说
  - 包含 → 宣告说
- 定义 → 国家承认是指既存国家以明示或默示的方式对新国家出现的确认，并表示愿意与其建立外交关系的单方面国家行为

任务描述	因为理论结合实际教学效果较好,所以采用讲授、结合世界历史举例的教学策略,达到理解和运用国家承认的概念、国家承认的法律性质和作用、国家承认发生的情形、国家承认的效果的学习目的
任务时长	20 分钟
学习地点	课上
教学策略（学习策略）	☑ 讲授　□ 小组讨论　□ 答疑　□ 实验　□ 实训　□ 自主学习　□ 翻转课堂 ☑ 其他（请填写）__结合世界历史举例__
师生交互过程	教师讲解:国家承认是指既存国家以明示或默示的方式对新国家出现的确认,并表示愿意与其建立外交关系的单方面国家行为。国家承认的法律性质与作用包括:①构成说:流行于 19 世纪欧洲。②宣告说:体现在国际法院的裁决中。同学们支持构成说还是宣告说? 学生回答:宣告说 教师点评:支持构成说会得出自相矛盾的结果。有的既存国家承认新国家,就认为新国家是国际法主体;有的既存国家不承认新国家,就认为新国家不是国际法主体 教师讲解:国家承认发生的情形有合并、分离、分立和独立。分离,母国还存在;分立,母国不存在 学生举例:结合世界历史。例如,南也门和北也门合并为也门共和国。1971 年独立的孟加拉国,它是从巴基斯坦分离出来组成新国家的。1991 年苏联分裂为俄罗斯、乌克兰等十五个国家。1965 年 8 月 9 日,新加坡宣布独立 教师讲解:新国家承认的条件:(两个)新产生的政治实体具备国家的要素;新国家符合国际法原则而产生。史汀生不承认主义:各国对严重违背国际法的行为造成的情势,有权利也有义务不予承认。例如,日本发动侵华战争制造的"伪满洲国"不是国际法上的国家。"伪满洲国"(1932 年 3 月 1 日—1945 年 8 月 18 日)是日本占领中国东北地区后,所扶植的一个傀儡伪政权。因国民政府和中共及国际社会对"满洲国"政权不予承认,故被称作"伪满洲国"或"伪满"。(课程思政点)国家承认的时机:对符合条件的新国家,既存国家应避免过急承认或过迟承认。因为会引起新国家的抗议或指责。教师举例:不适当的过急承认和过迟承认,如 1778 年法国对美国的承认,1903 年 11 月美国对巴拿马的承认,1976 年 2 月对西撒哈拉的承认,1971 年 11 月对孟加拉国的承认等为过急承认;而 1809 年俄国对美国的承认,1974 年巴基斯坦对孟加拉国的承认,阿拉伯国家对以色列的承认等为过迟承认。国家承认的效果:对新国家承认将产生一系列的法律效果。①两国间全面交往的基础,但并不等于建交。②双方可以缔结政治、经济、文化等各方面的条约。③承认国尊重新国家作为国际法主体所享有的一切权利。④承认的法律效果具有溯及力 学生理解:新国家承认的条件、时机和法律效果
学习资源	①（马工程教材）《国际公法学》(第三版),《国际公法学》编写组,高等教育出版社,2022 年 9 月,第 144~147 页 ② 课件 PPT

续表

学习成果及评价标准	学生能够理解和运用国家承认的概念、国家承认的法律性质和作用、国家承认发生的情形、国家承认的效果 定量评价标准:学习中心测试——优秀(90~100 分),良好(80~89 分),中等(70~79 分),及格(60~69 分)不及格(60 分以下) 定性评价标准: 优秀(90~100 分):回答问题准确,理由充分。良好(80~89 分):回答问题准确,大部分知识点回答到位。中等(70~79 分):回答问题基本准确,部分知识点回答有欠缺。及格(60~69 分):回答问题部分准确,部分知识点回答有欠缺。不及格(60 分以下):回答问题不准确,大部分知识点回答有欠缺
备注	学生举例时,举的多是教材中的例子。以后需要多举出一些教材之外的例子

活动 3 知识建模图(课上):

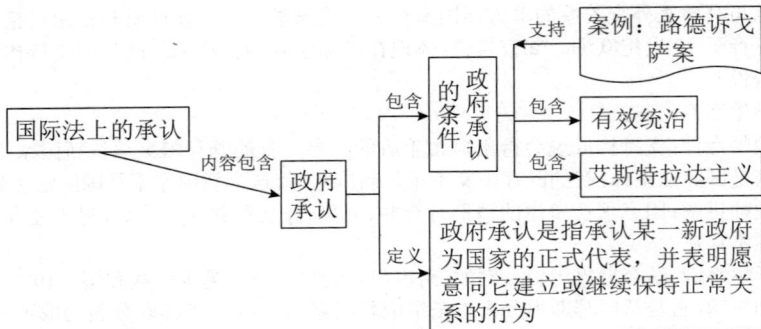

活动目标	理解和运用政府承认的概念和条件

活动任务序列(任务一)

任务一知识组块:

任务描述	因为理论结合实际效果较好,所以采用讲授、小组讨论的教学策略,达到理解和运用政府承认的概念和条件的学习目的	
任务时长	20 分钟	
学习地点	课上	

教学策略(学习策略)	☑讲授　☑小组讨论　□答疑　□实验　□实训　□自主学习　□翻转课堂 □其他(请填写)_____

师生交互过程	教师讲解：政府承认是指承认某一新政府为国家的正式代表，并表明愿意同它建立或继续保持正常关系的行为。政府承认的条件：①有效统治。②现在"艾斯特拉达主义"（只限于继续保持或不保持对外国政府的关系，而不采用承认的形式），以前"正统主义""托巴主义"（以宪法程序为承认新政府的条件），"威尔逊主义"（拒绝承认以破坏宪法的方式而执政的政权 ）。政府承认的法律效果：类似于国家承认。需注意：一国新政府一旦获得承认，对该国原政府的承认就自动终止和撤销。并且，承认的效果原则上可追溯到新政府成立之时 教师提问：有效统治是在所有的领土上实现吗？ 学生回答：不是，大部分领土即可 教师介绍案情：路德诉戈萨案，原告路德公司是 1898 年在俄国组建的一家木材公司的主要股东，1919 年，该木材公司被俄罗斯苏维埃政府根据国有化法令收归国有。该公司及其产品均成了苏维埃政府的财产。英国戈萨公司从苏维埃政府那里买了一批木材。当木材被运到英国时，原木材公司的股东路德公司在英国高等法院对戈萨公司提起诉讼，声明那批木材不是苏维埃政府的财产而是它的财产，要求收回产权。高等法院判决原告胜诉。当被告戈萨上诉于上诉法院时，上诉法院把木材判回了戈萨公司 教师提问：为什么一审、二审的判决结果不同？ 学生分小组讨论：推选一人汇报本组讨论结果，同组其他同学进行补充，其他组的同学进行评分 教师点评：高等法院以英国尚未承认苏维埃政府而不承认苏维埃政府的国有化法令为理由判决原告胜诉。当被告戈萨上诉于上诉法院时，由于英国已正式承认苏维埃政府了，上诉法院就承认苏维埃政府的国有化法令对英国有效，把木材判回了戈萨公司。二审期间英国承认了俄罗斯苏维埃政府。①英国高等法院的诉讼：英国高等法院受理此案时，收到英国外交部在 1920 年 11 月 9 日写来的一封信，信中称"英国政府同意俄罗斯贸易代表团在英国代表俄罗斯政府进行活动，但英国完全没有表示正式承认俄罗斯政府"。②上诉法院的诉讼：1921 年 4 月 20 日英国外交部的信件，"英国政府已承认俄罗斯社会主义联邦苏维埃共和国为俄罗斯事实存在的政府。"4 月 21 日的信件，"俄罗斯苏维埃临时政府是在 1917 年 3 月 14 日执政的。英国政府承认它是当时现存的政府。但俄国立法议会的届期应到 1917 年 12 月 13 日，即被苏维埃政权推翻之日为止。"
学习资源	①（马工程教材）《国际公法学》（第三版），《国际公法学》编写组，高等教育出版社，2022 年 9 月，第 147、148 页 ② 课件 PPT ③ 路德诉戈萨案
学习成果及评价标准	学生能够理解和运用政府承认的概念和条件 定量评价标准：学习中心测试 —— 优秀（90~100 分），良好（80~89 分），中等（70~79 分），及格（60~69 分）不及格（60 分以下） 定性评价标准： 优秀（90~100 分）：回答问题准确，理由充分。良好（80~89 分）：回答问题准确，大部分知识点回答到位。中等（70~79 分）：回答问题基本准确，部分知识点回答有欠缺。及格（60~69 分）：回答问题部分准确，部分知识点回答有欠缺。不及格（60 分以下）：回答问题不准确，大部分知识点回答有欠缺

备注	学生进行小组讨论时,要结合本次课的知识点进行讨论,部分小组进行讨论时,所说的内容与本次课没有关联

活动 4 知识建模图（课上）：

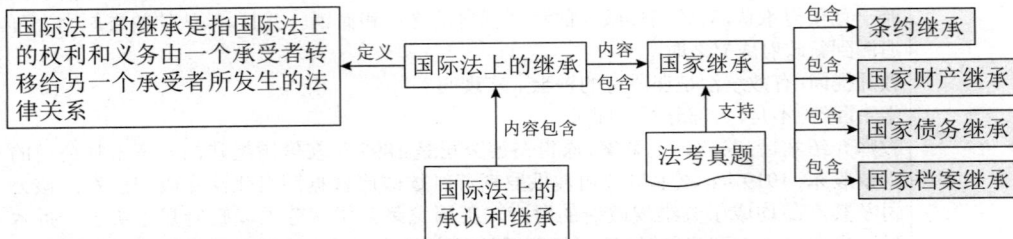

活动目标	理解国际法上的继承概念、理解和运用条约继承、国家财产继承、国家债务继承、国家档案继承

活动任务序列（任务一）

任务一知识组块：

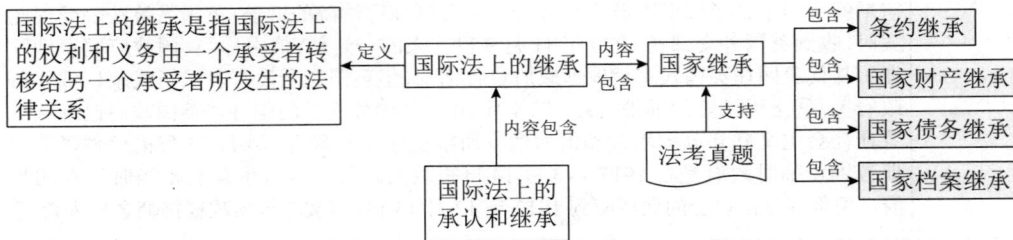

任务描述	因为要了解法考难度和检验学生学习效果,所以采用讲授、法考真题练习的教学策略,达到理解国际法上的继承概念、理解和运用条约继承、国家财产继承、国家债务继承、国家档案继承的学习目的
任务时长	20 分钟
学习地点	课上
教学策略（学习策略）	☑讲授　□小组讨论　□答疑　□实验　□实训　□自主学习　□翻转课堂 ☑其他（请填写）法考真题练习

师生交互过程	教师讲解:国际法上的继承是指国际法上的权利和义务由一个承受者转移给另一个承受者所发生的法律关系。继承的主体有国家、政府和国际组织,但不包括个人。继承的对象是国际法上的权利和义务。继承的发生是由于国家领土的变更、涉及国家政权性质发生重大变化的新政府的产生、国际组织的改组或解散 教师提问:国际法上的继承与国内法的财产继承有何区别?(比较) 学生回答:国际法上的继承是国际法上的权利和义务由一个承受者转移给另一个承受者,是权利和义务的转移 教师讲解:国家继承是指因国家领土变更而引起一国的权利和义务转移给另一国的法律关系。根据国际法,它应该具备两个条件,即合法性与领土性。条约的继承:①"人身条约"不予继承。政治性条约由于情势变迁,一般不继承。②"非人身条约"应予继承。条约以外事项的继承:①国家财产的继承,与领土关联、"所涉领土实际生存"原则。②国家债务的继承:国家债务继承、恶意债务不继承。③国家档案的继承:通常通过协议解决 学生理解:国家继承有四个方面内容 学生法考真题练习:2008 年 33 题,选择题,甲国与乙国 1992 年合并为一个新国家丙国。此时,丁国政府发现,原甲国中央政府、甲国南方省,分别从丁国政府借债 3000 万美元和 2000 万美元。同时,乙国元首以个人名义从丁国的商业银行借款 100 万美元,用于乙国 1991 年救灾。上述债务均未偿还。甲乙丙丁四国没有关于甲乙两国合并之后所涉债务事项的任何双边或多边协议。根据国际法中有关原则和规则,下列哪一选项是正确的? A. 随着一个新的国际法主体丙国的出现,上述债务均已自然消除 B. 甲国中央政府所借债务转属丙国政府承担 C. 甲国南方省所借债务转属丙国政府承担 D. 乙国元首所借债务转属丙国政府承担 教师提问:学生回答选项和理由 教师讲解:正确答案为 B。A. 债务要继承;C. 由省政府承担;D. 乙国元首自己承担
学习资源	①(马工程教材)《国际公法学》(第三版),《国际公法学》编写组,高等教育出版社,2022 年 9 月,第 148~153 页 ②课件 PPT ③法考真题(2008 年 33 题)
学习成果及评价标准	学生能够理解国际法上的继承概念,理解和运用条约继承、国家财产继承、国家债务继承、国家档案继承 定量评价标准:学习中心测试 ——优秀(90~100 分),良好(80~89 分),中等(70~79 分),及格(60~69 分),不及格(60 分以下) 定性评价标准: 优秀(90~100 分):回答问题准确,理由充分。良好(80~89 分):回答问题准确,大部分知识点回答到位。中等(70~79 分):回答问题基本准确,部分知识点回答有欠缺。及格(60~69 分):回答问题部分准确,部分知识点回答有欠缺。不及格(60 分以下):回答问题不准确,大部分知识点回答有欠缺

备注	学生进行法考真题练习时,能够选择出正确的选项。理由说得不是很到位,说明学生对具体的知识点的输出还是存在一些问题

活动 5 知识建模图(课上＋课下):

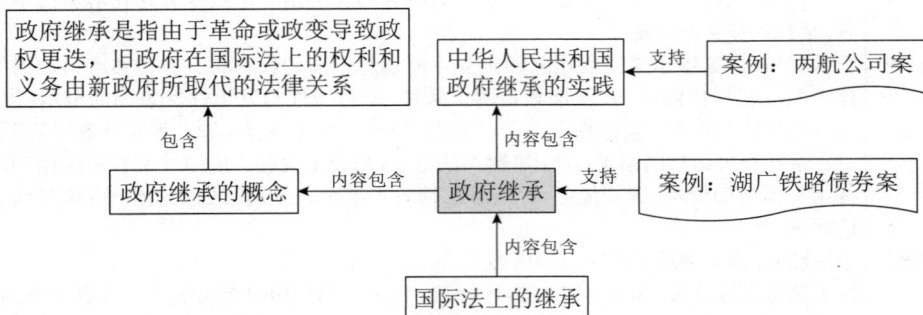

政府继承是指由于革命或政变导致政权更迭,旧政府在国际法上的权利和义务由新政府所取代的法律关系

中华人民共和国政府继承的实践 ← 支持 ← 案例:两航公司案

包含 / 内容包含

政府继承的概念 ← 内容包含 ← 政府继承 ← 支持 ← 案例:湖广铁路债券案

内容包含

国际法上的继承

活动目标	理解政府继承的概念、中华人民共和国政府继承的实践

活动任务序列(任务一)

任务一知识组块:

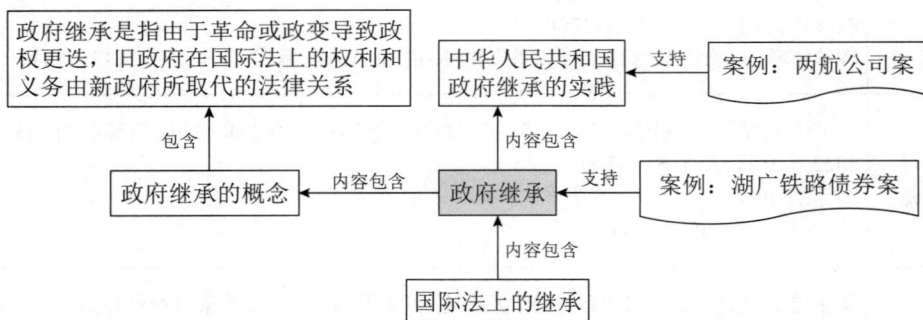

政府继承是指由于革命或政变导致政权更迭,旧政府在国际法上的权利和义务由新政府所取代的法律关系

中华人民共和国政府继承的实践 ← 支持 ← 案例:两航公司案

包含 / 内容包含

政府继承的概念 ← 内容包含 ← 政府继承 ← 支持 ← 案例:湖广铁路债券案

内容包含

国际法上的继承

任务描述	因为比较分析能够加深学生印象,还要检验学生学习效果,所以采用讲授、学习中心测试、比较分析的教学策略,达到理解政府继承的概念、中华人民共和国政府继承的实践的学习目的
任务时长	20 分钟
学习地点	课上

教学策略（学习策略）	☑ 讲授　□ 小组讨论　□ 答疑　□ 实验　□ 实训　□ 自主学习　□ 翻转课堂 ☑ 其他（请填写）比较分析、学习中心测试
师生交互过程	教师讲解：政府继承是指由于革命或政变导致政权更迭，旧政府在国际法上的权利和义务由新政府所取代的法律关系。进行比较分析，政府继承与国家继承的区别：原因、主体、范围三个方面 教师提问：政府继承与国家继承的原因有什么不同？ 学生回答：国家继承是由领土变更的事实所引起的，而发生政府继承的原因则是政府的更迭 教师讲解：政府继承与国家继承的主体和范围也有所区别，政府继承与国家继承参加继承关系主体不同。国家继承关系的参加者是两个不同的国际法主体，而政府继承发生在同一国际法主体内部的新旧两个政府之间。国家继承因领土变更的情况不同而在范围上有全部继承和部分继承之分，而政府继承一般是全部继承。即凡符合国际法的权利和义务，皆应由新政府完全接受 教师讲解：政府继承的一般规则：①新政府根据条约的具体内容来决定是否继承。②旧政府的一切国家财产及权益都应转属新政府。③对旧政府的债务不予继承或者根据善意或恶意区别对待 学生理解：旧政府的一切国家财产及权益都应转属新政府 教师测试：利用学习中心进行测试 学生参加测试：参加基本理论测试 教师根据测试分数，让一位满分同学公布题目和答案。几位做错题的同学说一下自己做错的题目和原因，让他们把错题更正在自己的错题本上。如果有不及格的同学，重点进行督促整改 教师把本次课的知识建模图分享给学生
学习资源	①（马工程教材）《国际公法学》（第三版），《国际公法学》编写组，高等教育出版社，2022 年 9 月，第 153~155 页 ② 课件 PPT ③ 两航公司案
学习成果及评价标准	学生能够理解政府继承的概念、中华人民共和国政府继承的实践 定量评价标准：学习中心测试 —— 优秀（90~100 分），良好（80~89 分），中等（70~79 分），及格（60~69 分），不及格（60 分以下） 定性评价标准： 优秀（90~100 分）：回答问题准确，理由充分。良好（80~89 分）：回答问题准确，大部分知识点回答到位。中等（70~79 分）：回答问题基本准确，部分知识点回答有欠缺。及格（60~69 分）：回答问题部分准确，部分知识点回答有欠缺。不及格（60 分以下）：回答问题不准确，大部分知识点回答有欠缺
备注	部分同学在学习后面的知识点时，忘记了前面的知识点。需要不断进行强化。同时，学生上课要更专注一些

续表

活动任务序列（任务二）

任务二知识组块： 	任务描述	因为案例分析报告能够训练学生运用理论的能力,所以采用自主学习的教学策略,达到理解政府继承基本理论的学习目的
	任务时长	60 分钟
	学习地点	课下(课后)

教学策略(学习策略)	□讲授　□小组讨论　□答疑　□实验　□实训　☑自主学习　□翻转课堂 □其他(请填写)_____
师生交互过程	教师布置任务:查找湖广铁路债券案资料,完成湖广铁路债券案分析报告(包括案情、问题、分析及启示) 学生接受任务:查找湖广铁路债券案资料,完成湖广铁路债券案分析报告(包括案情、问题、分析及启示)
学习资源	湖广铁路债券案
学习成果及评价标准	学生能够理解政府继承的基本理论。学习成果通过课后作业载体呈现。评价标准是学生分析得是否全面准确,分为优秀、良好、中等、及格和不及格五个等级。优秀(90~100分):分析准确,理由充分。良好(80~89分):分析准确,大部分知识点分析到位。中等(70~79分):分析基本准确,部分知识点分析有欠缺。及格(60~69分):分析部分准确,部分知识点分析有欠缺。不及格(60分以下):分析不准确,大部分知识点分析有欠缺
备注	共性问题:分析得不是很深入,启示谈得比较浅。 个性问题:部分同学介绍案情时,有点简单,分析得不是很全面。(政府债务继承和国家主权豁免两个方面)

（2）联合国、区域性和专门性国际组织教学设计见表 4-3-8

表 4-3-8　联合国、区域性和专门性国际组织及其法律制度教学设计

2023—2024 学年第 2 学期第 5 周第 1 次课

知识建模图：

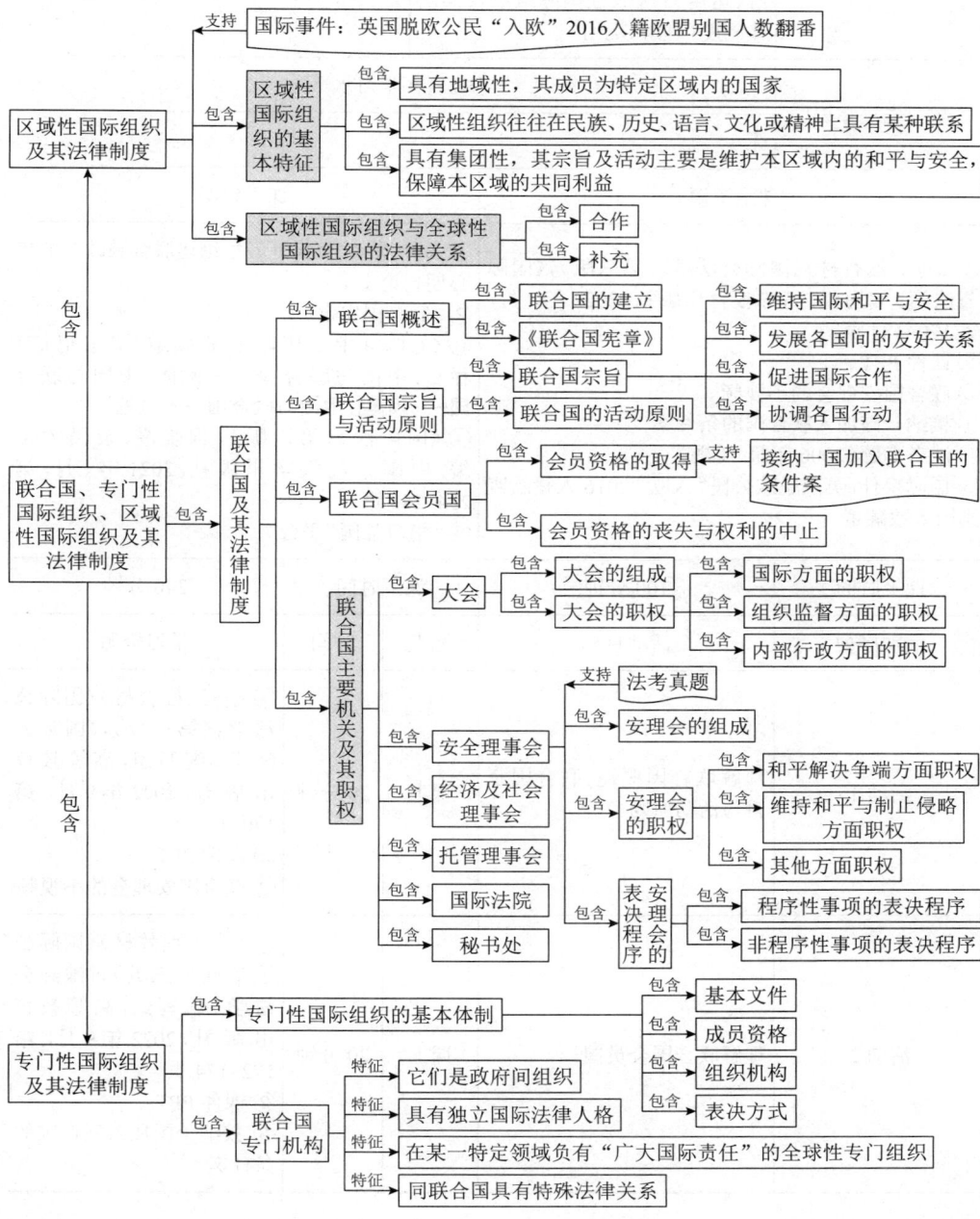

学习目标	知识点（学习水平）	素质目标
	联合国及其法律制度（理解、运用）；专门性国际组织及其法律制度（理解、运用）；区域性国际组织及其法律制度（理解、运用）	具备大国自豪感、责任使命感

学习先决知识	知识点（学习水平）
	无

课上资源	课下资源
①（马工程教材）《国际公法学》（第三版），《国际公法学》编写组，高等教育出版社，2022年9月，第170~184页 ② 课件PPT ③ 联合国安理会的小视频 ④ 接纳一国加入联合国的条件案 ⑤ 法考真题（2006年第31题） ⑥ 国际事件：英国脱欧公民"入欧"2016入籍欧盟别国人数翻番	① 知网检索、查找近五年论述联合国改革的核心期刊论文 ②《联合国宪章》 ③ CCTV-4中文国际亚洲频道《国家记忆》栏目：中国与联合国——酝酿；中国与联合国——始创；中国与联合国——重返 ④《国际法》（第六版），程晓霞、余民才主编，中国人民大学出版社，2021年1月，第234~248页 ⑤"学习强国"平台

课上时间	100分钟	课下时间	240分钟

活动序列	活动目标	地点	时间	学习资源
活动1	理解联合国概述、联合国宗旨与活动原则	课上	20分钟	①（马工程教材）《国际公法学》（第三版），《国际公法学》编写组，高等教育出版社，2022年9月，第170~172页 ② 课件PPT ③ 联合国安理会的小视频
活动2	理解联合国会员国	课上	20分钟	①（马工程教材）《国际公法学》（第三版），《国际公法学》编写组，高等教育出版社，2022年9月，第172~174页 ② 课件PPT ③ 接纳一国加入联合国的条件案

	课上	20 分钟	①（马工程教材）《国际公法学》（第三版），《国际公法学》编写组，高等教育出版社，2022 年 9 月，第 174~180 页 ② 课件 PPT ③ 法考真题（2006 年第 31 题）
活动 3	理解和运用联合国主要机关及其职权	课下	200 分钟	① 知网检索、查找近五年论述联合国改革的核心期刊论文 ②《联合国宪章》 ③ CCTV-4 中文国际亚洲频道《国家记忆》栏目：20221228 中国与联合国 酝酿，20221229 中国与联合国 始创，20221230 中国与联合国 重返 ④《国际法》（第六版），程晓霞、余民才主编，中国人民大学出版社，2021 年 1 月，第 234~244 页
活动 4	理解和运用专门性国际组织的基本体制、联合国专门机构	课上	20 分钟	①（马工程教材）《国际公法学》（第三版），《国际公法学》编写组，高等教育出版社，2022 年 9 月，第 180~182 页 ② 课件 PPT
活动 5	理解和运用区域性国际组织的基本特征、区域性国际组织与全球性国际组织的法律关系	课上	20 分钟	①（马工程教材）《国际公法学》（第三版），《国际公法学》编写组，高等教育出版社，2022 年 9 月，第 182~184 页 ② 课件 PPT ③ 国际事件：英国脱欧公民"入欧"2016 入籍欧盟别国人数翻番
		课下	40 分钟	①《国际法》（第六版），程晓霞、余民才主编，中国人民大学出版社，2021 年 1 月，第 245~248 页 ②"学习强国"平台

续表

活动 1 知识建模图（课上）：

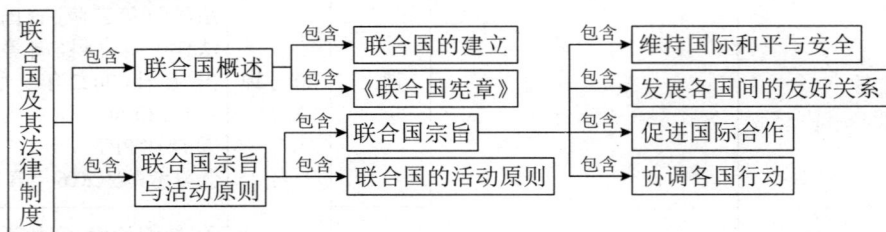

活动目标	理解联合国概述、联合国宗旨与活动原则

活动任务序列（导入任务描述）：由联合国安理会的小视频导入，能够理解联合国是国际组织的核心

师生交互过程	教师播放视频：联合国安理会五大常任理事国都投否决票的情况 学生观看视频：联合国安理会五大常任理事国都投否决票的情况 教师提问：安理会是联合国下属的一个机关，联合国在国际组织中处于什么地位？ 学生回答：最核心的国际组织 教师讲解：这两节课首先给大家介绍一下联合国

活动任务序列（任务一）

任务一知识组块：

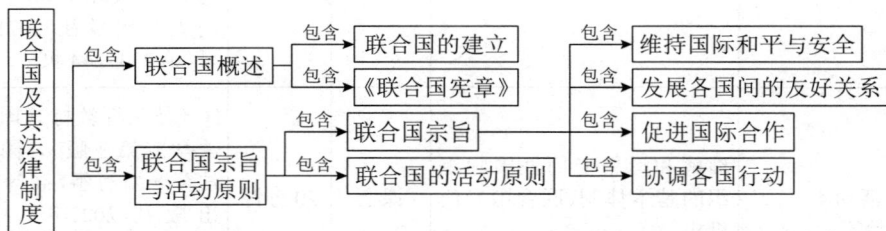

任务描述	因为已学内容——国际法基本原则中涉及联合国的活动原则，所以采用教师讲授、学生讲解原则内容的教学策略，达到理解联合国概述、联合国宗旨与活动原则的学习目的
任务时长	20 分钟
学习地点	课上
教学策略（学习策略）	☑ 讲授　□ 小组讨论　□ 答疑　□ 实验　□ 实训　□ 自主学习　□ 翻转课堂 ☑ 其他（请填写）　学生讲解原则内容
师生交互过程	教师讲解：联合国概述，1941 年《大西洋宪章》；1942 年元旦，对德意日作战的 26 个国家在华盛顿签署了《联合国家宣言》，声明赞同《大西洋宪章》中所载的宗旨和原则；1944 年秋季在华盛顿附近敦巴顿橡树园举行会议；1945 年 2 月在雅尔塔举行会议；1945 年，参加旧金山会议的共有 50 个国家，于 6 月 25 日一致通过了《联合国宪章》，并于次日正式举行签字仪式。1945 年 10 月 24 日正式生效，联合国宣告成立，总部在纽约 教师提问：《联合国总部的协定》这个国际条约的缔约方是谁？ 学生回答：美国和联合国

续表

师生交互过程	教师布置任务:通过"学习强国",查找与联合国相关的国际事件 学生查找国际事件:利用"学习强国"搜索,新华社 2024 年 2 月 20 日,中方呼吁国际社会坚定维护以联合国为核心的国际体系。学生简要介绍国际事件内容 教师讲解:联合国的宗旨与原则。宗旨:《联合国宪章》第一条,①维持国际和平及安全;②发展国际间以尊重人民平等权利及自决原则为根据之友好关系;③促成国际合作;④构成一协调各国行动之中心。由于第四章国际法基本原则内容中涉及联合国的原则,下面就请一位同学把《联合国宪章》第二条中七项原则的具体含义给大家讲清楚,同时要把原则中比较关键的词指出来,便于记忆 学生讲解:联合国的原则:《联合国宪章》第二条,①各会员国主权平等原则;②善意履行宪章义务原则;③和平解决国际争端原则;④禁止武力相威胁或非法使用武力原则;⑤集体协助原则;⑥确保非会员国遵守宪章的上述原则;⑦不干涉各国内政原则 教师提问:《联合国宪章》给非缔约国设定义务了吗? 学生回答:在维护国际社会和平与安全领域给非缔约国设定义务,理由是《联合国宪章》第二条第六项原则
学习资源	①（马工程教材)《国际公法学》(第三版),《国际公法学》编写组,高等教育出版社,2022 年 9 月,第 170~172 页 ② 课件 PPT ③ 联合国安理会的小视频
学习成果及评价标准	学生能够理解联合国概述、联合国宗旨与活动原则 定量评价标准:学习中心测试——优秀(90~100 分),良好(80~89 分),中等(70~79 分),及格(60~69 分),不及格(60 分以下) 定性评价标准: 优秀(90~100 分):回答问题准确,理由充分。良好(80~89 分):回答问题准确,大部分知识点回答到位。中等(70~79 分):回答问题基本准确,部分知识点回答有欠缺。及格(60~69 分):回答问题部分准确,部分知识点回答有欠缺。不及格(60 分以下):回答问题不准确,大部分知识点回答有欠缺
备注	学生在讲解联合国的原则时,部分原则的含义理解不是很到位,以后需要提高

活动 2 知识建模图(课上):

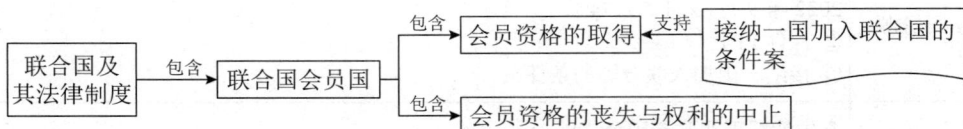

活动目标	理解联合国会员国

活动任务序列(任务一)

任务一知识组块:

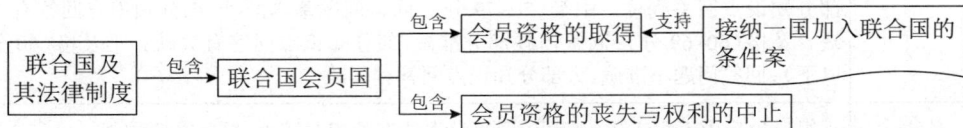

续表

任务描述	因为理论结合实际的教学效果较好,所以采用讲授、小组讨论、介绍外交小故事的教学策略,达到理解联合国会员国的学习目的
任务时长	20 分钟
学习地点	课上
教学策略 (学习 策略)	☑讲授　☑小组讨论　□答疑　□实验　□实训　□自主学习　□翻转课堂 ☑其他(请填写)　介绍外交小故事
师生交互 过程	教师讲解:联合国的会员国,联合国创始会员国:51,参加旧金山会议的国家,签署联合国宣言并批准宪章的国家。纳入会员国:193-51=142。实体性条件:国家;爱好和平;接受宪章义务;联合国认为确履行义务。程序性条件:大会经安全理事会推荐以决议行之。除名,暂停会员国权利,丧失大会投票权 教师提问:一个国家要成为联合国会员国,程序性条件需要过几关? 学生回答:两关,安理会和联合国大会 教师布置任务:通过网络,查找与联合国第 193 个会员国相关的国际事件 学生上网查找与联合国第 193 个会员国相关的国际事件:2011 年 7 月 15 日,联合国通过决议 接纳南苏丹共和国成为第 193 个会员国。学生简要介绍国际事件内容 教师介绍外交小故事:"乔的笑" "乔的笑"是国际新闻史上一张极为著名的经典照片,拍摄这张照片的摄影师还因此获得了普利策奖。"乔的笑"发生在 1971 年,当时在中国代表乔冠华及代表团全体工作人员的努力下,联合国终于恢复了中华人民共和国的合法席位,这也是中国外交史上里程碑的一刻 学生案例分析:接纳一国加入联合国的条件案 学生小组讨论:推选一人汇报本组讨论结果,同组其他同学进行补充,其他组的同学进行评分 教师点评:《联合国宪章》第四条中规定的实体性条件和程序性条件必须符合,不能变通
学习资源	①（马工程教材）《国际公法学》(第三版),《国际公法学》编写组,高等教育出版社,2022 年 9 月,第 172~174 页 ② 课件 PPT ③ 接纳一国加入联合国的条件案
学习成果及 评价标准	学生能够理解联合国会员国 定量评价标准:学习中心测试——优秀(90~100 分),良好(80~89 分),中等(70~79分),及格(60~69 分),不及格(60 分以下) 定性评价标准: 优秀(90~100 分):回答问题准确,理由充分。良好(80~89 分):回答问题准确,大部分知识点回答到位。中等(70~79 分):回答问题基本准确,部分知识点回答有欠缺。及格(60~69 分):回答问题部分准确,部分知识点回答有欠缺。不及格(60 分以下):回答问题不准确,大部分知识点回答有欠缺
备注	小组讨论后由汇报人进行汇报,同组学生补充得相对较少,以后需要加强

续表

活动 3 知识建模图(课上 + 课下):

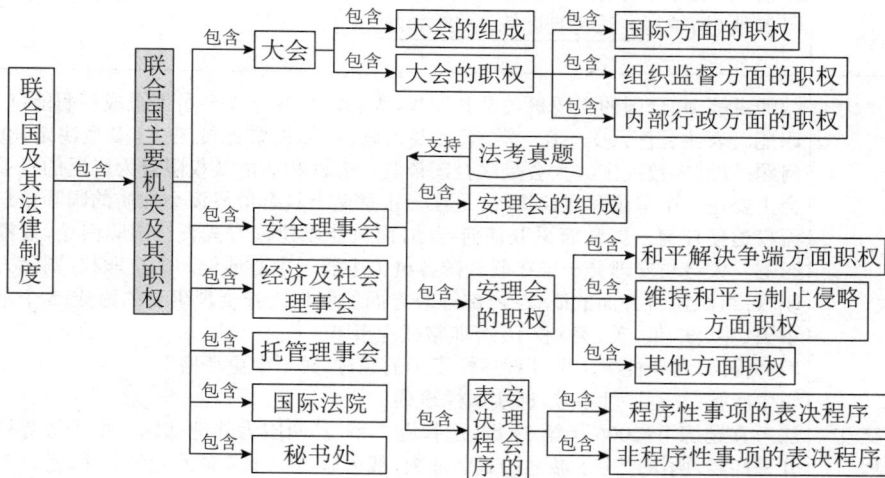

联合国及其法律制度 —包含→ 联合国主要机关及其职权

- 联合国主要机关及其职权 —包含→ 大会
  - 大会 —包含→ 大会的组成
  - 大会 —包含→ 大会的职权
    - 大会的职权 —包含→ 国际方面的职权
    - 大会的职权 —包含→ 组织监督方面的职权
    - 大会的职权 —包含→ 内部行政方面的职权
- 联合国主要机关及其职权 —包含→ 安全理事会
  - 安全理事会 —支持→ 法考真题
  - 安全理事会 —包含→ 安理会的组成
  - 安理会的职权 —包含→ 和平解决争端方面职权
  - 安理会的职权 —包含→ 维持和平与制止侵略方面职权
  - 安理会的职权 —包含→ 其他方面职权
  - 安理会的表决程序 —包含→ 程序性事项的表决程序
  - 安理会的表决程序 —包含→ 非程序性事项的表决程序
- 联合国主要机关及其职权 —包含→ 经济及社会理事会
- 联合国主要机关及其职权 —包含→ 托管理事会
- 联合国主要机关及其职权 —包含→ 国际法院
- 联合国主要机关及其职权 —包含→ 秘书处

活动目标	理解和运用联合国主要机关及其职权

活动任务序列(任务一)

任务一知识组块:

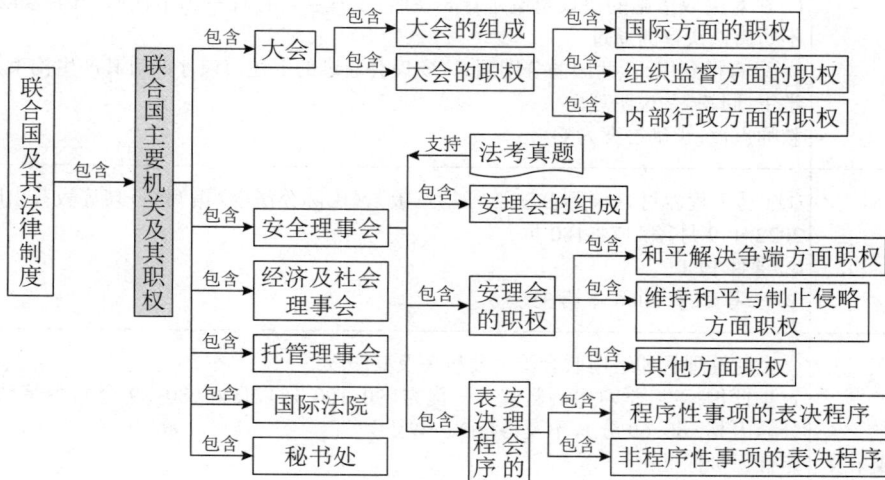

联合国及其法律制度 —包含→ 联合国主要机关及其职权

- 联合国主要机关及其职权 —包含→ 大会
  - 大会 —包含→ 大会的组成
  - 大会 —包含→ 大会的职权
    - 大会的职权 —包含→ 国际方面的职权
    - 大会的职权 —包含→ 组织监督方面的职权
    - 大会的职权 —包含→ 内部行政方面的职权
- 联合国主要机关及其职权 —包含→ 安全理事会
  - 安全理事会 —支持→ 法考真题
  - 安全理事会 —包含→ 安理会的组成
  - 安理会的职权 —包含→ 和平解决争端方面职权
  - 安理会的职权 —包含→ 维持和平与制止侵略方面职权
  - 安理会的职权 —包含→ 其他方面职权
  - 安理会的表决程序 —包含→ 程序性事项的表决程序
  - 安理会的表决程序 —包含→ 非程序性事项的表决程序
- 联合国主要机关及其职权 —包含→ 经济及社会理事会
- 联合国主要机关及其职权 —包含→ 托管理事会
- 联合国主要机关及其职权 —包含→ 国际法院
- 联合国主要机关及其职权 —包含→ 秘书处

任务描述	可以以表格形式归纳总结历任联合国秘书长各方面情况;因为要检验教学效果,所以采用讲授、法考真题练习、图表法的教学策略,达到理解和运用联合国主要机关及其职权的学习目的
任务时长	20 分钟
学习地点	课上

教学策略（学习策略）	☑讲授　□小组讨论　□答疑　□实验　□实训　□自主学习　□翻转课堂 ☑其他（请填写）__法考真题练习、图表法__
师生交互过程	教师讲解：联合国的主要机关及其职权，大会，组成：全体会员国组成。职能：广泛的职能。表决程序：①一国一票；②重要问题：参加投票会员国 2/3 多数决定；③一般问题：以过半数决定。大会是联合国最具代表性和职能及权限最为广泛的机关。大会主要是一个审议和建议机关，是在一定意义上具有世界议会性质的国际论坛。它无权迫使任何一国政府采取任何行动，而只能以建议方式表达国际舆论，发挥重要影响。大会与安理会一道在联合国各机关中居于中心地位。大会职权：国际方面的职权；组织监督方面的职权；内部行政方面的职权。安全理事会的组成：5 个常任理事国（中、法、俄、英、美）和 10 个非常任理事国 教师提问：程序性事项和非程序性事项的通过，哪一个更严格？ 学生回答：非程序性事项，即实质性事项 法考真题练习：2006 年第 31 题，选择题。甲、乙两国为陆地邻国。由于边界资源的开采问题，两国产生了激烈的武装冲突，战火有进一步蔓延的趋势。甲、乙均为联合国会员国。针对此事态，如果拟通过联合国安理会采取相关措施以实现停火和稳定局势，那么，根据《联合国宪章》有关规定，下列哪一选项是正确的？ A. 只有甲、乙两国中的任一国把该事项提交安理会后，安理会才有权对该事项进行审议 B. 在对采取措施的决议草案进行表决时，若获得全体理事国中 1/2 多数的同意，其中包括常任理事国的一致同意，该决议即被通过 C. 在对采取措施的决议草案进行表决时，安理会常任理事国中任何一国投弃权票，不妨碍该决议的通过 D. 只有得到甲、乙两国的分别同意，安理会通过的上述决议才能对其产生拘束力 学生：回答，并说明理由 教师点评：正确答案为 C
学习资源	①（马工程教材）《国际公法学》（第三版），《国际公法学》编写组，高等教育出版社，2022 年 9 月，第 174~180 页 ② 课件 PPT ③ 法考真题（2006 年第 31 题）
学习成果及评价标准	学生能够理解和运用联合国主要机关及其职权 定量评价标准：学习中心测试——优秀（90~100 分），良好（80~89 分），中等（70~79 分），及格（60~69 分），不及格（60 分以下） 定性评价标准： 优秀（90~100 分）：回答问题准确，理由充分。良好（80~89 分）：回答问题准确，大部分知识点回答到位。中等（70~79 分）：回答问题基本准确，部分知识点回答有欠缺。及格（60~69 分）：回答问题部分准确，部分知识点回答有欠缺。不及格（60 分以下）：回答问题不准确，大部分知识点回答有欠缺
备注	学生可以选出法考真题的正确选项，但在回答错误选项的理由时，没有把知识点说出来，说明学生对知识点的理解还不是很透彻

活动任务序列(任务二)

任务二知识组块:

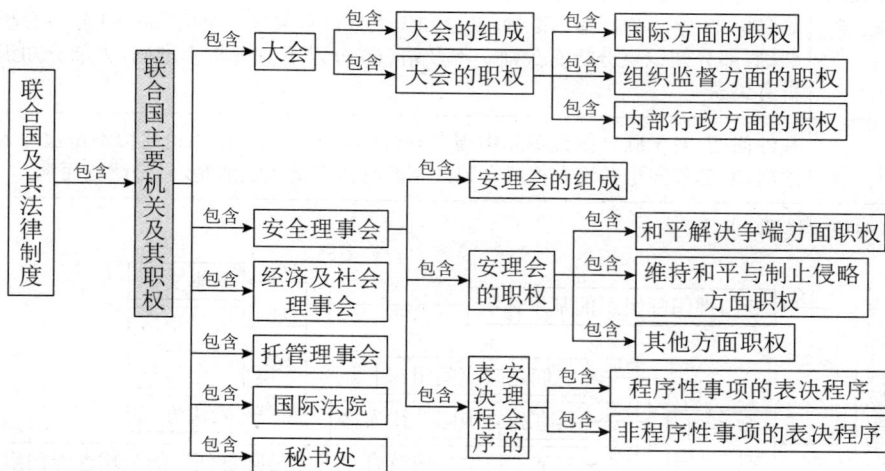

联合国及其法律制度 —包含→ 联合国主要机关及其职权 —包含→
- 大会 —包含→ 大会的组成
- 大会 —包含→ 大会的职权 —包含→ 国际方面的职权 / 组织监督方面的职权 / 内部行政方面的职权
- 安全理事会 —包含→ 安理会的组成
- 安全理事会 —包含→ 安理会的职权 —包含→ 和平解决争端方面职权 / 维持和平与制止侵略方面职权 / 其他方面职权
- 安理会的表决程序 —包含→ 程序性事项的表决程序 / 非程序性事项的表决程序
- 经济及社会理事会
- 托管理事会
- 国际法院
- 秘书处

任务描述	因为要拓展联合国理论学习,所以采用自主学习的教学策略,达到理解联合国理论的学习目的
任务时长	200 分钟
学习地点	课下
教学策略(学习策略)	□讲授　□小组讨论　□答疑　□实验　□实训　☑自主学习　□翻转课堂 □其他(请填写)_____
师生交互过程	教师布置任务:知网检索、查找近五年论述联合国改革的核心期刊论文,然后阅读并理解论文;阅读并理解《联合国宪章》(共 111 条);观看 CCTV-4 中文国际亚洲频道《国家记忆》栏目:中国与联合国——酝酿,中国与联合国——始创,中国与联合国——重返 阅读参考教材《国际法》(第六版),程晓霞、余民才主编,中国人民大学出版社,2021 年 1 月,第 234~244 页 学生接收任务:知网查找近五年论述联合国改革的核心期刊论文,然后阅读并理解论文,谈谈对联合国改革的看法。阅读并理解《联合国宪章》,参考教材中联合国的内容,观看 CCTV-4 中文国际亚洲频道《国家记忆》
学习资源	① 知网检索、查找近五年论述联合国改革的核心期刊论文 ②《联合国宪章》 ③ CCTV-4 中文国际亚洲频道《国家记忆》栏目 ④《国际法》(第六版),程晓霞、余民才主编,中国人民大学出版社,2021 年 1 月,第 234~244 页

续表

学习成果及评价标准	能够深入理解联合国理论,学习成果通过课后作业载体呈现。评价标准是学生分析得是否全面准确,分为优秀、良好、中等、及格和不及格五个等级。优秀(90~100分):分析准确,理由充分。良好(80~89分):分析准确,大部分知识点分析到位。中等(70~79分):分析基本准确,部分知识点分析有欠缺。及格(60~69分):分析部分准确,部分知识点分析有欠缺。不及格(60分以下):分析不准确,大部分知识点分析有欠缺
备注	共性问题:对于联合国改革和中国在联合国发挥的重要作用论述得不是很深入。个性问题:部分同学并没有把联合国改革的具体举措表达清楚,只是泛泛而谈

活动4 知识建模图(课上):

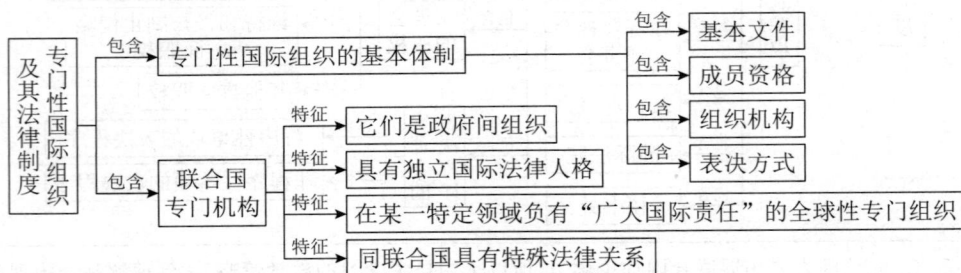

活动目标	理解和运用专门性国际组织的基本体制、联合国专门机构

活动任务序列(任务一)

任务一知识组块:

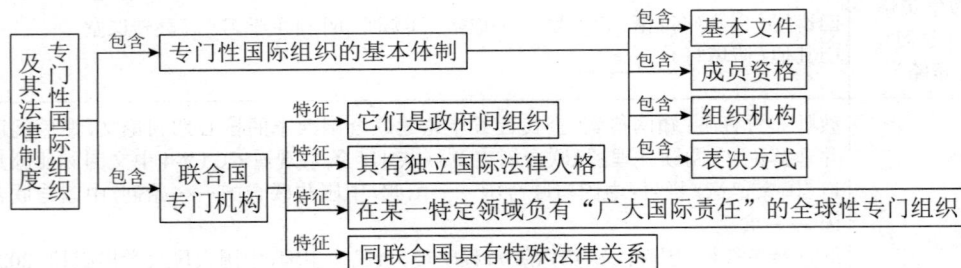

任务描述	因为查找资料并汇报能调动学生学习的主动性,所以采用讲授、查找相关资料并汇报的教学策略,达到理解和运用专门性国际组织的基本体制、联合国专门机构的学习目的
任务时长	20分钟
学习地点	课上
教学策略(学习策略)	☑讲授　□小组讨论　□答疑　□实验　□实训　□自主学习　□翻转课堂 ☑其他(请填写)　查找相关资料并汇报

师生交互过程	教师讲解:专门性国际组织的产生早于一般综合性国际组织。种类:按成员性质,分为非政府和政府间国际组织;按地域范围,分为全球性和区域性国际组织;按专业领域,分为通信运输、文化科教卫生、金融贸易、工农业等。多与一般综合性国际组织建立工作关系或根据一般综合性国际组织的决定创设,以某一综合性国际组织为中心,形成若干个国际组织的分支体系。专门性国际组织的基本体制,①基本文件:国际协定。②成员资格,一般说来,政府间专门性组织的成员主要是主权国家。但有的专门机构,如世界气象组织、世界卫生组织等,允许在有关专业领域内,如关税、领土等,享有某种管理权的实体参加其活动。③组织结构,一般有审议与决策机关、执行与管理机关和常设秘书机关。④表决方式,一般实行"一国一票"的多数表决制度;涉及经济、金融等领域的专门机构在"一国一票"的基础上,实行"加权表决制",如世界银行等 教师提问:政府间专门性组织的成员都是国家吗? 学生回答:不一定 教师讲解:联合国专门机构,①概念:联合国专门机构是指根据特别协定而与联合国建立关系或根据联合国决定而创立的对某一特定业务领域负有国际责任的全球性政府间专门性国际组织。在对联合国专门机构的概念进行讲解时,要进行分解,找出落脚点、关键词,便于学生理解和记忆。②特征:a. 是政府间的国际组织,是由各国政府根据正式协定成立,同时也是普遍性、全球性的国际组织,而非地区性组织。b. 具有独立的国际法律人格。c. 是对经济、社会、文化、教育、卫生等特定业务领域负有"广大国际责任"的全球性专门组织(区别于一般国际组织)。d. 是与联合国具有特殊法律关系的专门组织 教师提问:根据《联合国宪章》第五十七、六十三条,联合国专门机构通过哪个机关与联合国建立法律关系? 学生回答:经济及社会理事会 学生查找相关资料并汇报:通过网络查找世界卫生组织的基本文件、成员资格、组织机构、表决方式,并进行汇报
学习资源	①(马工程教材)《国际公法学》(第三版),《国际公法学》编写组,高等教育出版社,2022 年 9 月,第 180~182 页 ② 课件 PPT
学习成果及评价标准	学生能够理解和运用专门性国际组织的基本体制、联合国专门机构 定量评价标准:学习中心测试——优秀(90~100 分),良好(80~89 分),中等(70~79 分),及格(60~69 分),不及格(60 分以下) 定性评价标准: 优秀(90~100 分):回答问题准确,理由充分。良好(80~89 分):回答问题准确,大部分知识点回答到位。中等(70~79 分):回答问题基本准确,部分知识点回答有欠缺。及格(60~69 分):回答问题部分准确,部分知识点回答有欠缺。不及格(60 分以下):回答问题不准确,大部分知识点回答有欠缺
备注	部分同学上课注意力不是很集中,回答问题时不是很到位

活动 5 知识建模图(课上 + 课下):

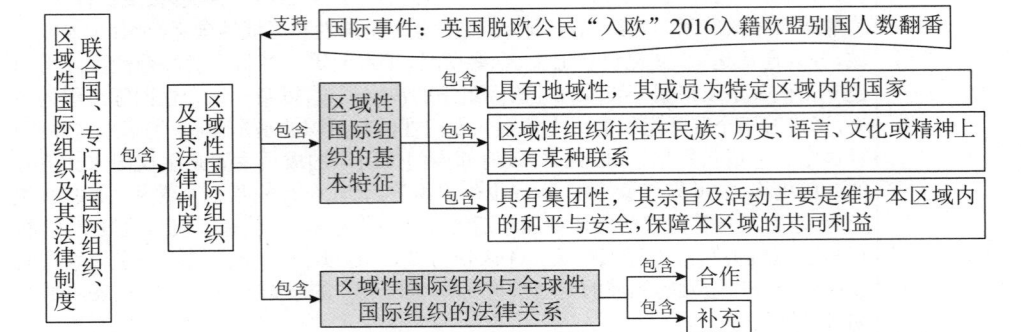

活动目标	理解和运用区域性国际组织的基本特征、区域性国际组织与全球性国际组织的法律关系

活动任务序列(任务一)

任务一知识组块:

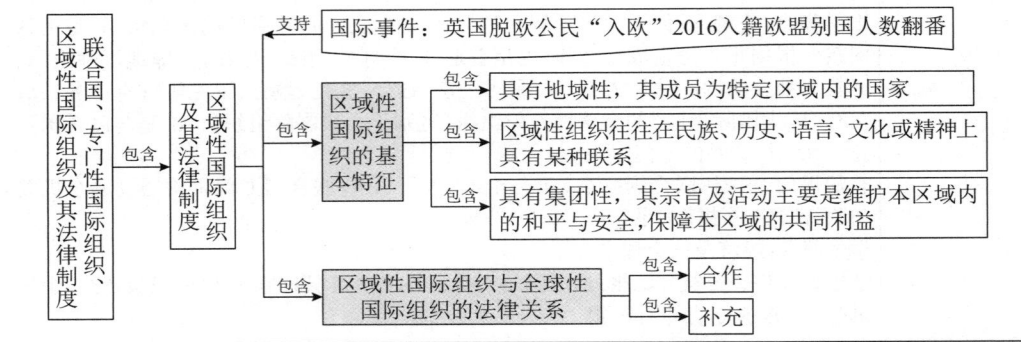

任务描述	因为要检验学习效果,所以采用讲授、学习中心测试、案例分析的教学策略,达到理解和运用区域性国际组织的基本特征、区域性国际组织与全球性国际组织的法律关系的学习目的
任务时长	20 分钟
学习地点	课上
教学策略 (学习 策略)	☑ 讲授　□ 小组讨论　□ 答疑　□ 实验　□ 实训　□ 自主学习　□ 翻转课堂 ☑ 其他(请填写)　学习中心测试、案例分析
师生交互 过程	国际事件导入,教师让一名学生在网络上搜索国际事件,并介绍该国际事件:英国脱欧公民"入欧" 教师讲解:这个事件中的欧盟,就是区域性国际组织。区域性国际组织的建立与发展,是与全球性国际组织相对应而言的。指在相同的地域内的国家或者虽不在相同的地域内但以维护区域性利益为目的的国家组成的国际组织与集团。在区域性国际组织中,既有一般政治性的,也有专门性的。区域性国际组织的基本特征包括:①具有地域性,其成员为特定区域内的国家。②区域性组织往往在民族、历史、语言、文化或精神上具有某种联系。③具有集团性,其宗旨及活动主要是维护本区域内的和平与安全,保障本区域的共同利益

续表

师生交互 过程	教师讲解:区域性国际组织与全球性国际组织的法律关系,合作与补充,纳入联合国维持国际和平与安全的世界体制。区域办法或机关及其工作须符合联合国宗旨及原则,区域机关优先和平解决地方争端;安理会鼓励执行安理会授权采取的强制行动;向安理会报告已采取或正在考虑的行动 学生理解:区域性国际组织与全球性国际组织的法律关系 案例分析:S 组织是一个区域军事组织。该组织的成立公约第 5 条规定,对任何一个或数个缔约国的武力攻击,应视为对缔约国全体的攻击。因此,如果发生此种攻击,每一缔约国应按照《联合国宪章》第五十一条行使单独或集体自卫的权利,个别或共同地采取必要的行动,包括使用武力,协助被攻击的一国或数国。根据本条所采取的措施,将按照《联合国宪章》的规定行使。A 国 A1 省与 S 组织的成员国 B 国和 C 国接壤。该国 A1 省由于 H 民族党要求独立而与政府军发生武装对抗。持续冲突造成大量平民流离失所,数十万难民涌向 B、C 国边境。联合国安理会通过第 1392 号决议,要求 A 国政府与 H 民族党谈判,恢复 A1 省法律秩序,并决心继续处理此案。S 组织要求 A 国停止在 A1 省的军事行动,尽快与 H 民族党谈判达成协议。由于 S 组织的要求没有得到满足,它宣布对 A 国采取军事行动,以阻止该国 A1 省日益恶化的人道主义灾难。A 国与 S 组织的成员国都是联合国会员国 根据以上案情,分析 S 组织对 A 国的军事行动是否合法。为什么? 引导提示学生,S 组织对 A 国的军事行动是否合法涉及国际法基本原则之——禁止以武力相威胁或使用武力的原则,首先判断合法还是非法。原因既涉及本次课的知识点,还学过以前学过的知识点。大家需要捕捉案情当中一些比较重要的信息 学生回答问题,教师进行补充:非法。并进一步阐释理由 教师测试:利用学习中心进行测试 学生参加测试:参加基本理论测试 教师根据测试分数,让一位满分同学公布题目和答案。几位做错题的同学说一下自己做错的题目和原因,让他们把错题更正在自己的错题本上。如果有不及格的同学,重点进行督促整改 教师把本次课的知识建模图分享给学生
学习资源	①(马工程教材)《国际公法学》(第三版),《国际公法学》编写组,高等教育出版社,2022 年 9 月,第 182~184 页 ② 课件 PPT ③ 国际事件:英国脱欧公民"入欧"2016 入籍欧盟别国人数翻番
学习成果及 评价标准	学生能够理解和运用区域性国际组织的基本特征、区域性国际组织与全球性国际组织的法律关系 定量评价标准:学习中心测试——优秀(90~100 分),良好(80~89 分),中等(70~79 分),及格(60~69 分),不及格(60 分以下) 定性评价标准: 优秀(90~100 分):回答问题准确,理由充分。良好(80~89 分):回答问题准确,大部分知识点回答到位。中等(70~79 分):回答问题基本准确,部分知识点回答有欠缺。及格(60~69 分):回答问题部分准确,部分知识点回答有欠缺。不及格(60 分以下):回答问题不准确,大部分知识点回答有欠缺
备注	学生进行案例分析时,能够回答出部分知识点,但是不能回答出全部知识点。回答问题的全面性需要提高

活动任务序列(任务二)

任务二知识组块:

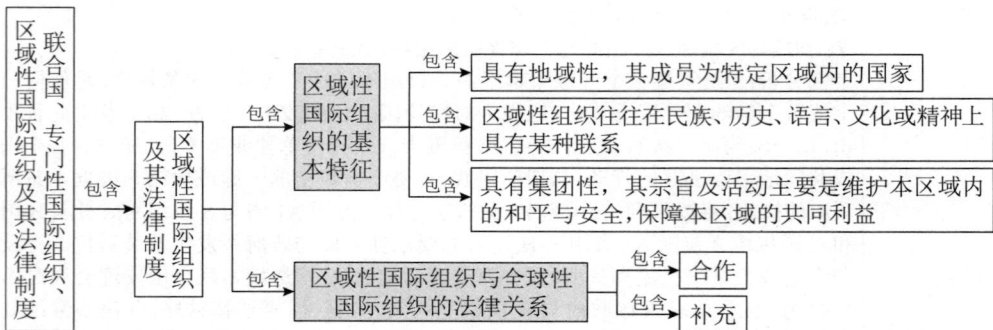

区域性国际组织及其法律制度 → 区域性国际组织及其法律制度

包含 → 区域性国际组织的基本特征
- 包含 → 具有地域性,其成员为特定区域内的国家
- 包含 → 区域性组织往往在民族、历史、语言、文化或精神上具有某种联系
- 包含 → 具有集团性,其宗旨及活动主要是维护本区域内的和平与安全,保障本区域的共同利益

包含 → 区域性国际组织与全球性国际组织的法律关系
- 包含 → 合作
- 包含 → 补充

(联合国、专门性国际组织及其法律制度、区域性国际组织及其法律制度)

项目	内容
任务描述	因为理论结合实际的学习效果相对较好,所以采用自主学习的教学策略,达到理解区域性国际组织基本理论的学习目的
任务时长	40 分钟
学习地点	课下
教学策略(学习策略)	☑讲授　□小组讨论　□答疑　□实验　□实训　☑自主学习　□翻转课堂 □其他(请填写)_____
师生交互过程	教师布置任务:学生阅读参考教材《国际法》(第六版),程晓霞、余民才主编,中国人民大学出版社,2021 年 1 月,第 245~248 页;在"学习强国"平台查找与区域性国际组织相关的国际事件并进行分析 学生接收任务:阅读参考教材《国际法》(第六版),程晓霞、余民才主编,中国人民大学出版社,2021 年 1 月,第 245~248 页;在"学习强国"平台查找与区域性国际组织相关的国际事件并进行分析
学习资源	① 参考教材《国际法》(第六版),程晓霞、余民才主编,中国人民大学出版社,2021 年 1 月,第 245~248 页 ②"学习强国"平台
学习成果及评价标准	能够深入理解区域性国际组织理论,学习成果通过课后作业载体呈现。评价标准是学生分析得是否全面准确,分为优秀、良好、中等、及格和不及格五个等级。优秀(90~100 分):分析准确,理由充分。良好(80~89 分):分析准确,大部分知识点分析到位。中等(70~79 分):分析基本准确,部分知识点分析有欠缺。及格(60~69 分):分析部分准确,部分知识点分析有欠缺。不及格(60 分以下):分析不准确,大部分知识点分析有欠缺
备注	共性问题:对于与区域性国际组织相关的国际事件分析得不是很深入。个性问题:部分同学对国际事件的介绍过于简单

（3）外国人的法律地位与待遇教学设计见表 4-3-9

表 4-3-9　个人的国籍外国人的法律地位与待遇教学设计

2023—2024 学年第 2 学期第 5 周第 2 次课

知识建模图：

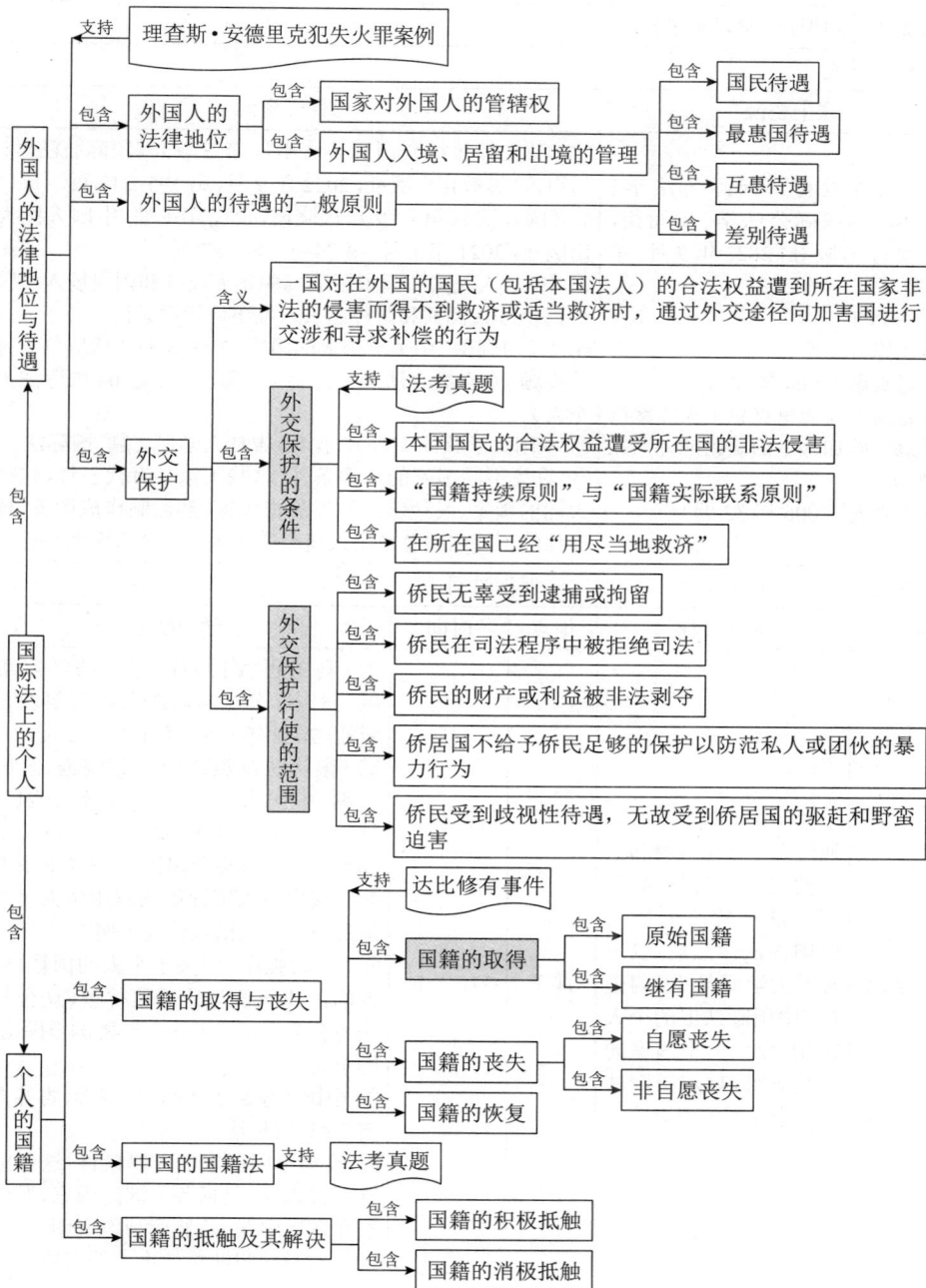

学习目标	知识点（学习水平）	素质目标
	理解和运用个人的国籍；理解和运用外国人的法律地位与待遇	保护海外侨民利益

学习先决知识	知识点（学习水平）	
	无	

课上资源	课下资源
①（马工程教材）《国际公法学》（第三版），《国际公法学》编写组，高等教育出版社，2022 年 9 月，第 195~212 页 ② 课件 PPT ③ 达比修有事件 ④ 法考真题（2004 年 32 题） ⑤ 理查斯·安德里克犯失火罪案例 ⑥ 盘点一些加入中国国籍的外国人（小视频） ⑦ 法考真题（2006 年 32 题）	①（马工程教材）《国际公法学》（第三版），《国际公法学》编写组，高等教育出版社，2022 年 9 月，第 195~212 页 ②《国际法》（第六版），程晓霞、余民才主编，中国人民大学出版社，2021 年 1 月，第 74~82、84~87 页 ③《中华人民共和国国籍法》《中华人民共和国出境入境管理法》《中华人民共和国外国人入境出境管理条例》 ④ "学习强国"中关于个人的国籍、外国人的法律地位与待遇的视频（众合教育法考公开课 - 三国法 - 专题 04 国际法上的个人） ⑤ 中国大学慕课 MOOC 视频，吉林大学何志鹏，国际法 ⑥ 收集不同国家的入籍条件，这些国家具有代表性，包括各大洲的国家、发达国家和发展中国家；然后制作成图表，根据条件的不同归纳总结出入籍需要具备的几个方面的条件

课上时间	100 分钟	课下时间	210 分钟	

活动序列	活动目标	地点	时间	学习资源
课前活动	通过阅读指定教材和参考教材、阅读和理解与国际法上的个人相关的国内法律法规，以及观看大学慕课、"学习强国"中国际法上的个人视频，收集典型国家的入籍条件，理解国际法上的个人基本理论	课下	210 分钟	①（马工程教材）《国际公法学》（第三版），《国际公法学》编写组，高等教育出版社，2022 年 9 月，第 195~212 页 ②《国际法》（第六版），程晓霞、余民才主编，中国人民大学出版社，2021 年 1 月，第 74~82、84~87 页 ③《中华人民共和国国籍法》《中华人民共和国出境入境管理法》《中华人民共和国外国人入境出境管理条例》 ④ "学习强国"中关于个人的国籍、外国人的法律地位与待遇的视频（众合教育法考公开课 - 三国法 - 专题 04 国际法上的个人） ⑤ 中国大学慕课 MOOC 视频，吉林大学何志鹏，国际法 ⑥ 收集不同国家的入籍条件，这些国家具有代表性，包括各大洲的国家、发达国家和发展中国家；然后制作成图表，根据条件的不同归纳总结出入籍需要具备的几个方面的条件

活动序列	活动目标	地点	时间	学习资源
活动 1	理解和运用国籍的取得与丧失	课上	20 分钟	①（马工程教材）《国际公法学》（第三版），《国际公法学》编写组，高等教育出版社，2022 年 9 月，第 195~199 页 ② 课件 PPT ③ 达比修有事件 ④ 列举一些加入中国国籍的外国人（小视频）
活动 2	理解和运用国籍的抵触及其解决、中国的国籍法	课上	20 分钟	①（马工程教材）《国际公法学》（第三版），《国际公法学》编写组，高等教育出版社，2022 年 9 月，第 199~203 页 ② 课件 PPT ③ 法考真题（2006 年 32 题）
活动 3	理解外国人的法律地位	课上	20 分钟	①（马工程教材）《国际公法学》（第三版），《国际公法学》编写组，高等教育出版社，2022 年 9 月，第 203、204 页 ② 课件 PPT ③ 理查斯·安德里克犯失火罪案例
活动 4	理解外国人待遇的一般原则	课上	20 分钟	①（马工程教材）《国际公法学》（第三版），《国际公法学》编写组，高等教育出版社，2022 年 9 月，第 204~206 页 ② 课件 PPT
活动 5	理解和运用外交保护	课上	20 分钟	①（马工程教材）《国际公法学》（第三版），《国际公法学》编写组，高等教育出版社，2022 年 9 月，第 206~212 页 ② 课件 PPT ③ 法考真题（2004 年 32 题）

课前活动 知识建模图（课下）：

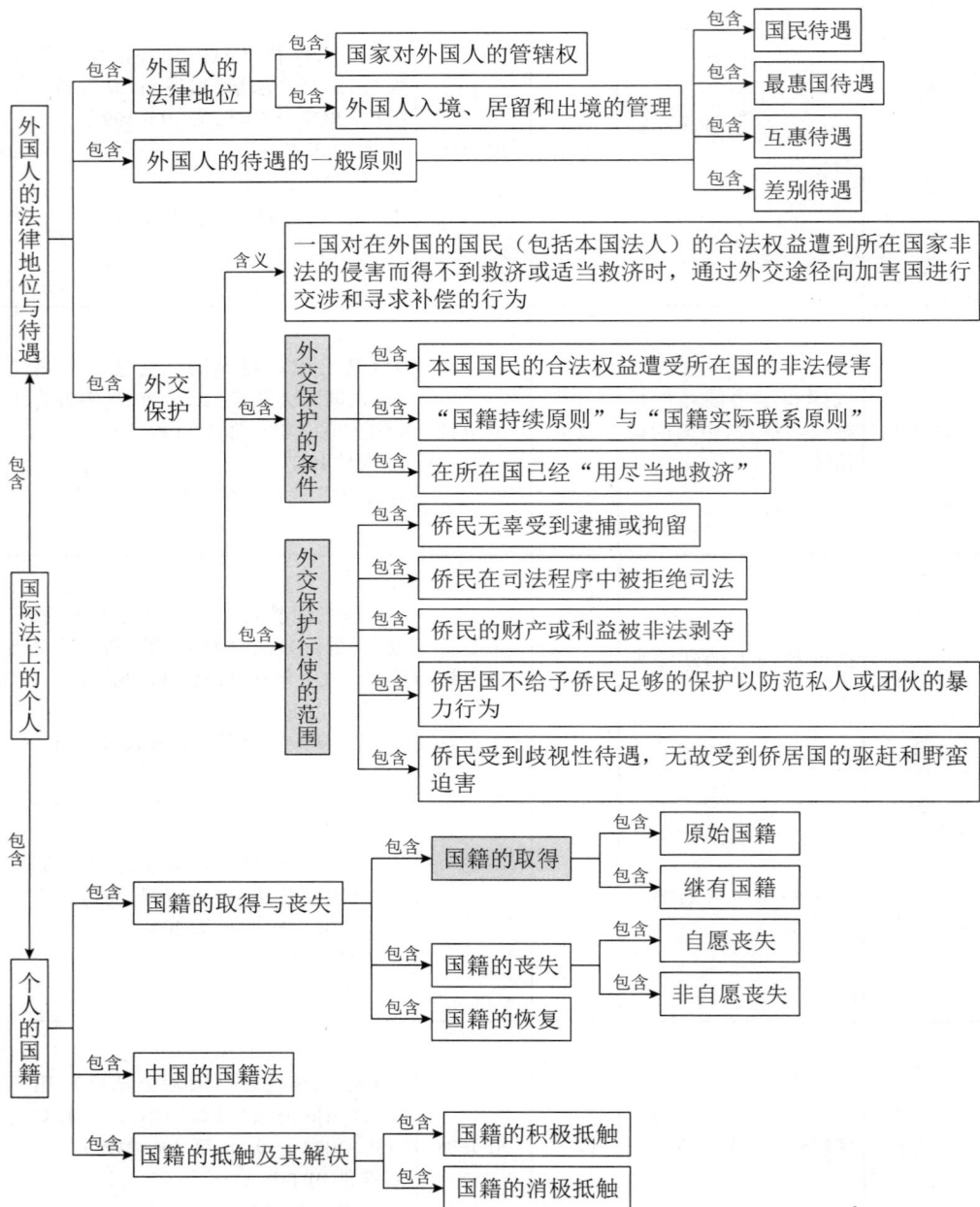

活动目标	理解国际法上的个人基本理论

活动任务序列（任务一）

任务一知识组块：

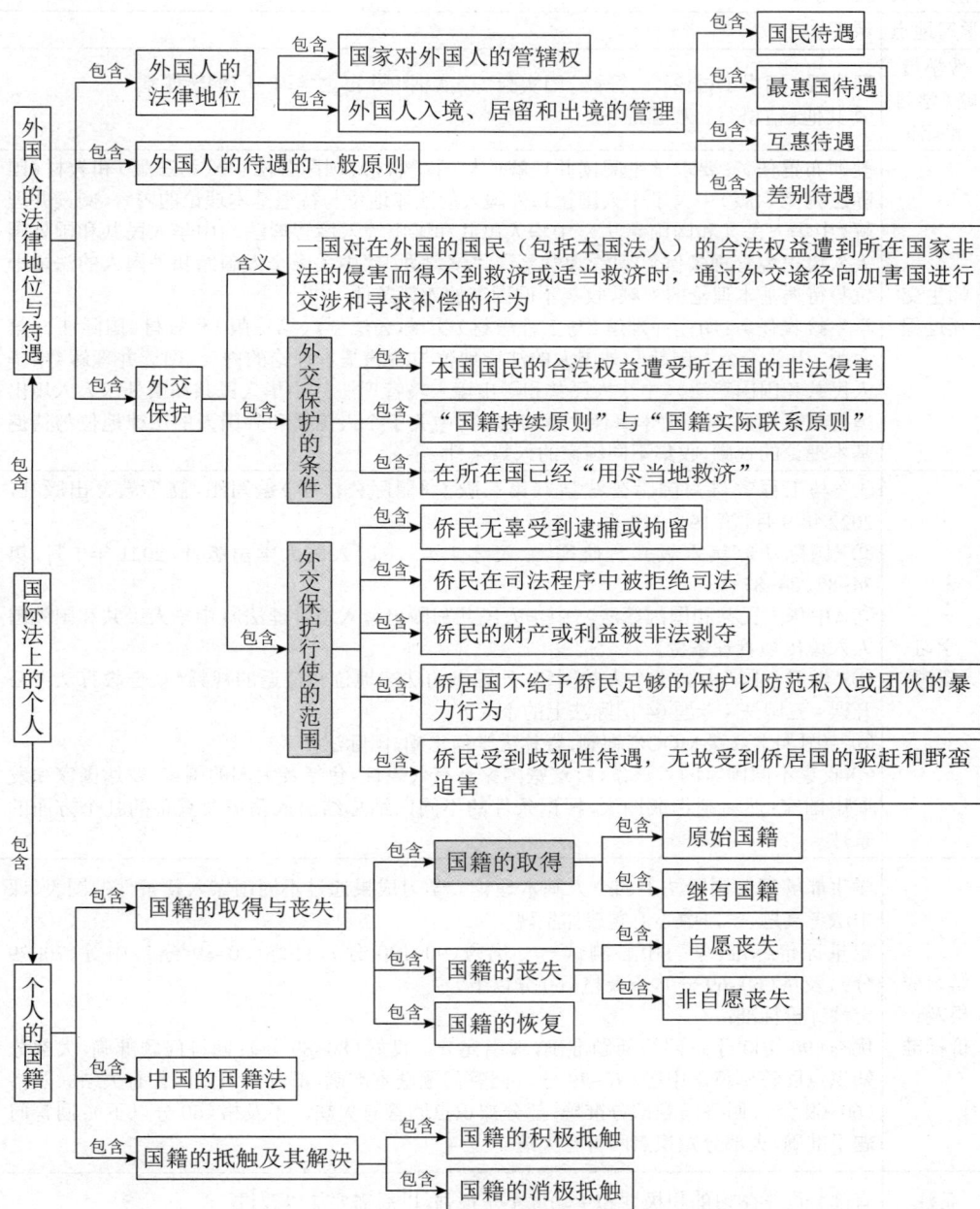

任务描述	因为要提前熟悉教材内容,所以采用阅读教材和相关法律法规、观看大学慕课和"学习强国"视频、收集典型国家的入籍条件的教学策略,达到理解国际法上的个人的学习目的
任务时长	210 分钟
学习地点	课下
教学策略(学习策略)	□讲授　□小组讨论　□答疑　□实验　□实训　☑自主学习　□翻转课堂 ☑其他(请填写)　观看视频
师生交互过程	教师布置任务:要求学生阅读并理解(马工程教材)《国际公法学》(第三版)和教材《国际法》(第六版)中关于个人国籍和外国人的法律地位与待遇基本理论的内容,阅读并理解《中华人民共和国国籍法》《中华人民共和国出境入境管理法》《中华人民共和国外国人入境出境管理条例》,观看大学慕课,"学习强国"中关于个人国籍和外国人的法律地位与待遇基本理论的视频,收集不同国家的入籍条件 学生接收任务:阅读并理解(马工程教材)《国际公法学》(第三版)和教材《国际法》(第六版)中关于个人国籍和外国人的法律地位与待遇基本理论的内容,阅读并理解《中华人民共和国国籍法》《中华人民共和国出境入境管理法》《中华人民共和国外国人入境出境管理条例》,观看大学慕课,"学习强国"中关于个人国籍和外国人的法律地位与待遇基本理论的视频,收集不同国家的入籍条件
学习资源	①(马工程教材)《国际公法学》(第三版),《国际公法学》编写组,高等教育出版社,2022 年 9 月,第 195~212 页 ②《国际法》(第六版),程晓霞、余民才主编,中国人民大学出版社,2021 年 1 月,第 74~82、84~87 页 ③《中华人民共和国国籍法》《中华人民共和国出境入境管理法》《中华人民共和国外国人入境出境管理条例》 ④"学习强国"中关于个人的国籍、外国人的法律地位与待遇的视频(众合教育法考公开课 - 三国法 - 专题 04 国际法上的个人) ⑤中国大学慕课 MOOC 视频,吉林大学何志鹏,国际法 ⑥收集不同国家的入籍条件,这些国家具有代表性,包括各大洲的国家、发达国家和发展中国家;然后制作成图表,根据条件的不同归纳总结出入籍需要具备的几个方面的条件
学习成果及评价标准	学生能够理解国际法上的个人基本理论。学习成果通过不同国家入籍条件的图表、课中法考真题、学习中心习题载体呈现 定量评价标准:学习中心测试——优秀(90~100 分),良好(80~89 分),中等(70~79分),及格(60~69 分),不及格(60 分以下) 定性评价标准: 优秀(90~100 分):回答问题准确,理由充分。良好(80~89 分):回答问题准确,大部分知识点回答到位。中等(70~79 分):回答问题基本准确,部分知识点回答有欠缺。及格(60~69 分):回答问题部分准确,部分知识点回答有欠缺。不及格(60 分以下):回答问题不准确,大部分知识点回答有欠缺
备注	有部分同学学习的积极性和主动性不是很强,以后需要加以改进

活动1 知识建模图（课上）

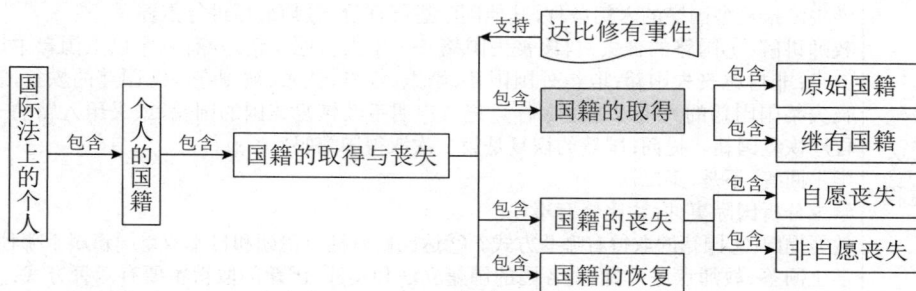

活动目标	理解和运用国籍的取得与丧失

活动任务序列（导入任务描述）：通过第一个加入中华人民共和国国籍的外国人导入，能够理解国籍

师生交互过程	教师播放视频：列举一些加入中华人民共和国国籍的外国人 学生观看视频 教师提问：第一个加入中华人民共和国国籍的外国人是谁？ 学生回答、教师点评：马海德

活动任务序列（任务一）

任务一 知识组块：

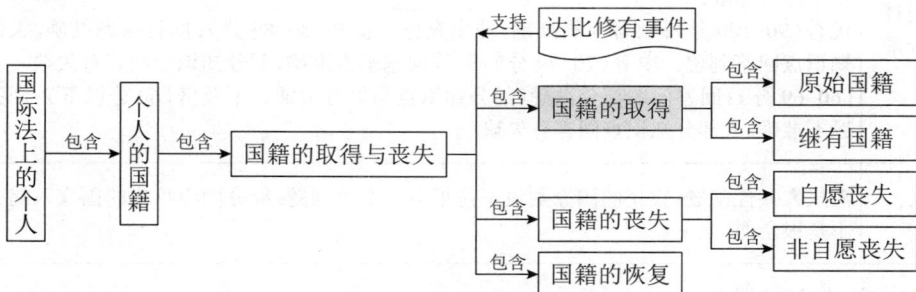

任务描述	因为收集资料能调动学生学习的积极性，所以采用讲授、收集资料并汇报的教学策略，达到理解和运用国籍的取得与丧失的学习目的
任务时长	20 分钟
学习地点	课上
教学策略（学习策略）	☑讲授 □小组讨论 □答疑 □实验 □实训 □自主学习 □翻转课堂 ☑其他（请填写）收集资料并汇报

师生交互过程	教师讲解：①国籍的概念及意义；②国籍的取得和丧失 学生汇报典型国家的入籍条件，其他同学进行评价，教师最后进行点评 教师讲解：①国籍的丧失，自愿丧失国籍——本人自愿申请退籍；两个以上国籍中选择一个；非自愿丧失国籍：取得外国国籍、婚姻、收养、认领、被剥夺。②国籍的恢复，一个丧失某国国籍的人可以通过履行登记或声明手续恢复该国的国籍，或采用入籍的一般程序恢复国籍。提问：国籍的恢复是第一次取得国籍吗？ 学生回答：不是，第二次 学生分析国际事件：达比修有事件 教师提问：①国籍的取得有哪些方式？②达比修有拥有伊朗和日本双重国籍属于哪种？ 学生回答、教师点评：①根据各国的国籍立法和实践，国籍的取得主要有两种方式：一种是因出生而取得一国国籍；另一种是因加入而取得一国国籍。因出生而取得一国国籍，包括a. 血统主义；b. 出生地主义；c. 混合主义。因加入而取得一国国籍，包括a. 自愿申请入籍；b. 因婚姻、收养而取得的继有国籍。②属于血统主义中的双系血统主义
学习资源	①（马工程教材）《国际公法学》（第三版），《国际公法学》编写组，高等教育出版社，2022年9月，第195~199页 ② 课件PPT ③ 达比修有事件 ④ 盘点一些加入中国国籍的外国人（小视频）
学习成果及评价标准	学生能够理解和运用国籍的取得与丧失 定量评价标准：学习中心测试——优秀（90~100分），良好（80~89分），中等（70~79分），及格（60~69分），不及格（60分以下） 定性评价标准： 优秀（90~100分）：回答问题准确，理由充分。良好（80~89分）：回答问题准确，大部分知识点回答到位。中等（70~79分）：回答问题基本准确，部分知识点回答有欠缺。及格（60~69分）：回答问题部分准确，部分知识点回答有欠缺。不及格（60分以下）：回答问题不准确，大部分知识点回答有欠缺
备注	汇报人共性问题：收集的国家数量不是很多。个性问题：部分同学收集的国家入籍条件不是很全面

活动2知识建模图（课上）：

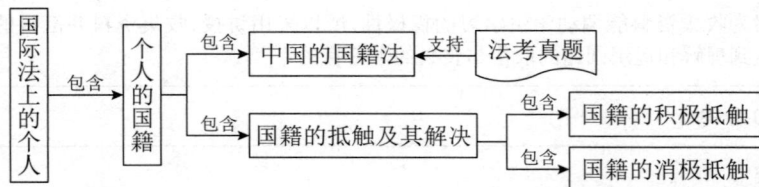

活动目标	理解和运用国籍的抵触及其解决、中国的国籍法

续表

活动任务序列（任务一）

任务一知识组块：

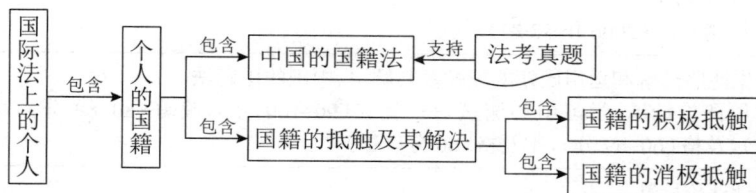

任务描述	因为要检验学生学习效果,所以采用讲授、法考真题练习的教学策略,达到理解和运用国籍的抵触及其解决、中国的国籍法的学习目的
任务时长	20 分钟
学习地点	课上
教学策略（学习策略）	☑讲授　□小组讨论　□答疑　□实验　□实训　□自主学习　□翻转课堂 ☑其他（请填写）法考真题练习
师生交互过程	教师讲解:国籍的抵触（冲突）及其解决,国籍的积极冲突,双重国籍,多重国籍。国籍的消极冲突,无国籍,解决途径:国内立法;签订双边条约或多边条约。1812 年,英国与美国曾就英国强迫已在美国入籍的英国人回国服兵役引起争端。英国当时仍坚持其所谓的"永远效忠"原则,强迫从美国船上捉去已经在美国归化的英国人当兵,从而引起两国的纠纷,并成为两国当年发生战争的原因之一。1915 年,美、法之间也因法国要求美籍法人回国服兵役而引起美国政府的抗议。提问:这两个事件是国籍的积极冲突还是消极冲突? 学生回答:国籍的积极冲突 教师讲解:国籍的消极冲突举例 习题练习:选择题,高某出生在甲国,其父亲是乙国人,母亲是丙、丁双重国籍人,假设对原始国籍的获得,甲丙两国采取纯粹的出生地主义,乙丁两国都采取纯粹的双系血统主义。此时,根据有关国际法规则和国际实践,对于高某此时国籍状况,下列何种表述是正确的? A. 高某可能拥有甲、乙、丙、丁四国的国籍 B. 高某仅可能拥有甲、乙、丙三国的国籍 C. 高某仅可能拥有甲、乙、丁三国的国籍 D. 高某仅可能拥有甲、乙两国的国籍 教师提问,学生回答 教师点评:C 高某仅可能拥有甲、乙、丁三国的国籍 教师讲解:中国的国籍法,1980 年 9 月 10 日公布施行的《中华人民共和国国籍法》是中华人民共和国建立以来颁布的第一部国籍法,主要内容如下:各族人民平等的具有中国国籍,男女国籍平等,在原始国籍赋予上采取双系血统主义和出生地主义相结合的原则,不承认中国公民具有双重国籍,减少和防止无国籍人,依据最密切联系的原则决定入籍和出籍,自愿申请和审批相结合的原则,关于香港、澳门永久居民的规定 法考真题练习:2006 年 32 题

学习 资源	①（马工程教材）《国际公法学》（第三版），《国际公法学》编写组，高等教育出版社， 2022年9月，第199~203页 ②课件PPT ③法考真题（2006年32题）
学习成 果及评 价标准	学生能够理解和运用国籍的抵触及其解决、中国的国籍法 定量评价标准：学习中心测试——优秀（90~100分），良好（80~89分），中等（70~79 分），及格（60~69分），不及格（60分以下）
学习成 果及评 价标准	定性评价标准： 优秀（90~100分）：回答问题准确，理由充分。良好（80~89分）：回答问题准确，大部分 知识点回答到位。中等（70~79分）：回答问题基本准确，部分知识点回答有欠缺。及格 （60~69分）：回答问题部分准确，部分知识点回答有欠缺。不及格（60分以下）：回答问 题不准确，大部分知识点回答有欠缺
备注	部分同学没有很好地理解和记忆法条，导致做题时出现问题，以后需要加以改进

活动3 知识建模图（课上）：

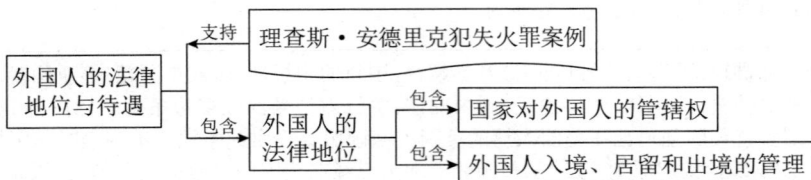

活动目标	理解外国人的法律地位

活动任务序列（任务一）

任务一知识组块：		任务 描述	因为理论结合实际教学效果较好，所 以采用讲授、小组讨论的策略，达到理 解外国人的法律地位的内容体系的学 习目的
		任务 时长	20分钟
		学习 地点	课上

教学策 略（学习 策略）	☑讲授 ☑小组讨论 □答疑 □实验 □实训 □自主学习 □翻转课堂 □其他（请填写）_____
师生交 互过程	案例导入：理查斯·安德里克犯失火罪案例，理查斯·安德里克是美国公民，1985年4月 18日到哈尔滨洽谈业务。当日21时30分左右，理查斯酒后回到1116号房间，吸烟入睡， 不慎将燃着的烟头掉在床上。理查斯仰睡在床上，穿的西服上衣右右肩及右臂外侧烧成条 形焦糊状并粘有床罩纤维，右耳后下侧的头发被烧焦。他被烟呛醒后，离开了房间，跑到楼 道。由于房门打开，形成空气对流，火势迅速蔓延至室外，烧及21间客房，其中重毁6间

师生交互过程	教师讲解:本案中理查斯·安德里克是美国公民,外国人。给大家介绍一下外国人的概念与法律地位,外国人是指在一国境内不具有居留国国籍而具有其他国籍的人。一国管辖权下涉及的外国人包括两类:一类是根据国际法享受有外交和领事权与豁免的外国人,包括外国派驻的外交代表、领事官员,国际组织派驻的代表;另一类是普通外国人,包括外国专家、留学生、旅游者、外商和华侨等。 广义的外国人,还包括外国法人,如外国的公司和企业等。国际法有关外国人的制度,除专门关于自然人的规定以外,都适用于外国法人。各国在实践中对一般外国人都给予必要保护,国际法也因此形成了保护外国人的法律原则和制度,确定了外国人的法律地位。同时,为了便于管理并与本国人相区别,各国大都把无国籍人归入外国人范畴,给予他们一般外国人的待遇。外国人法律地位的实质是确定外国人与所在国之间的权利和义务关系,包括外国人服从所在国的管辖,服从所在国关于外国人入境,居留和出境的管理,享受应享有的待遇等。国家对外国人的管辖权,属地和属人双重管辖 教师提问:属地管辖权与属人管辖权发生冲突时,以哪一个为准? 学生回答:属地管辖权 教师举例:江歌案 教师讲解:外国人入境、居留和出境的管理,入境,国家没有准许外国人入境的义务。依据法律或协议办理,有权禁止某些人入境:传染病患者、刑事罪犯等。居留,国家没有允许外国人居留的义务;外国人的民事权利和诉讼权受到保护,不享有政治权利。出境,驱逐出境:危害居留国的公共秩序或公共安全;侮辱居留国;危害或侮辱其他国家;在内国或在外国犯有可罚行为;经济上损害居留国;违反禁止居留义务而居留在居留国 学生分析案例:理查斯·安德里克犯失火罪案例,小组讨论,推选一人进行汇报,本组其他同学补充,其他组同学进行评价 教师点评:案件发生在哈尔滨,我国对于此案件有属地管辖。1985 年 6 月 26 日,经哈尔滨市人民检察院批准,哈尔滨市公安局依法逮捕了理查斯。7 月 1 日,哈尔滨市人民检察院就此案向哈尔滨市中级人民法院提起公诉,同时提起附带民事诉讼。哈尔滨市中级人民法院组成合议庭,于 1985 年 7 月 11 日至 8 月 13 日对此案进行了五次公开审理。理查斯的行为触犯了《中华人民共和国刑法》(79 刑法)第 106 条第 2 款的规定,犯有失火罪
学习资源	①(马工程教材)《国际公法学》(第三版),《国际公法学》编写组,高等教育出版社,2022 年 9 月,第 203~204 页 ② 课件 PPT ③ 理查斯·安德里克犯失火罪案例
学习成果及评价标准	学生能够理解外国人的法律地位 定量评价标准:学习中心测试 —— 优秀(90~100 分),良好(80~89 分),中等(70~79 分),及格(60~69 分),不及格(60 分以下) 定性评价标准: 优秀(90~100 分):回答问题准确,理由充分。良好(80~89 分):回答问题准确,大部分知识点回答到位。中等(70~79 分):回答问题基本准确,部分知识点回答有欠缺。及格(60~69 分):回答问题部分准确,部分知识点回答有欠缺。不及格(60 分以下):回答问题不准确,大部分知识点回答有欠缺
备注	小组汇报人对案例的分析相对较多,本组其他同学补充较少,以后要加以改进,使更多同学能够参与到案例的讨论中来

活动 4 知识建模图（课上）：

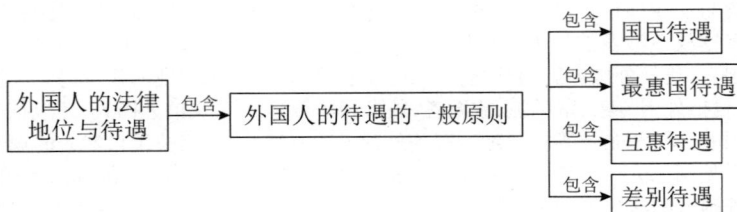

活动目标	理解外国人待遇的一般原则

活动任务序列（任务一）

任务一知识组块：

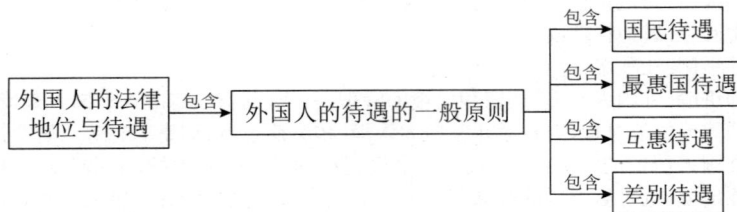

任务描述	因为要区分外国人不同待遇,所以采用讲授、答疑的教学策略,达到理解外国人待遇的一般原则的学习目的
任务时长	20 分钟
学习地点	课上
教学策略（学习策略）	☑ 讲授　□ 小组讨论　☑ 答疑　□ 实验　□ 实训　□ 自主学习　□ 翻转课堂　□ 其他（请填写）_____
师生交互过程	教师讲解:外国人待遇的一般原则,国民待遇,一般仅限于民事权利和诉讼权利而不包括政治权利。最惠国待遇,有条件的最惠国待遇与无条件的最惠国待遇。适用范围:外国自然人和法人的定居、个人的法律地位;国家之间商品进出口关税及附加税的税率和其他费用的征收等;交通工具、铁路、水路、公路的使用;外国著作权、商标权和专利权的法律保护等。例外:邻国的利益、特惠、特权和豁免;关税同盟、自由贸易区或优惠贸易区、经济共同体范围内的优惠;双边或者多边的互免签证协议;经济货币联盟;历史性安排 教师提问:最惠国待遇中会涉及第三国吗? 学生回答:会。最惠国待遇会涉及三国之间的关系 教师讲解:互惠待遇,是指一国给予外国国民某种权利、利益或优遇须以该外国给予本国国民同等的权利、利益或优遇为前提。在外国人待遇中,互惠原则是基础性原则。差别待遇是国家给予外国公民或法人的民事权利,在某些方面少于本国公民或法人。对不同国籍的外国公民和法人给予不同的待遇,"最低限度国际标准"原则 教师提问:互惠待遇是对等原则的体现吗? 学生回答:是 学生提问:对书本中不理解的疑难内容提出问题 教师答疑:对问题进行讲解分析

学习资源	①（马工程教材）《国际公法学》（第三版），《国际公法学》编写组，高等教育出版社，2022 年 9 月，第 204~206 页 ② 课件 PPT
学习成果及评价标准	学生能够理解外国人待遇的一般原则 定量评价标准：学习中心测试——优秀（90~100 分），良好（80~89 分），中等（70~79 分），及格（60~69 分），不及格（60 分以下） 定性评价标准： 优秀（90~100 分）：回答问题准确，理由充分。良好（80~89 分）：回答问题准确，大部分知识点回答到位。中等（70~79 分）：回答问题基本准确，部分知识点回答有欠缺。及格（60~69 分）：回答问题部分准确，部分知识点回答有欠缺。不及格（60 分以下）：回答问题不准确，大部分知识点回答有欠缺
备注	对于学生提出来的疑问，要从怎么样规定、为什么这样规定等方面进行辅导答疑。同时，将外国人的待遇进行分类和比较，才能够更好地深入理解四种外国人享有的待遇

活动 5 知识建模图（课上）：

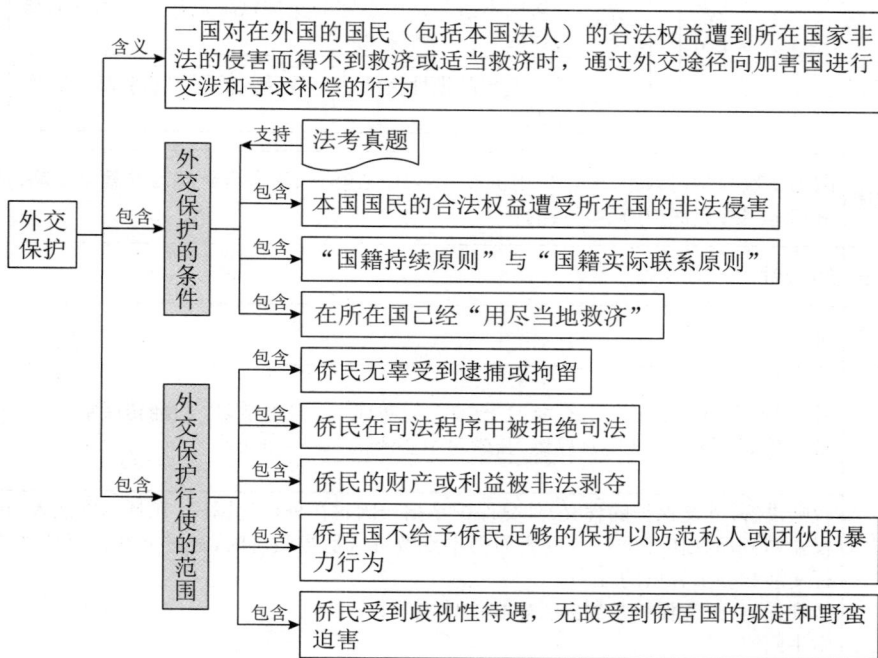

活动目标	理解和运用外交保护

续表

活动任务序列(任务一)

任务一知识组块:

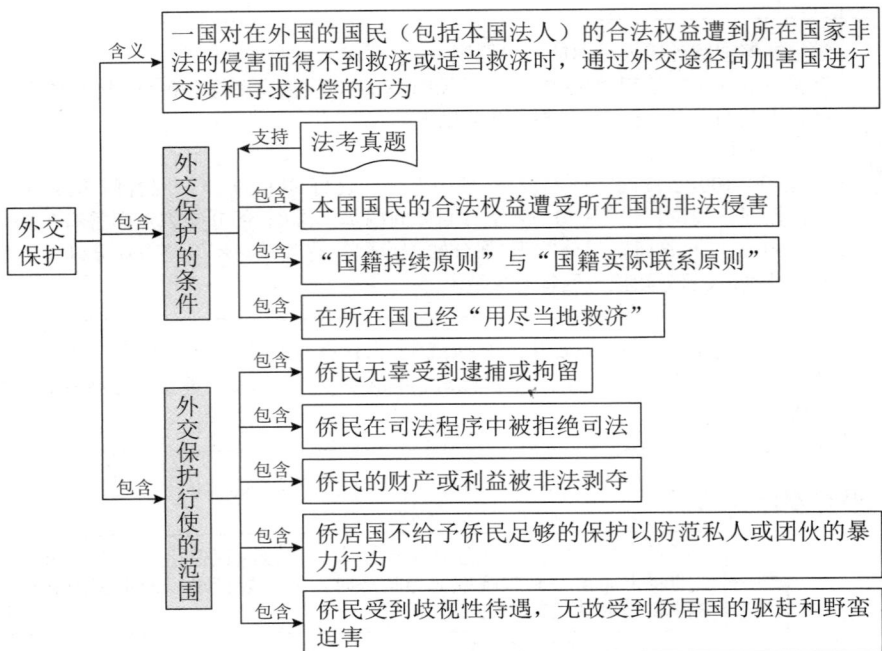

任务描述	因为要检验学习效果,所以采用讲授、学习中心测试、法考真题练习的教学策略,达到理解和运用外交保护的学习目的
任务时长	20 分钟
学习地点	课上
教学策略(学习策略)	☑讲授　□小组讨论　□答疑　□实验　□实训　□自主学习　□翻转课堂 ☑其他(请填写)　法考真题练习、学习中心测试
师生交互过程	教师讲解:外交保护的含义,外交保护是指一国对在外国的国民(包括本国法人)的合法权益遭到所在国家非法的侵害而得不到救济或适当救济时,通过外交途径向加害国进行交涉和寻求补偿的行为 教师提问:外交保护是属人管辖权的体现吗? 学生回答:是 教师讲解:行使外交保护的条件限制,本国国民的合法权益遭受所在国的非法侵害;"国籍持续原则"与"国籍实际联系原则";在所在国已经"用尽当地救济(exhaust local remedies)" 教师提问:如何理解"国籍实际联系原则"?

师生交互过程	学生回答:无国籍人,经常居住地是他的国籍实际联系国 教师讲解:外交保护行使的范围:侨民无辜受到逮捕或拘留;侨民在司法程序中被拒绝司法;侨民的财产或利益被非法剥夺;侨居国不给予侨民足够的保护以防范私人或团伙的暴力行为;侨民受到歧视性待遇,无故受到侨居国的驱赶和野蛮迫害 法考真题练习:2004 年 32 题 学生回答、教师讲解 教师测试:利用学习中心进行测试 学生参加测试:参加基本理论测试 教师根据测试分数,让一位满分同学公布题目和答案。几位做错题的同学说一下自己做错的题目和原因,让他们把错题更正在自己的错题本上。如果有不及格的同学,重点进行督促整改 教师把本次课的知识建模图分享给学生
学习资源	①(马工程教材)《国际公法学》(第三版),《国际公法学》编写组,高等教育出版社,2022 年 9 月,第 206~212 页 ② 课件 PPT ③ 法考真题(2004 年 32 题)
学习成果及评价标准	学生能够理解和运用外交保护 定量评价标准:学习中心测试 —— 优秀(90~100 分),良好(80~89 分),中等(70~79 分),及格(60~69 分),不及格(60 分以下) 定性评价标准: 优秀(90~100 分):回答问题准确,理由充分。良好(80~89 分):回答问题准确,大部分知识点回答到位。中等(70~79 分):回答问题基本准确,部分知识点回答有欠缺。及格(60~69 分):回答问题部分准确,部分知识点回答有欠缺。不及格(60 分以下):回答问题不准确,大部分知识点回答有欠缺
备注	部分同学学习中心的测试题成绩不是很理想,说明学生对基本理论知识的掌握有欠缺,以后需要加以改进

结　　语

　　基于 OBE 理念的应用型高校法学专业产教融合型课程体系改革与实践,以毕业生的岗位任务和岗位能力为出发点,倒推法学专业学生为适应岗位应当具备的知识和能力,开设实务操作类项目化、就业项目化、升学项目化的岗位和职业发展课程,就业导师和升学导师在带领学生完成具体项目的过程中,发现学生对专业基础课程知识体系掌握存在不足,所以重构专业基础课的知识模块,满足项目化的需要,从而构建了完整的以市场需求为导向的法学专业课程体系。该课程体系以市场需求为导向,以提高学生就业能力为目标,重视学生动手实践能力和专业基础知识的掌握,为应用型法学专业人才的培养提供保障,为应用型法学专门人才的培养进行了有益的实践探索。通过三年的改革与实践,应用型高校法学专业产教融合型课程体系基本形成,其市场导向性决定该课程体系必然要根据社会政治经济的发展、新技术的进步且不断地修订和完善。

　　目前,世界正处于百年未有之大变局,国内外形势正在发生深刻复杂的变化,中国正处于社会主义建设的新阶段,无论是建设社会主义法治国家、法治政府,还是国际交流与合作、维护国家主权和国家利益,都需要政治素质高、理论基础扎实、实务操作水平高,具有国际视野的法治人才后备军。大数据时代背景下,全新的信息技术和数据技术进入法学人才市场中,扩展了法律服务市场的人才需求,为学生就业提供了新的渠道。一是大数据与金融业、司法行业的深度融合,催生出全新的法学职业。例如,数据分析师通过对法律文书、司法报告、法学文献的研究,为法官提供裁判思路,为法律服务工作带来新的思路。全新的市场需求使学生就业更加多元化,为学生带来全新的就业渠道。二是教学素材更为多元,教学方法更加多样。人工智能与教育工作的融合,使微课、精品课程等教学素材进入课堂,营造多维度的智慧学习环境。学生利用移动通信设备就可完成自主学习,法学知识的获取更为便捷。与此同时,教师可借助数据分析技术了解学生在课堂学习中的态度、情绪、情感变化,以及课上课下作业的完成情况,针对学生存在的问题,实施差异化教学,使教学针对性大幅度提升。三是法学实验活动类型更加丰富,降低实施的难度。大数据时代下新型的实验技术和方法全面普及,降低了法学课程开展实验教学的难度。针对相关的项目进行模拟仿真实验,学生在模拟法庭中完成法律辩论和司法援助。同时,网络庭审直播可使学生参与到庭审活动中,通过观摩庭审获得实践经验,强化知识的记忆深度,提升法学实践教学的有效性。

在信息技术迅速发展的当今社会,法学教育要向"新法学"转变。如何适应时代要求,建设"新法学"呢? 应当适应时代的变化和要求,从以下几个方面努力:一是生源构成要更新。过去,法学专业主要招收文科生。在信息技术快速发展的当下,在算法、人工智能、大数据、小数据不断冲击各行各业的现实下,法学专业的招生应当文理兼收,逐步提高理科生的招生比例,以适应技术发展的要求。二是师资队伍要更新。目前大部分法学老师是以理论研究、学科建设为主的老师,为更好地突出法学专业的应用性、提高学生实务技能的操作水平,应当聘请社会上具有实务经验的人来做法学教师。高校要适应社会主义法治道路和社会法治实践的需要,为来自实务部门的师资留出一定数量的额度,让更多的既有较高的理论水平,又有丰富实践经验的法官、检察官进入学校成为重要的师资力量。三是法学专业人才培养体系和培养目标要更新。法学课程内容、课程体系、培养方式、考试考核方式等都应更新。需要设置实务操作性更强的课程,并增加学科技术的课程内容,让学生了解学科技术的前沿知识,要懂算法,要会人工智能,构建互联网法学、算法法学,要求学生熟练掌握数学的算法和更强的实务技能,这是"新法学"未来的趋势 ①。

---

① 徐显明 . 新文科建设与卓越法治人才培养 [C]. 新文科建设工作会议 . 威海,2020.

参 考 文 献

[1] 杨开城 . 课程开发：一种技术学的视角 [M]. 北京：北京师范大学出版社，2018.

[2] 刘丽建 . 我国应用型本科商科课程改革研究——中德比较的视角 [M]. 福州：福建教育出版社，
    2020.

[3] 张桂琳 . 中国法学教育研究 [M]. 北京：中国政法大学出版社，2010.

[4] 齐恩平 . 法学教育改革与探索——天商法学教育改革研究 [M]. 北京：中国政法大学出版社，
    2015.

[5] 刘旺洪 . 法学专业实践教学改革探索 [M]. 南京：南京大学出版社，2022：391.

[6] 赵勇 . 实践能力培养为中心的法学本科课程体系的构建 [J]. 乐山师范学院学报，2021，36（10）：
    93-103.

[7] 邱妮斐 . 高校法学专业课程体系建设研究 [J]. 决策探索（下），2021（8）：73-74.

[8] 彭晓辉 . 法学本科专业教学课程体系现状与对策探究 [J]. 成才之路，2021（24）：14-16.

[9] 郑文姣 . "人工智能＋法律"复合型人才培养路径探究 [J]. 教育教学论坛，2021（26）：181-184.

[10] 王鹏 . 基于交叉学科的法学应用型学科课程体系建设研究 [J]. 海峡法学，2021，23（2）：88-96.

[11] 李雪菁 . 人工智能时代法学教育的升级与创新研究 [J]. 广西教育，2021（19）：143-145.

[12] 唐刚 . 法学本科人才培养适用现代学徒制的思考 [J]. 西南石油大学学报（社会科学版），2021，
    23（3）：104-112.

[13] 杨静 . 法学实务类课程教学质量评价体系与模型建构 [J]. 大学教育，2021（3）：167-169.

[14] 孙旗，王允泽 . 民办高校应用型法学人才培养的思考与建议 [J]. 大众标准化，2020（11）：42-43.

[15] 刘小平 . 法本科生为什么要精读原典？——基于对当下中国法学本科课程体系的反思 [J]. 法学
    教育研究，2019，27（4）：127-147.

[16] 刘同君 . 新时代卓越法治人才培养的三个基本问题 [J]. 法学，2019（10）：137-148.

[17] 杜健荣 . 论基于能力本位的法学本科课程体系构建 [J]. 法学教育研究，2019，26（3）：137-150.

附录　知识建模法

一、知识建模法简介

（一）概念及应用

知识建模法应用非常广泛，是一个复杂的过程，涉及多个步骤和方法。它旨在创建一个专业知识建模图，为培养新型人才搭建坚实的知识体系基础。

知识建模法将知识域可视化或映射为地图。通过可视化技术，理解知识与知识之间的关系。知识建模法是以图的形式表示知识，其中节点代表实体，如人物、地点或事物；线则代表实体之间的关系。知识建模法在操作中通常需要借助 Microsoft Visio 软件。

（二）作用

知识建模法可以将传统的学科知识体系和企业的实践知识体系用一个逻辑联系起来，形成统一的人才培养的知识点数据库；可实时动态更新"有用"的教学知识、企业任务知识等。知识建模法不仅在技术领域发挥着重要的作用，而且在教育教学领域也带来了革命性的变化，其主要作用体现在以下三个方面。

第一，帮助教师进行课程先后序列的排布。

第二，帮助教师进行每课教学任务的分解。

第三，检查专业的人才培养目标与课程结构之间的对应性，以及课程目标与其知识结构的对应性是否清晰、合理。

二、准备工作

在进行知识建模前，教师需提前做好以下准备工作。

（1）每个专业以一门项目化教学课程及其对应的专业基础课程为分析单位。

（2）本专业参与项目化教学课程及其对应的专业基础课程的所有教师。

（3）项目化教学课程相关的所有资料：教材、企业任务说明书、企业任务工单、视频学习资料、其他资料等。

（4）所有教师携带笔记本电脑，提前安装好 Microsoft Visio 软件。

（5）以 2~3 位教师为一组，合作一个模块的知识建模，可以按照模块内容或者章节内容进行分工。

三、方法与规则

（一）罗列知识点

罗列专业基础课程中要讲授的所有专业知识点，要注意以下事项。

（1）知识点应该是某种学习的结果。

（2）列出不属于教学资料的先决知识。

（3）有些知识点不在教学材料中，但需要学生掌握。

（4）对于无法确定的知识点，只要团队达成共识，就可以罗列进去。

（5）有可能不能完全将知识点罗列出来，后续还可以进一步补充。

以"中国近代史"课程中的"鸦片战争"章节为例，提取出的知识点包括鸦片战争、半殖民地半封建社会、鸦片战争前的中国、马嘎尔尼使团礼仪之争、林则徐虎门销烟、《南京条约》。

（二）确定知识的类型

知识的类型包括：陈述性知识、事实范例、程序性知识和认知策略。

（1）陈述性知识，又称描述性知识，是关于"是什么""为什么""怎么样"的知识，用字母"DK"表示，在知识建模图中用 ▭ 表示。

（2）从本质上讲，事实范例也是一种陈述性知识，如方案、产品、现象、事实、问题、案例、例子，以及命题的推导过程和论证过程，这类知识代表着特定的现实及知识的运用，用字母"FC"表示，在知识建模图中用 ▭ 表示。

（3）程序性知识，又称操作性知识，是关于"怎么做"的知识，这种知识表达的是实物的运动过程或者某种操作的步骤序列，用字母"PK"表示，在知识建模图中用 ⬭ 表示。

（4）从本质上讲，认知策略也是一种程序性知识，但由于其非常特殊，因此单独归类，包括问题解决策略、学习方法、信息加工策略等，用字母"CS"表示，在知识建模图中用 ⬭ 表示。仍以"鸦片战争"章节为例，陈述性知识是近代中国、半殖民地半封建社会、鸦片战争前的中国；事实范例是鸦片战争、马嘎尔尼使团礼仪之争、林则徐虎门销烟、《南京条约》。

（三）绘制知识建模图

使用上述不同类型知识的图例，在 Microsoft Visio 软件中按照知识建模法绘制知识建模图。绘图时，必须标出所有知识点之间的关系，即九种语义关系：各类包含；组成或构成；是一种；具有属性；具有特征；定义；并列；是前提；支持。

绘制知识建模图时，需注意以下事项。

（1）"具有属性""组成或构成"两种关系必须标在最上位概念节点上;"是一种"关系不能跨越概念层级。

（2）原则上禁止出现孤立节点。

（3）最终的知识建模图是共创和共识的结果。

（4）对知识建模图进行优化与定稿。

每位教师绘制好知识建模图后,交由另外 1~2 位教师进行检查,直到达成共识。该课程的知识建模图绘制完毕后,汇总并输出文档。

参考文献

[1] 杨开城. 以学习活动为中心的教学设计实训指南[M]. 北京:电子工业出版社,2016.

[2] 杨开城,陈洁,张慧慧. 能力建模:课程能力目标表征的新方法[J]. 现代远程教育研究,2022,34(2):57-63,84.

[3] 杨开城,孙双. 一项基于知识建模的课程分析个案研究[J]. 现代教育技术,2010,20(12):20-25.

郑 重 声 明

　　本书属于黄河科技学院教学改革系列成果之一,著作权属于黄河科技学院,作者享有署名权。

　　任何未经许可的复制、销售行为均违反《中华人民共和国著作权法》,其行为人将承担相应的法律责任。为了维护市场秩序,保护读者的合法权益,避免读者误用盗版书造成不良后果,我社将配合行政执法部门和司法机关对违法犯罪的单位和个人进行严厉打击。社会各界人士如发现上述侵权行为,希望及时举报,我社将奖励举报有功人员。